Farming

GAOZHI GAOZHUAN
XUMU SHOUYI LEI ZHUANYE
XILIE JIAOCAI

高职高专
畜牧兽医类专业
系列教材

畜牧兽医行政管理与执法司法 （第2版）

XUMU SHOUYI XINGZHENG GUANLI YU ZHIFA SIFA

主 编 朱兆荣 刘 娟

副主编 刘 涛 罗艺晨

重庆大学出版社

内容提要

本书以畜牧兽医行政常识、畜牧兽医常用管理方法制度、畜牧兽医行政法常识、动物及动物产品生产经营管理、草原保护生产利用管理、饲料及饲料添加剂生产经营使用管理、兽药研究及生产经营使用管理、动物防疫检疫管理、畜牧兽医行政执法、畜牧兽医行政司法、畜牧兽医行政损害赔偿、世界动物卫生组织、国际动物卫生法典、SPS协议和TBT协议14章为内容,为与新的法律法规接轨,在《畜牧兽医行政管理与执法司法》基础上修订再版,紧紧围绕执业兽医师资格考试,新增案例,突出应用实际,内容多,各校应根据自身情况,选择性地学习书中内容,部分内容供学生自学。

图书在版编目(CIP)数据

畜牧兽医行政管理与执法司法/朱兆荣,刘娟主编.—2版.—重庆:重庆大学出版社,2014.12(2021.8重印)
高职高专畜牧兽医类专业系列教材
ISBN 978-7-5624-8625-1

Ⅰ.①畜… Ⅱ.①朱…②刘… Ⅲ.①畜牧业—行政管理—高等职业教育—教材②家畜卫生—医药卫生组织机构—行政管理—高等职业教育—教材③畜牧业—行政执法—中国—高等职业教育—教材④家畜卫生—行政执法—中国—高等职业教育—教材 Ⅳ.①F307.32②S851.4③D922.4

中国版本图书馆CIP数据核字(2014)第241437号

高职高专畜牧兽医类专业系列教材
畜牧兽医行政管理与执法司法
(第2版)
主 编 朱兆荣 刘 娟
副主编 刘 涛 罗艺晨
策划编辑:屈腾龙
责任编辑:陈 力 版式设计:屈腾龙
责任校对:秦巴达 责任印制:赵 晟

＊

重庆大学出版社出版发行
出版人:饶帮华
社址:重庆市沙坪坝区大学城西路21号
邮编:401331
电话:(023)88617190 88617185(中小学)
传真:(023)88617186 88617166
网址:http://www.cqup.com.cn
邮箱:fxk@cqup.com.cn(营销中心)
全国新华书店经销
重庆芸文印务有限公司印刷

＊

开本:787mm×1092mm 1/16 印张:24.25 字数:612千
2014年12月第2版 2021年8月第8次印刷
ISBN 978-7-5624-8625-1 定价:58.00元

GAOZHI GAOZHUAN
XUMU SHOUYI LEI ZHUANYE XILIE JIAOCAI

高职高专畜牧兽医类专业系列教材

Farming

编委会

GAOZHI GAOZHUAN
XUMU SHOUYI LEI ZHUANYE XILIE JIAOCAI
高职高专畜牧兽医类专业系列教材

Farming
编委会

畜牧兽医行政管理与执法司法
第 2 版

主　编　朱兆荣　刘　娟

副主编　刘　涛　罗艺晟

参编人员

西南大学荣昌校区动物医学系　朱兆荣　刘　娟　罗艺晟　彭　诗　关　璐

内江职业技术学院　杨永德

河南商丘职业技术学院　毕玉霞

廊坊职业技术学院·王飒爽

湖南农业大学东方科技学院　谢蜀葵

成都农业技术职业学院　龙建刚

河南信阳农业高等技术专科学校　刘　涛

辽宁锦州医院畜牧兽医学院　赵连臣

GAOZHI GAOZHUAN
XUMU SHOUYI LEI ZHUANYE XILIE JIAO CAI
高职高专畜牧兽医类专业系列教材

Preface
序

　　高等职业教育是我国近年高等教育发展的重点。随着我国经济建设的快速发展,对技能型人才的需求日益增大。社会主义新农村建设为农村高等职业教育开辟了新的发展阶段。培养新型的高质量的应用型技能人才,也是高等教育的重要任务。

　　畜牧兽医不仅在农村经济发展中具有重要地位,而且畜禽疾病与人类安全也有密切关系。因此,对新型畜牧兽医人才的培养已迫在眉睫。高等职业教育的目标是培养应用型技能人才。本套教材是根据这一特定目标,坚持理论与实践结合,突出实用性的原则,组织了一批有实践经验的中青年学者编写。我相信,这套教材对推动畜牧兽医高等职业教育的发展,推动我国现代化养殖业的发展将起到很好的作用,特为之序。

中国工程院院士

2007 年 1 月于重庆

Preface
第2版编者序

随着我国畜牧兽医职业教育的迅速发展,有关院校对具有畜牧兽医职业教育特色教材的需求也日益迫切,根据国发〔2005〕35 号《国务院关于大力发展职业教育的决定》和教育部《普通高等学校高职高专教育指导性专业目录专业简介》,重庆大学出版社针对畜牧兽医类专业的发展与相关教材的现状,在 2006 年 3 月召集了全国开设畜牧兽医类专业精品专业的高职院校教师以及行业专家,组成这套"高职高专畜牧兽医类专业系列教材"编委会,经各方努力,这套"以人才市场需求为导向,以技能培养为核心,以职业教育人才培养必需知识体系为要素,统一规范并符合我国畜牧兽医行业发展需要"的高职高专畜牧兽医类专业系列教材得以顺利出版。

几年的使用已充分证实了它的必要性和社会效益。2010 年 4 月重庆大学出版社再次组织教材编委会,增加了参编单位及人员,使教材编委会的组成更加全面和具有新气息,参编院校的教师以及行业专家针对这套"高职高专畜牧兽医类专业系列教材"在使用中存在的问题以及近几年我国畜牧兽医业快速发展的需要进行了充分的研讨,并对教材编写的架构设计进行统一,明确了统稿及审阅。通过这次研讨与交流,教材编写的教师将这几年的一些好的经验以及最新的技术融入这套再版教材中。可以说,本套教材内容新颖,思路创新,实用性强,是目前国内畜牧兽医领域不可多得的实用性实训教材。本套教材既可作为高职高专院校畜牧兽医类专业的综合实训教材,也可作为相关企事业单位人员的实务操作培训教材和参考书、工具书。本套再版教材的主要特点有:

第一,结构清晰,内容充实。本教材在内容体系上较以往同类教材有所调整,在学习内容的设置、选择上力求内容丰富、技术新颖。同时,能够充分激发学生的学习兴趣,加深他们的理解力,强调对学生动手能力的培养。

第二,案例选择与实训引导并用。本书尽可能地采用最新的案例,同时针对目前我国畜牧兽医业存在的实际问题,使学生对畜牧兽医业生产中的实际问题有明确和深刻的理解和认识。

第三,实训内容规范,注重其实践操作性。本套教材主要在模板和样例的选择中,注意集系统性、工具性于一体,具有"拿来即用、改了能用、易于套用"等特点,大大提高了实训的可操作性,使读者耳目一新,同时也能给业界人士一些启迪。

值这套教材的再版之际,感谢本套教材全体编写老师的辛勤劳作,同时,也感谢重庆大学出版社的专家、编辑及工作人员为本书的顺利出版所付出的努力!

高职高专畜牧兽医类专业系列教材编委会
2010 年 10 月

Preface
第2版前言

　　《畜牧兽医行政管理与执法司法》是以我国畜牧兽医相关法律、条例、国际法典等法学知识与畜牧兽医学自然知识相结合的一门新兴边缘学科,更是研究畜牧兽医行政管理这一特定社会现象及其规律的科学。

　　读者通过本书将了解到国内国际畜牧兽医事务法制管理现状,认识到畜牧兽医工作的性质和职责,尤其是兽医对公共卫生的重要性,"兽医工作是一种全球公益性任务""同一世界,同一健康"、世界需要"良好兽医管理"。2005 年 5 月 14 日,国务院出台《关于推进兽医管理体制改革的若干意见》,对全国兽医管理体制改革作出重大部署,兽医工作的重要性更加凸显。《意见》明确提出,要建立健全兽医行政管理、执法监督和技术支持三类工作机构,加强基层动物防疫体系建设,推行官方兽医制度和执业兽医制度,要在省、市、县三级分别组建动物卫生监督机构,负责动物防疫检疫与动物产品安全监管等行政执法工作,加强基层动物防疫体系建设。要求县级派出机构、稳定专业队伍、强化公益职能、经营走向市场;鼓励具备从业条件的兽医人员申请执业兽医资格,创办兽医诊疗机构;建立兽医行业协会,加强对执业兽医的管理,实行行业自律,规范从业行为,提高服务水平。

　　执业兽医制度是国家对从事动物疫病诊断、治疗和动物保健等经营活动的兽医人员实行执业资格认可的制度。实行执业兽医制度是国际通行做法,是实现全面防疫、群防群控的基本保证,也是兽医职业化发展、行业化管理的具体要求。

　　官方兽医制度是我国在兽医管理体制上与国际通行做法接轨的一种做法,官方兽医(兽医官)作为执法主体,对动物及动物产品进行全过程监控并出具动物卫生证书的一种管理制度。官方兽医需经资格认可、法律授权或政府任命,其行为需保证独立、公正并具有权威性。国家已在农业部设立国家首席兽医师,在国际活动中称国家首席兽医官。各级兽医行政管理、兽医行政执法、动物疫病预防控制等机构的国家兽医工作人员,经资格认可、法律授权或政府任命,可成为官方兽医。

　　本书再版以畜牧兽医行政常识、畜牧兽医常用管理方法制度、畜牧兽医行政法常识、动物及动物产品生产经营管理、草原保护生产利用管理、饲料及饲料添加剂生产经营使用管理、兽药研究及生产经营使用管理、动物防疫检疫管理、畜牧兽医行政执法、畜牧兽医行政司法、畜牧兽医行政损害赔偿、世界动物卫生组织、国际动物卫生法典、SPS 协议和TBT 协议为内容,可作为我国兽医畜牧专业学生学习的教科书,也可作为从事动物养殖、诊疗、兽药饲料研究生产经营使用、执业兽医资格考试、行政监督管理执法司法人员、教学人员的实用性书籍。

  2005 年作者首次编著出版《畜牧兽医行政法学》本科教材,重庆大学出版社根据国家大力发展高职高专教育、积极鼓励出版有特色的教材的政策,特邀参加本套教材建设工作,2007 年编写出版《畜牧兽医行政管理与执法司法》一书,时过几年,为了与新的法律法规接轨,于 2014 年重修再版此书,紧紧围绕执业兽医师资格考试,新增案例,突出实际,各学校可根据自身情况,选择性地教授书中内容,部分内容可供学生自学。

  鉴于畜牧兽医法律法规常因情事变动而修订,唯恐耽误读者事务,特别提醒各位读者,关心法律条例的更新,广收信息,以新代旧。

  我们因工作阅历、时间的关系,书中疏漏之处在所难免,敬请各位读者批评与指正。

朱兆荣

2014 年 8 月

Contents
目　录

第1章
畜牧兽医行政基础

本章导读:本章主要介绍行政、畜牧兽医行政概念、特点、对象、范围、组织机构、执法人员等,本章为全书基础知识。那么,兽医畜牧行政属于什么?让我们进入兽医畜牧行政领域看看就清楚了。

1.1 畜牧兽医行政及对象范围

1.1.1 行政

1)行政的概念

行政是实现国家管理的一种公务活动,是国家行政机关为实现国家意志,依法行使国家权力,对国家事务进行组织与管理的活动。

2)行政的特点

行政属于国家;行政必须是处理公务;行政是国家活动的一种形式;行政是国家的管理活动;行政以宪法、法律、法规、规章为依据。

1.1.2 畜牧兽医行政

1)畜牧兽医行政的概念

畜牧兽医行政是国家行政的一部分,是畜牧兽医行政机关代表国家依法对畜牧兽医事务进行组织与管理的活动。

2)畜牧兽医行政的特点

①畜牧兽医行政主体必须是各级兽医畜牧行政主管部门及依法授权机构。

②畜牧兽医行政是兽医畜牧行政主体代表国家对国家兽医畜牧事务进行管理的行政活动,是国家活动的一部分。

③畜牧兽医行政以宪法、兽医畜牧法律、条例、规章和国际公约等为依据。

④畜牧兽医行政目的在于有效防治动物疾病,做好公共卫生,保障人畜健康,维护畜牧兽医正常生产工作秩序,促进养殖业发展。

案例1.1

农业部 2012 年兽医工作要点

1. 兽医工作的两大任务是有效控制和扑灭动物疫病、维护公共卫生安全和动物产品质量安全;强化管理相对人的动物防疫和动物产品质量安全责任,构建"地方政府负总责,生产者承担第一责任,相关部门各负其责"的兽医工作责任体系,鼓励大型企业中的执业兽医参与社会化服务;启动实施畜禽健康促进计划,加快推动种畜禽主要动物疫病的监测净化工作,严格种畜禽养殖的市场准入标准。

2. 强化非洲猪瘟等外来动物疫病的防范,按照"早、快、严、小"的原则,果断处置突发疫情;强化布病等人畜共患病的防控,做好布病、包虫病、狂犬病、血吸虫病、结核病等人畜共患传染病的防控工作。

3. 加强兽药监管信息建设,做好疫苗生产、供应以及质量监管工作,确保疫苗质量安全,健全完善兽药政策法规和标准,加快《兽医器械管理条例》《兽用处方药与非处方药管理办法》出台,推进 2015 版《兽药典》编纂工作。

4. 贯彻落实《农业部关于进一步加强动物卫生监督工作的意见》,实施好《动物及动物产品兽药残留监控计划》,组建动物卫生风险评估机构,推进动物标识及动物产品追溯体系建设,加强兽医实验室和动物诊疗机构,动物病原微生物菌(毒)种管理。

5. 深入推进兽医管理体制机制创新,加强乡镇畜牧兽医站建设,推进执业兽医制度建设。

6. 加强兽医科技工作,加强中兽医、中兽药研究,发挥中兽医、中兽药在动物疫病防治中的作用。

7. 大力推广国际动物卫生标准,加快我国兽医事务国际化步伐,与 OIE 联合开展兽医体系绩效评估培训;深化与 OIE、联合国粮农组织(FAO)、国际食品法典委员会(CAC)等有关国际组织合作。

1.1.3　畜牧兽医行政对象

畜牧兽医行政对象是指畜牧兽医行政主体代表国家,在组织管理畜牧兽医事务中,行政行为所指向的目标。可归纳为人与其他两类。

1)人

由于人们从事了畜牧兽医某项工作而成为畜牧兽医行政管理对象。如:某人因申请领取了《兽药生产许可证》《兽药经营许可证》,从事兽药生产、经营活动;由于某人从事畜禽饲养、经营、屠宰、运输、加工;由于某组织因违反《动物防疫法》的规定生产、经营畜禽;由于某人参加畜牧兽医人员的资格考核,证照申领、登记注册、年检;等等。

2)其他

如动物与动物产品及相关物品;草原、饲草、饲料、添加剂;兽药、药物饲料添加剂;加工机械、仪器设备、原材料等有关物品;环境、牧场、厂房、圈舍等设施;证、章、标志、行政规章;等等。故兽医畜牧行政对象还包括兽医畜牧行政主体行政行为所指向的其他目标。

1.1.4　畜牧兽医行政范围

畜牧兽医行政范围涵盖所有畜牧兽医事务,具体包括动物、饲料、兽药生产经营使用管理,草原规划建设利用管理,畜牧兽医行政许可管理,动物饲养屠宰、动物产品加工、动物疾病诊疗、动物防疫检疫、进出口业务、关证章标志及畜牧兽医执法司法等。

1.2　畜牧兽医行政组织机构

1.2.1　畜牧兽医行政主管部门

畜牧兽医行政主管部门由国务院和地方各级政府设立,代表国家和地方各级政府管理畜牧兽医方面事务的职能机关。

1)地位

行政主管机关的地位由国家法律设置、确认,地位高低是重要程度的反应,法律将对不同的地位赋予相应的责任。如:《中华人民共和国动物防疫法》"国务院兽医行政管理部门主管全国的动物防疫工作。县级以上地方各级人民政府兽医行政主管部门负责本区域内的动物防疫工作"。《兽药管理条例》"国务院兽医行政管理部门负责全国的兽药监督管理工作,县以上人民政府兽医行政主管部门负责本行政区域内的兽药监督管理工作"。

2)管理职责

管理职责是在管理工作中所负责的范围和所承担的责任,主管机关的职责由地位所系。如:

(1)国务院畜牧兽医主管部门(农业部)职责

负责制定动物防疫、检疫、种畜禽资源保护、培育和审定、动物生产经营、饲草饲料生产经营、兽药生产经营及其他行政规章、制度、办法、技术规范、标准以及规划、计划;规定、公布国家动物防疫、检疫对象、动物疫情;畜禽品种;药物饲料添加剂允许使用目录;进口兽药注册目录;审批、发布国家兽药标准等;负责全国的动物、动物产品和有关方面的防疫、检疫及其他兽医卫生工作的监督与管理,负责对全国兽药生产、经营、使用的监督管理,负责对全国种畜禽管理等;依照国家有关规定,管理所需各种证、章、标志。

(2)农业部兽医局职责

承办起草动物防疫检疫法律、法规和政府间动物检疫协议,发布禁止入境动物及其产品名录;研究、指导动物防疫检疫队伍和体系建设,组织兽医医政管理、兽药药政药检和兽医实验室监管;提出动物防疫检疫、畜禽产品安全、动物福利方面的方针、措施并组织落实;组织制订兽医、兽药标准并监督实施;组织兽药、兽医医疗器械和兽用生物制品的登记和进出口审批等。

(3)县级以上地方各级畜牧兽医主管部门职责

贯彻执行国家有关法律法规和上一级兽医畜牧行政管理机关发布的有关管理规定,

根据法律法规授权、起草或制定地方动物防疫、检疫及有关管理办法、技术规范和有关规定;拟订地方动物防疫规划、计划并监督执行等;负责辖区内动物防疫、检疫及其他兽医卫生工作的管理与监督;负责辖区内兽药生产、经营、使用的监督管理等;调查、处理兽药生产、经营、使用中的质量事故和纠纷,决定行政处罚等。

案例 1.2

农业部关于进一步加强动物卫生监督工作的意见

一、动物卫生监督是政府兽医工作的重要组成部分,进一步加强动物卫生监督,是各级畜牧兽医主管部门和动物卫生监督机构切实履行政府社会管理、公共服务职能的重要职责。

二、动物卫生监督机构依照《动物防疫法》规定和受畜牧兽医主管部门的委托,负责动物、动物产品的检疫及其他有关动物防疫活动的监督管理执法,承担动物产品安全监管相关工作。

三、

1. 组建具备独立法人资格的动物卫生监督机构,在乡镇或区域设立动物卫生监督分所作为县级动物卫生监督机构的派出机构,名称统一为"×县动物卫生监督所×分所";

2. 各级地方人民政府要科学配备动物卫生监督执法人员,加强对执业兽医、乡村兽医等兽医专业人才的管理,采取签约、聘用等有效形式,协助官方兽医开展动物检疫等执法辅助工作。

四、

1. 强化全程动物卫生监督执法,加大对饲养生产、隔离、屠宰加工、经营储藏、运输等活动的动物卫生监督执法力度,建立健全跨区域案件联防联动、检打联动、行政执法与刑事司法衔接机制;

2. 健全完善动物卫生风险评估机制;

3. 按照生产有记录、信息可查询、流向可追踪、质量可追溯、责任可追究的基本要求,实现检疫审批、官方兽医出证、跨省调运监管等业务信息的统一管理。

五、加强动物卫生监督执法人员实施监督检查、行政强制、行政处罚、行政许可等具体行政行为的行政执法培训,做到严格执法。

1.2.2 畜牧兽医监督管理机构

1)动物卫生监督机构

(1)动物卫生监督机构

动物卫生监督机构即动物卫生监督所,各级动物卫生监督所是依法成立并在同级兽医行政主管部门的领导下,代表国家行使兽医卫生监督管理职能的动物行政专业执法机构。

(2)职责

依法实施动物防疫、动物及动物产品检疫、动物产品安全和兽药监管等行政执法工作。动物卫生监督机构依法对动物饲养、屠宰、经营、隔离、运输以及动物产品生产、经营、加工、贮藏、运输等活动中的动物防疫实施监督管理。

动物卫生监督机构的职权可归纳为：监督管理权、证照审发权、工程审验权、技术监测权、行政执法权、行政司法权等。

案例1.3

"动监卫士"突击检查，捣毁窝点确保安全

2012年2月×日，某县动物卫生监督所开展"动监卫士"检查行动，对该县"黑名单"违法屠宰窝点进行了突击检查。行动中，检查组在新民镇南印寺村一非法屠宰点查获了正在屠宰病死猪的当事人梅某。经调查取证，执法人员确定梅某的行为触犯了《动物防疫法》第25条第5项的规定，并依据《动物防疫法》第76条规定，对当事人进行了罚款处罚，将屠宰加工的猪胴体、内脏、头部等进行了无害化处理，并没收了屠宰加工工具，将该"黑窝点"一举捣毁。此次夜间突击行动确保了城乡居民肉食品消费安全，当地群众拍手称快。

2）饲料质量监测机构

（1）饲料质量监测机构

饲料质量监测机构是各级政府设立的对饲料的质量进行监督和检（验）查的专业机构。

（2）职责

对企业申请许可证进行审核，生产饲料添加剂、添加剂混合饲料的企业，经省、自治区、直辖市人民政府饲料管理部门审核后，由国务院饲料行政主管部门颁发生产许可证；核发产品批准文号，取得生产许可证的企业，由省级人民政府饲料管理部门核发饲料添加剂、添加剂预混合饲料产品批准文号；了解饲料质量，了解饲料所含营养成分的高低与成分间的平衡关系、是否存在有毒有害成分、动物对饲料成分的吸收情况以及饲料在生产、储运、保管和使用过程中质量变化的规律，通过分析检验，对饲料质量作正确评估；按照国家饲料质量的各类标准，对饲料的原料、半成品、成品、进货、储运、销售及使用等各个环节认真地进行饲料质量检验、监督与管理；对开发的新饲料资源、试制的新产品、改革的新工艺和投产的新设备进行系统的分析检验，以保证饲料的质量。

案例1.4

某区查处一起经营不符合饲料产品质量标准的饲料案

2011年11月25日，某区农业行政执法支队收到某市兽药饲料检测所的检验报告。报告称，2011年9月29日在该区某科技养殖场抽检的"4312仔猪复合预混合饲料"检验结果为不合格。2011年12月8日，执法人员对该养殖场经营者罗某进行询问调查获悉，该批不合格饲料为该区李某销售。经领导批准对当事人李某进行立案调查。2011年12月13日，执法人员来到该区天竺路×号当事人的饲料销售门市，对当事人的违法事实展开调查取证，当场制作了询问笔录，提取并复印了相关证据。

经查实，当事人购进某厂的生产日期为2011年9月4日的不符合饲料产品质量标准的"4312仔猪复合预混合饲料"，于2011年9月16日以每件（20 kg/件）80元整的价格销

售到该区某科技养殖场,共计50件,获违法所得4 000元整。经执法人员调查取证,当事人经营不符合饲料产品质量标准饲料的行为,事实清楚,证据充分。

当事人的行为违反了《饲料和饲料添加剂管理条例》第30条第3项规定,该区农业委员会依法责令当事人停止经营该批"4312仔猪复合预混合饲料",并作出了"1.没收违法所得4 000元,2.罚款4 000元"的行政处罚决定。

当事人于2011年12月23日签收《行政处罚决定书》,并于2012年1月5日将罚没款8 000元缴至国库。

3)兽药监察所

(1)兽药监察所

兽药监察所是在同级兽医行政管理机关领导下的兽药质量监督、检验、鉴定的法定专业技术机构。分为国家兽药监察所和省级兽药监察所。

(2)国家兽药监察所职责

a.负责全国兽药质量的监督、抽检兽药产品和对兽药质量检验、鉴定的最终技术仲裁;

b.参与国家兽药标准的拟订和修订;负责新兽药、新生物制品和进口兽药的质量审核及复核试验,并提出报告;负责兽药检验用标准品(对照品)、参照品和生产、检验用菌、毒、虫种的研究、制备、标定、鉴定、保管和供应;开展有关提高兽药质量、制订兽药标准、检验新技术的研究,承担国家下达的其他研究任务;负责国家兽医微生物菌种保藏工作;调查兽药检验工作、了解生产、使用单位对兽药质量的意见,掌握全国兽药质量情况;指导省、自治区、直辖市兽药监察所和生物制品厂监察室的质量监督工作;培训兽药检验技术人员,推广检验新技术;开展国内外兽药学术情报交流。

(3)省级兽药监察所职责

省级兽药监察所为地方兽药监察所,主要职责为负责本辖区的兽药质量监督、检验、技术仲裁工作,并定期抽检兽药产品,掌握兽药质量情况;负责制定和修订兽药地方标准,参与部分国家兽药标准的起草、修订工作;负责兽药新制剂的质量复核试验,并提出试验报告;调查、了解本辖区的兽药生产、经营和使用情况;指导辖区内兽药生产、经营、使用的技术工作,并协助解决技术上的疑难问题;负责本辖区兽药检验技术交流和技术培训;开展有关兽药质量、兽药标准、兽药检验新技术、新方法的研究工作。

案例1.5

某县畜牧兽医局查处一起经营假兽药案

2012年10月26日,A县养鹅户贺某称本月8日在该县畜产品交易市场B公司购买了肠舒畅、威特学球、盐酸金刚烷胺3个兽药产品预防鹅感冒,鹅吃后开始死亡,已死亡580只,损失4万余元,经多次协商无果,怀疑该药有质量问题,带来未使用完的3个产品样品及包装,请求畜牧局出面处理。

接报当天,请示领导批准立案。执法人员立即前往该公司门市突击检查,发现尚未销售的肠舒畅7瓶和威特学球5瓶,作了《现场检查笔录》,拍照取证,对查获兽药登记保存,制作《证据登记保存清单》,提取公司相关资质证件、涉案兽药进货票据和销售记录复印件;第二天,执法人员在"中国兽药信息网"上认真核查,未查询到肠舒畅的兽药字(2009)080305092 批准文号。盐酸金刚烷胺在其外包装上也未发现其生产批准文号,根据农业部《关于清查金刚烷胺等抗病毒药物的紧急通知》,该产品属于禁止使用的产品。2012 年 11 月 13 日,执法人员通知该公司相关人员到执法大队办公室制作了《询问笔录》。

经查实:该公司购买威特学球 1 件(40 瓶)为合格兽药产品,已销售 35 瓶,登记保存的剩余 5 瓶依法予以退还。但该公司经营的肠舒畅(40 瓶)和盐酸金刚烷胺(10 袋)为假兽药,其中,盐酸金刚烷胺 10 袋已销售完,肠舒畅已销售 33 瓶,剩余 7 瓶,违法经营肠舒畅和盐酸金刚烷胺的货值共计 720.00 元,销售后实现违法所得共计 629.00 元。

根据《兽药管理条例》第 47 条第 1 款规定,该公司经营的盐酸金刚烷胺和肠舒畅为假兽药。调查终结后,该县畜牧兽医局于 2012 年 11 月 14 日送达了《行政处罚事先告知书》,该公司在法定期限内没有提出陈述、申辩意见。该公司经营假兽药的行为,事实清楚,证据确凿充分,其行为违反了《兽药管理条例》第 27 条第 3 款规定;依照《兽药管理条例》第 56 条第 1 款规定,鉴于当事人积极配合调查,并及时赔付了举报人的损失,维护了社会稳定,该县畜牧兽医局书面责令其停止经营假兽药违法行为后,依法作出了如下处罚决定:1.没收未销售的假兽药(肠舒畅)7 瓶,2.没收违法所得 629.00 元,3.处货值金额3 倍罚款人民币 2 160.00 元。合计罚没款人民币贰仟柒佰捌拾玖圆整(¥2 789.00)。

2012 年 11 月 20 日,该县畜牧兽医局依法送达了《行政处罚决定书》,B 公司在规定时间内到指定银行缴纳了罚没款 2 789.00 元。登记保存的假兽药(肠舒畅)7 瓶依法予以没收,该县畜牧兽医局择日集中销毁。

4)动植物检疫机关

(1)国家动植物检疫机关

国家动植物检疫机关在对外开放的口岸和进出境动植物检疫业务集中的地点设立的口岸动植物检疫机关,依法实施进出境动植物检疫。

(2)职权

依照本法规定登船、登车、登机实施检疫;进入港口、机场、车站、邮局以及检疫物的存放、加工、养殖、种植场所实施检疫,并依照规定采样;根据检疫需要,进入有关生产、仓库等场所,进行疫情监测、调查和检疫监督管理;查阅、复制、摘录与检疫物有关的运行日志、货运单、合同、发票及其他单证。

口岸动植物检疫机关在港口、机场、车站、邮局执行检疫任务时,海关、交通、民航、铁路、邮电等有关部门应当配合。检疫人员依法执行公务时,任何单位和个人不得阻挠。

案例 1.6

某口岸首次从旅客入境物中截获"食人鱼"

2012 年 12 月 17 日下午,某检验检疫局工作人员截获一批旅客携带入境的观赏鱼。经查,该批观赏鱼每条长约 6 cm,体呈卵圆形,侧扁,尾鳍又状,体呈灰绿色,背部为墨绿色,腹部为鲜红色,牙齿锐利,下颚发达有刺,与食人鱼十分相似。旅客称该鱼从香港购得,准备带到广州售卖。鉴于旅客无法提供任何检疫审批证明,工作人员依法将该批鱼做截留处理,经某海洋大学水产学院出具的鉴定报告显示,此批鱼为观赏鱼系食人鱼。

据了解,食人鱼体型虽小,但性情凶猛残暴,以鱼类和落水动物为食,也有攻击人的记录。目前已发现的食人鱼有20余种,多出现在南美洲安第斯山脉以东,从加勒比海南岸至阿根廷北部的一些拉美国家。这些外来鱼种一旦违规入境,可以很快在自然水域形成种群,将给国内水域生态平衡造成一定破坏,危及其他鱼类和人畜安全。水生动物是《中华人民共和国进出境动植物检疫法》禁止携带入境的。

5)动物疫病预防控制中心

(1)动物疫病预防控制中心

动物疫病预防控制中心又称为动物卫生防疫检疫机构,是省、市、县三级政府设立的动物疫病预防控制技术支持机构,归口同级兽医行政管理部门管理。

(2)职责

负责实施动物疫病的监测、预警、预报、实验室诊断、流行病学调查、疫情报告;负责辖区内动物疫情调查、监测,并组织疑难病症的诊断治疗和疫情扑灭;依法出具免疫证明、检疫证明;提出重大动物疫病防控技术方案;动物疫病预防的技术指导、技术培训、科普宣传;承担与动物产品安全相关技术检测工作等。

动物疫病预防控制中心可充分利用现有高等院校、科研院所等兽医技术资源,通过充实力量、资格认可、安全监管,切实加强国家兽医参考实验室、区域诊断实验室建设。

案例1.7

某区畜牧兽医局布置冬季动物疫病防控和食品安全工作

2013年1月4日,某区畜牧兽医局根据当前动物疫病防控和肉食品安全的重点,召开会议布置了当前工作:

1.针对目前肉类食品需求增加,要求畜牧兽医系统人员要加大对产地、屠场、动物及产品加工储藏企业等重点环节进行检查,区监督所要组织人员对以上场所和区域进行不定期督查,坚决打击违法经营、加工、屠宰动物及其产品的行为。

2.针对冬季动物疫病发病特点和趋势,认真做好重大疫病的基础免疫工作,进一步强化仔猪阉割免疫、重大动物疫病补免和冬季猪拉稀病的监测等工作;强化道口监督检查,严防死守堵疫于区外;强化养殖户的饲养管理,提高动物自身抵抗力,减少疫病发生;强化重点区域、重点环节、运载动物及其产品的运输工具消毒,最大限度地减少疫源和动物疫病传播概率。

6)草原监督管理机构

(1)草原监督管理机构

草原监督管理机构又称为草原监督管理站,国务院草原行政主管部门和草原面积较大的省、自治区的县级以上人民政府草原行政主管部门设立草原监督管理机构。

(2)职责

负责草原法律、法规执行情况的监督检查,对违反草原法律、法规的行为进行查处。即宣传贯彻草原法律、法规,监督检查草原法律、法规和政策的实施;对违反草原法律、法规的行为进行查处;负责草原所有权、使用权和承包经营权的审核、登记、管理的相关工作;负责草原权属争议的调解及办理调剂使用草原的相关工作;对征收或者征用草原和草原建设项目等进行现场勘验、监督检查,处理临时占用草原的有关事宜;协助有关部门做好草原防火的具体工作;受草原行政主管部门委托,开展草原监督管理有关工作。

案例1.8

某市草原监理所查处一起非法收购草原野生植物案

近年来,由于草原野生药用植物收购价格的上涨,受利益驱动,夜间采挖和收购草原野生植物的违法行为时有发生,使草原植被遭到严重破坏。为此,该市草原监理所严禁采挖并派执法人员进行蹲点巡查。

2012年9月29日早晨6时许,执法人员在公路收费站将违法嫌疑人拦下,经查得知,朱某、巴某于28日晚10点多在该市苏沁永胜队收购赤芍,总计368 kg。对此,该市草原监理所根据相应法律法规对违法人员进行处罚。

此次查处行动对滥采、乱挖、非法收购草原野生植物的行为起到了很好的震慑作用。

7)基层畜牧兽医站

(1)基层畜牧兽医站

基层畜牧兽医站是各级兽医行政管理部门的最基层工作组织。农业部要求各地要按照精简、统一、效能的原则,按照一乡一站或按区域设置畜牧兽医站。

(2)职责

负责宣传国家畜牧兽医法律法规;负责畜牧生产新技术推广、品种改良、种草养畜工作;负责畜牧生产统计工作;负责辖区内重大动物疫病强制免疫的免疫质量、疫病监测,负责消毒工作的技术指导;负责病死畜禽无害化处理的技术指导,规模化养殖场动物防疫监控,负责疫情报告工作;负责兽医新技术推广和农村兽医、阉割人员日常管理;负责辖区内兽药、饲料经营的日常管理;负责辖区内产地检疫、屠宰检疫、市场检疫工作;负责站内职工政治思想、队伍建设、经营管理。

案例1.9

某镇畜牧兽医站站长赖某同志先进事迹

走进该镇畜牧兽医站,人们总能看到一个忙碌的身影:张贴完推广科学养禽的宣传栏,就忙着给村民们的禽畜打预防针,这边还接着养牛户咨询的电话,那边又催着下乡去给牛人工授精,这个人正是该镇畜牧兽医站的站长赖某,提到赖某,人们总是交口称赞:赖某腿脚最勤快,每次养牛户一个电话,他总是第一时间为我们上门服务,凭借过硬的技术担当养牛户的保护神。2008年该镇水北村被列为省新农村建设试点村,为了帮助村里发展生产,培植"一村一品"产业。该镇畜牧兽医站立足水北村村情,向上级有关部门争取到南德温牛改良本村黄牛项目,填补了该村新农村建设无产业的空白,而赖某也成了这一产业的核心技术人员。

1.2.3　畜牧兽医执法及工作人员

目前,我国兽医畜牧执法及相关工作人员主要包括兽医畜牧行政部门所属动物卫生监督员、兽药监督员、饲料监督员、草原监理员、动物检疫员、动物疫情测报人员以及养殖司法鉴定人等,其中,包括官方兽医。

案例1.10

某县×猪场猪只死亡赔偿纠纷一案中死亡猪只死亡因果关系鉴定评价报告鉴定书

××司鉴(2008)鉴字第4号

一、基本情况

委托人:某县×法律服务所

委托鉴定事项:对某县×猪场猪只死亡赔偿纠纷一案中死亡猪只的死亡因果关系进行鉴定。鉴定事项:

1. 母猪在妊娠期是否因长时间受巨震和炮声惊吓会导致流产和产后死亡;

2. 仔猪是否因在哺乳期长时间受巨震和炮声惊吓、空气中尘埃过重死亡。

受理日期:2008年10月8日

鉴定材料:某县×法律服务所×律师对某县×猪场猪只死亡赔偿纠纷一案中死亡猪只的死亡原因的介绍和提供的8份资料。

鉴定日期:2008年10月8日—10月30日

鉴定地点:××大学××校区

二、检案摘要

根据某法律服务所×律师介绍和资料显示,2008年年初至2008年10月上旬,某县×猪场因某施工单位为城市开发修建公路每天施工作业,长时间开山放炮,造成距150 m的×猪场内母猪受惊吓后早产而死,产下的仔猪也同时死亡的事件,经多次现场勘察与专家会诊,证实该猪场近段时间死亡的母猪、仔猪在妊娠前期属正常生长发育。

通过畜牧专业的兽医、专家的综合诊断,以及现场专家的病理诊断和解剖的结果,排除病原因素造成的死亡、流产。

在×畜牧兽医站证明:"该猪场造成猪的流产、死亡原因属其他因素影响造成"及相关材料证明的情况下,某县×法律服务所对某县×猪场猪只死亡赔偿纠纷一案中死亡猪只的死亡因果关系委托我所进行鉴定。

三、鉴定意见

爆破所引起的振动、空气冲击波、噪声、有毒气体及露天爆破引起的飞石会引起猪只的流产、死亡。

本章小结

畜牧兽医行政是国家行政的一部分,是畜牧兽医行政机关代表国家依法对畜牧兽医事务进行组织与管理的活动。

畜牧兽医行政组织机构,包括主管职能机关、监督机构、执法和工作人员等。

复习思考题

1.畜牧兽医行政调整的范围有哪些?
2.畜牧兽医行政组织机构有哪些?
3.兽医行政执法及工作人员有哪些?
4.名词解释。

行政、畜牧兽医行政、畜牧兽医行政对象、兽药监督员、动物检疫员、动物卫生监督员、官方兽医

实　训

深入各级兽医畜牧行政组织机构,了解兽医畜牧行政管理与执法现状、工作人员的职责与所从事的工作。

第2章
畜牧兽医行政管理方法制度

本章导读：主要介绍畜牧兽医管理概念、手段、内容、方式、措施；畜牧兽医常用制度与证章标志管理等。

2.1 畜牧兽医行政管理概述

2.1.1 畜牧兽医行政管理

1）畜牧兽医行政管理概念

畜牧兽医行政管理是畜牧兽医行政机关（行政主体）代表国家，依法制定畜牧兽医行政规章，通过组织、计划、指挥、协调、控制等方式，建立健全畜牧兽医行政管理秩序的活动。

（1）主体

畜牧兽医行政管理主体是各级畜牧兽医行政主管部门及其授权机构。

（2）性质

畜牧兽医行政管理是畜牧兽医行政主体代表国家对畜牧兽医事务进行管理的活动，是国家意志的体现。

（3）对象

畜牧兽医行政管理的对象是全社会的畜牧兽医工作。

（4）目的

畜牧兽医行政管理的目的是建立行之有效的工作秩序，预防、控制、消灭动物疾病，保护养殖业正常发展和人类及环境健康。

2）畜牧兽医行政管理手段

在管理行为中，最重要的是决策正确，管理者要通过分析、比较，在若干种可供选择的方案中选定最优方案供执行。因此，决策就是为了达到一定目标，采用一定的科学方法和手段,从两个以上的方案中选择一个满意方案的分析判断过程。在畜牧兽医行政管理中,常用手段包括:决策、规划与计划、组织机构、措施、监督等。

2.1.2　畜牧兽医行政管理内容

(1)行政立法

畜牧兽医行政立法是畜牧兽医行政管理的最高表现形式,它是在总结经验的基础上,依照法定的程序,将那些切实可行的畜牧兽医行政管理办法、措施、方式以行政法规、规章的形式加以固定,并以国家强制力为后盾,使之得以贯彻实施。

(2)制定行为规则

制定行为规则是指畜牧兽医行政主体依照畜牧兽医行政法规、规章的规定,对相应行政法律关系中的行为规则,按法定程序进行细化和具体化的行政活动。

(3)研究制定技术标准

畜牧兽医行政管理具有较强的科学性、专业性和技术性。

(4)修改制定技术规程

动物卫生技术标准的实行,动物卫生检疫、检验等措施的施行,都离不开技术规程,没有技术规程,标准就难以实现,检疫、检验就无法进行。

(5)认可许可审批验收制度

认可是对资格能力的确认,审批者根据下级机关直接选拔、考核、审查和推荐上报的情况,进行核准、同意、备案。

2.1.3　畜牧兽医行政管理方式

(1)索证验证

索证验证是指畜牧兽医行政管理主体依法检查公民、法人和其他组织等是否持有规定的兽医畜牧证、章、标志,以及所持证、章、标志是否合法的行政活动。

(2)常规监督管理

常规监督管理是指畜牧兽医行政主体对管理相对人执行畜牧兽医行政法的情况,依法进行经常性的监督、检查行政管理活动。

(3)技术监督监测

技术监督监测主要是衡量管理相对人生产、经营的产品是否合乎质量标准,有关的场所设施等是否符合畜牧兽医规定条件要求。

(4)流通环节监督管理

流通环节监督管理是指行政兽医主体,对进入流通环节的动物、动物产品及生产经营者在流通环节的活动,所进行的监督、检查的行政管理活动。

(5)对下级机关的监督管理

畜牧兽医行政主体的监督管理属于层级管理,即上一级负责对下一级机关实行监督管理。

案例 2.1

某市依法加强动物卫生监督执法工作

2013 年某市动物卫生监督所严格按照省畜牧兽医主管机关的要求,按规定依法行使行政审批事项,加大种畜禽、饲料、兽药等投入品质量的检测、鉴定和执法监督工作。

一、审批事项 2013 年 11—12 月共审核发放《动物防疫条件合格证》4 份。动物及动物产品检疫委托单位有:南城、环城、鹿头、新市等 17 个畜牧兽医服务中心。

二、执法监督 2013 年 11—12 月共立案 84 件。其中,养殖场未申报办理《动物防疫条件合格证》10 件,未建立养殖档案 1 件,兽药监管 30 件,饲料监管 4 件,未申报检疫 5件,未附有检疫证明 6 件,其他案件 28 件,现已结案 82 件,结案率达 98%。

2.1.4 常用行政管理方法措施

(1)用行政管理方法
检查、调查、派驻等。

(2)常用行政管理措施
规定无偿取样、封存留验、扣押、责令追回违禁动物、动物产品及有关物品等。

(3)监督结果处理
纠正制止制裁是对违反畜牧兽医行政法的行为,畜牧兽医行政主体有权依法进行纠正、制止、制裁。常用无害化处理有制化、深埋、发酵、焚烧、产酸、高温、消毒等。

案例 2.2

"怪病"再次敲响警钟

——都是病猪惹的祸,对某省人感染猪链球菌疫情回顾

2005 年 6 月下旬,某省部分地区相继发生人感染猪链球菌病疫情,至 2005 年 8 月 1日,这种罕见的"怪病"已经造成 34 人死亡,这次疫情还是再一次敲响了农村检疫防疫工作的警钟,经专家认定,猪链球菌病的主要污染源是病猪和带菌猪,而对病猪的处置不当是造成本病传播的重要因素。从生产环节看,发生疫情的地区都有养殖生猪的传统。但这次疫情中的病死猪均来自散养户,而大型规模化养猪场和专业养猪大户均没有出现生猪感染。分散饲养的养殖户,由于饲养环境差、卫生标准低,消毒和防疫措施几近空白,都促成了疫病的发生。从流通、消费环节看,引起这次疫情的直接原因是宰杀、食用病死猪。根据动物防疫法,动物因病或不明原因死亡必须实行无害化处理。而对于病死的猪,很多农民舍不得掩埋就自己宰杀分食,少部分出售给非法商贩。这样,病死猪肉的检疫和无害化处理,在部分地区成了空白,造成了这次疫病爆发。

2.2 兽医行政常用制度

兽医行政制度较为多样,如动物免疫证明制度、技术监测制度、疫病监测扑灭制度、认证许可制度、执业兽医师制度、官方兽医制度等多种制度。

2.2.1　免疫证明管理制度

1) 免疫证明管理制度

免疫证明管理制度是畜牧兽医行政主体为防止动物传染病发生和传播,对需要强制免疫对象,采取免疫接种措施,并对经免疫动物发放免疫证明的社会防范措施。其实施必须具备两个条件:

①主要适用急性、烈性、危害较大的动物传染病。

②必须研制并能生产出有效疫苗。

2) 动物免疫管理

(1) 决定免疫接种对象

免疫接种对象是指预防的动物传染病种类。我国由兽医行政主管部门统一规定,实行两级管理,国务院兽医行政主管部门规定在全国范围内必须统一实行免疫对象;省级兽医行政主管部门根据实际需要决定本行政区域内需统一接种的防疫对象。

(2) 决定所用疫苗的种类

高效疫苗是免疫接种措施的条件之一,对于已经决定的免疫接种对象,使用何种疫苗应由兽医行政主管部门决定,以经济、安全、稳定、特异、高效为标准。

(3) 决定免疫程序

免疫程序是免疫接种的方式与步骤,包括适用动物的种类、免疫方式、免疫剂量、免疫时间(一般按日龄、月龄计算)、免疫次数以及几次免疫之间的间隔时间。

(4) 决定免疫效果的监测方法和标准

免疫后的效果如何应有一定的标准,并通过统一的方法进行监测、鉴定,由兽医行政主管部门负责标准的确定和方法的选择。

(5) 决定免疫证明的种类和样式

凡强制免疫接种的防疫对象,对已按规定免疫的动物应出具免疫证明,这是具有法律后果的凭证,不能随意设置,由兽医主管部门统一设置、设计,并按规定统一监制,责成专门机构进行管理。免疫证明分为书面凭证和免疫标记两种类型。

3) 动物免疫接种实施

免疫接种工作应由饲养者自己按照兽医行政主管部门规定的免疫程序和操作规程进行,服从兽医行政主管部门的防疫安排、布置,听从兽医卫生技术人员的技术指导,认真做好预防接种工作,或委托兽医行政主管部门认可的兽医卫生服务单位帮助,实行有偿服务。动物免疫证明由动物卫生监督机构或兽医卫生防检机构发放。

案例 2.3

全国重大动物疫病春季集中免疫基本结束

2011 年以来,农业部认真贯彻落实中央关于加强重大动物疫病防控工作的决策部署,深入分析疫情形势,科学制订免疫计划,狠抓关键环节落实,切实加强监督检查,确保"应免尽免、不留空当"和"真苗、真打、真有效"。1 月份农业部及时下发了《2011 年国家动物疫病强制免疫计划》,3月初组织召开全国春季重大动物疫病防控工作会议,全面部署了春防工作。集中免疫期间多次派出工作组赴重点省份开展督导,强化督促检查,认真查漏补缺。截至2011年5月23日,高致病性禽流感、口蹄疫、高致病性猪蓝耳病、猪瘟4种强制免疫重大动物疫病免疫进度均超过98%,有效构筑了免疫屏障,为确保不发生区域性重大动物疫情打下了坚实基础。

2.2.2 兽医技术监测制度

1)兽医技术监测概述

兽医技术监测是指兽医行政主体,为保证人类、动物、植物、环境的健康,对与饲养动物有关的饲料、兽药、仪器、设备、物料、厂房、环境质量;人员健康、动物疫病、产品卫生;管理者素质、管理制度、生产工艺流程等,依照国际、国家、行业等标准,用技术检验、鉴定、评估认证等手段,依法进行监督管理的一项行政措施,如兽医卫生技术监测。

2)兽医卫生技术监测

(1)概念

兽医卫生技术监测是兽医行政主体,为保证动物、动物产品及相关物品的卫生质量,对有关单位和个人执行国际、国家和兽医行业标准要求的情况,通过技术检验、鉴定等手段进行监督管理,依法实行鉴定达标、质量认可的一项行政措施。

(2)意义

①防疫疾病。

②保证肉类卫生质量,保护人民身体健康。

③促进生产经营单位和个人主动做好各项兽医卫生工作,健康发展养殖业。

(3)内容

包括种用动物的监测、乳用动物的监测、动物产品的监测三方面。

①种用动物监测。各种种用动物不能患有下列传染病(及新发生的危害大的疫病):

a.种牛。应无口蹄疫、结核病、布氏杆菌病、兰舌病、牛地方性白血病、副结核病、牛肺疫、牛传染性鼻气管炎、黏膜病、疯牛病。

b.种马种驴。应无鼻疽、马传染性贫血、马鼻腔肺炎。

c.种羊。应无口蹄疫、布氏杆菌病、兰舌病、山羊关节炎、绵羊梅迪维斯那病、羊痘、疥癣。

d.种猪。应无口蹄疫、猪瘟、猪传染性水泡病、布氏杆菌病、猪霉形体肺炎、猪密螺旋体痢疾。

e.种兔。应无兔病毒性败血症、魏氏梭菌病、螺旋体病、疥癣、球虫病。

f.种禽。应无新城疫、雏白痢、鸭瘟、小鹅瘟、白血病、霉形体病、禽流感。

经过监测,合格的种用动物,要有书面认可证书。凡未经取得认可证书的种用动物,不得再作种用。

②乳用动物监测。乳用动物患传染病,不仅影响其生产性能和后代,而且直接影响到人类健康,因此,对乳用动物的卫生要求更严。为进一步加强动物疫病防控工作,保障

畜牧业持续健康发展,提高动物产品质量安全水平,维护国家公共卫生安全,依据《中华人民共和国动物防疫法》和《乳品质量安全监督管理条例》,2008年12月30日,农业部制定了《乳用动物健康标准》,自发布之日起施行。

我国兽医行政法规定,对种用、乳用动物实行《动物健康合格证》和《动物防疫条件合格证》管理制度,即饲养、使用种用、乳用动物的单位和个人,必须向兽医行政主体申领《动物健康合格证》和《动物防疫条件合格证》,经兽医行政主体审核、检验,合格的颁发《动物健康合格证》和《动物防疫条件合格证》,有关单位和个人凭证饲养、经营、使用种用动物和乳用动物。并随时接受对种用、乳用动物卫生的定期监测。监测合格者,继续饲养作乳用、种用,监测不合格者,吊销《动物健康合格证》和《动物防疫条件合格证》,不得再饲养作乳用、种用。

案例2.4

三鹿刑事犯罪案犯被执行死刑

2008年中国毒奶粉事件,是一起严重的中国食品污染事件。

事件起因是很多食用三鹿集团生产的婴幼儿奶粉的婴儿被发现患有肾结石,随后在其奶粉中发现化工原料三聚氰胺。截至2008年9月21日,因食用婴幼儿奶粉而接受门诊治疗咨询且已康复的婴幼儿累计39 965人,正在住院的有12 892人,此前已治愈出院1 579人,死亡4人,到9月25日,中国香港有5人、中国澳门有1人确诊患病。中国国家质检总局公布对国内的乳制品厂家生产的婴幼儿奶粉的三聚氰胺检验报告后,事件迅速恶化,包括中国其他著名奶制品品牌在内的22个厂家69批次产品中都检出三聚氰胺。该事件也重创中国制造商品信誉,多个国家禁止了进口中国乳制品。

河北省石家庄市中级人民法院于2009年1月21日作出刑事判决,认定被告人张玉军犯以危险方法危害公共安全罪,判处死刑,剥夺政治权利终身;认定被告人耿金平犯生产、销售有毒食品罪,判处死刑,剥夺政治权利终身,并处没收个人全部财产。宣判后,张玉军、耿金平提出上诉。河北省高级人民法院依法开庭审理,于2009年3月26日裁定驳回张玉军、耿金平上诉,维持原判,并依法报请最高人民法院核准。根据最高人民法院执行死刑的命令,石家庄市中级人民法院于2009年11月24日对"三鹿"刑事犯罪案犯张玉军、耿金平执行死刑。原三鹿集团董事长田文华以生产、销售伪劣产品罪,被石家庄市中院一审判处无期徒刑。原三鹿高管王玉良、杭志奇、吴聚生分别被判处有期徒刑15年、8年和5年。

③动物产品监测。这里主要涉及对肉类的监测,因为肉类供人们食用,关系到人们的身体健康。对肉类监测实行不定期监测。监测肉类应注意以下情况:

a.是否新鲜,是否在保存期内。

b.有无染疫情况。

c.有无变质。

d.存放方式是否合理,有无污染。

e.有无其他不卫生因素。

经过监测发现不符合肉品卫生标准时,根据具体情况,依法处理。

案例2.5

某省瘦肉精事件

自 2011 年 3 月 15 日起，某省共排查 50 头以上规模养殖场近 6 万个，确认"瘦肉精"呈阳性的生猪 126 头，涉及 60 多个养殖场；排查 50 头以下散养户 7 万多个，确认"瘦肉精"呈阳性生猪 8 头；同时还查获含"瘦肉精"饲料若干批次。肇事"瘦肉精"来源已基本查明，并发现 3 个"瘦肉精"制造窝点。被该省有关部门控制、刑拘、立案侦查的人员已达 68 人，其中"瘦肉精"销售人员 26 人，使用养殖户 33 人，生猪经纪人 7 人，企业采购人员 2 人，并对 43 名公职人员进行了调查取证。

自 2012 年 1 月起，该省动物卫生监督所再次分别对生猪交易市场、屠宰场、规模养殖场开展了"瘦肉精"抽样检测，共监测 102 头/份，未检出含有"瘦肉精"动物及动物产品。

2.2.3 动物疫病监测扑灭制度

1）动物疫病分类

（1）中国动物疫病分类

为贯彻执行《中华人民共和国动物防疫法》，农业部 1999 年发布《一、二、三类动物疫病病种名录》，2008 年 12 月 11 日修订，自发布之日起施行。

①一类动物疫病（17 种）。口蹄疫、猪水泡病、猪瘟、非洲猪瘟、高致病性猪蓝耳病、非洲马瘟、牛瘟、牛传染性胸膜肺炎、牛海绵状脑病、痒病、蓝舌病、小反刍兽疫、绵羊痘和山羊痘、高致病性禽流感、新城疫、鲤春病毒血症、白斑综合征。

②二类动物疫病（77 种）。

a. 多种动物共患病（9 种）：狂犬病、布鲁氏菌病、炭疽、伪狂犬病、魏氏梭菌病、副结核病、弓形虫病、棘球蚴病、钩端螺旋体病。

b. 牛病（8 种）：牛结核病、牛传染性鼻气管炎、牛恶性卡他热、牛白血病、牛出血性败血病、牛梨形虫病（牛焦虫病）、牛锥虫病、日本血吸虫病。

c. 绵羊和山羊病（2 种）：山羊关节炎脑炎、梅迪—维斯纳病。

d. 猪病（12 种）：猪繁殖与呼吸综合征（经典猪蓝耳病）、猪乙型脑炎、猪细小病毒病、猪丹毒、猪肺疫、猪链球菌病、猪传染性萎缩性鼻炎、猪支原体肺炎、旋毛虫病、猪囊尾蚴病、猪圆环病毒病、副猪嗜血杆菌病。

e. 马病（5 种）：马传染性贫血、马流行性淋巴管炎、马鼻疽、马巴贝斯虫病、伊氏锥虫病。

f. 禽病（18 种）：鸡传染性喉气管炎、鸡传染性支气管炎、传染性法氏囊病、马立克氏病、产蛋下降综合征、禽白血病、禽痘、鸭瘟、鸭病毒性肝炎、鸭浆膜炎、小鹅瘟、禽霍乱、鸡白痢、禽伤寒、鸡败血支原体感染、鸡球虫病、低致病性禽流感、禽网状内皮组织增殖症。

g. 兔病（4 种）：兔病毒性出血病、兔黏液瘤病、野兔热、兔球虫病。

h. 蜜蜂病（2 种）：美洲幼虫腐臭病、欧洲幼虫腐臭病。

i. 鱼类病（11 种）：草鱼出血病、传染性脾肾坏死病、锦鲤疱疹病毒病、刺激隐核虫病、淡水鱼细菌性败血症、病毒性神经坏死病、流行性造血器官坏死病、斑点叉尾鮰病毒病、传染性造血器官坏死病、病毒性出血性败血症、流行性溃疡综合征。

j.甲壳类病(6种):桃拉综合征、黄头病、罗氏沼虾白尾病、对虾杆状病毒病、传染性皮下和造血器官坏死病、传染性肌肉坏死病。

③三类动物疫病(63种)。

a.多种动物共患病(8种):大肠杆菌病、李氏杆菌病、类鼻疽、放线菌病、肝片吸虫病、丝虫病、附红细胞体病、Q热。

b.牛病(5种):牛流行热、牛病毒性腹泻/黏膜病、牛生殖器弯曲杆菌病、毛滴虫病、牛皮蝇蛆病。

c.绵羊和山羊病(6种):肺腺瘤病、传染性脓疱、羊肠毒血症、干酪性淋巴结炎、绵羊疥癣,绵羊地方性流产。

d.马病(5种):马流行性感冒、马腺疫、马鼻腔肺炎、溃疡性淋巴管炎、马媾疫。

e.猪病(4种):猪传染性胃肠炎、猪流行性感冒、猪副伤寒、猪密螺旋体痢疾。

f.禽病(4种):鸡病毒性关节炎、禽传染性脑脊髓炎、传染性鼻炎、禽结核病。

g.蚕、蜂病(7种):蚕型多角体病、蚕白僵病、蜂螨病、瓦螨病、亮热厉螨病、蜜蜂孢子虫病、白垩病。

h.犬猫等动物病(7种):水貂阿留申病、水貂病毒性肠炎、犬瘟热、犬细小病毒病、犬传染性肝炎、猫泛白细胞减少症、利什曼病。

i.鱼类病(7种):鲫类肠败血症、迟缓爱德华氏菌病、小瓜虫病、黏孢子虫病、三代虫病、指环虫病、链球菌病。

j.甲壳类病(2种):河蟹颤抖病、斑节对虾杆状病毒病。

k.贝类病(6种):鲍脓疱病、鲍立克次体病、鲍病毒性死亡病、包纳米虫病、折光马尔太虫病、奥尔森派琴虫病。

l.两栖与爬行类病(2种):鳖腮腺炎病、蛙脑膜炎败血金黄杆菌病。

动物疫病由国务院兽医主管机关根据情况增减,报国务院批准公布。

国家对各类动物传染病,分别采取疫情报告、隔离、封锁、禁止移动,扑杀和销毁等不同措施,并通过法定形式固定下来,便于各级人民政府和兽医行政主管机关依法采取强制性措施,制定规划,组织实施,保证有计划、有步骤地预防和消灭动物传染病。

(2)世界动物卫生组织动物疫病分类

OIE早期将国际动物疫病名录分为A、B两类(OIE国际委员会现已实施新的动物疫情通报系统)。

新版OIE《陆生动物卫生法典》,在通用定义、动物疫病名录、疫病收入标准、疫情通报规定、地区或区域划分以及禽流感等方面进行了重大修订、补充或细化,在具体的疫病章节(包括口蹄疫、牛海绵状脑病和禽流感等)进行了适当的修正,新增了一些新的附录,如牛和小反刍兽精液、活动物鉴定与溯源通用原则、病原与载体的灭活及动物尸体处理的通用指南,还包括4个动物福利指南、抗生素监测和监控指南。新版《法典》最大的变动是取消了OIE A类和B类疫病名录的分类,修订为OIE疫病名录,新增加了西尼罗热等8种,收录进以前未列入《法典》的其他疫病如Q热等10种,还删除了嗜皮菌病等9种,以其他疫病名录取代了新版《法典》未列的其他动物疫病名录。因此,OIE疫病名录由原来的82种增加到93种。在疫情通报方面,新版由原A类疫病扩大到所有OIE名录疫病。在地区或区域划分方面,新版根据特定的条件,如疫病流行病学、环境因素、生物安全措施进行"地区划分"和"区域划分"。在禽流感方面,新版《法典》禽流感的名称从旧版的高致病性禽流感(HPAI)改为通报性禽流感(NAI),内容由原来的 4 条增加到23 条。

(3)中国进境动物名录

我国借鉴国际经验,参考国际兽医组织制定国际动物疫病名录的原则与方法,制定了《进境动物一、二类传染病、寄生虫病名录》。

我国进境动物检疫疫病名录先后共公布了 4 次。第一次是 1979 年,1992 年是第四次公布《中华人民共和国进境动物一、二类传染病、寄生虫病名录》,包括 97 种,其中一类传染病、寄生虫病 15 种;二类传染病、寄生虫病 82 种。1992 年农业部还公布了《中华人民共和国禁止携带、邮寄进境的动物、动物产品和其他检疫物名录》。

一类传染病、寄生虫病(I. List A Diseases)15 种。

①口蹄疫,②非洲猪瘟,③猪水包病,④猪瘟,⑤牛瘟,⑥小反刍兽疫,⑦兰舌病,⑧痒病,⑨牛海绵状脑病,⑩非洲马瘟,⑪鸡瘟,⑫新城疫,⑬鸭瘟,⑭牛肺疫,⑮牛结节疹。

二类传染病、寄生虫病(Ⅱ. List B Diseases):包括 16 ~ 97 共 82 种病。

(4)人畜共患传染病名录

根据《中华人民共和国动物防疫法》有关规定,2009 年 1 月 19 日,国家相关部委组织制定发布了《人畜共患传染病名录》,自发布之日起施行。人畜共患传染病名录:牛海绵状脑病、高致病性禽流感、狂犬病、炭疽、布鲁氏菌病、弓形虫病、棘球蚴病、钩端螺旋体病、沙门氏菌病、牛结核病、日本血吸虫病、猪乙型脑炎、猪Ⅱ型链球菌病、旋毛虫病、猪囊尾蚴病、马鼻疽、野兔热、大肠杆菌病(O157:H7)、李氏杆菌病、类鼻疽、放线菌病、肝片吸虫病、丝虫病、Q 热、禽结核病、利什曼病。

2)动物疫情测报

(1)动物疫情测报概述

①为科学、全面、准确地开展动物疫情测报工作,国家实行动物疫情测报制度。

②国家动物疫情测报体系由中央、省、县三级及技术支撑单位组成。即国家动物疫情测报中心(国家动物防疫监督机构)、省级动物疫情测报中心、县级动物疫情测报站和边境动物疫情监测站;技术支撑单位包括国家动物流行病学研究中心(国务院兽医行政部门动物检疫所)、国务院兽医行政部门兽医诊断中心及相关国家动物疫病诊断实验室。

③省级、县级动物疫情测报中心(站)设在同级防疫监督机构内,由动物防疫监督机构领导。

④国务院兽医行政部门负责国家动物疫情测报体系的管理工作,负责制订疫情监测规划和计划,对验收合格的动物疫情测报(监测)中心(站)统一命名。

⑤国家动物防疫监督机构统一组织实施全国动物疫情测报工作;省级动物防疫监督机构负责对辖区疫情测报站、边境动物疫情监测站工作进行监督、管理、指导、技术培训、划定各测报站的监测区域。

⑥各测报(监测、诊断)中心(站)须按规定报告动物疫情检测结果;国家疫情测报中心负责疫情监测、测报数据的汇总、分析,国家动物流行病学研究中心负责国内外动物疫

情的收集、流行病学研究和预测、预报;相关国家动物疫病诊断实验室为动物疫情的监测提供技术支撑。

(2)疫情监测

①监测对象

a.对种用、役用动物测报以下疫病:猪:口蹄疫、猪水泡病、猪瘟、伪狂犬病、猪呼吸与繁殖障碍综合征;牛:口蹄疫、结核、布氏杆菌病、疯牛病;羊:口蹄疫、布氏杆菌病、山羊/绵羊痘、痒病;马属动物:马传贫、马鼻疽;鸡:新城疫、禽流感;鸭鹅:禽流感。

b.对非种用、非役用动物须测报以下疫病:口蹄疫、猪水泡病、猪瘟、新城疫、禽流感、马传染性贫血病、马鼻疽、布氏杆菌病、奶牛结核、蓝舌病、伪狂犬病、疯牛病、痒病。

c.边境地区须测报以下疫病:口蹄疫、猪水泡病、猪瘟、新城疫、禽流感、马传染性贫血病、马鼻疽、布氏杆菌病、蓝舌病、牛瘟、牛肺疫、疯牛病、痒病。根据疫病防治需要,国务院兽医行政部门可对动物疫情测报对象做适当调整。省级兽医行政部门可依据本地情况在国务院兽医行政部门规定基础上,适当增加测报对象,并报国务院兽医行政部门备案。

②监测方式

a.实验室监测:每年监测两次。

b.流行病学调查,每月进行一次。调查范围:每月监测3个乡,每乡2个村,每村20个农户,每个乡各抽查规模猪场、羊场、牛场、禽场各1个。

c.重点对种畜禽场、规模饲养场以及疑似有本病的动物和历史上曾经发生过本病或周边地区流行本病的动物进行采样监测,按规定做好样品的记录、保存、送检。

d.监测方法包括流行病学调查、临床诊断、病理学检查、病原分离或免疫学检测等,已有国家技术规范的按照规范要求进行,没有技术规范的由国务院兽医行政部门统一确定。

e.各级测报中心(站)及技术支撑单位的任务:

•省级监测中心负责病原学确诊并负责对辖区内原种畜禽场、扩繁种畜禽场疫病的监测。

•县级测报(监测)站负责区域内疫病的监测。

•国务院兽医行政部门兽医诊断中心负责在全国开展重点疫病的抽检和疫情的复核。

•国家动物流行病学研究中心负责动物疫病的流行病学研究。

•国家疫病诊断实验室承担疫情监测技术的研究与服务,协助解决监测中发现的疑难技术问题。

•各级测报中心(站)应承担上级单位临时下达的有关任务。

(3)疫情报告

①各测报中心(站)将监测到的疫情和其他来源的疫情及时汇总,根据《动物疫情报告管理办法》及有关规定上报。属于快报的,应于24小时内报至国家动物防疫监督机构,同时抄报国家动物流行病学研究中心和省级动物防疫监督机构。

②每月5日前,各级测报中心(站)应将上月疫情汇总并逐级报至国家动物防疫监督机构和国家动物流行病学研究中心。

③各测报中心(站)每年1月15日前和7月15日前将全年工作总结、疫情分析和半年工作总结、疫情分析(附磁盘)汇总并逐级报国家动物防疫监督机构和国家动物流行病学研究中心。国家动物防疫监督机构和国家动物流行病学研究中心将疫情报告分析、汇总后分别于1月30日前和7月30日前报告国务院兽医行政部门。

④各技术支撑单位应于每年1月15日前和7月15日前将工作总结(附磁盘)报国家动物防疫监督机构。国家动物防疫监督机构和国家动物流行病学研究中心分析、汇总后分别于1月30日前和7月30日前报告国务院兽医行政部门。

(4)测报管理

①各测报中心(站)应根据规定配备仪器设备,制订其管理办法,保持仪器设备工作状态良好。

②各测报中心(站)实验室面积不低于100平方米,实验室环境应符合实验和生物安全的要求。

③各测报中心(站)应制订岗位责任制、疫情监测方案,疫情报告、实验室工作、档案资料管理、仪器设备使用管理、药品试剂管理、病料采集、废弃物处理、安全卫生、经费管理等制度。

④各级测报中心(站)应配备熟知国家有关方针政策、法律法规,熟练掌握监测技术,爱岗敬业、责任心强的动物疫情测报人员。县级测报站应设3名以上兽医专业大专以上学历或中级职称的专职动物疫情测报员。

⑤动物疫情测报员职责是进行疫情监测,疫情确认,信息分析,数据收集、整理、上报。

⑥建立测报中心(站)工作网络,各测报中心(站)应在乡镇动物防疫站内设立疫情报告点和报告员,对发现的疫情及时报告测报站,由测报站进行确诊和鉴别。

⑦各测报中心(站)须妥善保存监测的原始资料,严格遵守国家有关规定,坚持实事求是的原则,及时、准确上报疫情监测数据和总结材料。

(5)疫情责任报告人

①责任报告人。包括执行职务的各级动物防疫监督机构、出入境检验检疫机构的兽医人员;各类动物诊疗机构的兽医;饲养、经营动物和生产、经营动物产品的人员,又称为义务报告人。即发现动物传染病或疑似动物传染病者,必须迅速采取隔离措施,并立即报告当地动物防疫监督机构,接受其防疫指导和监督检查。

②报告形式。各级动物防疫监督机构应按国家有关规定报告疫情;其他责任报告单位和个人以电话或书面形式报告。

③报告时限程序

a.发现可疑动物疫情时,必须立即向当地县级动物防疫监督机构报告。

b.该机构接报后,立即赶赴现场诊断,必要时可请省级动物防疫监督机构派人协助诊断,认定为疑似重大动物疫情的,应在2小时内将疫情报至省级动物防疫监督机构,同时报当地兽医行政管理部门。

c.省级动物防疫监督机构应在接报后1小时内,向省级兽医行政管理部门和农业部报告。

d.省级兽医行政管理部门应在接报后1小时内报省级人民政府。

e.特别重大动物疫情发生后,省级人民政府、农业部应在4小时内向国务院报告;认定为疑似重大动物疫情的应立即按要求采集病料样品送省级动物防疫监督机构实验室确诊,省级动物防疫监督机构不能确诊的,送国家参考实验室确诊。确诊结果立即报农业部,并抄送省级兽医行政管理部门。

④报告内容。包括疫情发生时间、地点、发病动物种类和品种、动物来源、临床症状、发病数量、死亡数量、是否有人感染、已采取的控制措施、疫情报告单位和个人、联系方式等。

（6）必报传染病

必报传染病是指一旦发现这类传染病,必须立即采取紧急、严厉的措施,迅速扑灭的动物传染病。有一类动物传染病;二类传染病呈爆发流行;当地新发现的动物传染病;纳入国家扑灭计划的疫病。

（7）应报传染病

应报传染病是指一旦发现就应该报告的动物传染病。有二、三类动物传染病,发现后按规定的期限报告,一般分为月报、季报和年报等。

3）隔离

（1）概念

隔离是将患病或可疑患病动物,有时包括患病动物的同群动物与健康动物隔离开来,以防止疫病扩散,把损失限制在最小的范围内。

（2）适用条件

一般发现患疫病动物时或发现疑似传染病时,都应采取隔离措施,然后进行诊断,根据情况采取治疗、扑灭等措施。如果属一类动物疫病或疑似一类动物疫病时,除将患病或疑似患病动物进行隔离外,同群动物也要进行隔离。

（3）类型

①临时性隔离。用于急性传染病,或尚未得出诊断结论的患病动物及其同群动物。在采取治疗、扑杀、消毒等措施扑灭疫情后,可解除隔离。

②长期性隔离。用于慢性传染病患病动物,由于所患传染病病程很长,一时难以治愈,又难以进行扑灭。

（4）实施主体

隔离实施主体包括兽医监督机构、防疫检疫机构和畜主、饲养员、托运员等。

（5）措施

①隔离场所应选择在不易散布病原体,消毒方便,便于实施处理措施的地方,并进行严格的消毒。

②隔离期间不准无关人员、动物进入隔离场所,对可疑患病动物应另选场所,经过消毒后进行隔离,同时采取紧急预防措施。

③疫区易感动物应该与患病或可疑患病动物分开,并采取预防接种等紧急预防措施。对废弃物应进行无害化处理。

4）封锁

（1）概念

封锁是指在发生严重危害人畜健康的动物传染病时，由国家将动物发病地点和周围的一定地区封闭起来，禁止随意出入，以切断动物传染病的传播途径，迅速扑灭疫情的一项严厉的行政措施。

（2）适用条件

封锁适用于：发生一类动物传染病时；二类动物传染病呈爆发流行时；发生当地新发现的动物传染病时。

（3）程序

①划定疫点、疫区、受威胁区。动物传染病的疫点、疫区、受威胁区，由各级动物防疫检疫机构，根据各种传染病的特点、畜禽分布、地理环境、居民点以及交通等条件划定。

②发布封锁令：兽医行政主管部门划定疫点、疫区、受威胁区后，及时报请县级以上人民政府或国家最高兽医行政机关发布封锁令。疫区在一个县内的，由县级人民政府发布封锁令，报上一级人民政府备案，通报毗邻地区及有关部门；疫区范围涉及两个县以上的，由地级人民政府发布封锁令，报省自治区、直辖市备案；涉及两个地以上的，由省级人民政府发布封锁令，报农业部兽医局备案；涉及两个省、自治区、直辖市以上的，由农业部兽医局发布封锁令，报国务院备案或报世界兽医卫生组织备案。

（4）措施

①封锁疫点的措施。严禁人、畜禽、其他动物、车辆出入、畜禽产品及可能污染的物品运出；对病、死畜禽及其同群畜禽，采取捕杀、销毁或无害化处理，畜主不得拒绝；疫点出入口必须有消毒设施，疫点内用具、圈舍、场地必须进行严格消毒，动物粪便、垫草、受污染的物品，必须在兽医人员监督指导下进行无害化处理。

②封锁疫区的措施。交通要道必须建立临时检疫、消毒哨卡，备有专人和消毒设备，监视动物、动物产品的移动，对出入人员、车辆进行消毒；停止集市贸易和疫区内动物、动物产品的交易；对易感动物，进行检疫或预防注射；饲养动物必须圈养或在指定地点放养，役用动物限制在疫区内使役。

③受威胁地区的措施。当地人民政府动员组织有关单位、个人采取防御性措施；由动物防疫监督机构、乡镇兽医站随时监测疫情动态。

④车站、机场、码头、港口等交通的措施。以运载动物的车、船、飞机为疫点，对其采取封锁措施。

（5）解除封锁令

封锁令下达后，扑灭了疫情应适时解除封锁，恢复正常的生产和生活秩序。按规定，疫情平息后，在疫点和疫区内最后一头（只）动物病愈或扑杀后，经过一个所发病的潜伏期以上的检测、观察，未再出现患病动物时，并对有关环境、物品用具以及痊愈病畜进行一次全面、彻底、严格细致的消毒，经县以上兽医行政主管部门检查验收合格，报原发布封锁令的机关解除封锁令，并报上一级人民政府备案，同时通知毗邻地区和有关部门。

案例2.6

一、二、三类动物疫病发生时对疫区实行封锁措施

项目名称	一、二、三类动物疫病发生时对疫区实行封锁措施
类　别	行政强制类
实施依据	《中华人民共和国动物防疫法》第21、22、25条
公开形式	网上公开　政务公开栏
公开范围	社会公开
公开时限	长期公开
具承办	兽医畜牧局
封锁流程图	划定疫点、疫区、受威胁区→发布封锁令→封锁区的措施→解除封锁令

2.2.4　畜牧兽医行政许可制度

1) 行政许可概念范围

(1) 行政许可概念

畜牧兽医行政许可是畜牧兽医行政机关根据管理相对人的申请,经依法审查,符合条件者,准予其从事该项禁止活动的行为。

(2) 行政许可范围

兽医畜牧行政许可范围包括畜禽、草原、饲料、兽药生产经营,兽医诊疗及法律、法规规定可以设定行政许可的其他事项。

2) 行政许可的程序

(1) 申请与受理

①行政相对人欲从事某项特定活动,应向行政机关提出申请。申请可以通过他人代理、信函、电报、电传、传真、电子数据交换和电子邮件等方式提出。

②行政机关应将行政许可的事项、依据、条件、数量、程序、期限、需要提交的材料目录和申请书示范文本(格式文本)等在办公场所公示。

③申请人应如实向行政机关提交有关材料、反映真实情况,并对其真实性负责。

④行政机关对申请人的申请,根据下列情况分别作出处理:申请事项不需要取得行政许可的,应即时告知申请人不受理;申请事项不属于本行政机关职权范围的,应即时作出不予受理的决定,并告知申请人向有关行政机关申请;申请材料存在可以当场更正错误的,允许申请人当场更正;申请材料不齐全或者不符合法定形式的,应当场或者在五日内一次告知申请人需要补正的全部内容,逾期不告知的,自收到申请材料之日起即为受理;申请事项属于本行政机关职权范围,申请材料齐全、符合法定形式,或者申请人按照本行政机关的要求提交全部补正申请材料的,应当受理。

行政机关受理或者不予受理的,应当出具加盖本行政机关专用印章和注明日期的书面凭证。

（2）审查与决定

①行政机关应对申请人提交的申请材料进行审查。申请人提交的申请材料齐全、符合法定形式,行政机关能够当场作出决定的,应当场作出书面的行政许可决定。根据法定条件和程序,需要对申请材料的实质内容进行核实的,行政机关应当指派两名以上工作人员进行核查,符合法定条件、标准的,行政机关应当依法作出准予行政许可的书面决定。行政机关依法作出不予行政许可的书面决定的,应说明理由,并告知申请人享有依法申请行政复议或者提起行政诉讼的权利。

②依法应先经下级行政机关审查后报上级行政机关决定的行政许可,下级行政机关应当在法定期限内将初步审查意见和全部申请材料直接报送上级行政机关。

③行政机关对行政许可申请进行审查时,发现行政许可事项直接关系他人重大利益的,应告知该利害关系人。申请人、利害关系人有权进行陈述和申辩。行政机关应听取申请人、利害关系人的意见。

④行政机关作出准予行政许可的决定,需要颁发行政许可证件的,应向申请人颁发加盖本行政机关印章的行政许可证件。如:许可证、执照或者其他许可证书;资格证、资质证或者其他合格证书;行政机关的批准文件或者证明文件;法律、法规规定的其他行政许可证件;行政机关作出的准予行政许可决定,应当予以公开,公众有权查阅;法律、行政法规设定的行政许可,其适用范围没有地域限制的,申请人取得的行政许可在全国范围内有效。

（3）期限

①除可以当场作出行政许可决定的外,行政机关应自受理行政许可申请之日起二十日内作出行政许可决定。二十日内不能作出决定的,经本行政机关负责人批准,可以延长十日,并应将延长期限的理由告知申请人。行政许可采取统一办理或者联合办理、集中办理的,办理的时间不得超过四十五日;四十五日内不能办结的,经本级人民政府负责人批准,可以延长十五日,并应当将延长期限的理由告知申请人。

②依法应先经下级行政机关审查后报上级行政机关决定的行政许可,下级行政机关应自其受理行政许可申请之日起二十日内审查完毕。

③行政机关作出准予行政许可的决定,应自作出决定之日起十日内向申请人颁发、送达行政许可证件,或者加贴标签、加盖检验、检测、检疫印章。

④行政机关作出行政许可决定,依法需要听证、招标、拍卖、检验、检测、检疫、鉴定和专家评审的,所需时间不计算在上述规定的期限内。行政机关应当将所需时间书面告知申请人。

（4）申请条件

畜牧兽医行政许可是依行政相对人的申请而开始的行政行为,行政相对人的申请应具备以下条件:

①行政相对人的申请必须向畜牧兽医行政主体提出。

②申请要有明确的申请畜牧兽医行政许可的意思表示,并用书面形式提出申请,畜牧兽医行政才能决定是否给予许可。

③申请的内容必须是针对畜牧兽医行政法所规定的特定事项。

④申请人必须具有从事所申请许可活动的行为能力。

3）畜牧兽医行政许可证具有法律效力

①证明力。证明力是指许可证起到证明文书的作用。

②确定力。确定力是许可证一经授予,就具有不得随意变更的效力。

③拘束力。拘束力是许可证持有人必须在确定的范围内开展活动;行政机关不能随意撤销或宣布无效。

4）行政许可证无效、失效、中止、撤销、注销

①许可证无效。许可证无效是指无权机关颁发的许可证、滥用职权颁发的、许可证内容不符合法律规定而不具备法律效力。

②许可证失效。许可证失效是由于许可证有效期限届满、未进行年检、验证、注册自行失效。

③许可证中止。许可证中止是指许可证持有人被兽医畜牧行政主体责令停产整顿等,在此期间,许可证暂时失去效力。

④许可证撤销。行政机关工作人员滥用职权、玩忽职守作出准予行政许可决定的;超越法定职权作出准予行政许可决定的;违反法定程序作出准予行政许可决定的;对不具备申请资格或者不符合法定条件的申请人准予行政许可的;被许可人以欺骗、贿赂等不正当手段取得行政许可的,应当予以撤销及依法可以撤销行政许可的其他情形。

⑤许可证注销。又称为许可证吊销,该许可证从此不存在。注销的情况有:许可证无效、许可证失效、许可证撤销的;公民死亡或者丧失行为能力的;法人或者其他组织依法终止的;因不可抗力导致行政许可事项无法实施的;法律、法规规定的应当注销行政许可的其他情形。

5）监督检查

①行政机关应依法对被许可人生产经营的产品、设备、设施、经营场所、材料进行抽样检查、检验、检测,对检验合格的,行政机关应当发给相应的证明文件或公布督察结果。

②行政机关实施监督检查,不得妨碍被许可人正常的生产经营活动,不得索取或者收受被许可人的财物,不得谋取其他利益。

③被许可人在辖区外违法的,违法行为发生地的行政机关应依法将被许可人的违法事实、处理结果抄告作出行政许可决定的行政机关。

④公民发现被许可人违法的,可向行政机关举报,行政机关应及时核实、处理。

⑤被许可人未履行义务,行政机关责令限期改正,在规定期限内不改正的,应依法予以处理。

6）法律责任

①违反行政许可法规定设定的行政许可,责令设定该行政许可的机关改正,或者依法予以撤销。

②行政机关及其工作人员违反行政许可法的规定,有下列情形之一的,由其上级行政机关或者监察机关责令改正;情节严重的,对直接负责的主管人员和其他直接责任人员依法给予行政处分:

a.对符合法定条件的行政许可申请不予受理的。

b. 不在办公场所公示依法应当公示的材料的。

c. 在受理、审查、决定行政许可过程中,未向申请人、利害关系人履行法定告知义务的。

d. 申请人提交的申请材料不齐全、不符合法定形式,不一次告知申请人必须补正的全部内容的。

e. 未依法说明不受理行政许可申请或者不予行政许可的理由的。

f. 依法应当举行听证而不举行听证的。

③行政机关工作人员办理行政许可、实施监督检查,索取或者收受他人财物或者谋取其他利益,构成犯罪的,依法追究刑事责任;尚不构成犯罪的,依法给予行政处分。

④行政机关实施行政许可,有下列情形之一的,由其上级行政机关或者监察机关责令改正,对直接负责的主管人员和其他直接责任人员依法给予行政处分;构成犯罪的,依法追究刑事责任:

a. 对不符合法定条件的申请人准予行政许可或者超越法定职权作出准予行政许可决定的。

b. 对符合法定条件的申请人不予行政许可或者不在法定期限内作出准予行政许可决定的。

c. 依法应当根据招标、拍卖结果或者考试成绩择优作出准予行政许可决定,未经招标、拍卖或者考试,或者不根据招标、拍卖结果或者考试成绩择优作出准予行政许可决定的。

⑤行政机关实施行政许可,擅自收费或者不按照法定项目和标准收费的,由其上级行政机关或者监察机关责令退还非法收取的费用;对直接负责的主管人员和其他直接责任人员依法给予行政处分。截留、挪用、私分或者变相私分实施行政许可依法收取的费用的,予以追缴;对直接负责的主管人员和其他直接责任人员依法给予行政处分;构成犯罪的,依法追究刑事责任。

⑥行政机关违法实施行政许可,给当事人的合法权益造成损害的,应当依照国家赔偿法的规定给予赔偿。

⑦行政机关不依法履行监督职责或者监督不力,造成严重后果的,由其上级行政机关或者监察机关责令改正,对直接负责的主管人员和其他直接责任人员依法给予行政处分;构成犯罪的,依法追究刑事责任。

⑧行政许可申请人隐瞒有关情况或者提供虚假材料申请行政许可的,行政机关不予受理或者不予行政许可,并给予警告;行政许可申请属于直接关系公共安全、人身健康、生命财产安全事项的,申请人在一年内不得再次申请该行政许可。

⑨被许可人以欺骗、贿赂等不正当手段取得行政许可的,行政机关应当依法给予行政处罚;取得的行政许可属于直接关系公共安全、人身健康、生命财产安全事项的,申请人在三年内不得再次申请该行政许可;构成犯罪的,依法追究刑事责任。

⑩被许可人有下列行为之一的,行政机关应当依法给予行政处罚;构成犯罪的,依法追究刑事责任:

a. 改、倒卖、出租、出借行政许可证件,或者以其他形式非法转让行政许可的。

b. 超越行政许可范围进行活动的。

c.向负责监督检查的行政机关隐瞒有关情况、提供虚假材料或者拒绝提供反映其活动情况的真实材料的。

d.法律、法规、规章规定的其他违法行为。

⑪公民、法人或者其他组织未经行政许可,擅自从事依法应当取得行政许可的活动的,行政机关应当依法采取措施予以制止,并依法给予行政处罚;构成犯罪的,依法追究刑事责任。

案例2.7

某区畜牧兽医局办理《动物诊疗许可证》公示

1.政策依据:《中华人民共和国动物防疫法》第51条 设立从事动物诊疗活动的机构,应当向县级以上地方人民政府兽医主管部门申请动物诊疗许可证。受理申请的兽医主管部门应当依照本法和《中华人民共和国行政许可法》的规定进行审查。经审查合格的,发给动物诊疗许可证;不合格的,应当通知申请人并说明理由。申请人凭动物诊疗许可证向工商行政管理部门申请办理登记注册手续,取得营业执照后,方可从事动物诊疗活动。

2.办理程序:1.申请;2.受理;3.审核;4.决定。

3.申报材料:1.有与动物诊疗活动相适应并符合动物防疫条件的场所;2.有与动物诊疗活动相适应的执业兽医;3.有与动物诊疗活动相适应的兽医器械和设备;4.有完善的管理制度。

4.收费标准:不收费。

5.收费依据:无。

6.办理时限:13个工作日。

7.联系电话:282610×。

2.2.5 证、章、标志管理

证、章、标志是指畜牧兽医行政主管部门为履行其法定职能,统一设置,制作管理的兽医畜牧书证、证件、许可类证书和其他特定标志、标记作用的物品。

1)证、章、标志种类

①证包括兽医防疫、检疫(验)以及行政处理、处罚等方面的书面凭证;公务员执行公务所需的身份证明、合格证、许可证、注册证等。

②章是指畜牧兽医业务专用章,如兽医卫生验讫印章、检疫检验专用章等。

③标志是指畜牧兽医方面特定的证明、鉴别或显示作用的标牌、标签、标记、佩章、图案、颜色等。

2)证、章、标志设置制作

①全国通用证章标志的设置。全国通用的证、章、标志由国务院畜牧兽医行政主管机关统一制订格式和内容,并指定厂家,监督制作。

②地方用证章标志的设置。地方用证、章、标志由省级畜牧兽医行政主管机关根据实际需要制订并指定厂点监制。

案例 2.8

某市对一起非法买卖使用动物免疫标识案件的思考

20××年10月,接到举报,某镇刘某,在邻省A县以1.5元/套的价格买回动物防疫标识(含免疫耳标、免疫证、猪瘟疫苗),非法从事仔猪阉割业务和兽医诊疗业务。接到举报后,该畜牧兽医站立即派4名执法人员赶赴现场,通过调查取证,依法对刘某进行了处理。

调查组要求刘某出示《兽医诊疗许可证》和《兽医从业资格证》,刘某未能出示,并查出免疫耳标42枚,防疫证明174张,猪瘟疫苗2瓶;再到刘某所阉割仔猪的农户家进行调查,证实刘某在从事兽医、阉割及防疫工作中,其阉割的仔猪只注射猪瘟疫苗,未按该市无规定疫病区示范区建设的规定注射猪瘟和五号病疫苗,并且每头猪收费3元;又据刘某交代,他从邻省A县买回1 000套免疫标识,现已使用958枚,防疫证826张,猪瘟疫苗920头/份。该市畜牧兽医局按程序依法进行了处理。

3)证、章、标志管理

①制证机关是国务院农业部和省级畜牧兽医行政主管机关。

②出证机关。出证机关包括:

a. 兽医行政主管机关颁发兽医合格证、从业许可证和执行公务用的身份证等。

b. 兽医监督检验机构,出具兽医监测、检验、鉴定和行政处理、处罚等书证,使用规定标志。

c. 动物防疫检疫机构及乡镇兽医站,出具或使用防疫、检疫(验)书证及规定的标志。

d. 被委托检疫检验单位,出具检疫检验书证,使用检疫业务专用章,验讫印章以及与检疫检验工作有关的规定标志。

e. 屠宰厂、肉类联合加工厂,对本厂动物产品实施检疫检验,出具和使用检疫证明和规定标志。

③管理机关。县以上各级监督机构,具体负责辖区内证、章、标志的领取、保管、审批(核)、发放和监督检查等日常管理工作。

a. 书证的填写。书证的填写必须用规定笔墨逐项填写。

b. 书证的保存。书证存根或副本保存期两年以上,合格证、从业许可证档案和证件档案自撤销之日起保存三年。销毁存根、副本或档案,必须经单位负责人批准,涉及财务管理的须按财政部门有关规定处理。

c. 禁止行为。严禁出具伪证,严禁伪造、涂改、买卖兽医证、章、标志。向持证人索验证、章、标志必须按规定执行。不得以地方规定否定全国规定,以下级规定否定上级规定。严禁无理扣押、吊销持证人依法取得的兽医证、章、标志,不得将出证单位的责任转嫁给持证人。

案例 2.9

对经营无检疫证明的动物及盗用免疫耳标案的查处

2014年1月3日,某县三街兽医防检站报告在蛟塘自然村旁停有一辆车牌号为粤HL126×的农用车装有仔猪,但该车货主并未到本地兽医防检站报检,又未见本地售猪户报检,防检员龙某、张某便要求查看检疫合格证明,货主不能提供有效的检疫合格证明,仔细检查发现128头仔猪中有85头挂有桂C-秀峰的免疫耳标,43头没有免疫耳标,此外还查出货主随身带有耳标钳及未使用的新耳标。为此,对该车仔猪作留验处理,经请示领导批准,该动物卫生监督所立即对此事进行了立案。

2.3 执业兽医管理

2008年11月4日,农业部发布《执业兽医管理办法》,自2009年1月1日起施行。

2.3.1 执业兽医管理概述

1)目的范围

①为了规范执业兽医执业行为,提高执业兽医业务素质和职业道德水平,保障执业兽医合法权益,保护动物健康和公共卫生安全,根据《中华人民共和国动物防疫法》,制定《执业兽医管理办法》。

②在中华人民共和国境内从事动物诊疗和动物保健活动的兽医人员适用《执业兽医管理办法》。

③执业兽医包括执业兽医师和执业助理兽医师。

2)主管机关

①农业部主管全国执业兽医管理工作。县级以上地方人民政府兽医主管部门主管本行政区域内的执业兽医管理工作。县级以上地方人民政府设立的动物卫生监督机构负责执业兽医的监督执法工作。

②县级以上人民政府兽医主管部门应当对在预防、控制和扑灭动物疫病工作中作出突出贡献的执业兽医,按照国家有关规定给予表彰和奖励。

3)要求

①执业兽医应当具备良好的职业道德,按照有关动物防疫、动物诊疗和兽药管理等法律、行政法规和技术规范的要求,依法执业。

②执业兽医应当定期参加兽医专业知识和相关政策法规教育培训,不断提高业务素质。

③执业兽医依法履行职责,其权益受法律保护。

④鼓励成立兽医行业协会,实行行业自律,规范从业行为,提高服务水平。

2.3.2 执业兽医资格考试

1)性质内容

①国家实行执业兽医资格考试制度。执业兽医资格考试由农业部组织,全国统一大纲、统一命题、统一考试。

②具有兽医、畜牧兽医、中兽医(民族兽医)或者水产养殖专业大学专科以上学历的人员,可以参加执业兽医资格考试。

③执业兽医资格考试内容包括兽医综合知识和临床技能两部分。

2) 管理

①农业部组织成立全国执业兽医资格考试委员会。考试委员会负责审定考试科目、考试大纲、考试试题,对考试工作进行监督、指导和确定合格标准。

②农业部执业兽医管理办公室承担考试委员会的日常工作,负责拟订考试科目、编写考试大纲、建立考试题库、组织考试命题,并提出考试合格标准建议等。

③执业兽医资格考试成绩符合执业兽医师标准的,取得执业兽医师资格证书;符合执业助理兽医师资格标准的,取得执业助理兽医师资格证书。

④执业兽医师资格证书和执业助理兽医师资格证书由农业部颁发。

案例 2.10

2012 年执业兽医资格考试有关事项

一、报名:

1.2012 年 5 月 26 日至 6 月 22 日中国兽医协会网进行网上报名、交正面彩色免冠单色深底近期电子证件照片(尺寸宽:长 =1:1.46,高度不小于 189 像素,文件 20~40 kB,清晰)。

2.2012 年 7 月 2 日至 7 月 10 日现场确认,提交:学校院系证明(1 式 2 份,格式在中国兽医协会网下载)或学历证书、身份证、专业技术职称证书原件及 2 份复印件。

二、缴费:兽医 260 元/人,水生 280 元/人,现场确认时缴纳。

三、考试:

1.时间:2012 年 10 月 14 日,上午 9:00—11:30 卷一、二;下午 2:00—4:30 卷三、四。

2.内容:以兽医/水产《全国执业兽医资格考试大纲》为准。

3.方式:闭卷笔试。

4.科目:

(1)兽医。基础、预防、临床和综合应用四张试卷,每卷 100 题/100 分,共 400 分。卷一:基础科目,兽医法律法规与职业道德、动物解剖学、组织学与胚胎学、动物生理学、动物生物化学、兽医病理学和兽医药理学;卷二:预防科目,兽医微生物与免疫学、兽医传染病学、兽医寄生虫学和兽医公共卫生学;卷三:临床科目,兽医临床诊断学、兽医内科学、兽医外科与外科手术学、兽医产科学和中兽医学;卷四:综合应用科目,猪、牛、羊、鸡、犬、猫和其他动物疫病的临床诊断和治疗。

(2)水产。基础、预防、临床和综合应用四卷,300 道题 300 分。卷一:基础科目,兽医法律法规与职业道德、水生动物解剖组织及胚胎学、动物生物化学和水生动物生理学;卷二:预防科目,水生动物免疫学、水生动物病原生物学、水生动物公共卫生学;卷三:临床科目,水产药物学、水生动物病理学、水生动物疾病学;卷四:综合应用科目,水产养殖生态学、饲料与营养学。

2.3.3 执业兽医执业注册备案

1）注册备案

①取得执业兽医师资格证书，从事动物诊疗活动的，应当向注册机关申请兽医执业注册；取得执业助理兽医师资格证书，从事动物诊疗辅助活动的，应当向注册机关备案。

②申请兽医执业注册或者备案的，应当向注册机关提交下列材料：

a. 注册申请表或者备案表。

b. 执业兽医资格证书及其复印件。

c. 医疗机构出具的六个月内的健康体检证明。

d. 身份证明原件及其复印件。

e. 动物诊疗机构聘用证明及其复印件；申请人是动物诊疗机构法定代表人（负责人）的，提供动物诊疗许可证复印件。

③注册机关收到执业兽医师注册申请后，应当在20个工作日内完成对申请材料的审核。经审核合格的，发给兽医师执业证书；不合格的，书面通知申请人，并说明理由。

注册机关收到执业助理兽医师备案材料后，应当及时对备案材料进行审查，材料齐全、真实的，应当发给助理兽医师执业证书。

④兽医师执业证书和助理兽医师执业证书应当载明姓名、执业范围、受聘动物诊疗机构名称等事项。

⑤兽医师执业证书和助理兽医师执业证书的格式由农业部规定，由省、自治区、直辖市人民政府兽医主管部门统一印制。

2）相关规定

①有下列情形之一的，不予发放兽医师执业证书或者助理兽医师执业证书：

a. 不具有完全民事行为能力的。

b. 被吊销兽医师执业证书或者助理兽医师执业证书不满两年的。

c. 患有国家规定不得从事动物诊疗活动的人畜共患传染病的。

②执业兽医变更受聘的动物诊疗机构的，应当按照本办法的规定重新办理注册或者备案手续。

③县级以上地方人民政府兽医主管部门应当将注册和备案的执业兽医名单逐级汇总报农业部。

2.3.4 执业兽医执业活动管理

1）执业要求

①执业兽医不得同时在两个或者两个以上动物诊疗机构执业，但动物诊疗机构间的会诊、支援、应邀出诊、急救除外。

②执业兽医师可以从事动物疾病的预防、诊断、治疗和开具处方、填写诊断书、出具有关证明文件等活动。

③执业助理兽医师在执业兽医师指导下协助开展兽医执业活动，但不得开具处方、

填写诊断书、出具有关证明文件。

④兽医、畜牧兽医、中兽医（民族兽医）、水产养殖专业的学生可以在执业兽医师指导下进行专业实习。

⑤经注册和备案专门从事水生动物疫病诊疗的执业兽医师和执业助理兽医师，不得从事其他动物疫病诊疗。

2）执业义务

①执业兽医在执业活动中应当履行下列义务：

a. 遵守法律、法规、规章和有关管理规定。

b. 按照技术操作规范从事动物诊疗和动物诊疗辅助活动。

c. 遵守职业道德，履行兽医职责。

d. 爱护动物，宣传动物保健知识和动物福利。

②执业兽医师应当使用规范的处方笺、病历册，并在处方笺、病历册上签名。未经亲自诊断、治疗，不得开具处方药、填写诊断书、出具有关证明文件。

执业兽医师不得伪造诊断结果，出具虚假证明文件。

③执业兽医在动物诊疗活动中发现动物染疫或者疑似染疫的，应当按照国家规定立即向当地兽医主管部门、动物卫生监督机构或者动物疫病预防控制机构报告，并采取隔离等控制措施，防止动物疫情扩散。

④执业兽医在动物诊疗活动中发现动物患有或者疑似患有国家规定应当扑杀的疫病时，不得擅自进行治疗。

⑤执业兽医应当按照国家有关规定合理用药，不得使用假劣兽药和农业部规定禁止使用的药品及其他化合物。

⑥执业兽医师发现可能与兽药使用有关的严重不良反应的，应当立即向所在地人民政府兽医主管部门报告。

⑦执业兽医应当按照当地人民政府或者兽医主管部门的要求，参加预防、控制和扑灭动物疫病活动，其所在单位不得阻碍、拒绝。

⑧执业兽医应当于每年3月底前将上年度兽医执业活动情况向注册机关报告。

2.3.5 执业兽医违法处罚

①违反《执业兽医管理办法》规定，执业兽医有下列情形之一的，由动物卫生监督机构按照《中华人民共和国动物防疫法》第82条第1款的规定予以处罚；情节严重的，并报原注册机关收回、注销兽医师执业证书或者助理兽医师执业证书：

a. 超出注册机关核定的执业范围从事动物诊疗活动的；

b. 变更受聘的动物诊疗机构未重新办理注册或者备案的。

②使用伪造、变造、受让、租用、借用的兽医师执业证书或者助理兽医师执业证书的，动物卫生监督机构应当依法收缴，并按照《中华人民共和国动物防疫法》第82条第1款的规定予以处罚。

③执业兽医有下列情形之一的，原注册机关应当收回、注销兽医师执业证书或者助理兽医师执业证书：

a.死亡或者被宣告失踪的。

b.中止兽医执业活动满二年的。

c.被吊销兽医师执业证书或者助理兽医师执业证书的。

d.连续两年没有将兽医执业活动情况向注册机关报告,且拒不改正的。

e.出让、出租、出借兽医师执业证书或者助理兽医师执业证书的。

④执业兽医师在动物诊疗活动中有下列情形之一的,由动物卫生监督机构给予警告,责令限期改正;拒不改正或者再次出现同类违法行为的,处一千元以下罚款:

a.不使用病历,或者应当开具处方未开具处方的。

b.使用不规范的处方笺、病历册,或者未在处方笺、病历册上签名的。

c.未经亲自诊断、治疗,开具处方药、填写诊断书、出具有关证明文件的。

d.伪造诊断结果,出具虚假证明文件的。

⑤执业兽医在动物诊疗活动中,违法使用兽药的,依照有关法律、行政法规的规定予以处罚。

⑥注册机关及动物卫生监督机构不依法履行审查和监督管理职责,玩忽职守、滥用职权或者徇私舞弊的,对直接负责的主管人员和其他直接责任人员,依照有关规定给予处分;构成犯罪的,依法追究刑事责任。

2.3.6 执业兽医执业相关规定

①动物饲养场(养殖小区)实验动物饲养单位、兽药生产企业、动物园等单位聘用的取得执业兽医师资格证书和执业助理兽医师资格证书的兽医人员,可以凭聘用合同申请兽医执业注册或者备案,但不得对外开展兽医执业活动(40条)。

②注册机关是指县(市辖区)级人民政府兽医主管部门;市辖区未设立兽医主管部门的,注册机关为上一级兽医主管部门。

③省级人民政府兽医主管部门根据本地实际,可以规定取得执业助理兽医师资格证书的人员,依照本办法第三章规定的程序注册后,在一定期限内从事执业兽医师相关诊疗活动(41条)。

④经注册的执业助理兽医师,注册机关应当在其执业证书上载明"依法注册"字样和执业期限,其管理适用本办法有关执业兽医师的规定。

案例2.11

OIE 如何定位兽医工作

1. OIE 认为,"兽医工作是一种全球公益性产品",动物疫病和人畜共患病防控是一项关系粮食安全、食品安全、公共卫生、农民增收的基础性工作,影响社会发展和人民群众的切身利益;一个国家或地区动物疫情控制不力,可能导致疫情跨境传播,甚至全球扩散蔓延。因此,兽医工作不但关系本国、本地区人民福祉,而且可能影响到所有国家,具有明显的全球公益性质。

2. OIE、WHO、FAO 等国际组织强调,动物卫生和人的卫生密切相关,把动物—人类—生态系统看作一个整体,提出"同一世界、同一健康"理念,这样才能有效应对不断出现的卫生风险挑战。

3. OIE 强调,一个国家或地区对动物疫病等生物风险的控制能力取决于兽医体系的能力和水平,特别是发展中国家和转型期国家,加强兽医机构能力建设,制定了"兽医体系效能(PVS)评估"指南,为提高重大动物疫病防控和动物产品安全监管能力,提出"良好兽医管理"理念。

2.3.7 执业兽医职业道德行为

2011 年 11 月 24 日,中国兽医协会发布《执业兽医职业道德行为规范》,自 2012 年 1 月 1 日起实行。

执业兽医是高度专业化的职业,为了提升执业兽医职业道德,规范执业兽医从业活动,提高执业兽医整体素质和服务质量,维护兽医行业的良好形象,中国兽医协会倡导执业兽医遵守职业道德为荣,违反职业道德为耻的职业荣辱观,特制定本规范。

1)道德规范

①执业兽医职业道德规范是执业兽医的从业行为职业道德标准和执业操守。

②执业兽医应当模范遵守有关动物诊疗、动物防疫、兽药管理等法律规范和技术规程的规定,依法从事兽医执业活动。

③执业兽医不对患有国家规定应当扑杀的患病动物擅自进行治疗;当发现患有国家规定应当扑杀的动物时,应当及时向兽医行政主管部门报告。

④执业兽医未经亲自诊断或治疗,不开具处方药、填写诊断书或出具有关证明文件。

⑤发现违法从事兽医执业行为或其他违法行为的,执业兽医应当向有关主管部门进行举报。

⑥执业兽医应当使用规范的处方笺、病历,并照章签名保存。发现兽药有不良反应的,应当向兽医行政主管部门报告。

⑦执业兽医应当热情接待动物主人和患病动物,耐心解答动物主人提出的问题,尽量满足动物主人的正当要求。

⑧执业兽医应当如实告知动物主人患病动物的病情,制定合理的诊疗方案。遇有难以诊治的患病动物时,应当及时告知动物主人,并及时提出转诊意见。

⑨执业兽医应当如实表述自己的执业情况和技术水平,不做虚假广告,不在诊治活动中弄虚作假。

⑩执业兽医应当对动物诊疗的相关信息或资料保守秘密,未经动物主人同意不得用于商业用途。

⑪执业兽医在从业过程中应当注重仪表,着装整洁,举止端庄,语言文明。

⑫执业兽医应当为患病动物提供医疗服务,解除其病痛,同时尽量减少动物的痛苦和恐惧。

⑬执业兽医应当劝阻虐待动物的行为,宣传动物保健和动物福利知识。

⑭执业兽医应当积极参加兽医专业知识和相关政策法规的培训教育,提高业务素质。

⑮执业兽医应当积极参加有关兽医新技术和新知识的培训、研讨和交流,更新知识结构。

⑯执业兽医在从业活动中,应当明码标价,合理收费。

⑰执业兽医不得接受医疗设备、器械、药品等生产、经营者的回扣、提成或其他不当得利。

2)不道德行为

①随意贬低兽医职业和兽医行业的。

②故意贬低同行或通过诋毁他人等方式招揽业务的。

③未取得专家称号,对外称"专家"谋取利益的。

④通过给其他兽医介绍患病动物,收取回扣或提成的。

⑤冒充其他执业兽医从业获利的。

⑥擅自篡改或删除处方、病历及相关诊疗数据,伪造诊断结果、违规出具证明文件或在诊疗活动中弄虚作假的。

⑦未经动物主人同意,将动物诊疗的相关信息或资料用于商业用途的。

⑧教唆、帮助或参与他人实施违法的兽医执业活动的。

⑨随意夸大动物病情或夸大治疗效果的。

⑩执业兽医在人才流动过程中损害原工作单位权益的。

案例2.12

宠物狗产仔引医疗官司 21万元狗价鉴定成难题

1. 一黑松狮犬,剖官产仔后感染母犬和2只幼犬死亡,剩一小犬成为孤儿,狗主人将宠物医院告上法庭,索赔21万余元。

2. 冠军名犬产仔丧命。2006年8月,小松狮犬在昆明首届世界名犬赛上夺得幼犬组冠军,杨某2006年9月8日花75 000元买回,2007年年初,犬怀孕了,B超检查怀4只,4月19日夜里,分娩一只犬后,第二只难产,随即带犬到B超检查的宠物医院。院方"狗难产危急,如不手术犬必死",得知手术风险后,主人要求院方做剖官产手术,签字,手术取出1只死犬,2只活犬,母犬得救,主人带犬回家,产后8天母犬伤口流脓,高烧,救治至5月2日母犬死亡。

3. 狗价无法鉴定。2007年8月21日,杨某一纸诉状将宠物医院告上法庭,要求赔偿损失218 391.22元。双方申请法院对狗的价值进行鉴定,法院鉴定中心对犬无相关鉴定标准参照,作退鉴处理,举证责任分配、医疗行为有无过错、狗价格评估再次成为争议焦点。

2.4 乡村兽医管理

2008年11月4日,农业部发布《乡村兽医管理办法》,自2009年1月1日起施行。

2.4.1 概述

①为了加强乡村兽医从业管理,提高乡村兽医业务素质和职业道德水平,保障乡村兽医合法权益,保护动物健康和公共卫生安全,根据《中华人民共和国动物防疫法》,制定

本办法。

②乡村兽医在乡村从事动物诊疗服务活动的,应当遵守本办法。

③本办法所称乡村兽医是指尚未取得执业兽医资格,经登记在乡村从事动物诊疗服务活动的人员。

2.4.2　主管机关

①农业部主管全国乡村兽医管理工作。

②县级以上地方人民政府兽医主管部门主管本行政区域内乡村兽医管理工作。

③县级以上地方人民政府设立的动物卫生监督机构负责本行政区域内乡村兽医监督执法工作。

2.4.3　管理规定

①国家鼓励符合条件的乡村兽医参加执业兽医资格考试,鼓励取得执业兽医资格的人员到乡村从事动物诊疗服务活动。

②国家实行乡村兽医登记制度。符合下列条件之一的,可以向县级人民政府兽医主管部门申请乡村兽医登记:

a. 取得中等以上兽医、畜牧(畜牧兽医)、中兽医(民族兽医)或水产养殖专业学历的。

b. 取得中级以上动物疫病防治员、水生动物病害防治员职业技能鉴定证书的。

c. 在乡村从事动物诊疗服务连续 5 年以上的。

d. 经县级人民政府兽医主管部门培训合格的。

③申请乡村兽医登记的,应当提交下列材料:

a. 乡村兽医登记申请表。

b. 学历证明、职业技能鉴定证书、培训合格证书或者乡镇畜牧兽医站出具的从业年限证明。

c. 申请人身份证明和复印件。

④县级人民政府兽医主管部门应当在收到申请材料之日起 20 个工作日内完成审核。审核合格的,予以登记,并颁发乡村兽医登记证;不合格的,书面通知申请人,并说明理由。

a. 乡村兽医登记证应当载明乡村兽医姓名、从业区域、有效期等事项。

b. 乡村兽医登记证有效期为 5 年,有效期届满需要继续从事动物诊疗服务活动的,应当在有效期届满 3 个月前申请续展。

⑤乡村兽医登记证格式由农业部规定,各省、自治区、直辖市人民政府兽医主管部门统一印制。

⑥县级人民政府兽医主管部门办理乡村兽医登记,不得收取任何费用。

⑦县级人民政府兽医主管部门应当将登记的乡村兽医名单逐级汇总报省、自治区、直辖市人民政府兽医主管部门备案。

2.4.4 要求

①乡村兽医只能在本乡镇从事动物诊疗服务活动,不得在城区从业。

②乡村兽医在乡村从事动物诊疗服务活动的,应当有固定的从业场所和必要的兽医器械。

③乡村兽医应当按照《兽药管理条例》和农业部的规定使用兽药,并如实记录用药情况。

④乡村兽医在动物诊疗服务活动中,应当按照规定处理使用过的兽医器械和医疗废弃物。

⑤乡村兽医在动物诊疗服务活动中发现动物染疫或者疑似染疫的,应当按照国家规定立即报告,并采取隔离等控制措施,防止动物疫情扩散。

⑥乡村兽医在动物诊疗服务活动中发现动物患有或者疑似患有国家规定应当扑杀的疫病时,不得擅自进行治疗。

⑦发生突发动物疫情时,乡村兽医应当参加当地人民政府或者有关部门组织的预防、控制和扑灭工作,不得拒绝和阻碍。

⑧省、自治区、直辖市人民政府兽医主管部门应当制定乡村兽医培训规划,保证乡村兽医至少每两年接受一次培训。县级人民政府兽医主管部门应当根据培训规划制定本地区乡村兽医培训计划。

⑨县级人民政府兽医主管部门和乡(镇)人民政府应当按照《中华人民共和国动物防疫法》的规定,优先确定乡村兽医作为村级动物防疫员。

2.4.5 处罚

①乡村兽医有下列行为之一的,由动物卫生监督机构给予警告,责令暂停6个月以上1年以下动物诊疗服务活动;情节严重的,由原登记机关收回、注销乡村兽医登记证:

a. 不按照规定区域从业的。

b. 不按照当地人民政府或者有关部门的要求参加动物疫病预防、控制和扑灭活动的。

②乡村兽医有下列情形之一的,原登记机关应当收回、注销乡村兽医登记证:

a. 死亡或者被宣告失踪的。

b. 中止兽医服务活动满2年的。

③乡村兽医在动物诊疗服务活动中,违法使用兽药的,依照有关法律、行政法规的规定予以处罚。

2.5 动物诊疗机构管理

2008年11月26日,农业部发布《动物诊疗机构管理办法》,自2009年1月1日起施行。

2.5.1 概述

①为了加强动物诊疗机构管理,规范动物诊疗行为,保障公共卫生安全,根据《中华人民共和国动物防疫法》,制定《动物诊疗机构管理办法》。

②在中华人民共和国境内从事动物诊疗活动的机构,应当遵守《动物诊疗机构管理办法》。

③农业部负责全国动物诊疗机构的监督管理。县级以上地方人民政府兽医主管部门负责本行政区域内动物诊疗机构的管理。县级以上地方人民政府设立的动物卫生监督机构负责本行政区域内动物诊疗机构的监督执法工作。

2.5.2 诊疗许可

1)许可制度

①国家实行动物诊疗许可制度。从事动物诊疗活动的机构,应当取得动物诊疗许可证,并在规定的诊疗活动范围内开展动物诊疗活动。

②申请设立动物诊疗机构的,应当具备下列条件【第5条】:

a. 有固定的动物诊疗场所,且动物诊疗场所使用面积符合省、自治区、直辖市人民政府兽医主管部门的规定。

b. 动物诊疗场所选址距离畜禽养殖场、屠宰加工场、动物交易场所不少于200米。

c. 动物诊疗场所设有独立的出入口,出入口不得设在居民住宅楼内或者院内,不得与同一建筑物的其他用户共用通道。

d. 具有布局合理的诊疗室、手术室、药房等设施。

e. 具有诊断、手术、消毒、冷藏、常规化验、污水处理等器械设备。

f. 具有1名以上取得执业兽医师资格证书的人员。

g. 具有完善的诊疗服务、疫情报告、卫生消毒、兽药处方、药物和无害化处理等管理制度。

③动物诊疗机构从事动物颅腔、胸腔和腹腔手术的,除具备本办法第五条规定的条件外,还应当具备以下条件【第6条】:

a. 具有手术台、X光机或者B超等器械设备。

b. 具有3名以上取得执业兽医师资格证书的人员。

2)申办审批

①设立动物诊疗机构,应当向动物诊疗场所所在地的发证机关提出申请,并提交下列材料:

a. 动物诊疗许可证申请表。

b. 动物诊疗场所地理方位图、室内平面图和各功能区布局图。

c. 动物诊疗场所使用权证明。

d. 法定代表人(负责人)身份证明。

e. 执业兽医师资格证书原件及复印件。

f. 设施设备清单。

g. 管理制度文本。

h. 执业兽医和服务人员的健康证明材料。

申请材料不齐全或者不符合规定条件的,发证机关应当自收到申请材料之日起5个工作日内一次告知申请人需补正的内容。

②动物诊疗机构应当使用规范的名称。不具备从事动物颅腔、胸腔和腹腔手术能力的,不得使用"动物医院"的名称。

动物诊疗机构名称应当经工商行政管理机关预先核准。

③发证机关受理申请后,应当在20个工作日内完成对申请材料的审核和对动物诊疗场所的实地考察。符合规定条件的,发证机关应当向申请人颁发动物诊疗许可证;不符合条件的,书面通知申请人,并说明理由。

④专门从事水生动物疫病诊疗的,发证机关在核发动物诊疗许可证时,应当征求同级渔业行政主管部门的意见。

3) 许可证管理

①动物诊疗许可证应当载明诊疗机构名称、诊疗活动范围、从业地点和法定代表人(负责人)等事项。动物诊疗许可证格式由农业部统一规定。

②申请人凭动物诊疗许可证到动物诊疗场所所在地工商行政管理部门办理登记注册手续。

③动物诊疗机构设立分支机构的,应当按照本办法的规定另行办理动物诊疗许可证。

④动物诊疗机构变更名称或者法定代表人(负责人)的,应当在办理工商变更登记手续后15个工作日内,向原发证机关申请办理变更手续。

⑤动物诊疗机构变更从业地点、诊疗活动范围的,应当按照本办法规定重新办理动物诊疗许可手续,申请换发动物诊疗许可证,并依法办理工商变更登记手续。

⑥动物诊疗许可证不得伪造、变造、转让、出租、出借。动物诊疗许可证遗失的,应当及时向原发证机关申请补发。

⑦发证机关办理动物诊疗许可证,不得向申请人收取费用。

案例2.13

养鸡户借来动物诊疗许可证行医

一农户养鸡多年,规模从最初的几百只发展到常年存栏2万只商品蛋鸡,因此积累了较为丰富的技术经验,在周围养殖户中享有较高声誉。近年感觉当地养鸡赚钱越来越难,风险也越来越大,考虑到自身优势及实情,遂将养殖规模压缩后把主要精力转向经营鸡药,诊治鸡病方面,虽因种种原因未办理任何证件,但生意较好。为了维持良好局面,该农户从邻村某兽医处借来动物诊疗许可证等证件复印件张贴于其经营场所,并承诺向该兽医支付一定费用以对外宣称是与该兽医合营;同时他还为其客户联系商贩收购病死鸡,以减低损失;凡此种种无偿服务,使其生意一直很好。请问该农户涉嫌违反了哪些行政管理制度? 并说明理由。

2.5.3　诊疗活动管理

1）义务

①动物诊疗机构应当依法从事动物诊疗活动,建立健全内部管理制度,在诊疗场所的显著位置悬挂动物诊疗许可证和公示从业人员基本情况。

②动物诊疗机构应当按照国家兽药管理的规定使用兽药,不得使用假劣兽药和农业部规定禁止使用的药品及其他化合物。

③动物诊疗机构兼营宠物用品、宠物食品、宠物美容等项目的,兼营区域与动物诊疗区域应当分别独立设置。

④动物诊疗机构应当使用规范的病历、处方笺,病历、处方笺应当印有动物诊疗机构名称。病历档案应当保存 3 年以上。

⑤动物诊疗机构安装、使用具有放射性的诊疗设备的,应当依法经环境保护部门批准。

⑥动物诊疗机构发现动物染疫或者疑似染疫的,应当按照国家规定立即向当地兽医主管部门、动物卫生监督机构或者动物疫病预防控制机构报告,并采取隔离等控制措施,防止动物疫情扩散。

⑦动物诊疗机构发现动物患有或者疑似患有国家规定应当扑杀的疫病时,不得擅自进行治疗。

⑧动物诊疗机构应当按照农业部规定处理病死动物和动物病理组织。

⑨动物诊疗机构应当参照《医疗废弃物管理条例》的有关规定处理医疗废弃物。

⑩动物诊疗机构的执业兽医应当按照当地人民政府或者兽医主管部门的要求,参加预防、控制和扑灭动物疫病活动。

⑪动物诊疗机构应当配合兽医主管部门、动物卫生监督机构、动物疫病预防控制机构进行有关法律法规宣传、流行病学调查和监测工作。

⑫动物诊疗机构不得随意抛弃病死动物、动物病理组织和医疗废弃物,不得排放未经无害化处理或者处理不达标的诊疗废水【第25条】。

⑬动物诊疗机构应当定期对本单位工作人员进行专业知识和相关政策、法规培训。

⑭动物诊疗机构应当于每年 3 月底前将上年度动物诊疗活动情况向发证机关报告。

2）监督管理

①动物卫生监督机构应当建立健全日常监管制度,对辖区内动物诊疗机构和人员执行法律、法规、规章的情况进行监督检查。

②兽医主管部门应当设立动物诊疗违法行为举报电话,并向社会公示。

2.5.4　违法处罚

①违反《动物诊疗机构管理办法》规定,动物诊疗机构有下列情形之一的,由动物卫生监督机构按照《中华人民共和国动物防疫法》第81条第1款的规定予以处罚;情节严重的,并报原发证机关收回、注销其动物诊疗许可证:

a.超出动物诊疗许可证核定的诊疗活动范围从事动物诊疗活动的。

b.变更从业地点、诊疗活动范围未重新办理动物诊疗许可证的。

②使用伪造、变造、受让、租用、借用的动物诊疗许可证的,动物卫生监督机构应当依法收缴,并按照《中华人民共和国动物防疫法》第81条第1款的规定予以处罚。

出让、出租、出借动物诊疗许可证的,原发证机关应当收回、注销其动物诊疗许可证。

③动物诊疗场所不再具备本办法第5条、第6条规定条件的,由动物卫生监督机构给予警告,责令限期改正;逾期仍达不到规定条件的,由原发证机关收回、注销其动物诊疗许可证。

④动物诊疗机构连续停业两年以上的,或者连续两年未向发证机关报告动物诊疗活动情况,拒不改正的,由原发证机关收回、注销其动物诊疗许可证。

⑤违反《动物诊疗机构管理办法》规定,动物诊疗机构有下列情形之一的,由动物卫生监督机构给予警告,责令限期改正;拒不改正或者再次出现同类违法行为的,处以1 000元以下罚款:

a.变更机构名称或者法定代表人未办理变更手续的。

b.未在诊疗场所悬挂动物诊疗许可证或者公示从业人员基本情况的。

c.不使用病历,或者应当开具处方未开具处方的。

d.使用不规范的病历、处方笺的。

⑥动物诊疗机构在动物诊疗活动中,违法使用兽药的,或者违法处理医疗废弃物的,依照有关法律、行政法规的规定予以处罚。

⑦动物诊疗机构违反本办法第25条规定的,由动物卫生监督机构按照《中华人民共和国动物防疫法》第75条的规定予以处罚。

⑧兽医主管部门依法吊销、注销动物诊疗许可证的,应当及时通报工商行政管理部门。

⑨发证机关及其动物卫生监督机构不依法履行审查和监督管理职责,玩忽职守、滥用职权或者徇私舞弊的,依照有关规定给予处分;构成犯罪的,依法追究刑事责任。

2.5.5　诊疗机构相关规定

①动物诊疗是指动物疾病的预防、诊断、治疗和动物绝育手术等经营性活动。

②发证机关是指县(市辖区)级人民政府兽医主管部门;市辖区未设立兽医主管部门的,发证机关为上一级兽医主管部门。

案例2.14

某农业大学动物医院被诉非法行医

犬吃海棠果出现气喘、干呕、窒息而死亡,犬主以某农业大学动物医院非法行医、诊疗过错为由,起诉该农业大学赔偿财产损失170 650元。海淀法院一审判令该农业大学承担管理责任,向犬主退还医疗费并赔偿财产损失1.5万元。

犬主诉称,2011年10月20日,犬吃海棠果后气喘、干呕,到该农业大学动物医院就诊,X光检查,犬气管内有一海棠果大小异物,随后吐出,再次拍片气管内未见异物,其他部位正常。该动物医院由此推断犬气管内异物已吐出,同意犬主将犬自行带回,犬在家中再次出现干呕、呼吸困难等症状,2011年10月21日死亡。犬主认为,该医院没有对犬做进一步诊断,没有将犬留院观察,是导致犬死亡的原因,同时,医院无营业执照从事诊疗活动,属违法。

院方辩称,医院有诊疗许可证,医师有合法执业资格证,可以从事动物诊疗活动。该医院是事业单位的下属机构,无独立法人资格,无须也无法进行工商登记。医院诊疗行为合法,诊疗过程并没有过错,就诊期间,医师严格按治疗规程诊疗,犬治愈并由主人带回,犬再次发病死亡与诊疗不存在因果关系,犬主主张的财产损失没有充分证据,故不同意原告诉讼请求。

法院审理认为,原告犬是因气管内海棠果引起窒息死亡。依据鉴定报告和相关证据,该犬在诊疗过程中检测出的海棠果已取出,离院时气管内已无异物,考虑到结束诊疗后气管内再次出现海棠果的原因具有多样性,无法确定犬气管内再次出现海棠果与医院诊疗行为之间存在因果关系。因此,对原告关于该医院存在诊疗过错并致该犬死亡的主张,法院不予支持。

法院就医院是否非法行医问题,依据《中华人民共和国动物防疫法》第51条"设立从事动物诊疗活动的机构,应当向县级以上地方人民政府兽医主管部门申请动物诊疗许可证。受理申请的兽医主管部门应当依照本法和《中华人民共和国行政许可法》的规定进行审查。经审查合格的,发给动物诊疗许可证;申请人凭动物诊疗许可证向工商行政管理部门申请办理登记注册手续,取得营业执照后,方可从事动物诊疗活动。"该医院无营业执照即对外从事营利性经营活动确有违法,其诊疗活动确实欠缺相应法律前提,故法院判令该农业大学作为该动物医院的上级单位对此承担一定的管理责任,返还医疗费用并赔偿财产损失1.5万元。

2.6 重大动物疫情应急处理

2005年11月16日,国务院发布《重大动物疫情应急条例》,2006年2月27日,农业部发布《国家突发重大动物疫情应急预案》,自发布之日实施。

2.6.1 概述

1)立法目的

①为了迅速控制、扑灭重大动物疫情,保障养殖业生产安全,保护公众身体健康与生命安全,维护正常的社会秩序,根据《动物防疫法》,制定《重大动物疫情应急条例》《国家突发重大动物疫情应急预案》。

②重大动物疫情是指高致病性禽流感等发病率或者死亡率高的动物疫病突然发生,迅速传播,给养殖业生产安全造成严重威胁、危害,以及可能对公众身体健康与生命安全造成危害的情形,包括特别重大动物疫情或指陆生、水生动物突然发生重大疫病,且迅速传播,导致动物发病率或者死亡率高,给养殖业生产安全造成严重危害,或者可能对人民身体健康与生命安全造成危害的疫情。

③重大动物疫情应急工作应当坚持加强领导、密切配合,依靠科学、依法防治,群防群控、果断处置的方针,及时发现,快速反应,严格处理,减少损失。

④我国尚未发现的动物疫病是指疯牛病、非洲猪瘟、非洲马瘟等,在其他国家和地区已经发现,在我国尚未发生过的动物疫病。我国已消灭的动物疫病是牛瘟、牛肺疫等,在我国曾发生过,但已扑灭净化的动物疫病。

⑤根据突发重大动物疫情的性质、危害程度、涉及范围,将突发重大动物疫情划分为特别重大(Ⅰ级)、重大(Ⅱ级)、较大(Ⅲ级)和一般(Ⅳ级)四级。

⑥预案适用于突然发生,造成或者可能造成畜牧业生产严重损失和社会公众健康严重损害的重大动物疫情的应急处理工作。

2) 主管机关

①重大动物疫情应急工作按照属地管理的原则,实行政府统一领导、部门分工负责,逐级建立责任制。县级以上人民政府兽医主管部门具体负责组织重大动物疫情的监测、调查、控制、扑灭等应急工作。县级以上人民政府林业主管部门、兽医主管部门按照职责分工,加强对陆生野生动物疫源疫病的监测。县级以上人民政府其他有关部门在各自的职责范围内,做好重大动物疫情的应急工作。

②出入境检验检疫机关应当及时收集境外重大动物疫情信息,加强进出境动物及其产品的检验检疫工作,防止动物疫病传入和传出。兽医主管部门要及时向出入境检验检疫机关通报国内重大动物疫情。

③国家鼓励、支持开展重大动物疫情监测、预防、应急处理等有关技术的科学研究和国际交流与合作。

④县级以上人民政府应当对参加重大动物疫情应急处理的人员给予适当补助,对作出贡献的人员给予表彰和奖励。

⑤对不履行或者不按照规定履行重大动物疫情应急处理职责的行为,任何单位和个人有权检举控告。

3) 工作原则

①统一领导,分级管理。各级人民政府统一领导和指挥突发重大动物疫情应急处理工作;疫情应急处理工作实行属地管理;地方各级人民政府负责扑灭本行政区域内的突发重大动物疫情,各有关部门按照预案规定,在各自的职责范围内做好疫情应急处理的有关工作。根据突发重大动物疫情的范围、性质和危害程度,对突发重大动物疫情实行分级管理。

②快速反应,高效运转。各级人民政府和兽医行政管理部门要依照有关法律、法规,建立和完善突发重大动物疫情应急体系、应急反应机制和应急处置制度,提高突发重大动物疫情应急处理能力;发生突发重大动物疫情时,各级人民政府要迅速作出反应,采取果断措施,及时控制和扑灭突发重大动物疫情。

③预防为主,群防群控。贯彻预防为主的方针,加强防疫知识的宣传,提高全社会防范突发重大动物疫情的意识;落实各项防范措施,做好人员、技术、物资和设备的应急储备工作,并根据需要定期开展技术培训和应急演练;开展疫情监测和预警预报,对各类可能引发突发重大动物疫情的情况要及时分析、预警,做到疫情早发现、快行动、严处理。突发重大动物疫情应急处理工作要依靠群众,全民防疫,动员一切资源,做到群防群控。

2.6.2 应急准备组织体系职责

1)应急准备

(1)应急预案制定

①国务院兽医主管部门制定全国重大动物疫情应急预案,报国务院批准,并按照不同动物疫病病种及其流行特点和危害程度,分别制订实施方案,报国务院备案。

②县级以上地方人民政府根据本地区的实际情况,制定本行政区域的重大动物疫情应急预案,报上一级人民政府兽医主管部门备案。县级以上地方人民政府兽医主管部门,应按照不同动物疫病病种及其流行特点和危害程度,分别制订实施方案。

(2)预案内容

预案内容主要包括如下事项:

①应急指挥部的职责、组成以及成员单位的分工。

②重大动物疫情的监测、信息收集、报告和通报。

③动物疫病的确认、重大动物疫情的分级和相应的应急处理工作方案。

④重大动物疫情疫源的追踪和流行病学调查分析。

⑤预防、控制、扑灭重大动物疫情所需资金的来源、物资和技术的储备与调度。

⑥重大动物疫情应急处理设施和专业队伍建设。

(3)应急准备

①国务院有关部门和县级以上地方人民政府及其有关部门,应当根据重大动物疫情应急预案的要求,确保应急处理所需的疫苗、药品、设施设备和防护用品等物资的储备。

②县级以上人民政府应当建立和完善重大动物疫情监测网络和预防控制体系,加强动物防疫基础设施和乡镇动物防疫组织建设,并保证其正常运行,提高对重大动物疫情的应急处理能力。

③县级以上地方人民政府根据重大动物疫情的应急需要,可以成立应急预备队,在重大动物疫情应急指挥部的指挥下,具体承担疫情的控制和扑灭任务。应急预备队由当地兽医行政管理人员、动物防疫工作人员、有关专家、执业兽医等组成;必要时,可以组织动员社会上有一定专业知识的人员参加。公安机关、中国人民武装警察部队应当依法协助其执行任务。应急预备队应当定期进行技术培训和应急演练。

④县级以上人民政府及其兽医主管部门应当加强对重大动物疫情应急知识和重大动物疫病科普知识的宣传,增强全社会的重大动物疫情防范意识。

2)应急组织体系职责

(1)应急指挥机构

①农业部在国务院统一领导下,负责组织、协调全国突发重大动物疫情应急处理工作。

②县级以上地方人民政府兽医行政管理部门在本级人民政府统一领导下,负责组织、协调本行政区域内突发重大动物疫情应急处理工作。

③国务院和县级以上地方人民政府根据本级人民政府兽医行政管理部门的建议和

实际工作需要,决定是否成立全国和地方应急指挥部。

(2)日常管理机构

农业部负责全国突发重大动物疫情应急处理的日常管理工作。省级人民政府兽医行政管理部门负责本行政区域内突发重大动物疫情应急的协调、管理工作。市(地)级、县级人民政府兽医行政管理部门负责本行政区域内突发重大动物疫情应急处置的日常管理工作。

(3)专家委员会

农业部和省级人民政府兽医行政管理部门组建突发重大动物疫情专家委员会。市(地)级和县级人民政府兽医行政管理部门可根据需要,组建突发重大动物疫情应急处理专家委员会。

(4)应急处理机构

①动物防疫监督机构。

其主要负责突发重大动物疫情报告,现场流行病学调查,开展现场临床诊断和实验室检测,加强疫病监测,对封锁、隔离、紧急免疫、扑杀、无害化处理、消毒等措施的实施进行指导、落实和监督。

②出入境检验检疫机构。

负责加强对出入境动物及动物产品的检验检疫、疫情报告、消毒处理、流行病学调查和宣传教育等。

2.6.3　监测预警报告公布

1)疫情监测

国家建立突发重大动物疫情监测、报告网络体系。农业部和地方各级人民政府兽医行政管理部门要加强对监测工作的管理和监督,保证监测质量。

①动物防疫监督机构负责重大动物疫情的监测,饲养、经营动物和生产、经营动物产品的单位和个人应当配合,不得拒绝和阻碍。

②从事动物隔离、疫情监测、疫病研究与诊疗、检验检疫以及动物饲养、屠宰加工、运输、经营等活动的有关单位和个人,发现动物出现群体发病或者死亡的,应当立即向所在地的县(市)动物防疫监督机构报告。

③县(市)动物防疫监督机构接到报告后,应当立即赶赴现场调查核实。初步认为属于重大动物疫情的,应当在2小时内将情况逐级报省、自治区、直辖市动物防疫监督机构,并同时报所在地人民政府兽医主管部门;兽医主管部门应当及时通报同级卫生主管部门。

④省、自治区、直辖市动物防疫监督机构应当在接到报告后1小时内,向省、自治区、直辖市人民政府兽医主管部门和国务院兽医主管部门所属的动物防疫监督机构报告。

⑤省、自治区、直辖市人民政府兽医主管部门应当在接到报告后1小时内报本级人民政府和国务院兽医主管部门。

⑥重大动物疫情发生后,省、自治区、直辖市人民政府和国务院兽医主管部门应当在4小时内向国务院报告。

2）预警

各级人民政府兽医行政管理部门根据动物防疫监督机构提供的监测信息,按照重大动物疫情的发生、发展规律和特点,分析其危害程度、可能的发展趋势,及时做出相应级别的预警,依次用红色、橙色、黄色和蓝色表示特别严重、严重、较重和一般4个预警级别。

3）疫情报告

任何单位和个人有权向各级人民政府及其有关部门报告突发重大动物疫情及其隐患,有权向上级政府部门举报不履行或者不按照规定履行突发重大动物疫情应急处理职责的部门、单位及个人。

（1）报告内容

①疫情发生的时间、地点。

②染疫、疑似染疫动物种类和数量、同群动物数量、免疫情况、死亡数量、临床症状、病理变化、诊断情况、是否有人员感染、已采取的控制措施。

③流行病学和疫源追踪情况。

④已采取的控制措施。

⑤疫情报告的单位、负责人、报告人及联系方式。

重大动物疫情由省、自治区、直辖市人民政府兽医主管部门认定;必要时,由国务院兽医主管部门认定。

（2）责任报告单位和责任报告人

①责任报告单位

a.县级以上地方人民政府所属动物防疫监督机构。

b.各动物疫病国家参考实验室和相关科研院校。

c.出入境检验检疫机构。

d.兽医行政管理部门。

e.县级以上地方人民政府。

f.有关动物饲养、经营和动物产品生产、经营的单位,各类动物诊疗机构等相关单位。

②责任报告人

a.执行职务的各级动物防疫监督机构、出入境检验检疫机构的兽医人员。

b.各类动物诊疗机构的兽医。

c.饲养、经营动物和生产、经营动物产品的人员。

③报告形式

a.各级动物防疫监督机构应按国家有关规定报告疫情。

b.其他责任报告单位和个人以电话或书面形式报告。

④报告时限和程序

发现可疑动物疫情时,必须立即向当地县（市）动物防疫监督机构报告。县（市）动物防疫监督机构接到报告后,应当立即赶赴现场诊断,必要时可请省级动物防疫监督机构派人协助进行诊断,认定为疑似重大动物疫情的,应当在2小时内将疫情逐级报至省级动物防疫监督机构,并同时报所在地人民政府兽医行政管理部门。省级动物防疫监督机构应当在接到报告后1小时内,向省级兽医行政管理部门和农业部报告。省级兽医行政管理部门应当在接到报告后的1小时内报省级人民政府。特别重大、重大动物疫情发生后,省级人民政府、农业部应当在4小时内向国务院报告。认定为疑似重大动物疫情的应立即按要求采集病料样品送省级动物防疫监督机构实验室确诊,省级动物防疫监督机构不能确诊的,送国家参考实验室确诊。确诊结果应立即报农业部,并抄送省级兽医行政管理部门。

4)疫情公布

①重大动物疫情由国务院兽医主管部门按照国家规定的程序,及时准确公布;其他任何单位和个人不得公布重大动物疫情。

②重大动物疫病应当由动物防疫监督机构采集病料,未经国务院兽医主管部门或者省、自治区、直辖市人民政府兽医主管部门批准,其他单位和个人不得擅自采集病料。

③国务院兽医主管部门应当及时向国务院有关部门和军队有关部门以及各省、自治区、直辖市人民政府兽医主管部门通报重大动物疫情的发生和处理情况。

④发生重大动物疫情可能感染人群时,卫生主管部门应当对疫区内易受感染的人群进行监测,并采取相应的预防、控制措施。卫生主管部门和兽医主管部门应当及时相互通报情况。

⑤有关单位和个人对重大动物疫情不得瞒报、谎报、迟报,不得授意他人瞒报、谎报、迟报,不得阻碍他人报告。

⑥在重大动物疫情报告期间,有关动物防疫监督机构应当立即采取临时隔离控制措施;必要时,当地县级以上地方人民政府可以作出封锁决定并采取扑杀、销毁等措施。有关单位和个人应当执行。

2.6.4　突发重大动物疫情应急响应处理终止

1)分级管理

①重大动物疫情发生后,国务院和有关地方人民政府设立的重大动物疫情应急指挥部统一领导、指挥重大动物疫情应急工作。

②重大动物疫情发生后,县级以上地方人民政府兽医主管部门应当立即划定疫点、疫区和受威胁区,调查疫源,向本级人民政府提出启动重大动物疫情应急指挥系统、应急预案和对疫区实行封锁的建议,有关人民政府应当立即作出决定。

③疫点、疫区和受威胁区的范围应当按照不同动物疫病病种及其流行特点和危害程度划定,具体划定标准由国务院兽医主管部门制定。

④国家对重大动物疫情应急处理实行分级管理,按照应急预案确定的疫情等级,由有关人民政府采取相应的应急控制措施。

2)应急响应原则

①发生突发重大动物疫情时,事发地的县级、市(地)级、省级人民政府及其有关部门按照分级响应的原则作出应急响应。

②要遵循突发重大动物疫情发生发展的客观规律,结合实际情况和预防控制工作的需要,及时调整预警和响应级别。

③根据不同动物疫病的性质和特点,注重分析疫情的发展趋势,对势态和影响不断扩大的疫情,应及时升级预警和响应级别;对范围局限、不会进一步扩散的疫情,应相应降低响应级别,及时撤销预警。

④突发重大动物疫情应急处理要采取边调查、边处理、边核实的方式,有效控制疫情发展。

⑤未发生突发重大动物疫情的地方,当地人民政府兽医行政管理部门接到疫情通报后,要组织做好人员、物资等应急准备工作,采取必要的预防控制措施,防止突发重大动物疫情在本行政区域内发生,并服从上一级人民政府兽医行政管理部门的统一指挥,支援突发重大动物疫情发生地的应急处理工作。

3) 应对措施

(1) 对疫点的措施

①扑杀并销毁染疫动物和易感染的动物及其产品。

②对病死的动物、动物排泄物、被污染饲料、垫料、污水进行无害化处理。

③对被污染的物品、用具、动物圈舍、场地进行严格消毒。

(2) 对疫区的措施

①在疫区周围设置警示标志,在出入疫区的交通路口设置临时动物检疫消毒站,对出入的人员和车辆进行消毒。

②扑杀并销毁染疫和疑似染疫动物及其同群动物,销毁染疫和疑似染疫的动物产品,对其他易感染的动物实行圈养或者在指定地点放养,役用动物限制在疫区内使役。

③对易感染的动物进行监测,并按照国务院兽医主管部门的规定实施紧急免疫接种,必要时对易感染的动物进行扑杀。

④关闭动物及动物产品交易市场,禁止动物进出疫区和动物产品运出疫区。

⑤对动物圈舍、动物排泄物、垫料、污水和其他可能受污染的物品、场地,进行消毒或者无害化处理。

(3) 对受威胁区的措施

①对易感染的动物进行监测。

②对易感染的动物根据需要实施紧急免疫接种。

4) 相关规定

①重大动物疫情应急处理中设置临时动物检疫消毒站以及采取隔离、扑杀、销毁、消毒、紧急免疫接种等控制、扑灭措施的,由有关重大动物疫情应急指挥部决定,有关单位和个人必须服从;拒不服从的,由公安机关协助执行。

②国家对疫区、受威胁区内易感染的动物免费实施紧急免疫接种;对因采取扑杀、销毁等措施给当事人造成的已经证实的损失,给予合理补偿。紧急免疫接种和补偿所需费用,由中央财政和地方财政分担。

③重大动物疫情应急指挥部根据应急处理需要,有权紧急调集人员、物资、运输工具以及相关设施、设备。单位和个人的物资、运输工具以及相关设施、设备被征集使用的,有关人民政府应当及时归还并给予合理补偿。

④重大动物疫情发生后,县级以上人民政府兽医主管部门应当及时提出疫点、疫区、

受威胁区的处理方案,加强疫情监测、流行病学调查、疫源追踪工作,对染疫和疑似染疫动物及其同群动物和其他易感染动物的扑杀、销毁进行技术指导,并组织实施检验检疫、消毒、无害化处理和紧急免疫接种。

⑤在重大动物疫情应急处理中,县级以上人民政府有关部门应当在各自的职责范围内,做好重大动物疫情应急所需的物资紧急调度和运输、应急经费安排、疫区群众救济、人的疫病防治、肉食品供应、动物及其产品市场监管、出入境检验检疫和社会治安维护等工作。

⑥中国人民解放军、中国人民武装警察部队应当支持配合驻地人民政府做好重大动物疫情的应急工作。

⑦在重大动物疫情应急处理中,乡镇人民政府、村民委员会、居民委员会应当组织力量,向村民、居民宣传动物疫病防治的相关知识,协助做好疫情信息的收集、报告和各项应急处理措施的落实工作。

⑧重大动物疫情发生地的人民政府和毗邻地区的人民政府应当通力合作,相互配合,做好重大动物疫情的控制、扑灭工作。

⑨有关人民政府及其有关部门对参加重大动物疫情应急处理的人员,应当采取必要的卫生防护和技术指导等措施。

⑩自疫区内最后一头(只)发病动物及其同群动物处理完毕起,经过一个潜伏期以上的监测,未出现新的病例的,彻底消毒后,经上一级动物防疫监督机构验收合格,由原发布封锁令的人民政府宣布解除封锁,撤销疫区;由原批准机关撤销在该疫区设立的临时动物检疫消毒站。

⑪县级以上人民政府应当将重大动物疫情确认、疫区封锁、扑杀及其补偿、消毒、无害化处理、疫源追踪、疫情监测以及应急物资储备等应急经费列入本级财政预算。

5)应急响应

(1)特别重大突发动物疫情(Ⅰ级)的应急响应

①县级以上地方各级人民政府

a. 组织协调有关部门参与突发重大动物疫情的处理。

b. 根据突发重大动物疫情处理需要,调集本行政区域内各类人员、物资、交通工具和相关设施、设备参加应急处理工作。

c. 发布封锁令,对疫区实施封锁。

d. 在本行政区域内采取限制或者停止动物及动物产品交易、扑杀染疫或相关动物,临时征用房屋、场所、交通工具;封闭被动物疫病病原体污染的公共饮用水源等紧急措施。

e. 组织铁路、交通、民航、质检等部门依法在交通站点设置临时动物防疫监督检查站,对进出疫区、出入境的交通工具进行检查和消毒。

f. 按国家规定做好信息发布工作。

g. 组织乡镇、街道、社区以及居委会、村委会,开展群防群控。

h. 组织有关部门保障商品供应,平抑物价,严厉打击造谣传谣、制假售假等违法犯罪和扰乱社会治安的行为,维护社会稳定。必要时,可请求中央予以支持,保证应急处理工作顺利进行。

②兽医行政管理部门

a.组织动物防疫监督机构开展突发重大动物疫情的调查与处理;划定疫点、疫区、受威胁区。

b.组织突发重大动物疫情专家委员会对突发重大动物疫情进行评估,提出启动突发重大动物疫情应急响应的级别。

c.根据需要组织开展紧急免疫和预防用药。

d.县级以上人民政府兽医行政管理部门负责对本行政区域内应急处理工作的督导和检查。

e.对新发现的动物疫病,及时按照国家规定,开展有关技术标准和规范的培训工作。

f.有针对性地开展动物防疫知识宣教,提高群众防控意识和自我防护能力。

g.组织专家对突发重大动物疫情的处理情况进行综合评估。

③动物防疫监督机构

a.县级以上动物防疫监督机构做好突发重大动物疫情的信息收集、报告与分析工作。

b.组织疫病诊断和流行病学调查。

c.按规定采集病料,送省级实验室或国家参考实验室确诊。

d.承担突发重大动物疫情应急处理人员的技术培训。

④出入境检验检疫机构

a.境外发生重大动物疫情时,会同有关部门停止从疫区国家或地区输入相关动物及其产品;加强对来自疫区运输工具的检疫和防疫消毒;参与打击非法走私入境动物或动物产品等违法活动。

b.境内发生重大动物疫情时,加强出口货物的查验,会同有关部门停止疫区和受威胁区的相关动物及其产品的出口;暂停使用位于疫区内的依法设立的出入境相关动物临时隔离检疫场。

c.出入境检验检疫工作中发现重大动物疫情或者疑似重大动物疫情时,应立即向当地兽医行政管理部门报告,并协助当地动物防疫监督机构做好疫情控制和扑灭工作。

(2)重大突发动物疫情(Ⅱ级)的应急响应

①省级人民政府。省级人民政府根据省级人民政府兽医行政管理部门的建议,启动应急预案,统一领导和指挥本行政区域内突发重大动物疫情应急处理工作。

②省级人民政府兽医行政管理部门。重大突发动物疫情确认后,向农业部报告疫情。

③省级以下地方人民政府。疫情发生地人民政府及有关部门在省级人民政府或省级突发重大动物疫情应急指挥部的统一指挥下,按照要求认真履行职责,落实有关控制措施。

④农业部加强对省级兽医行政管理部门应急处理突发重大动物疫情工作的督导,根据需要组织有关专家协助疫情应急处置;并及时向有关省份通报情况。

(3)较大突发动物疫情(Ⅲ级)的应急响应

①市(地)级人民政府。市(地)级人民政府根据本级人民政府兽医行政管理部门的

建议,启动应急预案,采取相应的综合应急措施。

②市(地)级人民政府兽医行政管理部门。对较大突发动物疫情进行确认,并按照规定向当地人民政府、省级兽医行政管理部门和农业部报告调查处理情况。

③省级兽医行政管理部门要加强对疫情发生地疫情应急处理工作的督导,及时组织专家对地方疫情应急处理工作提供技术指导和支持,并向本省有关地区发出通报,及时采取预防控制措施,防止疫情扩散蔓延。

(4)一般突发动物疫情(Ⅳ级)的应急响应

县级人民政府兽医行政管理部门对一般突发重大动物疫情进行确认,并按照规定向本级人民政府和上一级兽医行政管理部门报告。

(5)非突发重大动物疫情发生地区的应急响应

应根据发生疫情地区的疫情性质、特点、发生区域和发展趋势,分析本地区受波及的可能性和程度,重点做好工作。

(6)应急处理人员的安全防护

要确保参与疫情应急处理人员的安全。针对不同的重大动物疫病,特别是一些重大人畜共患病,应急处理人员还应采取特殊的防护措施。

6)应急终止

突发重大动物疫情应急响应的终止需符合以下条件:

①疫区内所有的动物及其产品按规定处理后,经过该疫病的至少一个最长潜伏期无新的病例出现。

②特别重大突发动物疫情由农业部对疫情控制情况进行评估,提出终止应急措施的建议,按程序报批宣布。

③重大突发动物疫情由省级人民政府兽医行政管理部门对疫情控制情况进行评估,提出终止应急措施的建议,按程序报批宣布,并向农业部报告。

④较大突发动物疫情由市(地)级人民政府兽医行政管理部门对疫情控制情况进行评估,提出终止应急措施的建议,按程序报批宣布,并向省级人民政府兽医行政管理部门报告。

⑤一般突发动物疫情,由县级人民政府兽医行政管理部门对疫情控制情况进行评估,提出终止应急措施的建议,按程序报批宣布,并向上一级和省级人民政府兽医行政管理部门报告。

2.6.5 善后处理

(1)后期评估

突发重大动物疫情扑灭后,各级兽医行政管理部门应在本级政府的领导下,组织有关人员对突发重大动物疫情的处理情况进行评估,提出改进建议和应对措施。

(2)奖励

县级以上人民政府对参加突发重大动物疫情应急处理作出贡献的先进集体和个人,进行表彰;对在突发重大动物疫情应急处理工作中英勇献身的人员,按有关规定追认为烈士。

（3）责任

对在突发重大动物疫情的预防、报告、调查、控制和处理过程中,有玩忽职守、失职、渎职等违纪违法行为的,依据有关法律法规追究当事人的责任。

（4）灾害补偿

按照各种重大动物疫病灾害补偿的规定,确定数额等级标准,按程序进行补偿。

（5）抚恤和补助

地方各级人民政府要组织有关部门对因参与应急处理工作致病、致残、死亡的人员,按照国家有关规定,给予相应的补助和抚恤。

（6）恢复生产

突发重大动物疫情扑灭后,取消贸易限制及流通控制等限制性措施。根据各种重大动物疫病的特点,对疫点和疫区进行持续监测,符合要求的,方可重新引进动物,恢复畜牧业生产。

（7）社会救助

发生重大动物疫情后,国务院民政部门应按《中华人民共和国公益事业捐赠法》和《救灾救济捐赠管理暂行办法》及国家有关政策规定,做好社会各界向疫区提供的救援物资及资金的接收,分配和使用工作。

2.6.6 突发重大动物疫情应急处置保障

突发重大动物疫情发生后,县级以上地方人民政府应积极协调有关部门,做好突发重大动物疫情处理的应急保障工作,包括:

①通信与信息保障。

②应急资源与装备保障。

a.应急队伍保障。

b.交通运输保障。

c.医疗卫生保障。

d.治安保障。

e.物资保障。

f.经费保障。

③技术储备与保障。

④实训和演习。

⑤社会公众的宣传教育等。

案例 2.15

某县畜牧兽医局快速反应 彰显应急处理能力

2012 年 12 月 28 日下午 16 时 20 分,某县畜牧兽医局接到该县某镇畜牧兽医站罗某电话报告,说该镇某村一桥下发现有多头被抛尸的死猪。县畜牧兽医局获悉后立即启动紧急响应机制,迅速成立由局长孙某、动物卫生监督所所长李某等 5 人组成的工作专班,在 30 分钟后,于 16 时 50 分到达现场调查处理。

现场确认,遗弃死猪数量为12头,体重5～15 kg,死亡时间约1周。现场处理:封锁、消毒、生石灰覆盖。经走访调查,方圆1.5 km² 范围内猪场有4家和53家农户,近期均未发生各种疫情,也没有发生死猪和丢弃死猪现象,初步排除死猪来源于本地的可能。经罗某回忆,约10天前有一白色小霸王车,共装有60余头白色仔猪经过该站,前往桂花方向。初步分析,由于气候寒冷,仔猪由于御寒能力弱运输过程中应激死亡,被车主遗弃于此。

根据死因不明动物无害化处理规定,该县畜牧兽医局连夜对尸体进行了深埋消毒处理,并对现场和方圆1.5 km² 内养殖场和散户进行了消毒处理。并于12月29日下午向县政府递交了处理报告。

2.6.7 法律责任

①违反本条例规定,兽医主管部门及其所属的动物防疫监督机构有下列行为之一的,由本级人民政府或者上级人民政府有关部门责令立即改正、通报批评、给予警告;对主要负责人、负有责任的主管人员和其他责任人员,依法给予记大过、降级、撤职直至开除的行政处分;构成犯罪的,依法追究刑事责任:

a.不履行疫情报告职责,瞒报、谎报、迟报或者授意他人瞒报、谎报、迟报,阻碍他人报告重大动物疫情的。

b.在重大动物疫情报告期间,不采取临时隔离控制措施,导致动物疫情扩散的。

c.不及时划定疫点、疫区和受威胁区,不及时向本级人民政府提出应急处理建议,或者不按照规定对疫点、疫区和受威胁区采取预防、控制、扑灭措施的。

d.不向本级人民政府提出启动应急指挥系统、应急预案和对疫区的封锁建议的。

e.动物扑杀、销毁不进行技术指导或者指导不力,或者不组织实施检验检疫、消毒、无害化处理和紧急免疫接种的。

f.其他不履行本条例规定的职责,导致动物疫病传播、流行,或者对养殖业生产安全和公众身体健康与生命安全造成严重危害的。

②违反本条例规定,县级以上人民政府有关部门不履行应急处理职责,不执行对疫点、疫区和受威胁区采取的措施,或者对上级人民政府有关部门的疫情调查不予配合或者阻碍、拒绝的,由本级人民政府或者上级人民政府有关部门责令立即改正、通报批评、给予警告;对主要负责人、负有责任的主管人员和其他责任人员,依法给予记大过、降级、撤职直至开除的行政处分;构成犯罪的,依法追究刑事责任。

③违反本条例规定,有关地方人民政府阻碍报告重大动物疫情,不履行应急处理职责,不按照规定对疫点、疫区和受威胁区采取预防、控制、扑灭措施,或者对上级人民政府有关部门的疫情调查不予配合或者阻碍、拒绝的,由上级人民政府责令立即改正、通报批评、给予警告;对政府主要领导人依法给予记大过、降级、撤职直至开除的行政处分;构成犯罪的,依法追究刑事责任。

④截留、挪用重大动物疫情应急经费,或者侵占、挪用应急储备物资的,按照《财政违法行为处罚处分条例》的规定处理;构成犯罪的,依法追究刑事责任。

⑤违反本条例规定,拒绝、阻碍动物防疫监督机构进行重大动物疫情监测,或者发现动物出现群体发病或者死亡,不向当地动物防疫监督机构报告的,由动物防疫监督机构

给予警告,并处 2 000 元以上 5 000 元以下的罚款;构成犯罪的,依法追究刑事责任。

⑥违反本条例规定,擅自采集重大动物疫病病料,或者在重大动物疫病病原分离时不遵守国家有关生物安全管理规定的,由动物防疫监督机构给予警告,并处 5 000 元以下的罚款;构成犯罪的,依法追究刑事责任。

⑦在重大动物疫情发生期间,哄抬物价、欺骗消费者,散布谣言、扰乱社会秩序和市场秩序的,由价格主管部门、工商行政管理部门或者公安机关依法给予行政处罚;构成犯罪的,依法追究刑事责任。

案例 2.16

某市经济技术开发区发生 1 起家禽禽流感疫情

2012 年 9 月 11 日,某省某市经济技术开发区某镇部分养殖户饲养的肉鸭出现疑似禽流感症状,发病鸭 14 050 只,死亡 6 300 只。2012 年 9 月 18 日,国家禽流感参考实验室确诊为 H5N1 亚型高致病性禽流感疫情。

疫情发生后,当地按照有关应急预案和防治技术规范要求,坚持依法防控、科学防控,切实做好疫情处置各项工作,严密封锁疫区,加强消毒灭源和监测排查,对 67 500 只家禽全部进行扑杀和无害化处理。

2.7　病原微生物实验室生物安全管理

2004 年 11 月 5 日,国务院发布《病原微生物实验室生物安全管理条例》,自公布之日起施行。

2.7.1　总则

1)主管部门

①国务院卫生主管部门主管与人体健康有关的实验室及其实验活动的生物安全监督工作。

②国务院兽医主管部门主管与动物有关的实验室及其实验活动的生物安全监督工作。

③国务院其他有关部门在各自职责范围内负责实验室及其实验活动的生物安全管理工作。县级以上地方人民政府及其有关部门在各自职责范围内负责实验室及其实验活动的生物安全管理工作。

2)管理原则

①国家对病原微生物实行分类管理,对实验室实行分级管理。

②国家实行统一的实验室生物安全标准。实验室应当符合国家标准和要求。

③实验室的设立单位及其主管部门负责实验室日常活动的管理,承担建立健全安全管理制度,检查、维护实验设施、设备,控制实验室感染的职责。

2.7.2　分类管理

1）病原微生物及其种类

①病原微生物是指能够使人或者动物致病的微生物。实验活动是指实验室从事与病原微生物菌（毒）种、样本有关的研究、教学、检测、诊断等活动。

②国家根据病原微生物的传染性、感染后对个体或者群体的危害程度，将病原微生物分为4类。

a. 第一类病原微生物是指能够引起人类或者动物非常严重疾病的微生物，以及我国尚未发现或者已经宣布消灭的微生物。

b. 第二类病原微生物是指能够引起人类或者动物严重疾病，比较容易直接或者间接在人与人、动物与人、动物与动物间传播的微生物。

c. 第三类病原微生物是指能够引起人类或者动物疾病，但一般情况下对人、动物或者环境不构成严重危害，传播风险有限，实验室感染后很少引起严重疾病，并且具备有效治疗和预防措施的微生物。

d. 第四类病原微生物是指在通常情况下不会引起人类或者动物疾病的微生物。

第一类、第二类病原微生物统称为高致病性病原微生物。

③人间传染的病原微生物名录由国务院卫生主管部门商国务院有关部门后制定、调整并予以公布；动物间传染的病原微生物名录由国务院兽医主管部门商国务院有关部门后制定、调整并予以公布。

④采集病原微生物样本应当具备下列条件：

a. 具有与采集病原微生物样本所需要的生物安全防护水平相适应的设备。

b. 具有掌握相关专业知识和操作技能的工作人员。

c. 具有有效地防止病原微生物扩散和感染的措施。

2）保证病原微生物样本质量的技术方法和手段

①采集高致病性病原微生物样本的工作人员在采集过程中应当防止病原微生物扩散和感染，并对样本的来源、采集过程和方法等作详细记录。

②运输高致病性病原微生物菌（毒）种或者样本，应当通过陆路运输；没有陆路通道，必须经水路运输的，可以通过水路运输；紧急情况下或者需要将高致病性病原微生物菌（毒）种或者样本运往国外的，可以通过民用航空运输。

③【第11条】运输高致病性病原微生物菌（毒）种或者样本，应当具备下列条件：

a. 运输目的、高致病性病原微生物的用途和接收单位符合国务院卫生主管部门或者兽医主管部门的规定。

b. 高致病性病原微生物菌（毒）种或者样本的容器应当密封，容器或者包装材料还应当符合防水、防破损、防外泄、耐高（低）温、耐高压的要求。

c. 容器或者包装材料上应当印有国务院卫生主管部门或者兽医主管部门规定的生物危险标识、警告用语和提示用语。运输高致病性病原微生物菌（毒）种或者样本，应当经省级以上人民政府卫生主管部门或者兽医主管部门批准。在省、自治区、直辖市行政区域内运输的，由省、自治区、直辖市人民政府卫生主管部门或者兽医主管部门批准；需要跨省、自治区、直辖市运输或者运往国外的,由出发地的省、自治区、直辖市人民政府卫生主管部门或者兽医主管部门进行初审后,分别报国务院卫生主管部门或者兽医主管部门批准。出入境检验检疫机构在检验检疫过程中需要运输病原微生物样本的,由国务院出入境检验检疫部门批准,并同时向国务院卫生主管部门或者兽医主管部门通报。通过民用航空运输高致病性病原微生物菌(毒)种或者样本的,除依照本条第2款、第3款规定取得批准外,还应当经国务院民用航空主管部门批准。有关主管部门应当对申请人提交的关于运输高致性病原微生物菌(毒)种或者样本的申请材料进行审查,对符合本条第1款规定条件的,应当即时批准。

④运输高致病性病原微生物菌(毒)种或者样本,应当由不少于2人的专人护送,并采取相应的防护措施。有关单位或者个人不得通过公共电(汽)车和城市铁路运输病原微生物菌(毒)种或者样本。

⑤需要通过铁路、公路、民用航空等公共交通工具运输高致病性病原微生物菌(毒)种或者样本的,承运单位应当凭本条例第11条规定的批准文件予以运输。承运单位应当与护送人共同采取措施,确保所运输的高致病性病原微生物菌(毒)种或者样本的安全,严防发生被盗、被抢、丢失、泄漏事件。

⑥国务院卫生主管部门或者兽医主管部门指定的菌(毒)种保藏中心或者专业实验室(以下称保藏机构),承担集中储存病原微生物菌(毒)种和样本的任务。保藏机构应当依照国务院卫生主管部门或者兽医主管部门的规定,储存实验室送交的病原微生物菌(毒)种和样本,并向实验室提供病原微生物菌(毒)种和样本。保藏机构应当制定严格的安全保管制度,作好病原微生物菌(毒)种和样本进出和储存的记录,建立档案制度,并指定专人负责。对高致病性病原微生物菌(毒)种和样本应当设专库或者专柜单独储存。保藏机构储存、提供病原微生物菌(毒)种和样本,不得收取任何费用,其经费由同级财政在单位预算中予以保障。保藏机构的管理办法由国务院卫生主管部门会同国务院兽医主管部门制定。

⑦保藏机构应当凭实验室依照本条例的规定取得的从事高致病性病原微生物相关实验活动的批准文件,向实验室提供高致病性病原微生物菌(毒)种和样本,并予以登记。

⑧实验室在相关实验活动结束后,应当依照国务院卫生主管部门或者兽医主管部门的规定,及时将病原微生物菌(毒)种和样本就地销毁或者送交保藏机构保管。保藏机构接受实验室送交的病原微生物菌(毒)种和样本,应当予以登记,并开具接收证明。

⑨【第17条】高致病性病原微生物菌(毒)种或者样本在运输、储存中被盗、被抢、丢失、泄漏的,承运单位、护送人、保藏机构应当采取必要的控制措施,并在2小时内分别向承运单位的主管部门、护送人所在单位和保藏机构的主管部门报告,同时向所在地的县级人民政府卫生主管部门或者兽医主管部门报告,发生被盗、被抢、丢失的,还应当向公安机关报告;接到报告的卫生主管部门或者兽医主管部门应当在2小时内向本级人民政府报告,并同时向上级人民政府卫生主管部门或者兽医主管部门和国务院卫生主管部门或者兽医主管部门报告。县级人民政府应当在接到报告后2小时内向设区的市级人民政府或者上一级人民政府报告;设区的市级人民政府应当在接到报告后2小时内向省、自治区、直辖市人民政府报告。省、自治区、直辖市人民政府应当在接到报告后1小时内,向国务院卫生主管部门或者兽医主管部门报告。任何单位和个人发现高致病性病原

微生物菌(毒)种或者样本的容器或者包装材料,应当及时向附近的卫生主管部门或者兽医主管部门报告;接到报告的卫生主管部门或者兽医主管部门应当及时组织调查核实,并依法采取必要的控制措施。

2.7.3　实验室设立管理

1)管理原则

①国家根据实验室对病原微生物的生物安全防护水平,并依照实验室生物安全国家标准的规定,将实验室分为一级、二级、三级、四级。

②新建、改建、扩建三级、四级实验室或者生产、进口移动式三级、四级实验室应当遵守下列规定:

a.符合国家生物安全实验室体系规划并依法履行有关审批手续。

b.经国务院科技主管部门审查同意。

c.符合国家生物安全实验室建筑技术规范。

d.依照《中华人民共和国环境影响评价法》的规定进行环境影响评价并经环境保护主管部门审查批准。

e.生物安全防护级别与其拟从事的实验活动相适应。

③三级、四级实验室应当通过实验室国家认可,实验室通过认可的,颁发相应级别的生物安全实验室证书。证书有效期为 5 年。

2)条件资格

①一级、二级实验室不得从事高致病性病原微生物实验活动。三级、四级实验室从事高致病性病原微生物实验活动,应当具备下列条件:

a.实验目的和拟从事的实验活动符合国务院卫生主管部门或者兽医主管部门的规定。

b.通过实验室国家认可。

c.具有与拟从事的实验活动相适应的工作人员。

d.工程质量经建筑主管部门依法检测验收合格。

国务院卫生主管部门或者兽医主管部门依照各自职责对三级、四级实验室是否符合上述条件进行审查;对符合条件的,发给从事高致病性病原微生物实验活动的资格证书。

②取得从事高致病性病原微生物实验活动资格证书的实验室,需要从事某种高致病性病原微生物或者疑似高致病性病原微生物实验活动的,应当依照国务院卫生主管部门或者兽医主管部门的规定报省级以上人民政府卫生主管部门或者兽医主管部门批准。

③出入境检验检疫机构、医疗卫生机构、动物防疫机构在实验室开展检测、诊断工作时,发现高致病性病原微生物或者疑似高致病性病原微生物,需要进一步从事这类高致病性病原微生物相关实验活动的,应当依照本条例的规定经批准同意,并在取得相应资格证书的实验室中进行。

④省级以上人民政府卫生主管部门或者兽医主管部门应当自收到需要从事高致病性病原微生物相关实验活动的申请之日起 15 日内作出是否批准的决定。对出入境检验检疫机构为了检验检疫工作的紧急需要,申请在实验室对高致病性病原微生物或者疑似

高致病性病原微生物开展进一步实验活动的,省级以上人民政府卫生主管部门或者兽医主管部门应当自收到申请之时起2小时内作出是否批准的决定;2小时内未作出决定的,实验室可以从事相应的实验活动。

⑤新建、改建或者扩建一级、二级实验室,应当向设区的市级人民政府卫生主管部门或者兽医主管部门备案。

3)管理要求

①国务院卫生主管部门和兽医主管部门应当定期汇总并互相通报实验室数量和实验室设立、分布情况,以及取得从事高致病性病原微生物实验活动资格证书的三级、四级实验室及其从事相关实验活动的情况。

②已经建成并通过实验室国家认可的三级、四级实验室应当向所在地的县级人民政府环境保护主管部门备案。

③对我国尚未发现或者已经宣布消灭的病原微生物,任何单位和个人未经批准不得从事相关实验活动。

④实验室使用新技术、新方法从事高致病性病原微生物相关实验活动的,应当符合防止高致病性病原微生物扩散、保证生物安全和操作者人身安全的要求,并经国家病原微生物实验室生物安全专家委员会论证;经论证可行的,方可使用。

⑤需要在动物体上从事高致病性病原微生物相关实验活动的,应当在符合动物实验室生物安全国家标准的三级以上实验室进行。

⑥实验室的设立单位负责实验室的生物安全管理。

⑦实验室负责人为实验室生物安全的第一责任人。实验室从事实验活动应当严格遵守有关国家标准和实验室技术规范、操作规程。

⑧从事高致病性病原微生物相关实验活动的实验室的设立单位,应当建立健全安全保卫制度,采取安全保卫措施,严防高致病性病原微生物被盗、被抢、丢失、泄漏,保障实验室及其病原微生物的安全。实验室发生高致病性病原微生物被盗、被抢、丢失、泄漏的,实验室的设立单位应当依照本条例的规定进行报告。从事高致病性病原微生物相关实验活动的实验室应当向当地公安机关备案,并接受公安机关有关实验室安全保卫工作的监督指导。

⑨实验室或者实验室的设立单位应当每年定期对工作人员进行培训,保证其掌握实验室技术规范、操作规程、生物安全防护知识和实际操作技能,并进行考核。工作人员经考核合格的,方可上岗。

⑩从事高致病性病原微生物相关实验活动应当有2名以上的工作人员共同进行。

⑪在同一个实验室的同一个独立安全区域内,只能同时从事一种高致病性病原微生物的相关实验活动。

⑫实验室应当建立实验档案,记录实验室使用情况和安全监督情况。实验室从事高致病性病原微生物相关实验活动的实验档案保存期,不得少于20年。

⑬实验室应当依照环境保护的有关法律、行政法规和国务院有关部门的规定,对废水、废气以及其他废物进行处置,并制订相应的环境保护措施,防止环境污染。

⑭三级、四级实验室应当在明显位置标示国务院卫生主管部门和兽医主管部门规定的生物危险标识和生物安全实验室级别标志。

⑮从事高致病性病原微生物相关实验活动的实验室应当制定实验室感染应急处置预案,并向该实验室所在地的省、自治区、直辖市人民政府卫生主管部门或者兽医主管部门备案。

⑯国务院卫生主管部门和兽医主管部门会同国务院有关部门组织病原学、免疫学、检验医学、流行病学、预防兽医学、环境保护和实验室管理等方面的专家,组成国家病原微生物实验室生物安全专家委员会。

2.7.4　实验室感染控制

1)实验室单位职责

①实验室的设立单位应当指定专门的机构或者人员承担实验室感染控制工作,定期检查实验室的生物安全防护、病原微生物菌(毒)种和样本保存与使用、安全操作、实验室排放的废水和废气以及其他废物处置等规章制度的实施情况。

②【第43条】实验室工作人员出现与本实验室从事的高致病性病原微生物相关实验活动有关的感染临床症状或者体征时,实验室负责人应当向负责实验室感染控制工作的机构或者人员报告,同时派专人陪同及时就诊;实验室工作人员应当将近期所接触的病原微生物的种类和危险程度如实告知诊治医疗机构。

③【第44条】实验室发生高致病性病原微生物泄漏时,实验室工作人员应当立即采取控制措施,防止高致病性病原微生物扩散,并同时向负责实验室感染控制工作的机构或者人员报告。

④负责实验室感染控制工作的机构或者人员接到本条例第43条、第44条规定的报告后,应当立即启动实验室感染应急处置预案,并组织人员对该实验室生物安全状况等情况进行调查;确认发生实验室感染或者高致病性病原微生物泄漏的,应当依照本条例第17条【二、(二)、9】的规定进行报告,并同时采取控制措施,对有关人员进行医学观察或者隔离治疗,封闭实验室,防止扩散。

2)医务人员职责

医疗机构或者兽医医疗机构及其执行职务的医务人员发现由于实验室感染而引起的与高致病性病原微生物相关的传染病病人、疑似传染病病人或者患有疫病、疑似患有疫病的动物,诊治的医疗机构或者兽医医疗机构应当在2小时内报告所在地的县级人民政府卫生主管部门或者兽医主管部门;接到报告的卫生主管部门或者兽医主管部门应当在2小时内通报实验室所在地的县级人民政府卫生主管部门或者兽医主管部门。接到通报的卫生主管部门或者兽医主管部门应当依照本条例第46条【四、(一)、4】的规定采取预防、控制措施。

3)职能部门职责

①【第46条】卫生主管部门或者兽医主管部门接到关于实验室发生工作人员感染事故或者病原微生物泄漏事件的报告,或者发现实验室从事病原微生物相关实验活动造成实验室感染事故的,应当立即组织疾病预防控制机构、动物防疫监督机构和医疗机构以及其他有关机构依法采取下列预防、控制措施:

a.封闭被病原微生物污染的实验室或者可能造成病原微生物扩散的场所。

b. 开展流行病学调查。

c. 对病人进行隔离治疗,对相关人员进行医学检查。

d. 对密切接触者进行医学观察。

e. 进行现场消毒。

f. 对染疫或者疑似染疫的动物采取隔离、扑杀等措施。

g. 其他需要采取的预防、控制措施。

②发生病原微生物扩散,有可能造成传染病暴发、流行时,县级以上人民政府卫生主管部门或者兽医主管部门应当依照有关法律、行政法规的规定以及实验室感染应急处置预案进行处理。

2.7.5 监督管理

1) 主管部门

①县级以上地方人民政府卫生主管部门、兽医主管部门依照各自分工,履行下列职责:

a. 对病原微生物菌(毒)种、样本的采集、运输、储存进行监督检查。

b. 对从事高致病性病原微生物相关实验活动的实验室是否符合本条例规定的条件进行监督检查。

c. 对实验室或者实验室的设立单位培训、考核其工作人员以及上岗人员的情况进行监督检查。

d. 对实验室是否按照有关国家标准、技术规范和操作规程从事病原微生物相关实验活动进行监督检查。

县级以上地方人民政府卫生主管部门、兽医主管部门,应当主要通过检查反映实验室执行国家有关法律、行政法规以及国家标准和要求的记录、档案、报告,切实履行监督管理职责。

②县级以上人民政府卫生主管部门、兽医主管部门、环境保护主管部门在履行监督检查职责时,有权进入被检查单位和病原微生物泄漏或者扩散现场调查取证、采集样品,查阅复制有关资料。需要进入从事高致病性病原微生物相关实验活动的实验室调查取证、采集样品的,应当指定或者委托专业机构实施。被检查单位应当予以配合,不得拒绝、阻挠。

2) 监督管理部门

①国务院认证认可监督管理部门依照《中华人民共和国认证认可条例》的规定对实验室认可活动进行监督检查。

②卫生主管部门、兽医主管部门、环境保护主管部门的执法人员执行职务时,应当有2名以上执法人员参加,出示执法证件,并依照规定填写执法文书。现场检查笔录、采样记录等文书经核对无误后,应当由执法人员和被检查人、被采样人签名。被检查人、被采样人拒绝签名的,执法人员应当在自己签名后注明情况。

3) 监督措施

①行政相对人对各级人民政府及其主管部门有权实施监督。

②上级人民政府主管部门及其主管部门对下级人民政府及其主管部门应实施监督管理。

2.7.6　法律责任

①三级、四级实验室未依照本条例的规定取得从事高致病性病原微生物实验活动的资格证书,或者已经取得相关资格证书但是未经批准从事某种高致病性病原微生物或者疑似高致病性病原微生物实验活动的,由县级以上地方人民政府卫生主管部门、兽医主管部门依照各自职责,责令停止有关活动,监督其将用于实验活动的病原微生物销毁或者送交保藏机构,并给予警告;造成传染病传播、流行或者其他严重后果的,由实验室的设立单位对主要负责人、直接负责的主管人员和其他直接责任人员,依法给予撤职、开除的处分;有资格证书的,应当吊销其资格证书;构成犯罪的,依法追究刑事责任。

②违反本条例规定,在不符合相应生物安全要求的实验室从事病原微生物相关实验活动的,由县级以上地方人民政府卫生主管部门、兽医主管部门依照各自职责,责令停止有关活动,监督其将用于实验活动的病原微生物销毁或者送交保藏机构,并给予警告;造成传染病传播、流行或者其他严重后果的,由实验室的设立单位对主要负责人、直接负责的主管人员和其他直接责任人员,依法给予撤职、开除的处分;构成犯罪的,依法追究刑事责任。

③实验室有下列行为之一的,由县级以上地方人民政府卫生主管部门、兽医主管部门依照各自职责,责令限期改正,给予警告;逾期不改正的,由实验室的设立单位对主要负责人、直接负责的主管人员和其他直接责任人员,依法给予撤职、开除的处分;有许可证件的,并由原发证部门吊销有关许可证件:

a. 未依照规定在明显位置标示国务院卫生主管部门和兽医主管部门规定的生物危险标识和生物安全实验室级别标志的。

b. 未向原批准部门报告实验活动结果以及工作情况的。

c. 未依照规定采集病原微生物样本,或者对所采集样本的来源、采集过程和方法等未作详细记录的。

d. 新建、改建或者扩建一级、二级实验室未向设区的市级人民政府卫生主管部门或者兽医主管部门备案的。

e. 未依照规定定期对工作人员进行培训,或者工作人员考核不合格允许其上岗,或者批准未采取防护措施的人员进入实验室的。

f. 实验室工作人员未遵守实验室生物安全技术规范和操作规程的。

g. 未依照规定建立或者保存实验档案的。

h. 未依照规定制定实验室感染应急处置预案并备案的。

④经依法批准从事高致病性病原微生物相关实验活动的实验室的设立单位未建立健全安全保卫制度,或者未采取安全保卫措施的,由县级以上地方人民政府卫生主管部门、兽医主管部门依照各自职责,责令限期改正;逾期不改正,导致高致病性病原微生物菌(毒)种、样本被盗、被抢或者造成其他严重后果的,由原发证部门吊销该实验室从事高致病性病原微生物相关实验活动的资格证书;造成传染病传播、流行的,该实验室设立单位的主管部门还应当对该实验室的设立单位的直接负责的主管人员和其他直接责任人

员,依法给予降级、撤职、开除的处分;构成犯罪的,依法追究刑事责任。

⑤未经批准运输高致病性病原微生物菌(毒)种或者样本,或者承运单位经批准运输高致病性病原微生物菌(毒)种或者样本未履行保护义务,导致高致病性病原微生物菌(毒)种或者样本被盗、被抢、丢失、泄漏的,由县级以上地方人民政府卫生主管部门、兽医主管部门依照各自职责,责令采取措施,消除隐患,给予警告;造成传染病传播、流行或者其他严重后果的,由托运单位和承运单位的主管部门对主要负责人、直接负责的主管人员和其他直接责任人员,依法给予撤职、开除的处分;构成犯罪的,依法追究刑事责任。

⑥有下列行为之一的,由实验室所在地的设区的市级以上地方人民政府卫生主管部门、兽医主管部门依照各自职责,责令有关单位立即停止违法活动,监督其将病原微生物销毁或者送交保藏机构;造成传染病传播、流行或者其他严重后果的,由其所在单位或者其上级主管部门对主要负责人、直接负责的主管人员和其他直接责任人员,依法给予撤职、开除的处分;有许可证件的,并由原发证部门吊销有关许可证件;构成犯罪的,依法追究刑事责任:

a.实验室在相关实验活动结束后,未依照规定及时将病原微生物菌(毒)种和样本就地销毁或者送交保藏机构保管的。

b.实验室使用新技术、新方法从事高致病性病原微生物相关实验活动未经国家病原微生物实验室生物安全专家委员会论证的。

c.未经批准擅自从事在我国尚未发现或者已经宣布消灭的病原微生物相关实验活动的。

d.在未经指定的专业实验室从事在我国尚未发现或者已经宣布消灭的病原微生物相关实验活动的。

e.在同一个实验室的同一个独立安全区域内同时从事两种或者两种以上高致病性病原微生物的相关实验活动的。

⑦实验室工作人员出现该实验室从事的病原微生物相关实验活动有关的感染临床症状或者体征,以及实验室发生高致病性病原微生物泄漏时,实验室负责人、实验室工作人员、负责实验室感染控制的专门机构或者人员未依照规定报告,或者未依照规定采取控制措施的,由县级以上地方人民政府卫生主管部门、兽医主管部门依照各自职责,责令限期改正,给予警告;造成传染病传播、流行或者其他严重后果的,由其设立单位对实验室主要负责人、直接负责的主管人员和其他直接责任人员,依法给予撤职、开除的处分;有许可证件的,并由原发证部门吊销有关许可证件;构成犯罪的,依法追究刑事责任。

⑧拒绝接受卫生主管部门、兽医主管部门依法开展有关高致病性病原微生物扩散的调查取证、采集样品等活动或者依照本条例规定采取有关预防、控制措施的,由县级以上人民政府卫生主管部门、兽医主管部门依照各自职责,责令改正,给予警告;造成传染病传播、流行以及其他严重后果的,由实验室的设立单位对实验室主要负责人、直接负责的主管人员和其他直接责任人员,依法给予降级、撤职、开除的处分;有许可证件的,并由原发证部门吊销有关许可证件;构成犯罪的,依法追究刑事责任。

⑨发生病原微生物被盗、被抢、丢失、泄漏,承运单位、护送人、保藏机构和实验室的设立单位未依照本条例的规定报告的,由所在地的县级人民政府卫生主管部门或者兽医主管部门给予警告;造成传染病传播、流行或者其他严重后果的,由实验室的设立单位或

者承运单位、保藏机构的上级主管部门对主要负责人、直接负责的主管人员和其他直接责任人员,依法给予撤职、开除的处分;构成犯罪的,依法追究刑事责任。

⑩保藏机构未依照规定储存实验室送交的菌(毒)种和样本,或者未依照规定提供菌(毒)种和样本的,由其指定部门责令限期改正,收回违法提供的菌(毒)种和样本,并给予警告;造成传染病传播、流行或者其他严重后果的,由其所在单位或者其上级主管部门对主要负责人、直接负责的主管人员和其他直接责任人员,依法给予撤职、开除的处分;构成犯罪的,依法追究刑事责任。

2.8 原微生物菌(毒)种及样本保藏运输包装管理

2005 年 5 月 24 日,农业部发布《动物病原微生物菌(毒)种或者样本运输包装规范》,自发布之日起执行;1980 年 11 月 25 日,农业部发布《兽医微生物菌种保藏管理试行办法》,2008 年 11 月 4 日修订为《动物病原微生物菌(毒)种保藏管理办法》,自 2009 年 1 月 1 日起施行。

2.8.1 保藏管理概述

1)术语

①菌(毒)种是指具有保藏价值的动物细菌、真菌、放线菌、衣原体、支原体、立克次氏体、螺旋体、病毒等微生物。

②样本是指人工采集的、经鉴定具有保藏价值的含有动物病原微生物的体液、组织、排泄物、分泌物、污染物等物质。

③保藏机构是指承担菌(毒)种和样本保藏任务,并向合法从事动物病原微生物相关活动的实验室或者兽用生物制品企业提供菌(毒)种或者样本的单位。

2)管理规定

①农业部主管全国菌(毒)种和样本保藏管理工作。县级以上地方人民政府兽医主管部门负责本行政区域内的菌(毒)种和样本保藏监督管理工作。

②国家对实验活动用菌(毒)种和样本实行集中保藏,保藏机构以外的任何单位和个人不得保藏菌(毒)种或者样本。

③菌(毒)种和样本的分类按照《动物病原微生物分类名录》的规定执行。

2.8.2 保藏机构

1)机构分类

①保藏机构分为国家级保藏中心和省级保藏中心。保藏机构由农业部指定。保藏机构保藏的菌(毒)种和样本的种类由农业部核定。

②保藏机构应当具备以下条件:

a. 符合国家关于保藏机构设立的整体布局和实际需要。

b. 有满足菌(毒)种和样本保藏需要的设施设备;保藏高致病性动物病原微生物菌

(毒)种或者样本的,应当具有相应级别的高等级生物安全实验室,并依法取得《高致病性动物病原微生物实验室资格证书》。

c. 有满足保藏工作要求的工作人员。

d. 有完善的菌(毒)种和样本保管制度、安全保卫制度。

e. 有满足保藏活动需要的经费。

2)机构职责

①负责菌(毒)种和样本的收集、筛选、分析、鉴定和保藏。

②开展菌(毒)种和样本的分类与保藏新方法、新技术研究。

③建立菌(毒)种和样本数据库。

④向合法从事动物病原微生物实验活动的实验室或者兽用生物制品生产企业提供菌(毒)种或者样本。

2.8.3　菌毒种和样本收集

①从事动物疫情监测、疫病诊断、检验检疫和疫病研究等活动的单位和个人,应当及时将研究、教学、检测、诊断等实验活动中获得的具有保藏价值的菌(毒)种和样本,送交保藏机构鉴定和保藏,并提交菌(毒)种和样本的背景资料。保藏机构可以向国内有关单位和个人索取需要保藏的菌(毒)种和样本。

②保藏机构应当向提供菌(毒)种和样本的单位和个人出具接收证明。

③保藏机构应当在每年年底前将保藏的菌(毒)种和样本的种类、数量报农业部。

2.8.4　菌毒种和样本保藏供应

①保藏机构应当设专库保藏一、二类菌(毒)种和样本,设专柜保藏三、四类菌(毒)种和样本。保藏机构保藏的菌(毒)种和样本应当分类存放,实行双人双锁管理。

②保藏机构应当建立完善的技术资料档案,详细记录所保藏的菌(毒)种和样本的名称、编号、数量、来源、病原微生物类别、主要特性、保存方法等情况。技术资料档案应当永久保存。

③保藏机构应当对保藏的菌(毒)种按时鉴定、复壮,妥善保藏,避免失活。保藏机构对保藏的菌(毒)种开展鉴定、复壮的,应当按照规定在相应级别的生物安全实验室进行。

④保藏机构应当制定实验室安全事故处理应急预案。发生保藏的菌(毒)种或者样本被盗、被抢、丢失、泄漏和实验室人员感染的,应当按照《病原微生物实验室生物安全管理条例》的规定及时报告、启动预案,并采取相应的处理措施。

⑤实验室和兽用生物制品生产企业需要使用菌(毒)种或者样本的,应当向保藏机构提出申请。

⑥保藏机构应当按照以下规定提供菌(毒)种或者样本:

a. 提供高致病性动物病原微生物菌(毒)种或者样本的,查验从事高致病性动物病原微生物相关实验活动的批准文件。

b. 提供兽用生物制品生产和检验用菌(毒)种或者样本的,查验兽药生产批准文号文件。

c.提供三、四类菌(毒)种或者样本的,查验实验室所在单位出具的证明。保藏机构应当留存前款规定的证明文件的原件或者复印件。

⑦保藏机构提供菌(毒)种或者样本时,应当进行登记,详细记录所提供的菌(毒)种或者样本的名称、数量、时间以及发放人、领取人、使用单位名称等。

⑧保藏机构应当对具有知识产权的菌(毒)种承担相应的保密责任。保藏机构提供具有知识产权的菌(毒)种或者样本的,应当经原提供者或者持有人的书面同意。

⑨保藏机构提供的菌(毒)种或者样本应当附有标签,标明菌(毒)种名称、编号、移植和冻干日期等。

2.8.5　菌毒种和样本销毁

①有下列情形之一的,保藏机构应当组织专家论证,提出销毁菌(毒)种或者样本的建议:

a.国家规定应当销毁的。

b.有证据表明已丧失生物活性或者被污染,已不适于继续使用的。

c.无继续保藏价值的。

②保藏机构销毁一、二类菌(毒)种和样本的,应当经农业部批准;销毁三、四类菌(毒)种和样本的,应当经保藏机构负责人批准,并报农业部备案。保藏机构销毁菌(毒)种和样本的,应当在实施销毁30日前书面告知原提供者。

③保藏机构销毁菌(毒)种和样本的,应当制定销毁方案,注明销毁的原因、品种、数量,以及销毁方式方法、时间、地点、实施人和监督人等。

④保藏机构销毁菌(毒)种和样本时,应当使用可靠的销毁设施和销毁方法,必要时应当组织开展灭活效果验证和风险评估。

⑤保藏机构销毁菌(毒)种和样本的,应当做好销毁记录,经销毁实施人、监督人签字后存档,并将销毁情况报农业部。

⑥实验室在相关实验活动结束后,应当按照规定及时将菌(毒)种和样本就地销毁或者送交保藏机构保管。

2.8.6　菌毒种和样本对外交流

①国家对菌(毒)种和样本对外交流实行认定审批制度。

②从国外引进和向国外提供菌(毒)种或者样本的,应当经所在地省、自治区、直辖市人民政府兽医主管部门审核后,报农业部批准。

③从国外引进菌(毒)种或者样本的单位,应当在引进菌(毒)种或者样本后6个月内,将备份及其背景资料,送交保藏机构。引进单位应当在相关活动结束后,及时将菌(毒)种和样本就地销毁。

④出口《生物两用品及相关设备和技术出口管制清单》所列的菌(毒)种或者样本的,还应当按照《生物两用品及相关设备和技术出口管制条例》的规定取得生物两用品及相关设备和技术出口许可证件。

2.8.7 动物病原微生物菌（毒）种或者样本运输包装规范

1）内包装

①必须是不透水、防泄漏的主容器，保证完全密封。

②必须是结实、不透水和防泄漏的辅助包装。

③必须在主容器和辅助包装之间填充吸附材料。吸附材料必须充足，能够吸收所有的内装物。多个主容器装入一个辅助包装时，必须将它们分别包装。

④主容器的表面贴上标签，表明菌（毒）种或样本类别、编号、名称、数量等信息。

⑤相关文件，例如菌（毒）种或样本数量表格、危险性声明、信件、菌（毒）种或样本鉴定资料、发送者和接收者的信息等应当放入一个防水的袋中，并贴在辅助包装的外面。

2）外包装

①外包装的强度应当充分满足对于其容器、质量及预期使用方式的要求。

②外包装应当印上生物危险标识并标注"高致病性动物病原微生物，非专业人员严禁拆开！"的警告语。

3）样本包装要求

①冻干样本。主容器必须是火焰封口的玻璃安瓿或者是用金属封口的胶塞玻璃瓶。

②液体或者固体样本

a.在环境温度或者较高温度下运输的样本：只能用玻璃、金属或者塑料容器作为主容器，向容器中罐装液体时须保留足够的剩余空间，同时采用可靠的防漏封口，如热封、带缘的塞子或者金属卷边封口。如果使用旋盖，必须用胶带加固。

b.在制冷或者冷冻条件下运输的样本：冰、干冰或者其他冷冻剂必须放在辅助包装周围，或者按照规定放在由一个或者多个完整包装件组成的合成包装件中。内部要有支撑物，当冰或者干冰消耗掉以后，仍可以把辅助包装固定在原位置上。如果使用冰，包装必须不透水；如果使用干冰，外包装必须能排出二氧化碳气体；如果使用冷冻剂，主容器和辅助包装必须保持良好的性能，在冷冻剂消耗完以后，应仍能承受运输中的温度和压力。

4）民用航空运输特殊要求

通过民用航空运输的，应当符合《中国民用航空危险品运输管理规定》（CCAR276）和国际民航组织文件Doc9284《危险物品航空安全运输技术细则》中的有关包装要求。

2.8.8 罚则

①违反本办法规定，保藏或者提供菌（毒）种或者样本的，由县级以上地方人民政府兽医主管部门责令其将菌（毒）种或者样本销毁或者送交保藏机构；拒不销毁或者送交的，对单位处1万元以上3万元以下罚款，对个人处500元以上1000元以下罚款。

②违反本办法规定，未及时向保藏机构提供菌（毒）种或者样本的，由县级以上地方人民政府兽医主管部门责令改正；拒不改正的，对单位处1万元以上3万元以下罚款，对个人处500元以上1000元以下罚款。

③违反本办法规定,未经农业部批准,从国外引进或者向国外提供菌(毒)种或者样本的,由县级以上地方人民政府兽医主管部门责令其将菌(毒)种或者样本销毁或者送交保藏机构,并对单位处1万元以上3万元以下罚款,对个人处500元以上1 000元以下罚款。

④保藏机构违反本办法规定的,由农业部责令改正;情节严重的,取消保藏机构资格。

案例2.17

高致病性动物病原微生物运输审批(2011年)

审批项目名称	高致病性动物病原微生物运输审批
项目设定机关	国家
承办机关名	×省畜牧兽医局
法律法规依据	《高致病性动物病原微生物实验室生物安全管理审批办法》 第17条　运输高致病性动物病原微生物菌(毒)种或者样本的,应当经农业部或者省、自治区、直辖市人民政府兽医行政管理部门批准
审批范围和条件	第18条　运输高致病性动物病原微生物菌(毒)种或者样本的,应当具备下列条件: ①运输的高致病性动物病原微生物菌(毒)种或者样本仅限用于依法进行的动物疫病的研究、检测、诊断、菌(毒)种保藏和兽用生物制品的生产等活动; ②接收单位是研究、检测、诊断机构的,应当取得农业部颁发的《高致病性动物病原微生物实验室资格证书》,并取得农业部或者省、自治区、直辖市人民政府兽医行政管理部门颁发的从事高致病性动物病原微生物或者疑似高致病性动物病原微生物实验活动批准文件;接收单位是兽用生物制品研制和生产单位的,应当取得农业部颁发的生物制品批准文件;接收单位是菌(毒)种保藏机构的,应当取得农业部颁发的指定菌(毒)种保藏的文件; ③盛装高致病性动物病原微生物菌(毒)种或者样本的容器或者包装材料应当符合农业部制定的《高致病性动物病原微生物菌(毒)种或者样本运输包装规范》
申请材料	第19条　符合前条规定条件的,申请人应当向出发地省、自治区、直辖市人民政府兽医行政管理部门提出申请,并提交以下材料: ①运输高致病性动物病原微生物菌(毒)种(样本)申请表一式两份; ②前条第二项规定的有关批准文件复印件; ③接收单位同意接收的证明材料,但送交菌(毒)种保藏的除外

续表

审批项目名称	高致病性动物病原微生物运输审批
办理流程	申请——受理——审查——决定——办结
法定办理期限	15 个工作日
承诺办理期限	10 个工作日
收费依据和标准	不收费
申请表格名称及获取方式	《运输高致病性动物病原微生物菌（毒）种（样本）申请表》从中国农业信息网下载
咨询电话	×××-878951××
受理地点	×市武路路 519 号, ×省农业厅行政审批服务中心

本章小结

　　畜牧兽医行政管理是畜牧兽医行政主体代表国家, 依法制定兽医畜牧行政法, 通过组织、计划、指挥、协调、控制等方式, 建立健全兽医畜牧行政管理秩序的活动。

　　畜牧兽医行政常用免疫证明管理、技术监测、动物疫病监测扑灭、行政许可、执业兽医、动物诊疗机构、证章标志管理几种制度。涉及一、二、三类动物疫病病种名录、进境动物一、二类传染病寄生虫病名录、执业兽医管理办法、执业兽医职业道德行为规范、乡村兽医管理办法、动物诊疗机构管理办法、重大动物疫情应急条例、国家突发重大动物疫情应急预案、病原微生物实验室生物安全管理条例、动物病原微生物菌（毒）种或者样本运输包装规范、兽医微生物菌种保藏管理试行办法等法律法规。

　　动物疫病不仅危害动物, 而且危害人类, 其控制程度直接关系到社会的公共安全, 全世界行政首脑均十分重视。我国兽医主管机关将动物疫病分成一、二、三类, 世界兽医卫生组织早先将动物疫病分为 A、B 类。我们应记住对人畜危害严重、需要采取紧急、严厉强制预防、控制、扑灭措施的烈性动物传染病, 即 17 种一类动物疫病。

　　明确各级动物防疫监督机构、出入境检验检疫机构、动物诊疗机构等官方兽医与执业兽医的职责义务; 饲养、经营动物和生产、经营动物产品人员行为应合法。掌握疫病预防、控制、扑灭措施, 知道一旦发现动物传染病或疑似动物传染病者该怎么办, 执业兽医、动物诊疗机构等应主动接受地动物防疫监督机构的业务指导和监督管理。国家突发重大动物疫情时作为执业兽医应怎么办?

复习思考题

　　1. 怎样才能办起一个动物诊疗机构?

　　2. 一类动物疫病有哪些?

　　3. 疫情报告的关键内容有哪些?

4.隔离分为几类? 封锁适用于哪些情况?

5.《执业兽医管理办法》规定的执业兽医禁止性行为有哪些?

6.我国尚未发现的动物疫病有哪些? 我国已消灭的动物疫病又有哪些?

7.解释:责任报告人、必报传染病、隔离、封锁、行政许可、证、章、标志、官方兽医、重大动物疫情。

实 训

深入各级兽医畜牧主管机关,到畜禽养殖场,动物医院实习、了解情况并写出报告。

第3章
畜牧兽医行政法基础

本章导读:本章介绍行政法、畜牧兽医行政法概念、基本原则、效力、调整范围、法制监督,为依法从事畜牧兽医工作,维护自己合法权益奠定基础。随着改革开放,经济突飞猛进,扰乱经济秩序的行为越来越多,如瘦肉精事件、三聚氰胺事件,因此,人们渴望从业安全、人畜健康,对依法行政、依法从业的呼声越来越高,需要法律保驾护航,为此本章将介绍行政法知识领域。

3.1 行政法基本知识

3.1.1 行政法概念特点

1)行政法概念

(1)概念

行政法是行政主体在行使行政职权和接受法制监督过程中与行政相对人、法制监督主体之间发生的各种关系,以及行政主体内部发生的各种关系的法律规范总称,即行政法是调整国家行政机关在行使职权过程中发生的各种社会关系的法律规范总称。

(2)组成

行政法由行政组织法、行政行为法、行政程序法、行政监督法和行政救济法等部分组成,其重心是控制和规范行政权,保护行政相对人的合法权益。

2)行政法特点

(1)行政法涉及的领域十分广泛,内容十分丰富

由于现代经济社会的快速发展,国防、外交、公安、司法、教育、文化、经济、畜牧兽医等领域及社会生活的各个方面,都在立法规范,所发生的社会关系均需要行政法调整,现代行政法适用的领域越来越广泛,内容也更加丰富。包括行政机关设置、编制、任务、权限、责任;公务员选拔、职责、培养、任免程序、考核、离退休、奖惩办法以及活动的方式、方法等。

(2)没有统一完整的实体行政法典

行政法散见于宪法、法律、条例、决议、命令、指示和规章制度之中。重要的综合性行政法主要有：行政组织法、国家公务员法、行政处罚法、行政强制法、行政许可法、行政程序法、行政复议法、行政诉讼法、国家赔偿法等。

(3)行政法富于变动性

行政法经常处于变动之中，总是不断地经历着立、改、废、再立的过程。

3.1.2　行政法调整对象

行政法调整对象是行政关系。行政法律关系是指受行政法律规范调控的因行政活动而形成或产生的各种权利义务关系。行政关系是一种社会关系，主体一方必须是国家行政机关，行政关系的发生必须有行政机关的意思表示方能成立，行政关系中主体双方的地位是不平等的。

1)行政法分类

行政法泛指国家行政管理有关的法律法规。行政法分为一般行政法和部门行政法。

(1)一般行政法

规定国家行政管理的基本原则、方针、政策；国家机关及其负责人的地位、职权和职责；国家机关工作人员的任免、考核、奖惩；有关行政体制改革和提高行政机关的工作效率等内容的法律法规属一般行政法。一般行政法是对一般的行政关系和监督行政关系加以调整的法律规范的总称。

(2)部门行政法

部门行政法是对部门行政关系加以调整的法律规范总称，如规范教育、民政、卫生、畜牧兽医、统计、邮政、财政、海关、人事、土地、交通等方面的管理活动的法律法规，也称特别行政法。

2)行政法形式和地位作用

(1)行政法形式

我国行政法主要有宪法、法律、行政法规、地方性法规、民族自治条例和单行条例、行政规章、其他行政法几种表象形式。

(2)行政法地位作用

行政法的作用主要体现在监督行政主体，防止行政主体滥用权力和违法；监督行政相对人的行为，防止行政相对人滥用行政许可和违法，保护行政相对人的合法权益，维护社会秩序和公共利益。

3.2　畜牧兽医行政法概述

3.2.1　畜牧兽医行政法概念组成

①畜牧兽医行政法是调整畜牧兽医行政主体履行职能过程中发生的各种社会关系的法律规范总称，是我国行政法的重要组成部分，属部门行政法范畴。

②畜牧兽医行政法由动物防疫、草原、饲料、兽药、畜牧等方面法律条例等组成。

3.2.2 兽医畜牧行政法特点

我国畜牧兽医行政法,除具有行政法的共同特点之外,还有其独有的特点:

①以规范性文件为基础,逐步发展而成。

②以实施细则、行政规章等为之配套。

③与传染病防治法、食品安全法、进出口商品检验法、进出境动植物检疫法及实施条例、突发公共卫生事件应急条例、行政诉讼法、行政处罚法、行政赔偿法及国际公约、标准等相衔接。

④以地方性法规、规章为补充。

⑤与技术监督相结合。

3.3 畜牧兽医行政法律关系

3.3.1 畜牧兽医行政法律关系概述

1)概念特征

(1)概念

畜牧兽医行政法律关系是经兽医畜牧行政法确认,具有畜牧兽医行政法上权利、义务内容的一种社会关系。

(2)特征

①行政法律关系一方当事人必须是兽医畜牧行政主体。

②畜牧兽医行政法律关系中当事人地位不平等。

③畜牧兽医行政主体可以单方面创设兽医畜牧行政法律关系,并以国家强制力使对方接受和服从自己的意志。

④畜牧兽医行政法律关系由兽医畜牧行政法规定。

⑤畜牧兽医行政法上规定的权利、义务在多数情况下是交叉重叠的,即权利、义务是很难截然分开的,是为一体的。

2)构成要素

畜牧兽医行政法律关系构成要素包括:主体、内容和客体。

(1)主体

主体是参加该法律关系的当事人,他们享有和承担由该行政法律关系所确定的权利和义务。畜牧兽医行政法律关系主体由畜牧兽医行政主体和行政相对人构成。

①畜牧兽医行政主体。畜牧兽医行政主体是指依法行使畜牧兽医行政职权并对其行为承担责任的机关(部门),在我国,目前是指各级兽医畜牧行政主管机关及其授权机构。

案例3.1

地方畜牧兽医局

地方畜牧兽医局是主管辖区畜牧兽医事务的地方人民政府组成部门。主要职责是贯彻国家法律法规、执行党和国家政策、完成上级交办的任务、制定辖域畜牧业发展规划、制定配套规章、负责畜禽新品种新技术推广、指导畜牧业生产、动物疫病防控、督促检查动物饲料兽药安全生产经营使用及公共卫生安全等。

②行政相对人。行政相对人是指行政管理法律关系中与行政主体相对应的另一方当事人,即行政主体的行政行为影响其权益的个人或组织,包括公民、法人、其他组织和在我国境内的外国组织、外国人以及无国籍人。

案例3.2

关于表彰第三届中国兽医大会先进单位和个人的决定

各单位会员及个人会员:

为推动我国兽医行业健康发展,全面提升执业兽医综合服务水平,中国兽医协会与中国动物疫病预防控制中心联合组织举办了第三届中国兽医大会。为弘扬兽医工作者奉献精神,经中国兽医协会评选决定,对第三届中国兽医大会作出主要贡献的单位及个人给予表彰:

1.贡献单位:中国农业科学院兰州兽医研究所、中国农业科学院哈尔滨兽医研究所、中国动物卫生与流行病学中心等20余个单位。

2.优秀个人:陈辉(江苏省水生动物疫病预防控制中心)、谢慧胜(美国气中兽医研究所)、王永胜(辉瑞动保)等10余人。

希望受表彰的单位和个人再接再厉,为推动中国兽医事业发展作出更大贡献,中国兽医协会会员将以此为荣,以"生存、发展、创新"为遵旨,在兽医事业发展的征程中建功立业。

(2)内容

内容是指行政法律关系中的权利和义务。

①行政主体的主要权利与义务

a.畜牧兽医行政主体的权利。畜牧兽医行政主体的权利为职权,是法律赋予的实现国家管理,使全社会服从自己意志的强制力量,是代表国家利益的意志力量。我国畜牧兽医行政主体的权利比较广泛,如:行政立法权、行政命令权、行政监督管理权、行政制裁权、行政司法权。

b.行政主体的义务。为人民服务的义务、依法办事的义务、接受监督的义务。

②行政相对人的权利与义务

a.行政相对人权利。平等权、申请权、起诉权、索赔权。

b.行政相对人义务。遵守兽医畜牧行政法律法规规章的规定,接受兽医畜牧行政主体指导监督管理,承担行政法律责任接受行政处罚。

(3)客体

客体是主体权利义务所指向的对象或标的。包括物、行为、与人身相联系的非物质财富。

①物。物是受人控制和利用并可用货币表示的一切物质财富。如动物、动物产品以及金钱、有价证券和环境、场所等。

②行为。行为包括作为与不作为。

③精神财富。精神财富是指当事人从事智力活动所取得的成果,如专利、理论著作、科研成果等。

案例 3.3

关于公布中国杰出兽医评选结果的通告

各领域兽医工作者:

根据中国兽医协会 2012 年杰出兽医评选活动安排,于 10 月 20 日召开了中国杰出兽医评委会的审定会。经评委对 30 名公示候选人综合评审和投票,正式产生了 2012 年 10 名"中国杰出兽医"。获选名单公布如下:尹华江、王明珠、叶俊华、孙银华、肖定汉、陈道印、林德贵、柳显文、彭聪、董君艳。

3.3.2 畜牧兽医行政法律关系产生变更消灭与法律事实

1)法律关系产生变更消灭

(1)产生

一是由畜牧兽医行政主体单方面采取行政行为而形成的;二是双方或多方意思表示才成立的。

(2)变更

一是畜牧兽医行政法律关系权利义务的变更;二是畜牧兽医行政法律关系主体的变更。

(3)消灭

行政法律关系主体间权利义务的完全消灭,如生产、经营者的死亡、破产倒闭等。

2)法律事实

法律事实是当事人之间引起行政法律关系产生、变更和消灭的客观现象,分为法律事件和法律行为。

(1)法律事件

法律事件是法律规范规定的、不以当事人的意志为转移而引起法律关系形成、变更或消灭的客观事实,包括社会事件、自然事件,如自然灾害、人自然出生、经营者死亡,经营企业破产、某地突发重大疫情等的发生会引起行政法律关系产生、变更和消灭。

(2)法律行为

法律行为是指人的一种有意识的活动,是行政法律法规规定的依照人的意愿而作出的引起行政法律关系产生、变更和消灭的行为,按性质可分为合法行为和违法行为。合法行为就是符合行政法律法规的行为,是允许的行为;违法行为是违反行政法律法规的行为。法律行为不论是合法与否均能导致一定的权利、义务关系的产生、变更和消灭。

案例3.4

配种员被种猪撞伤　状告养殖场索赔获支持

2013年8月10日,尤某在为猪配种过程中,公猪将尤某顶伤,致使尤某左髋骨粉碎性骨折。与养殖场主就赔偿问题多次协商未果,尤某将养殖场诉至法院,要求养殖场所有人李某赔偿其医疗费等各项经济损失总计9万余元。被告养殖场的代理人称,原告尤某是技术员,但是因在工作过程中违反了操作规程造成伤害,所以养殖场不应对其全部损失承担责任,但对给原告造成的合理损失可以赔偿。法院认为,原告在为被告工作期间受伤,被告应承担赔偿责任。故判决被告李某赔偿原告各项经济损失人民币4万余元。

3.4　畜牧兽医行政法基本原则

3.4.1　行政法基本原则

1)概念

行政法基本原则是指导、规范行政法立法、执法、行政行为实施和行政争议处理的基础性法则,既贯穿于行政法具体规范之中,又高于行政法的具体规范,是体现行政法基本价值观念的准则。

2)作用

①指导行政法制定、执行、遵守以及解决行政争议,分为实体性基本原则和程序性基本原则。

②指导行政法的制定和实施,是人们对行政法规范的精神实质的概括,反映着行政法的价值和目的所在。

③指导行政权的获得、行使及对其监督,揭示行政法基本特征并将其与其他部门法区别开来的主要标志。

④是行政法精神实质的体现,是行政法律规范或规则存在的基础。

3.4.2　畜牧兽医行政法基本原则

1)概念

畜牧兽医行政法基本原则是贯穿于全部畜牧兽医法之中,指导畜牧兽医行政法制定和实施的基本准则。

2)作用

①指导畜牧兽医行政法的制定、修改、废止等项工作,维护畜牧兽医行政法制的统一。

②有助于理解畜牧兽医行政法或对其进行解释。

③可以指导畜牧兽医行政法的实施。

由于我国法制正处在建设之中,畜牧兽医行政法基本原则还可以填补畜牧兽医行政法的不足,当没有具体条文时,执法司法者可根据畜牧兽医行政法基本原则来处理具体事务。

3.4.3 种类

1)行政法制原则

行政法制原则就是行政必须依法办事,依法行政,行政行为体现为合法性、合理性、越权无效性和应急性等方面。

(1)合法性

合法性是指行政活动以法律为准绳,遵守法律规定,任何人和组织都不得享有法律以外的特权,行政机关的一切活动,包括制定规范性文件、管理国家事务都必须符合宪法和法律为依据,做到依法行政。

(2)合理性

合理性是指行政行为应当适当,国家事务繁杂多变,要求对各类行政管理的性质、条件、幅度等作出定性、定量的规定较难,为了行政机关及其公务员"便宜行事",法律授予行政机关"自由裁量"的权力。

自由裁量权是指行政机关在法律积极明示或消极默许的范围内,基于行政目的,自由斟酌选择自己认为正确的行为权力。合理性包含:符合行政管理的客观规律;符合立法目的;决定的依据要充分、客观;符合国家和人民的根本利益;符合正义。

案例3.5

动物卫生监督行政处罚中的自由裁量权

动物卫生监督行政处罚自由裁量权由法律赋予,具有灵活和难以把握得当的特点,当它被滥用时,会导致随意执法行为的发生,从而引发当事人上访、诉讼、复议,甚至启动国家赔偿等。

1.行使的必要性

自由裁量权在动物卫生监督机构的行政执法中被普遍行使,正确的行使,有利于提高动物卫生监督行政处罚的公平公正性,维护行政相对人的合法权益。

2.滥用的表现

①处罚尺度把握不当,如出于部门利益、个人关系对违法情况恶劣、造成严重后果的相对人,按处罚幅度下限处罚,而对违法情形轻微、危害后果不大的,却按处罚幅度上限进行处罚。

②缺乏公正、公平。对相同情节、相同性质等的违法案件给予差别悬殊的处罚。

③适用程序不当,调查处理案件时,对适用一般程序的案件使用简易程序,适用听证程序的案件却采用一般程序。

④对不确定的法律概念解释不当,内涵任意扩大或缩小、解释前后不一致、违背规范性行政文件内容。

3. 应注意的问题

①从轻或免处情况：

a. 时效免责，《行政处罚法》第29条，违法行为在2年内未被发现的不再给予行政处罚，法律另有规定的除外；

b. 自首、立功免责；

c. 补救免责；

d. 人道主义免责。

②从重处罚情况：

a. 违法情节恶劣，造成严重后果的；

b. 不听劝阻，继续实施违法行为的；

c. 2人以上合伙在违法行为中起主要作用的；

d. 多次实施违法行为，屡教不改的；

e. 妨碍执法人员查处其违法行为的；

f. 藏匿、销毁违法证据的；

g. 胁迫、诱骗他人或教唆未成年人实施违法行为的；

h. 对举报人、证人打击报复的；

i. 在发生自然灾害或其他非常情况下实施违法的。

动物卫生监督行政处罚自由裁量权是一把双刃剑，应用得当能促进畜牧业良性发展，维护行政执法人员公正、廉洁的形象，应用不当则影响其公信力，增加执法成本。

(3)越权无效性

越权无效性是指行政机关及其公务员只能在权限范围内活动，一切超越行政法律规范的行为和滥用权力的行为都属于行政违法行为，其行为不发生任何法律效力。

(4)应急性

行政应急性原则是行政机关在出现战争、瘟疫、自然灾害等紧急情况下，为国家安全、社会秩序或公共利益的需要，行政机关可以采取没有明确法律依据等非常措施，以处理国家面临的非常事件。它是合法性原则的例外，一般而言，行政应急权力的行使应符合以下几个条件：

①存在明确无误的紧急危险。

②非法定机关行使了紧急权力，事后应由有权机关予以确认。

③行政机关作出的应急行为受到有权机关的监督。

④行政应急权力的行使应当适当，应将负面损害控制在最小的程序范围内。

2) 行政民主原则

(1)人民群众参加管理

人民群众参加国家管理是我国行政法的基本出发点之一。《中华人民共和国宪法》第2条规定："人民依照法律规定通过各种途径和形式，管理国家事务，管理经济和文化事务，管理社会事务"。

(2)行政管理平等

行政法律关系的主体在法律规定的权利与义务中平等，民族平等。

（3）行政公开

行政公开是保障人民群众参加国家行政管理的必要前提。

①特征：重大的情况要让人民知道，重大的问题要让人民讨论。

②要求：行政管理法规一经制定就应公开；行政机关的办事规则、标准凡与管理相对人有关的均应予公开；行政机关作出涉及管理相对人的权利义务的决定，其决定的内容、根据和理由，除涉及法律规定应保密外，应予公开；行政机关举行的正式裁决程序，裁决过程和裁决结果，应予公开；行政机关作出的有关管理相对人权益的决定，必须事先通知管理相对人，使其有充分了解情况和提供充分陈述意见的机会。

3）行政统一原则

国家行政机关统一行使国家行政权。《宪法》规定国家行政机关是行使行政权力，统一管理国家行政事务的部门，如畜牧兽医工作国务院归口到农业部。

4）行政效率原则

行政效率是指行政法律制度要以尽可能小的经济耗费获取最大的社会和经济效益。公正和效率是市场经济条件下法律体系的两大价值目标，行政效率原则是指行政机关及其公务员必须按照客观规律办事、实行高效率的行政管理。

除此之外，还有预防为主原则、归口管理原则、安全有效原则、与世界接轨原则等。

3.4.4 畜牧兽医行政法效力调整范围

1）畜牧兽医行政法效力

（1）时间效力

时间效力是指行政法制定后，何时生效，何时终止。

（2）空间效力

空间效力是指行政法在哪些地域范围内发生效力。

（3）人员效力

人员效力是指行政法对参与该行政法律法规关系的当事人产生效力。

（4）事项效力

事项效力是指行政法对所规定的事务发生效力。

2）畜牧兽医行政法调整范围

兽医畜牧行政法调整范围就是兽医畜牧行政法所适用的范围。如：《兽药管理条例》规定"在中华人民共和国境内从事兽药的研制、生产、经营、进出口、使用和监督管理，应当遵守本条例"。《中华人民共和国动物防疫法》规定"本法适用于在中华人民共和国领域内的动物防疫及其监督管理活动"。

3.4.5 畜牧兽医行政法制监督

1）概念特点

（1）概念

畜牧兽医行政法制监督是指国家和人民群众依法对畜牧兽医行政主体及其公务员在从事畜牧兽医行政管理活动中是否严格依法行使职权，而实行的自上而下和自下而上的广泛监督。这表明：

①行政法制监督的实质是监督行政主体及其工作人员是否依法行使职权。

②行政法制监督的主体是国家和人民群众。

③监督的对象是畜牧兽医行政主体及其公务员。

④监督的内容是行政活动。

（2）特点

①内外监督相一致。健全的法制监督制度，除实行国家权力机关，司法机关和人民群众的外部监督，同时要加强行政系统内部监督，以保障有效地贯彻法律，防止腐败，提高行政效率。

②监督具有广泛性。监督内容和范围具有广泛性，监督不仅对兽医畜牧行政主体的行为进行监督，而且对行政管理活动中的各个环节、过程都要进行监督。

（3）意义

由于行政权力的广泛性和行使权力的经常性，行政行为直接关系行政相对人的权益。权力不受制约，就会发生腐败，导致专制，因而完善监督机构、健全监督制度极为重要。

案例3.6

农业部发布畜牧兽医行政执法六条禁令

农业部关于印发《农业部关于畜牧兽医行政执法六条禁令》的通知，针对畜牧兽医行政执法工作中六种不作为、乱作为情形作出了明确的禁止性规定，以进一步严明纪律，规范畜牧兽医行政执法队伍管理，确保动物防疫和畜禽产品质量安全，保护消费者健康。禁令2012年1月1日起正式实施。

①严禁只收费不检疫。

②严禁不检疫就出证。

③严禁重复检疫收费。

④严禁倒卖动物卫生证章标志。

⑤严禁不按规定实施饲料兽药质量监测。

⑥严禁发现违法行为不查处。

违反者，视情节轻重，按现行干部管理权限，分别给予记过、记大过、降职、撤职、开除等处分。构成犯罪的，移交司法机关追究刑事责任。农业部畜牧兽医行政执法举报电话：畜牧业司010-59192848，兽医局010-59193344。

2）种类

（1）国家权力机关监督

根据宪法的规定，国家各级权力机关有权对相应的各级行政机关进行监督。

①各级权力机关对行政机关的监督。听取和审查人民政府的工作报告；对国家行政机关贯彻执行宪法、法律、条例和其他各种行政管理法规情况进行监督；对国家行政机关立法行为的监督；罢免不称职的本级政府的组成人员；监督政府处理提案，受理人民来信来访。

②人民代表对行政机关的监督。向人民政府及所属各工作部门提出质询和询问；视察和检查政府的工作，也是权力机关对政府实施监督的一种形式；建立审计、监察等专门机构对行政机关进行监督。

（2）国家司法机关的监督

国家检察、审判机关对国家行政机关及其公务员的行政管理活动的监督。人民检察院的监督主要是通过追究国家公务员违法犯罪责任；人民法院的监督主要是依法审理行政机关和公务员的刑事、民事、行政违法行为或犯罪责任。此外，还可通过"司法建议"的形式，将有关情况、问题、意见和建议用不同的方式反映给有关行政机关，对行政管理工作起监督作用。

（3）国家行政机关内部的监督

上下级行政机关之间的监督，审计、税务等专门监督机关对整个行政机关的监督。

案例3.7

农业部检查谷城动物卫生监督执法能力

2012年10月18日，农业部动物卫生监督执法能力考核评价工作组一行三人，在省动物卫生监督所所长周某等的陪同下，对谷城县动物卫生监督执法能力情况进行了检查。

检查组按照《动物卫生监督执法能力考评价细则》规定，通过听汇报、查阅资料台账、看现场，对谷城县动物卫生监督所机构建设、执法队伍建设、执法职责落实、证章标志管理、养殖环节监管、屠宰环节监管、动物检疫申报点建设7个方面情况进行了检查，并对照《县级动物卫生监督执法能力考核评价表》内容逐项进行了考核评分。

（4）社会监督

社会监督是指政协、民主党派、工会、共青团、妇联、协会等社会团体、社会组织、报刊、电视、广播等舆论机构，居民委员会、村民委员会等居民自治组织，以及公民劳动集体对国家行政机关及其公务员的监督。社会监督主要是通过向有关国家机关及其工作人员提出意见、批评和建议，通过申诉、控告、检举、来信、来访以及民主协商对话等形式进行监督。

案例3.8

农业部推进兽医行业诚信体系建设工作

2012年7月，农业部兽医局组织召开兽医行业诚信体系建设研讨会，推进行业诚信、企业诚信、个人诚信三位一体的兽医行业诚信体系建设。一、对于执业兽医人员,健全完善执业兽医管理法律法规,研究建立诚信体系建设标准体系,开发执业兽医信息管理系统,实行从业管理、继续教育、诚信记录等信息网络化管理。对于兽药生产企业,建立兽药生产企业诚信信息数据,及时向社会发布经查证的企业违规行为记录;完善国家兽药基础信息数据库,为兽药行业提供信息查询支持。二、充分发挥中国兽医协会、中国兽药协会作用,通过网络平台、专业刊物、专栏论坛和全国性会议专题讲座等形式,加强兽医行业诚信体系建设相关宣传。倡议执业兽医和兽药生产企业履行诚信承诺。起草发布执业兽医职业道德标准,健全完善社会监督、信息发布平台,促进行业自律。三、要个人自律,强化兽医法律法规和职业道德标准学习,形成"诚信受益,失信受制"的诚信文化氛围。组织企业开展诚信体系建设宣传教育活动,将诚信建设纳入企业文化和职业道德教育内容。

本章小结

畜牧兽医行政法是调整畜牧兽医行政主体履行职能过程中发生的各种社会关系的法律规范的总称,是我国行政法的重要组成部分,由动物防疫、兽药、畜牧、草原、饲料等方面的法律、条例组成,涵盖兽医畜牧事务的各个方面。

畜牧兽医行政主体是指依法行使畜牧兽医行政职权并对其行为承担责任的机关,在我国,目前是指各级畜牧兽医(司、厅)局及其授权机构。

复习思考题

1.什么是行政法? 行政法调整的对象是什么?

2.行政法律关系构成要素有哪些?

3.行政法制监督种类方式有哪些?

4.名词解释:行政主体、行政相对人、法律事实、法律事件、法律行为、违法行为、空间效力、时间效力、自由裁量权、合法性、合法性、行政效率原则。

第4章
畜禽及畜禽产品
生产经营管理

本章导读:本章主要介绍我国畜禽品种资源状况、保护立法、主管部门、畜禽遗传资源管理、种畜禽品种选育、生产经营、畜禽养殖、交易运输、法律责任等内容。下面将介绍动物生产经营管理知识领域,看看我国现代畜牧业生产经营状况。

4.1 畜禽管理概述

4.1.1 中国畜禽品种资源保护

1)畜禽品种资源现状

(1)传统畜禽品种

我国是世界上畜禽遗传资源较为丰富的国家之一,主要有猪、鸡、鸭鹅、黄牛、水牛、牦牛、绵羊、山羊、马、驴、骆驼、兔、水貂、蜂等20个物种,共计576个品种(类群),其中地方品种(类群)426个,占品种资源总数的74%;培育品种73个,占品种资源总数的12.7%;引进品种77个,占品种资源总数的13.3%。

(2)畜禽品种现状

20世纪70年代末80年代初畜禽品种资源普查结果证实,我国已灭绝的品种有10个,濒临灭绝的品种8个,数量减少的有20个。据1996—1998年对全国17个省331个地方畜禽品种动态信息资源调查显示,有50个畜禽品种(或类群)濒危,9个品种(或类群)濒临灭绝,7个品种(或类群)已经灭绝。这种趋势随着近年大量引种和集约化程度的提高而进一步加剧,估计至少有30%的畜禽遗传资源处于灭绝的高度危险之中。

(3)畜禽品种多样性意义

畜禽品种资源是生物多样性的重要组成部分,是人类赖以生存和发展的基础,是满足未来不可预见的重要基因库,它的任何一点利用都可能在类型、质量、数量上给肉、蛋、奶和毛皮等生产带来创新。

案例 4.1

中华人民共和国农业部公告第 662 号

根据《畜牧法》第 12 条的规定,我部确定八眉猪等 138 个畜禽品种为国家级畜禽遗传资源保护品种,现予公告。

二〇〇六年六月二日

附:国家级畜禽遗传资源保护名录(略)

1. 猪:金华猪、荣昌猪、香猪、内江猪、太湖猪、藏猪、巴马香猪等 34 种。

2. 鸡:九斤黄鸡、大骨鸡、仙居鸡、丝羽乌骨鸡、狼山鸡、浦东鸡、金阳丝毛鸡等 24 种。

3. 鸭:北京鸭、绍兴鸭、高邮鸭等 8 种。

4. 鹅:四川白鹅、狮头鹅、太湖鹅等 10 种。

5. 羊:小尾寒羊、中卫山羊、西藏羊湖羊、滩羊、岷县黑裘皮羊等 23 种。

6. 牛:延边牛、南阳牛、秦川牛、蒙古牛等 21 种。

7. 其他品种:蒙古马、新疆驴、阿拉善双峰驼、吉林梅花鹿、藏獒、山东细犬、中蜂、东北黑蜂、新疆黑蜂、福建黄兔、四川白兔等 21 种。

2) 全国畜禽品种资源保护工作概况

①国家出台系列畜禽品种资源保护法律法规。1994 年国务院颁布《种畜禽管理条例》及农业部发布《种畜禽管理条例实施细则》,不少省(区、市)也制定了相关的管理办法,农业部成立了国家家畜禽遗传资源管理委员会,制定了全国畜禽品种资源保护规划,公布了国家级畜禽品种资源保护名录,并确认了一批国家级畜禽品种资源保护场(区)。2001 年,农业部在河北省石家庄市召开了全国畜禽品种资源保护与管理会议,会后下发了"关于加强畜禽品种资源保护工作的通知"。

②初步建立畜禽品种资源保护体系。初步建立了畜禽资源保护体系,为畜牧业的可持续发展奠定了基础,也得到了国际社会的高度评价。

③开展资源调查、保种技术研究等基础性工作。1976 年,农业部组织开展了一次较大规模的畜禽品种资源调查,出版了 5 部《中国畜禽品种志》。1995 年又对西南、西北的偏远地区进行了一次补充调查。2001 年开始启动畜禽品种资源动态信息调查项目,对全国畜禽品种资源状况进行动态监测。

④推进畜禽品种资源的选育和开发利用。

3) 畜禽种质资源保护项目实施情况

从 1995 年开始,国家启动了畜禽种质资源保护项目。共实施了 185 个保护项目,其中扶持畜禽品种保护 162 个,占项目总数量的 87.6%;扶持种质资源动态监测和种质资源评估与鉴定的为 23 个项目,占项目总数量的 12.4%。在扶持畜禽品种保护中猪品种 27 个、家禽品种 24 个、牛品种 14 个、羊品种 15 个、特种动物品种 9 个。收集和保存了一批优秀畜禽遗传基因和素材。"九五"期间国家加大了家畜、家禽基因库建设的力度。农业部建立了"畜禽与牧草种质资源保存和利用中心""地方禽种基因库",承担遗传资源的活体保护、冷冻精子、冷冻胚胎、DNA 和细胞组织等遗传物质的保存。国家畜禽种质资源保存利用中心,目前已保存 33 个品种牛、羊等家畜的冷冻胚胎和冷冻精液,每个品种精液 1500 剂、胚胎 100 枚。此外,还保存有 60 个中国地方猪品种。

4.1.2　我国畜禽品种资源保护立法

1977 年农业部发布了《全国家畜改良区域规则》,规定了"对地方品种要建立原种场和良种繁育基础,以本品种选育为主,并积极做好繁育和推广工作",从此开始了全国性的畜禽品种区域规划工作,部分省市着手制定地方性畜种管理办法等保护立法。1994 年 4 月 15 日国务院发布了《种畜禽管理条例》,1997 年 12 月 23 日农业部又制定了《种畜禽管理条例实施细则》,1998 年 11 月 3 日农业部发布并实施《种畜禽生产经营许可证》管理办法,2005 年 12 月 29 日颁布《中华人民共和国畜牧法》。

1)畜牧法立法概述

①为了规范畜牧业生产经营行为,保障畜禽产品质量安全,保护和合理利用畜禽遗传资源,维护畜牧业生产经营者的合法权益,促进畜牧业持续健康发展,国家颁布了《中华人民共和国畜牧法》。

②在中华人民共和国境内从事畜禽的遗传资源保护利用、繁育、饲养、经营、运输等活动,适用畜牧法。蜂、蚕的资源保护利用和生产经营,适用畜牧法有关规定。

③国家支持畜牧业发展,发挥畜牧业在发展农业、农村经济和增加农民收入中的作用。县级以上人民政府应采取措施,加强畜牧业基础设施建设,鼓励和扶持发展规模化养殖,推进畜牧产业化经营,提高畜牧业综合生产能力,发展优质、高效、生态、安全的畜牧业。国家帮助和扶持少数民族地区、贫困地区畜牧业的发展,保护和合理利用草原,改善畜牧业生产条件。

④国家采取措施,培养畜牧兽医专业人才,发展畜牧兽医科学技术研究和推广事业,开展畜牧兽医科学技术知识的教育宣传工作和畜牧兽医信息服务,推进畜牧业科技进步。

⑤畜牧业生产经营者可以依法自愿成立行业协会,为成员提供信息、技术、营销、培训等服务,加强行业自律,维护成员和行业利益。

⑥畜牧业生产经营者应依法履行动物防疫和环境保护义务,接受有关主管部门依法实施的监督检查。

2)主管部门

国务院畜牧兽医行政主管部门负责全国畜牧业的监督管理工作。县级以上地方人民政府畜牧兽医行政主管部门负责本行政区域内的畜牧业监督管理工作。县级以上人民政府有关主管部门在各自的职责范围内,负责有关促进畜牧业发展的工作。

4.2　畜禽遗传资源保护

4.2.1　保护制度

(1)国家建立畜禽遗传资源保护制度

各级人民政府采取措施,加强畜禽遗传资源保护,畜禽遗传资源保护经费列入财政预算。畜禽遗传资源保护以国家为主,鼓励和支持有关单位、个人依法发展畜禽遗传资源保护事业。

(2)畜禽遗传资源委员会

国务院畜牧兽医行政主管部门设立由专业人员组成的国家畜禽遗传资源委员会,负责畜禽遗传资源的鉴定、评估和畜禽新品种、配套系的审定,承担畜禽遗传资源保护和利用规划论证及有关畜禽遗传资源保护的咨询工作。

4.2.2　主管部门职责分工

1)农业部职责

①负责组织畜禽遗传资源的调查工作,发布国家畜禽遗传资源状况报告,公布经国务院批准的畜禽遗传资源目录。

②根据畜禽遗传资源分布状况,制定全国畜禽遗传资源保护和利用规划,制定并公布国家级畜禽遗传资源保护名录,对原产我国的珍贵、稀有、濒危的畜禽遗传资源实行重点保护。省级人民政府畜牧兽医行政主管部门根据全国畜禽遗传资源保护和利用规划及本行政区域内畜禽遗传资源状况,制定和公布省级畜禽遗传资源保护名录,并报国务院畜牧兽医行政主管部门备案。

③根据全国畜禽遗传资源保护和利用规划及国家级畜禽遗传资源保护名录。

2)省级畜牧兽医行政主管部门职责

①省级人民政府畜牧兽医行政主管部门根据畜禽遗传资源保护名录,分别建立或者确定畜禽遗传资源保种场、保护区和基因库,承担畜禽遗传资源保护任务。

②享受中央和省级财政资金支持的畜禽遗传资源保种场、保护区和基因库,未经国务院畜牧兽医行政主管部门或者省级人民政府畜牧兽医行政主管部门批准,不得擅自处理受保护的畜禽遗传资源。

案例4.2

畜禽新品种配套系审定和遗传资源鉴定结果公示

2013.01.30　　　　　国畜牧总站

简州大耳羊等4个畜禽新品种、配套系业经国家畜禽遗传资源委员会审定。根据《畜禽新品种配套系审定和畜禽遗传资源鉴定办法》的规定,现将结果予以公示,公示期为一周,从2013年1月30日起,至2013年2月7日结束。公示时限内,任何单位、组织、个人对本公示所列的畜禽新品种、配套系有异议的,请向国家畜禽遗传资源委员会办公室提出。

联系单位:国家畜禽遗传资源委员会办公室

地址:北京市朝阳区麦子店街20号楼1007室

邮编:100125

电话:010-59194754

联系人：杨某

附件：畜禽新品种配套系名单

序号	名　　称	类型	培育单位（第一申请单位）	参与培育单位
1	简州大耳羊	新品种	四川省简阳大哥大牧业有限公司	简阳市畜牧食品局、西南民族大学、四川省畜牧科学研究院、四川农业大学、四川省畜牧总站、四川正东农牧集团有限责任公司、四川翔宇牧业科技有限责任公司
2	三高青脚黄鸡3号	配套系	河南三高农牧股份有限公司	
3	京粉2号蛋鸡	配套系	北京市华都峪口禽业有限责任公司	
4	龙宝1号猪	遗传资源	广西扬翔股份有限公司、中山大、广西扬翔猪基因科技有限公司、广西扬翔农牧有限责任公司	

4.2.3　畜禽遗传资源管理办法

①畜禽遗传资源基因库应按照国务院畜牧兽医行政主管部门或者省级人民政府畜牧兽医行政主管部门的规定，定期采集和更新畜禽遗传材料。有关单位、个人应当配合畜禽遗传资源基因库采集畜禽遗传材料，并有权获得适当的经济补偿。

②畜禽遗传资源保种场、保护区和基因库的管理办法由国务院畜牧兽医行政主管部门制定。

③新发现的畜禽遗传资源在国家畜禽遗传资源委员会鉴定前，省级人民政府畜牧兽医行政主管部门应当制定保护方案，采取临时保护措施，并报国务院畜牧兽医行政主管部门备案。

④从境外引进畜禽遗传资源的，应当向省级人民政府畜牧兽医行政主管部门提出申请；受理申请的畜牧兽医行政主管部门经审核，报国务院畜牧兽医行政主管部门经评估论证后批准。经批准的，依照《中华人民共和国进出境动植物检疫法》的规定办理相关手续并实施检疫。从境外引进的畜禽遗传资源被发现对境内畜禽遗传资源、生态环境有危害或者可能产生危害的，国务院畜牧兽医行政主管部门应当会商有关主管部门，采取相应的安全控制措施。

⑤向境外输出或者在境内与境外机构、个人合作研究利用列入保护名录的畜禽遗传资源的，应当向省级人民政府畜牧兽医行政主管部门提出申请，同时提出国家共享惠益的方案；受理申请的畜牧兽医行政主管部门经审核，报国务院畜牧兽医行政主管部门批准。向境外输出畜禽遗传资源的，还应当依照《中华人民共和国进出境动植物检疫法》的规定办理相关手续并实施检疫。

⑥新发现的畜禽遗传资源在国家畜禽遗传资源委员会鉴定前,不得向境外输出,不得与境外机构、个人合作研究利用。

⑦畜禽遗传资源的进出境和对外合作研究利用的审批办法由国务院规定。

4.3　种畜禽品种选育生产经营管理

4.3.1　种畜禽品种选育

①国家扶持畜禽品种的选育和优良品种的推广使用,支持企业、院校、科研机构和技术推广单位开展联合育种,建立畜禽良种繁育体系。

②培育的畜禽新品种、配套系和新发现的畜禽遗传资源在推广前,应当通过国家畜禽遗传资源委员会审定或者鉴定,并由国务院畜牧兽医行政主管部门公告。畜禽新品种、配套系的审定办法和畜禽遗传资源的鉴定办法,由国务院畜牧兽医行政主管部门制定。审定或者鉴定所需的试验、检测等费用由申请者承担,收费办法由国务院财政、价格部门会同国务院畜牧兽医行政主管部门制定。培育新的畜禽品种、配套系进行中间试验,应当经试验所在地省级人民政府畜牧兽医行政主管部门批准。畜禽新品种、配套系培育者的合法权益受法律保护。

③转基因畜禽品种的培育、试验、审定和推广,应当符合国家有关农业转基因生物管理的规定。

④省级以上畜牧兽医技术推广机构可以组织开展种畜优良个体登记,向社会推荐优良种畜。优良种畜登记规则由国务院畜牧兽医行政主管部门制定。

案例 4.3

荣昌白鹅成功注册国家地理商标

2012 年 7 月,荣昌白鹅(29 类、31 类)专用地理标志通过国家工商行政管理总局商标局的核准,成功注册国家地理标志证明商标。

荣昌白鹅地理商标注册人为中国畜牧科技城建设委员会办公室,有效期 10 年(2012 年 7 月 28 日—2022 年 7 月 28 日)。该商标将用于国家工商总局核定的(第 29 类、31 类)商品,经商标注册人授权后,可用于荣昌白鹅商品、商品包装、容器上,或用于广告宣传、展览以及其他商业活动中。

荣昌白鹅地理商标是继 2010 年荣昌猪 31 类(活体)地理商标、2012 年 29 类荣昌猪地理商标成功注册后,又一个国家级地理商标。该商标的成功注册,将我县畜禽品种资源优势更好地转化为产品竞争和效益优势,实现"产业有发展、产品创品牌、企业添效益、农民增收入"的多赢局面,对进一步维护荣昌白鹅的良好声誉、促进荣昌白鹅资源优势转化为经济优势、有效保护荣昌白鹅优质特色产品、提升荣昌猪白鹅的品牌价值、促进荣昌白鹅品牌化建设、增加养殖户的经济收入将产生深远意义。

4.3.2 种畜禽生产经营

1)种畜禽生产经营许可证

①从事种畜禽生产经营或者生产商品代仔畜、雏禽的单位、个人,应当取得种畜禽生产经营许可证。申请人持种畜禽生产经营许可证依法办理工商登记,取得营业执照后,方可从事生产经营活动。

②申请种畜禽生产经营许可证条件:

a.生产经营的种畜禽必须是通过国家畜禽遗传资源委员会审定或者鉴定的品种、配套系,或者是经批准引进的境外品种、配套系。

b.有与生产经营规模相适应的畜牧兽医技术人员。

c.有与生产经营规模相适应的繁育设施设备。

d.具备法律、行政法规和国务院畜牧兽医行政主管部门规定的种畜禽防疫条件。

e.有完善的质量管理和育种记录制度。

f.具备法律、行政法规规定的其他条件。

2)遗传材料生产经营许可证

(1)条件

申请取得生产家畜卵子、冷冻精液、胚胎等遗传材料的生产经营许可证,除应当符合本法第22条第2款规定的条件外,还应当具备下列条件:

①符合国务院畜牧兽医行政主管部门规定的实验室、保存和运输条件。

②符合国务院畜牧兽医行政主管部门规定的种畜数量和质量要求。

③体外授精取得的胚胎、使用的卵子来源明确,供体畜符合国家规定的种畜健康标准和质量要求。

④符合国务院畜牧兽医行政主管部门规定的其他技术要求。

案例4.4

《种畜禽生产经营许可》公示(2011)

1.政策依据:《中华人民共和国畜牧法》第24条。申请取得生产家畜卵子、冷冻精液、胚胎等遗传材料的生产经营许可证,应当向省级人民政府畜牧兽医行政主管部门提出申请。受理申请的畜牧兽医行政主管部门应当自收到申请之日起30个工作日内完成审核,并报国务院畜牧兽医行政主管部门审批;国务院畜牧兽医行政主管部门应当自收到申请之日起60个工作日内依法决定是否发给生产经营许可证。

其他种畜禽的生产经营许可证由县级以上地方人民政府畜牧兽医行政主管部门审核发放,具体审核发放办法由省级人民政府规定。

2.办理程序:①申请;②受理;③审核;④决定。

3.申报材料:

①生产经营的种畜禽必须是通过国家畜禽遗传资源委员会审定或者鉴定的品种、配套系,或者是经批准引进的境外品种、配套系证明。

②有与生产经营规模相适应的畜牧兽医技术人员证明。

③有与生产经营规模相适应的繁育设施设备证明。

④具备法律、行政法规和国务院畜牧兽医行政主管部门规定的种畜禽防疫条件证明。

⑤有完善的质量管理和育种记录制度证明。

⑥具备法律、行政法规规定的其他条件证明。

4. 收费标准:不收费。

5. 收费依据:无。

6. 办理时限:13 个工作日。

7. 联系电话:28261××。

(2) 申请

①申请取得生产家畜卵子、冷冻精液、胚胎等遗传材料的生产经营许可证,应向省级畜牧兽医行政主管部门提出申请。受理申请的畜牧兽医行政主管部门应当自收到申请之日起 30 个工作日内完成审核,并报国务院畜牧兽医行政主管部门审批;国务院畜牧兽医行政主管部门应当自收到申请之日起 60 个工作日内依法决定是否发给生产经营许可证。

②其他种畜禽的生产经营许可证由县级以上畜牧兽医行政主管部门审核发放。

(3) 管理

①种畜禽生产经营许可证有效期为 3 年,应注明生产经营者名称、场(厂)址、生产经营范围及许可证有效期的起止日期等。

②禁止任何单位、个人无种畜禽生产经营许可证或者违反种畜禽生产经营许可证的规定生产经营种畜禽。禁止伪造、变造、转让、租借种畜禽生产经营许可证。

③农户饲养的种畜禽用于自繁自养和有少量剩余仔畜、雏禽出售的,农户饲养种公畜进行互助配种的,不需要办理种畜禽生产经营许可证。

④专门从事家畜人工授精、胚胎移植等繁殖工作的人员,应当取得相应的国家职业资格证书。

⑤发布种畜禽广告的,广告主应当提供种畜禽生产经营许可证和营业执照。广告内容应当符合有关法律、行政法规的规定,并注明种畜禽品种、配套系的审定或者鉴定名称;对主要性状的描述应当符合该品种、配套系的标准。

⑥销售的种畜禽和家畜配种站(点)使用的种公畜,必须符合种用标准。销售种畜禽时,应当附具种畜禽场出具的种畜禽健康合格证明、动物防疫监督机构出具的检疫合格证明,销售的种畜还应当附具种畜禽场出具的家畜系谱。

⑦生产家畜卵子、冷冻精液、胚胎等遗传材料,应当有完整的采集、销售、移植等记录,记录应当保存两年。

⑧禁止规定。销售种畜禽,不得有下列行为:a. 以其他畜禽品种、配套系冒充所销售的种畜禽品种、配套系;b. 以低代别种畜禽冒充高代别种畜禽;c. 以不符合种用标准的畜禽冒充种畜禽;d. 销售未经批准进口的种畜禽;e. 销售未附具规定的种畜禽合格证明、检疫合格证明的种畜禽或者未附具家畜系谱的种畜;f. 销售未经审定或者鉴定的种畜禽品种、配套系。

⑨申请进口种畜禽的,应当持有种畜禽生产经营许可证。进口种畜禽的批准文件有

效期为6个月。进口的种畜禽应当符合国务院畜牧兽医行政主管部门规定的技术要求。首次进口的种畜禽还应当由国家畜禽遗传资源委员会进行种用性能的评估。

⑩国家鼓励畜禽养殖者对进口的畜禽进行新品种、配套系的选育;选育的新品种、配套系在推广前,应当经国家畜禽遗传资源委员会审定。

⑪种畜禽场和孵化场(厂)销售商品代仔畜、雏禽的,应当向购买者提供其销售的商品代仔畜、雏禽的主要生产性能指标、免疫情况、饲养技术要求和有关咨询服务,并附具动物防疫监督机构出具的检疫合格证明。销售种畜禽和商品代仔畜、雏禽,因质量问题给畜禽养殖者造成损失的,应当依法赔偿损失。

案例4.5

农业部《种畜禽生产经营许可证》申请表

单位名称　　单位地址　　邮政编码

法定代表人　　联系人　　联系电话　　生产经营内容

类型:1.冷冻精液□　2.胚胎□　3.卵子□　4.其他□

品种:

规模:

省级审核意见

　　　　经办人:　　　　负责人:

　　　　审核单位(盖章)

　　　　　　　　年　　月　　日

农业部受理时间　　　经办人:

　　　　　　　　制表日期:　　年　　月　　日

3)种畜禽质量安全监督

县级以上人民政府畜牧兽医行政主管部门负责种畜禽质量安全的监督管理工作。种畜禽质量安全的监督检验应当委托具有法定资质的种畜禽质量检验机构进行;所需检验费用按照国务院规定列支,不得向被检验人收取。

4.4　畜禽养殖管理

4.4.1　畜禽养殖方针政策

①县级以上人民政府畜牧兽医行政主管部门根据畜牧业发展规划和市场需求,引导和支持畜牧业结构调整,发展优势畜禽生产,提高畜禽产品市场竞争力。

②国家支持草原牧区开展草原围栏、草原水利、草原改良、饲草饲料基地等草原基本建设,优化畜群结构,改良牲畜品种,转变生产方式,发展舍饲圈养、划区轮牧,逐步实现畜草平衡,改善草原生态环境。

③国务院和省级人民政府在其财政预算内安排支持畜牧业发展的良种补贴、贴息补助等资金,并鼓励有关金融机构通过提供贷款、保险服务等形式,支持畜禽养殖者购买优

良畜禽、繁育良种、改善生产设施、扩大养殖规模,提高养殖效益。

④国家支持农村集体经济组织、农民和畜牧业合作经济组织建立畜禽养殖场、养殖小区,发展规模化、标准化养殖。乡(镇)土地利用总体规划应当根据本地实际情况安排畜禽养殖用地。农村集体经济组织、农民、畜牧业合作经济组织按照乡(镇)土地利用总体规划建立的畜禽养殖场、养殖小区用地按农业用地管理。畜禽养殖场、养殖小区用地使用权期限届满,需要恢复为原用途的,由畜禽养殖场、养殖小区土地使用权人负责恢复。在畜禽养殖场、养殖小区用地范围内需要兴建永久性建(构)筑物,涉及农用地转用的,依照《中华人民共和国土地管理法》的规定办理。

⑤国家设立的畜牧兽医技术推广机构,农民提供畜禽养殖技术培训、良种推广、疫病防治等服务。县级以上人民政府保障国家设立的畜牧兽医技术推广机构从事公益性技术服务的工作经费。国家鼓励畜禽产品加工企业和其他相关生产经营者为畜禽养殖者提供所需的服务。

案例4.6

某县畜禽专业合作社发展现状及对策

1.专业合作社发展现状

①专业合作社发展迅速。该县畜禽专业合作社经营的品种主要是生猪、肉鸡和肉鸭。到2012年7月,全县畜禽专业合作社发展到59个,注册资金达10 565.9万元,社员6 758人,带动农户87 923户。省级示范社1个,市级示范农民专业合作社7个。

②专业合作社举办方式多样。一是由原有的专业协会过渡而来,基础条件好,组织能力较强,有一定经济实力。此类专业合作社有2家,占全县畜禽专业合作社总数的3.4%。二是由基层站领办。他们充分发挥畜牧兽医系统的优势,为社员提供种苗、防疫、兽药、饲料及销售信息等服务。三是由当地养殖专业大户或经纪人牵头领办。他们利用长期积累的生产经验和掌握的市场信息,组织周边的养殖户共同发展。四是由龙头企业组建。龙头企业在原料供应、信息沟通、产品加工销售等方面发挥了其独特的优势,同时也为周边的养殖户提供便宜的原料供应,并帮助解决其产品销售。

③专业合作社助推畜牧经济发展。一是提高了农民生产经营的组织化程度,促进了农民增收。畜禽专业合作社的发展改变了农村一家一户小生产的经营模式,把分散的养殖户组织起来,按"专业合作社+基地+农户+市场"的模式,通过订单及产销合同来指导农民的生产。二是推动了现代畜牧业建设进程。畜禽专业合作社上联市场和龙头企业,下联农户,通过自我管理实现发展壮大。三是推动了畜牧业品牌的建设。全县各类专业合作社注重品牌创建,"蜀龙"仔猪荣获"四川省第十届名牌产品"和"四川省著名商标","雨坛"种蛋鸭获"中国西部博览会知名品牌"。通过实施品牌战略,不断扩大品牌的知名度和市场占有率,提高了产品的市场竞争力,促进了县外、市外、省外、国外市场的开拓,助推了畜牧业发展。

2.专业合作社存在的主要问题

①合作社登记注册标准太低。合作社登记注册简单、准入标准太低,没有退出机制。

②制度不健全,管理不到位。

③专业合作社缺乏后劲。

④缺少管理和技术人才。

3. 建议及对策

①整合提高,增强服务能力。

②加大项目扶持力度,做大做强农民专业合作社。

③提供优质服务,帮助农民专业合作社排忧解难。

4.4.2 畜禽养殖场所管理规定

1)养殖场区条件

①畜禽养殖场、养殖小区应具备下列条件:

a. 有与其饲养规模相适应的生产场所和配套的生产设施。

b. 有为其服务的畜牧兽医技术人员。

c. 有法律、行政法规和国务院畜牧兽医行政主管部门规定的防疫条件。

d. 有对畜禽粪便、废水和其他固体废弃物进行综合利用的沼气池等设施或者其他无害化处理设施。

e. 有法律、行政法规规定的其他条件。

②养殖场、养殖小区兴办者应将养殖场、养殖小区的名称、养殖地址、畜禽品种和养殖规模,向其所在地县级畜牧兽医行政主管部门备案,取得畜禽标识代码。

③省级人民政府根据本行政区域畜牧业发展状况制定畜禽养殖场、养殖小区的规模标准和备案程序。

2)场区要求

①禁止在下列区域内建设畜禽养殖场、养殖小区:

a. 生活饮用水的水源保护区、风景名胜区以及自然保护区的核心区和缓冲区。

b. 城镇居民区、文化教育科学研究区等人口集中区域。

c. 法律、法规规定的其他禁养区域。

②畜禽养殖场应建立养殖档案,载明以下内容:

a. 畜禽的品种、数量、繁殖记录、标识情况、来源和进出场日期。

b. 饲料、饲料添加剂、兽药等投入品的来源、名称、使用对象、时间和用量。

c. 检疫、免疫、消毒情况。

d. 畜禽发病、死亡和无害化处理情况。

e. 国务院畜牧兽医行政主管部门规定的其他内容。

③畜禽养殖场应为其饲养的畜禽提供适当的繁殖条件和生存、生长环境。

④从事畜禽养殖,不得有下列行为:

a. 违反法律、行政法规的规定和国家技术规范的强制性要求使用饲料、饲料添加剂、兽药。

b. 使用未经高温处理的餐馆、食堂的泔水饲喂家畜。

c. 在垃圾场或者使用垃圾场中的物质饲养畜禽。

d. 法律、行政法规和国务院畜牧兽医行政主管部门规定的危害人和畜禽健康的其他行为。

⑤从事畜禽养殖,应根据《中华人民共和国动物防疫法》的规定,做好畜禽疫病的防治工作。

⑥畜禽养殖者应按国家关于畜禽标识管理规定,在应加施标识畜禽的指定部位加施标识。畜禽标识不得重复使用。

⑦畜禽养殖场、养殖小区应保证畜禽粪便、废水及其他固体废弃物综合利用或者无害化处理设施的正常运转,保证污染物达标排放,防止污染环境。畜禽养殖场、养殖小区违法排放畜禽粪便、废水及其他固体废弃物,造成环境污染危害的,应排除危害,依法赔偿损失。

4.4.3　养蜂业管理

国家鼓励发展养蜂业,维护养蜂生产者的合法权益。有关部门应积极宣传和推广蜜蜂授粉措施。养蜂生产者在生产过程中,不得使用危害蜂产品质量安全的药品和容器,确保蜂产品质量。养蜂器具应符合国家技术规范的强制性要求。养蜂生产者在转地放蜂时,当地公安、交通运输、畜牧兽医等部门应为其提供必要的便利。养蜂生产者在国内转地放蜂,凭国务院畜牧兽医行政主管部门统一格式印制的检疫合格证明运输蜂群,在检疫合格证明有效期内不得重复检疫。

养蜂业是农业的重要组成部分,对于促进农民增收、提高农作物产量和维护生态平衡具有重要意义。为进一步规范和支持养蜂行为,加强对养蜂业的管理,维护养蜂者合法权益,促进养蜂业持续健康发展,2011 年 12 月 13 日农业部制定了《养蜂管理办法(试行)》,自 2012 年 2 月 1 日起施行。

1)总则

①为规范和支持养蜂行为,维护养蜂者合法权益,促进养蜂业持续健康发展,根据《中华人民共和国畜牧法》《中华人民共和国动物防疫法》等法律法规,制定本办法。

②在中华人民共和国境内从事养蜂活动,应当遵守本办法。

③农业部负责全国养蜂管理工作。县级以上地方人民政府养蜂主管部门负责本行政区域的养蜂管理工作。

④各级养蜂主管部门应当采取措施,支持发展养蜂,推动养蜂业的规模化、机械化、标准化、集约化,推广普及蜜蜂授粉技术,发挥养蜂业在促进农业增产提质、保护生态和增加农民收入中的作用。

⑤养蜂者可以依法自愿成立行业协会和专业合作经济组织,为成员提供信息、技术、营销、培训等服务,维护成员合法权益。各级养蜂主管部门应当加强对养蜂业行业组织和专业合作经济组织的扶持、指导和服务,提高养蜂业组织化、产业化程度。

2)生产管理

①各级农业主管部门应当广泛宣传蜜蜂为农作物授粉的增产提质作用,积极推广蜜蜂授粉技术。县级以上地方人民政府农业主管部门应当做好辖区内蜜粉源植物调查工作,制定蜜粉源植物的保护和利用措施。

②种蜂生产经营单位和个人,应当依法取得《种畜禽生产经营许可证》。出售的种蜂应当附具检疫合格证明和种蜂合格证。

③养蜂者可以自愿向县级人民政府养蜂主管部门登记备案,免费领取《养蜂证》,凭《养蜂证》享受技术培训等服务。《养蜂证》有效期三年,格式由农业部统一制定。

④养蜂者应当按照国家相关技术规范和标准进行生产。

⑤养蜂者应当遵守《中华人民共和国农产品质量安全法》等有关法律法规,对所生产的蜂产品质量安全负责。养蜂者应当按照国家相关规定正确使用生产投入品,不得在蜂产品中添加任何物质。

⑥登记备案的养蜂者应当建立养殖档案及养蜂日志,载明以下内容:a.蜂群的品种、数量、来源;b.检疫、消毒情况;c.饲料、兽药等投入品来源、名称,使用对象、时间和剂量;d.蜂群发病、死亡、无害化处理情况;e.蜂产品生产销售情况。

⑦养蜂者到达蜜粉源植物种植区放蜂时,应当告知周边3 000米以内的村级组织或管理单位。接到放蜂通知的组织和单位应当以适当方式及时公告。在放蜂区种植蜜粉源植物的单位和个人,应当避免在盛花期施用农药。确需施用农药的,应当选用对蜜蜂低毒的农药品种。种植蜜粉源植物的单位和个人应当在施用农药3日前告知所在地及邻近3 000米以内的养蜂者,使用航空器喷施农药的单位和个人应当在作业5日前告知作业区及周边5 000米以内的养蜂者,防止对蜜蜂造成危害。养蜂者接到农药施用作业通知后应当相互告知,及时采取安全防范措施。

⑧各级养蜂主管部门应当鼓励、支持养蜂者与蜂产品收购单位、个人建立长期稳定的购销关系,实行蜂产品优质优价、公平交易,维护养蜂者的合法权益。

3)转地放蜂

①主要蜜粉源地县级人民政府养蜂主管部门应当会同蜂业行业协会,每年发布蜜粉源分布、放蜂场地、载蜂量等动态信息,公布联系电话,协助转地放蜂者安排放蜂场地。

②养蜂者应当持《养蜂证》到蜜粉源地的养蜂主管部门或蜂业行业协会联系落实放蜂场地。转地放蜂的蜂场原则上应当间距1 000米以上,并与居民区、道路等保持适当距离。转地放蜂者应当服从场地安排,不得强行争占场地,并遵守当地习俗。

③转地放蜂者不得进入省级以上人民政府养蜂主管部门依法确立的蜜蜂遗传资源保护区、保种场及种蜂场的种蜂隔离交尾场等区域放蜂。

④养蜂主管部门应当协助有关部门和司法机关,及时处理偷蜂、毒害蜂群等破坏养蜂案件、涉蜂运输事故以及有关纠纷,必要时可以应当事人请求或司法机关要求,组织进行蜜蜂损失技术鉴定,出具技术鉴定书。

⑤除国家明文规定的收费项目外,养蜂者有权拒绝任何形式的乱收费、乱罚款和乱摊派等行为,并向有关部门举报。

4)蜂群疫病防控

①蜂群自原驻地和最远蜜粉源地起运前,养蜂者应当提前3天向当地动物卫生监督机构申报检疫。经检疫合格的,方可起运。

②养蜂者发现蜂群患有列入检疫对象的蜂病时,应当依法向所在地兽医主管部门、动物卫生监督机构或者动物疫病预防控制机构报告,并就地隔离防治,避免疫情扩散。未经治愈的蜂群,禁止转地、出售和生产蜂产品。

③养蜂者应当按照国家相关规定,正确使用兽药,严格控制使用剂量,执行休药期

制度。

④巢础等养蜂机具设备的生产经营和使用,应当符合国家标准及有关规定。禁止使用对蜂群有害和污染蜂产品的材料制作养蜂器具,或在制作过程中添加任何药物。

5)附则

①蜂产品是指蜂群生产的未经加工的蜂蜜、蜂王浆、蜂胶、蜂花粉、蜂毒、蜂蜡、蜂幼虫、蜂蛹等。

②违反本办法规定的,依照有关法律、行政法规的规定进行处罚。

案例4.7

桂林某食品有限公司"×养蜂农"蜂蜜又被曝掺假

从天津市工商局获悉,天津市工商行政管理局发布近期对蜂蜜的专项质量抽样检验结果报告。该局在流通环节对 14 个省市 38 家企业生产的 40 个批次蜂蜜进行了食品质量抽样检验。依据国家食品安全标准,重点检验了果糖和葡萄糖含量、高果糖淀粉糖浆、四环素族抗生素残留量 3 项指标。

经检测,桂林某食品有限公司生产的"×养蜂农"洋槐花蜂蜜,果糖和葡萄糖含量还没达到标准值的三分之一,高果糖淀粉糖浆值也呈阳性,涉嫌掺假欺骗消费者。

果糖和葡萄糖是蜂蜜中的主要成分,未经蜜蜂充分酿造的蜂蜜,以及在蜂蜜中掺入淀粉糖浆或砂糖,都会造成这项指标偏低。如果蜂蜜中果糖和葡萄糖含量低,极有可能是掺入了淀粉糖浆或砂糖的掺假产品。对本次抽样检验发现的质量不合格食品,天津市工商局已责令受检经销单位全部下架、停止销售,并将依照食品安全法律、法规实施处罚。

4.5　畜禽交易与运输

4.5.1　畜禽交易管理

①县级以上人民政府应促进开放统一、竞争有序的畜禽交易市场建设。县以上畜牧兽医行政主管部门和其他有关主管部门应组织搜集、整理、发布畜禽产销信息,为生产者提供信息服务。

②县以上地方人民政府根据农产品批发市场发展规划,对在畜禽集散地建立畜禽批发市场给予扶持。

③畜禽批发市场选址,应符合法律、行政法规和国务院畜牧兽医行政主管部门规定的动物防疫条件,并距离种畜禽场和大型畜禽养殖场 3 km 以外。

④进行交易的畜禽必须符合国家技术规范的强制性要求。国务院畜牧兽医行政主管部门规定应加施标识而没有标识的畜禽,不得销售和收购。

4.5.2　畜禽运输

①运输畜禽,必须符合法律、行政法规和国务院畜牧兽医行政主管部门规定的动物

防疫条件,采取措施保护畜禽安全,并为运输的畜禽提供必要的空间和饲喂饮水条件。

②有关部门对运输中的畜禽进行检查,应有法律、行政法规的依据。

4.6　质量安全保障与法律责任

4.6.1　质量安全保障措施

①县级以上人民政府应组织畜牧兽医行政主管部门等,依照畜牧法和有关法律、行政法规的规定,加强对畜禽饲养环境、种畜禽质量、饲料和兽药等投入品的使用以及畜禽交易与运输的监督管理。

②国务院畜牧兽医行政主管部门应制定畜禽标识和养殖档案管理办法,采取措施落实畜禽产品质量责任追究制度。

③县以上畜牧兽医行政主管部门应制定畜禽质量安全监督检查计划,按计划开展监督抽查工作。

④省以上畜牧兽医行政主管部门应组织制定畜禽生产规范,指导畜禽的安全生产。

案例 4.8

农业部办公厅关于做好宣传贯彻《生乳》国家标准有关工作的通知(略)

各省、自治区、直辖市畜牧(农牧、农业、农林)厅(局、委、办),新疆生产建设兵团畜牧兽医局,有关质检机构:

《生乳》国家标准(GB 19301—2010)于 2010 年 3 月 26 日公布,自 6 月 1 日起实施。

《生乳》国家标准是依据《食品安全法》《乳品质量安全监督管理条例》和《奶业整顿和振兴规划纲要》要求,在《鲜乳卫生标准》和《生鲜乳收购标准》基础上,修订的强制性食品安全标准,是保障乳品安全、规范生鲜乳生产和收购的重要技术措施。贯彻落实《生乳》国家标准是深化奶业整顿和振兴,打击违法添加行为,引导标准化规模养殖,保护奶农利益的重要措施。

4.6.2　法律责任

①违反畜牧法相关规定,擅自处理受保护的畜禽遗传资源,造成畜禽遗传资源损失的,由省以上畜牧兽医行政主管部门处五万元以上五十万元以下罚款。

②违反畜牧法有关规定,有下列行为之一的,由省以上畜牧兽医行政主管部门责令停止违法行为,没收畜禽遗传资源和违法所得,并处一万元以上五万元以下罚款:

a.未经审核批准,从境外引进畜禽遗传资源的。

b.未经审核批准,在境内与境外机构、个人合作研究利用列入保护名录的畜禽遗传资源的。

c.在境内与境外机构、个人合作研究利用未经国家畜禽遗传资源委员会鉴定的新发现的畜禽遗传资源的。

③未经国务院畜牧兽医行政主管部门批准,向境外输出畜禽遗传资源的,依照《中华

人民共和国海关法》的有关规定追究法律责任。海关应将扣留的畜禽遗传资源移送省级畜牧兽医行政主管部门处理。

④违反畜牧法有关规定,销售、推广未经审定或者鉴定的畜禽品种的,由县以上畜牧兽医行政主管部门责令停止违法行为,没收畜禽和违法所得;违法所得在五万元以上的,并处违法所得一倍以上三倍以下罚款;没有违法所得或者违法所得不足五万元的,并处五千元以上五万元以下罚款。

⑤违反畜牧法有关规定,无种畜禽生产经营许可证或者违反种畜禽生产经营许可证的规定生产经营种畜禽的,转让、租借种畜禽生产经营许可证的,由县以上畜牧兽医行政主管部门责令停止违法行为,没收违法所得;违法所得在三万元以上的,并处违法所得一倍以上三倍以下罚款;没有违法所得或者违法所得不足三万元的,并处三千元以上三万元以下罚款。违反种畜禽生产经营许可证的规定生产经营种畜禽或者转让、租借种畜禽生产经营许可证,情节严重的,并处吊销种畜禽生产经营许可证。

⑥违反《畜牧法》第28条规定的,依照《中华人民共和国广告法》的有关规定追究法律责任。

⑦违反畜牧法有关规定,使用的种畜禽不符合种用标准的,由县以上畜牧兽医行政主管部门责令停止违法行为,没收违法所得;违法所得在五千元以上的,并处违法所得一倍以上两倍以下罚款;没有违法所得或者违法所得不足五千元的,并处一千元以上五千元以下罚款。

⑧销售种畜禽有《畜牧法》第30条违法行为之一的,由县以上畜牧兽医行政主管部门或者工商行政管理部门责令停止销售,没收违法销售的畜禽和违法所得;违法所得在五万元以上的,并处违法所得一倍以上五倍以下罚款;没有违法所得或者违法所得不足五万元的,并处五千元以上五万元以下罚款;情节严重的,并处吊销种畜禽生产经营许可证或者营业执照。

⑨违反《畜牧法》第41条规定,畜禽养殖场未建立养殖档案的,或者未按照规定保存养殖档案的,由县以上畜牧兽医行政主管部门责令限期改正,可以处一万元以下罚款。

⑩违反《畜牧法》第43条规定养殖畜禽的,依照有关法律、行政法规的规定处罚。

⑪违反畜牧法有关规定,销售的种畜禽未附具种畜禽合格证明、检疫合格证明、家畜系谱的,销售、收购国务院畜牧兽医行政主管部门规定应加施标识而没有标识的畜禽的,或者重复使用畜禽标识的,由县以上畜牧兽医行政主管部门或者工商行政管理部门责令改正,可以处二千元以下罚款。

违反畜牧法有关规定,使用伪造、变造的畜禽标识的,由县以上畜牧兽医行政主管部门没收伪造、变造的畜禽标识和违法所得,并处三千元以上三万元以下罚款。

⑫销售不符合国家技术规范的强制性要求的畜禽的,由县以上畜牧兽医行政主管部门或者工商行政管理部门责令停止违法行为,没收违法销售的畜禽和违法所得,并处违法所得一倍以上三倍以下罚款;情节严重的,由工商行政管理部门并处吊销营业执照。

⑬畜牧兽医行政主管部门的工作人员利用职务上的便利,收受他人财物或者谋取其他利益,对不符合法定条件的单位、个人核发许可证或者有关批准文件,不履行监督职责,或者发现违法行为不予查处的,依法给予行政处分。

⑭种畜禽生产经营者被吊销种畜禽生产经营许可证的,由畜牧兽医行政主管部门自

吊销许可证之日起十日内通知工商行政管理部门。种畜禽生产经营者应当依法到工商行政管理部门办理变更登记或者注销登记。

⑮违反畜牧法规定,构成犯罪的,依法追究刑事责任。

4.7　动物防疫条件审查

2010 年 1 月 4 日,农业部发布《动物防疫条件审查办法》,自 2010 年 5 月 1 日起施行。

4.7.1　总则

①为了规范动物防疫条件审查,有效预防控制动物疫病,维护公共卫生安全,根据《中华人民共和国动物防疫法》,制定本办法。

②动物饲养场、养殖小区、动物隔离场所、动物屠宰加工场所以及动物和动物产品无害化处理场所,应当符合本办法规定的动物防疫条件,并取得《动物防疫条件合格证》【第2 条】。

经营动物和动物产品的集贸市场应当符合本办法规定的动物防疫条件。

③农业部主管全国动物防疫条件审查和监督管理工作。县级以上地方人民政府兽医主管部门主管本行政区域内的动物防疫条件审查和监督管理工作。县级以上地方人民政府设立的动物卫生监督机构负责本行政区域内的动物防疫条件监督执法工作。

④动物防疫条件审查应当遵循公开、公正、公平、便民的原则。

4.7.2　饲养场、养殖小区动物防疫条件

①动物饲养场、养殖小区选址应当符合下列条件:

a. 距离生活饮用水源地、动物屠宰加工场所、动物和动物产品集贸市场 500 米以上;距离种畜禽场 1 000 米以上;距离动物诊疗场所 200 米以上;动物饲养场(养殖小区)之间距离不少于 500 米。

b. 距离动物隔离场所、无害化处理场所 3 000 米以上。

c. 距离城镇居民区、文化教育科研等人口集中区域及公路、铁路等主要交通干线 500 米以上。

②动物饲养场、养殖小区布局应当符合下列条件:

a. 场区周围建有围墙。

b. 场区出入口处设置与门同宽,长 4 米、深 0.3 米以上的消毒池。

c. 生产区与生活办公区分开,并有隔离设施。

d. 生产区入口处设置更衣消毒室,各养殖栋舍出入口设置消毒池或者消毒垫。

e. 生产区内清洁道、污染道分设。

f. 生产区内各养殖栋舍之间距离在 5 米以上或者有隔离设施。

禽类饲养场、养殖小区内的孵化间与养殖区之间应当设置隔离设施,并配备种蛋熏蒸消毒设施,孵化间的流程应当单向,不得交叉或者回流。

③动物饲养场、养殖小区应当具有下列设施设备:

a.场区入口处配置消毒设备。

b.生产区有良好的采光、通风设施设备。

c.圈舍地面和墙壁选用适宜材料,以便清洗消毒。

d.配备疫苗冷冻(冷藏)设备、消毒和诊疗等防疫设备的兽医室或者有兽医机构为其提供相应服务。

e.有与生产规模相适应的无害化处理、污水污物处理设施设备。

f.有相对独立的引入动物隔离舍和患病动物隔离舍。

④动物饲养场、养殖小区应当有与其养殖规模相适应的执业兽医或者乡村兽医。患有相关人畜共患传染病的人员不得从事动物饲养工作。

⑤动物饲养场、养殖小区应当按规定建立免疫、用药、检疫申报、疫情报告、消毒、无害化处理、畜禽标识等制度及养殖档案。

⑥种畜禽场除符合本办法第6条、第7条、第8条、第9条规定外,还应当符合下列条件:

a.距离生活饮用水源地、动物饲养场、养殖小区和城镇居民区、文化教育科研等人口集中区域及公路、铁路等主要交通干线1 000米以上。

b.距离动物隔离场所、无害化处理场所、动物屠宰加工场所、动物和动物产品集贸市场、动物诊疗场所3 000米以上。

c.有必要的防鼠、防鸟、防虫设施或者措施。

d.有国家规定的动物疫病的净化制度。

e.根据需要,种畜场还应当设置单独的动物精液、卵、胚胎采集等区域。

4.7.3　屠宰加工场所动物防疫条件

①动物屠宰加工场所选址应当符合下列条件:

a.距离生活饮用水源地、动物饲养场、养殖小区、动物集贸市场500米以上;距离种畜禽场3 000米以上;距离动物诊疗场所200米以上。

b.距离动物隔离场所、无害化处理场所3 000米以上。

②动物屠宰加工场所布局应当符合下列条件:

a.场区周围建有围墙。

b.运输动物车辆出入口设置与门同宽,长4米、深0.3米以上的消毒池。

c.生产区与生活办公区分开,并有隔离设施。

d.入场动物卸载区域有固定的车辆消毒场地,并配有车辆清洗、消毒设备。

e.动物入场口和动物产品出场口应当分别设置。

f.屠宰加工间入口设置人员更衣消毒室。

g.有与屠宰规模相适应的独立检疫室、办公室和休息室。

h.有待宰圈、患病动物隔离观察圈、急宰间;加工原毛、生皮、绒、骨、角的,还应当设置封闭式熏蒸消毒间。

③动物屠宰加工场所应当具有下列设施设备:

a.动物装卸台配备照度不小于300 lx的照明设备。

b.生产区有良好的采光设备,地面、操作台、墙壁、天棚应当耐腐蚀、不吸潮、易清洗。

c.屠宰间配备检疫操作台和照度不小于 500 lx 的照明设备。

d.有与生产规模相适应的无害化处理、污水污物处理设施设备。

④动物屠宰加工场所应当建立动物入场和动物产品出场登记、检疫申报、疫情报告、消毒、无害化处理等制度。

4.7.4 隔离场所动物防疫条件

①动物隔离场所选址应当符合下列条件:

a.距离动物饲养场、养殖小区、种畜禽场、动物屠宰加工场所、无害化处理场所、动物诊疗场所、动物和动物产品集贸市场以及其他动物隔离场 3 000 米以上。

b.距离城镇居民区、文化教育科研等人口集中区域及公路、铁路等主要交通干线、生活饮用水源地 500 米以上。

②动物隔离场所布局应当符合下列条件:

a.场区周围有围墙。

b.场区出入口处设置与门同宽,长 4 米、深 0.3 米以上的消毒池。

c.饲养区与生活办公区分开,并有隔离设施。

d.有配备消毒、诊疗和检测等防疫设备的兽医室。

e.饲养区内清洁道、污染道分设。

f.饲养区入口设置人员更衣消毒室。

③动物隔离场所应当具有下列设施设备:

a.场区出入口处配置消毒设备。

b.有无害化处理、污水污物处理设施设备。

④动物隔离场所应当配备与其规模相适应的执业兽医。患有相关人畜共患传染病的人员不得从事动物饲养工作。

⑤动物隔离场所应当建立动物和动物产品进出登记、免疫、用药、消毒、疫情报告、无害化处理等制度。

4.7.5 无害化处理场所动物防疫条件

①动物和动物产品无害化处理场所选址应当符合下列条件:

a.距离动物养殖场、养殖小区、种畜禽场、动物屠宰加工场所、动物隔离场所、动物诊疗场所、动物和动物产品集贸市场、生活饮用水源地 3 000 米以上。

b.距离城镇居民区、文化教育科研等人口集中区域及公路、铁路等主要交通干线 500 米以上。

②动物和动物产品无害化处理场所布局应当符合下列条件:

a.场区周围建有围墙。

b.场区出入口处设置与门同宽,长 4 米、深 0.3 米以上的消毒池,并设有单独的人员消毒通道。

c.无害化处理区与生活办公区分开,并有隔离设施。

d. 无害化处理区内设置染疫动物扑杀间、无害化处理间、冷库等。

e. 动物扑杀间、无害化处理间入口处设置人员更衣室,出口处设置消毒室。

③动物和动物产品无害化处理场所应当具有下列设施设备:

a. 配置机动消毒设备。

b. 动物扑杀间、无害化处理间等配备相应规模的无害化处理、污水污物处理设施设备。

c. 有运输动物和动物产品的专用密闭车辆。

④动物和动物产品无害化处理场所应当建立病害动物和动物产品入场登记、消毒、无害化处理后的物品流向登记、人员防护等制度。

4.7.6 集贸市场动物防疫条件

①专门经营动物的集贸市场应当符合下列条件【第24条】:

a. 距离文化教育科研等人口集中区域、生活饮用水源地、动物饲养场和养殖小区、动物屠宰加工场所500米以上,距离种畜禽场、动物隔离场所、无害化处理场所3 000米以上,距离动物诊疗场所200米以上。

b. 市场周围有围墙,场区出入口处设置与门同宽,长4米、深0.3米以上的消毒池。

c. 场内设管理区、交易区、废弃物处理区,各区相对独立。

d. 交易区内不同种类动物交易场所相对独立。

e. 有清洗、消毒和污水污物处理设施设备。

f. 有定期休市和消毒制度。

g. 有专门的兽医工作室。

②兼营动物和动物产品的集贸市场应当符合下列动物防疫条件【第25条】:

a. 距离动物饲养场和养殖小区500米以上,距离种畜禽场、动物隔离场所、无害化处理场所3 000米以上,距离动物诊疗场所200米以上。

b. 动物和动物产品交易区与市场其他区域相对隔离。

c. 动物交易区与动物产品交易区相对隔离。

d. 不同种类动物交易区相对隔离。

e. 交易区地面、墙面(裙)和台面防水、易清洗。

f. 有消毒制度。

活禽交易市场除符合前款规定条件外,市场内的水禽与其他家禽还应当分开,宰杀间与活禽存放间应当隔离,宰杀间与出售场地应当分开,并有定期休市制度。

4.7.7 审查发证

①兴办动物饲养场、养殖小区、动物屠宰加工场所、动物隔离场所、动物和动物产品无害化处理场所,应当按照本办法规定进行选址、工程设计和施工。

②本办法第2条第1款规定场所建设竣工后,应当向所在地县级地方人民政府兽医主管部门提出申请,并提交以下材料:

a.《动物防疫条件审查申请表》。

b.场所地理位置图、各功能区布局平面图。

c.设施设备清单。

d.管理制度文本。

e.人员情况。

申请材料不齐全或者不符合规定条件的,县级地方人民政府兽医主管部门应当自收到申请材料之日起 5 个工作日内,一次告知申请人需补正的内容。

③兴办动物饲养场、养殖小区和动物屠宰加工场所的,县级地方人民政府兽医主管部门应当自收到申请之日起 20 个工作日内完成材料和现场审查,审查合格的,颁发《动物防疫条件合格证》;审查不合格的,应当书面通知申请人,并说明理由。

④兴办动物隔离场所、动物和动物产品无害化处理场所的,县级地方人民政府兽医主管部门应当自收到申请之日起 5 个工作日内完成材料初审,并将初审意见和有关材料报省、自治区、直辖市人民政府兽医主管部门。省、自治区、直辖市人民政府兽医主管部门自收到初审意见和有关材料之日起 15 个工作日内完成材料和现场审查,审查合格的,颁发《动物防疫条件合格证》;审查不合格的,应当书面通知申请人,并说明理由。

案例 4.9

《动物防疫条件合格证许可》公示(2011)

1.政策依据:《中华人民共和国动物防疫法》第 20 条兴办动物饲养场(养殖小区)和隔离场所,动物屠宰加工场所,以及动物和动物产品无害化处理场所,应当向县级以上地方人民政府兽医主管部门提出申请,并附具相关材料。受理申请的兽医主管部门应当依照本法和《中华人民共和国行政许可法》的规定进行审查。经审查合格的,发给动物防疫条件合格证;不合格的,应当通知申请人并说明理由。

2.办理程序:①申请;②受理;③审核;④决定。

3.申报材料:①《动物防疫合格证申请表》;②个人或法人身份证复印件一份并交验原件;③消毒制度、防疫制度等相关管理制度;④饲养、防疫、诊疗、技术人员的学历证书,职业技能鉴定资格证书,各一份并交验原件;⑤场址平面图、位置图。

4.收费标准:不收费。

5.收费依据:无。

6.办理时限:13 个工作日。

7.联系电话:28261××。

4.7.8 监督管理

①动物卫生监督机构依照《中华人民共和国动物防疫法》和有关法律、法规的规定,对动物饲养场、养殖小区、动物隔离场所、动物屠宰加工场所、动物和动物产品无害化处理场所、动物和动物产品集贸市场的动物防疫条件实施监督检查,有关单位和个人应当予以配合,不得拒绝和阻碍。

②本办法第 2 条第 1 款所列场所在取得《动物防疫条件合格证》后,变更场址或者经营范围的,应当重新申请办理《动物防疫条件合格证》,同时交回原《动物防疫条件合格证》,由原发证机关予以注销【第 31 条】:a.变更布局、设施设备和制度,可能引起动物防

疫条件发生变化的,应当提前 30 日向原发证机关报告。发证机关应当在 20 日内完成审查,并将审查结果通知申请人。b.变更单位名称或者其负责人的,应当在变更后 15 日内持有效证明申请变更《动物防疫条件合格证》。

③本办法第 2 条第 1 款所列场所停业的,应当于停业后 30 日内将《动物防疫条件合格证》交回原发证机关注销。

④本办法第 2 条所列场所,应当在每年 1 月底前将上一年的动物防疫条件情况和防疫制度执行情况向发证机关报告。

⑤禁止转让、伪造或者变造《动物防疫条件合格证》【第 34 条】。

⑥《动物防疫条件合格证》丢失或者损毁的,应当在 15 日内向发证机关申请补发。

4.7.9 罚则

①违反本办法第 31 条第 1 款【八.2(1)】规定,变更场所地址或者经营范围,未按规定重新申请《动物防疫条件合格证》的,按照《中华人民共和国动物防疫法》第 77 条规定予以处罚。

违反本办法第 31 条第 2 款【八.2(2)】规定,未经审查擅自变更布局、设施设备和制度的,由动物卫生监督机构给予警告。对不符合动物防疫条件的,由动物卫生监督机构责令改正;拒不改正或者整改后仍不合格的,由发证机关收回并注销《动物防疫条件合格证》。

②违反本办法第 24 条【六.1】和第 25 条【六.2】规定,经营动物和动物产品的集贸市场不符合动物防疫条件的,由动物卫生监督机构责令改正;拒不改正的,由动物卫生监督机构处五千元以上两万元以下的罚款,并通报同级工商行政管理部门依法处理。

③违反本办法第 34 条【六.1】规定,转让、伪造或者变造《动物防疫条件合格证》的,由动物卫生监督机构收缴《动物防疫条件合格证》,处两千元以上一万元以下的罚款。

使用转让、伪造或者变造《动物防疫条件合格证》的,由动物卫生监督机构按照《中华人民共和国动物防疫法》第 77 条规定予以处罚。

④违反本办法规定,构成犯罪或者违反治安管理规定的,依法移送公安机关处理。

4.8 畜禽标识和养殖档案管理

2006 年 6 月 16 日,农业部公布《畜禽标识和养殖档案管理办法》,自 2006 年 7 月 1 日起施行。

4.8.1 总则

①为了规范畜牧业生产经营行为,加强畜禽标识和养殖档案管理,建立畜禽及畜禽产品可追溯制度,有效防控重大动物疫病,保障畜禽产品质量安全,依据《中华人民共和国畜牧法》《中华人民共和国动物防疫法》和《中华人民共和国农产品质量安全法》,制定《畜禽标识和养殖档案管理办法》。

②畜禽标识是指经农业部批准使用的耳标、电子标签、脚环以及其他承载畜禽信息

的标识物。

③在中华人民共和国境内从事畜禽及畜禽产品生产、经营、运输等活动,应当遵守本办法。

④农业部负责全国畜禽标识和养殖档案的监督管理工作。

县级以上地方人民政府畜牧兽医行政主管部门负责本行政区域内畜禽标识和养殖档案的监督管理工作。

⑤畜禽标识制度应当坚持统一规划、分类指导、分步实施、稳步推进的原则。

⑥畜禽标识所需费用列入省级人民政府财政预算。

4.8.2 畜禽标识管理

①畜禽标识实行一畜一标,编码应当具有唯一性。

②畜禽标识编码由畜禽种类代码、县级行政区域代码、标识顺序号共 15 位数字及专用条码组成。

猪、牛、羊的畜禽种类代码分别为 1、2、3。

编码形式为:×(种类代码)—××××××(县级行政区域代码)—××××××××(标识顺序号)。

③农业部制定并公布畜禽标识技术规范,生产企业生产的畜禽标识应当符合该规范规定。

省级动物疫病预防控制机构统一采购畜禽标识,逐级供应。

④畜禽标识生产企业不得向省级动物疫病预防控制机构以外的单位和个人提供畜禽标识。

⑤畜禽养殖者应当向当地县级动物疫病预防控制机构申领畜禽标识,并按照下列规定对畜禽加施畜禽标识:

a. 新出生畜禽,在出生后 30 天内加施畜禽标识;30 天内离开饲养地的,在离开饲养地前加施畜禽标识。

b. 从国外引进畜禽,在畜禽到达目的地 10 日内加施畜禽标识。

c. 猪、牛、羊在左耳中部加施畜禽标识,需要再次加施畜禽标识的,在右耳中部加施。

⑥畜禽标识严重磨损、破损、脱落后,应当及时加施新的标识,并在养殖档案中记录新标识编码。

⑦动物卫生监督机构实施产地检疫时,应当查验畜禽标识。没有加施畜禽标识的,不得出具检疫合格证明。

⑧动物卫生监督机构应当在畜禽屠宰前,查验、登记畜禽标识。畜禽屠宰经营者应当在畜禽屠宰时回收畜禽标识,由动物卫生监督机构保存、销毁。

⑨畜禽经屠宰检疫合格后,动物卫生监督机构应当在畜禽产品检疫标志中注明畜禽标识编码。

⑩省级人民政府畜牧兽医行政主管部门应当建立畜禽标识及所需配套设备的采购、保管、发放、使用、登记、回收、销毁等制度。

⑪畜禽标识不得重复使用。

4.8.3　养殖档案管理

①畜禽养殖场应当建立养殖档案,载明以下内容:

a.畜禽的品种、数量、繁殖记录、标识情况、来源和进出场日期。

b.饲料、饲料添加剂等投入品和兽药的来源、名称、使用对象、时间和用量等有关情况。

c.检疫、免疫、监测、消毒情况。

d.畜禽发病、诊疗、死亡和无害化处理情况。

e.畜禽养殖代码。

f.农业部规定的其他内容。

②县级动物疫病预防控制机构应当建立畜禽防疫档案,载明以下内容:

a.畜禽养殖场:名称、地址、畜禽种类、数量、免疫日期、疫苗名称、畜禽养殖代码、畜禽标识顺序号、免疫人员以及用药记录等。

b.畜禽散养户:户主姓名、地址、畜禽种类、数量、免疫日期、疫苗名称、畜禽标识顺序号、免疫人员以及用药记录等。

③畜禽养殖场、养殖小区应当依法向所在地县级人民政府畜牧兽医行政主管部门备案,取得畜禽养殖代码。畜禽养殖代码由县级人民政府畜牧兽医行政主管部门按照备案顺序统一编号,每个畜禽养殖场、养殖小区只有一个畜禽养殖代码。畜禽养殖代码由6位县级行政区域代码和4位顺序号组成,作为养殖档案编号。

④饲养种畜应当建立个体养殖档案,注明标识编码、性别、出生日期、父系和母系品种类型、母本的标识编码等信息。

种畜调运时应当在个体养殖档案上注明调出和调入地,个体养殖档案应当随同调运。

⑤养殖档案和防疫档案保存时间:商品猪、禽为2年,牛为20年,羊为10年,种畜禽长期保存。

⑥从事畜禽经营的销售者和购买者应当向所在地县级动物疫病预防控制机构报告更新防疫档案相关内容。

销售者或购买者属于养殖场的,应及时在畜禽养殖档案中登记畜禽标识编码及相关信息变化情况。

⑦畜禽养殖场养殖档案及种畜个体养殖档案格式由农业部统一制定。

4.8.4　信息管理

①国家实施畜禽标识及养殖档案信息化管理,实现畜禽及畜禽产品可追溯。

②农业部建立包括国家畜禽标识信息中央数据库在内的国家畜禽标识信息管理系统。

省级人民政府畜牧兽医行政主管部门建立本行政区域畜禽标识信息数据库,并成为国家畜禽标识信息中央数据库的子数据库。

③县级以上人民政府畜牧兽医行政主管部门根据数据采集要求,组织畜禽养殖相关信息的录入、上传和更新工作。

4.8.5　监督管理

①县级以上地方人民政府畜牧兽医行政主管部门所属动物卫生监督机构具体承担本行政区域内畜禽标识的监督管理工作。

②畜禽标识和养殖档案记载的信息应当连续、完整、真实。

③有下列情形之一的,应当对畜禽、畜禽产品实施追溯:

a.标识与畜禽、畜禽产品不符。

b.畜禽、畜禽产品染疫。

c.畜禽、畜禽产品没有检疫证明。

d.违规使用兽药及其他有毒、有害物质。

e.发生重大动物卫生安全事件。

f.其他应当实施追溯的情形。

④县级以上人民政府畜牧兽医行政主管部门应当根据畜禽标识、养殖档案等信息对畜禽及畜禽产品实施追溯和处理。

⑤国外引进的畜禽在国内发生重大动物疫情,由农业部会同有关部门进行追溯。

⑥任何单位和个人不得销售、收购、运输、屠宰应当加施标识而没有标识的畜禽。

⑦违反本办法规定的,按照《中华人民共和国畜牧法》《中华人民共和国动物防疫法》和《中华人民共和国农产品质量安全法》的有关规定处罚。

案例 4.10

某县畜牧兽医局严厉打击非法违法生产经营活动

为认真贯彻落实《国务院办公厅关于集中开展安全生产领域"打非治违"专项行动的通知》(国办发明电[2012]10 号),现结合我县畜牧实际,特制定县畜牧兽医局打非治违工作重点内容:把目前最突出的非法违法生产经营建设行为作为打击重点:①无动物防疫合格证的养殖场或企业。②重大动物疫病防疫制度不健全,应急处理措施不到位。③违法有关畜牧法律法规,饲养、屠宰等违法违规行为。④非法经营兽药、饲料的行为。

4.9　畜禽规模养殖污染防治

为了防治畜禽养殖污染,推进畜禽养殖废弃物的综合利用和无害化处理,保护和改善环境,保障公众身体健康,促进畜牧业持续健康发展,制定《畜禽规模养殖污染防治条例》。2013 年 10 月 8 日,国务院公布,自 2014 年 1 月 1 日起施行。

4.9.1　总则

①本条例适用于畜禽养殖场、养殖小区的养殖污染防治。

畜禽养殖场、养殖小区的规模标准根据畜牧业发展状况和畜禽养殖污染防治要求确定。(牧区放牧养殖污染防治,不适用本条例。)

②畜禽养殖污染防治,应当统筹考虑保护环境与促进畜牧业发展的需要,坚持预防

为主、防治结合的原则,实行统筹规划、合理布局、综合利用、激励引导。

③各级人民政府应当加强对畜禽养殖污染防治工作的组织领导,采取有效措施,加大资金投入,扶持畜禽养殖污染防治以及畜禽养殖废弃物综合利用。

④县级以上人民政府环境保护主管部门负责畜禽养殖污染防治的统一监督管理。

县级以上人民政府农牧主管部门负责畜禽养殖废弃物综合利用的指导和服务。

县级以上人民政府循环经济发展综合管理部门负责畜禽养殖循环经济工作的组织协调。

县级以上人民政府其他有关部门依照本条例规定和各自职责,负责畜禽养殖污染防治相关工作。

乡镇人民政府应当协助有关部门做好本行政区域的畜禽养殖污染防治工作。

⑤从事畜禽养殖以及畜禽养殖废弃物综合利用和无害化处理活动,应当符合国家有关畜禽养殖污染防治的要求,并依法接受有关主管部门的监督检查。

⑥国家鼓励和支持畜禽养殖污染防治以及畜禽养殖废弃物综合利用和无害化处理的科学技术研究和装备研发。各级人民政府应当支持先进适用技术的推广,促进畜禽养殖污染防治水平的提高。

⑦任何单位和个人对违反本条例规定的行为,有权向县级以上人民政府环境保护等有关部门举报。接到举报的部门应当及时调查处理。

对在畜禽养殖污染防治中作出突出贡献的单位和个人,按照国家有关规定给予表彰和奖励。

4.9.2 预防

①县级以上人民政府农牧主管部门编制畜牧业发展规划,报本级人民政府或者其授权的部门批准实施。畜牧业发展规划应当统筹考虑环境承载能力以及畜禽养殖污染防治要求,合理布局,科学确定畜禽养殖的品种、规模、总量。

②县级以上人民政府环境保护主管部门会同农牧主管部门编制畜禽养殖污染防治规划,报本级人民政府或者其授权的部门批准实施。畜禽养殖污染防治规划应当与畜牧业发展规划相衔接,统筹考虑畜禽养殖生产布局,明确畜禽养殖污染防治目标、任务、重点区域,明确污染治理重点设施建设,以及废弃物综合利用等污染防治措施。

③禁止在下列区域内建设畜禽养殖场、养殖小区:

a.饮用水水源保护区,风景名胜区。

b.自然保护区的核心区和缓冲区。

c.城镇居民区、文化教育科学研究区等人口集中区域。

d.法律、法规规定的其他禁止养殖区域。

④新建、改建、扩建畜禽养殖场、养殖小区,应当符合畜牧业发展规划、畜禽养殖污染防治规划,满足动物防疫条件,并进行环境影响评价。对环境可能造成重大影响的大型畜禽养殖场、养殖小区,应当编制环境影响报告书;其他畜禽养殖场、养殖小区应当填报环境影响登记表。大型畜禽养殖场、养殖小区的管理目录,由国务院环境保护主管部门会商国务院农牧主管部门确定。

环境影响评价的重点应当包括:畜禽养殖产生的废弃物种类和数量,废弃物综合利用和无害化处理方案和措施,废弃物的消纳和处理情况以及向环境直接排放的情况,最终可能对水体、土壤等环境和人体健康产生的影响以及控制和减少影响的方案和措施等。

⑤畜禽养殖场、养殖小区应当根据养殖规模和污染防治需要,建设相应的畜禽粪便、污水与雨水分流设施,畜禽粪便、污水的贮存设施,粪污厌氧消化和堆沤、有机肥加工、制取沼气、沼渣沼液分离和输送、污水处理、畜禽尸体处理等综合利用和无害化处理设施。已经委托他人对畜禽养殖废弃物代为综合利用和无害化处理的,可以不自行建设综合利用和无害化处理设施。

未建设污染防治配套设施、自行建设的配套设施不合格,或者未委托他人对畜禽养殖废弃物进行综合利用和无害化处理的,畜禽养殖场、养殖小区不得投入生产或者使用。

畜禽养殖场、养殖小区自行建设污染防治配套设施的,应当确保其正常运行。

⑥从事畜禽养殖活动,应当采取科学的饲养方式和废弃物处理工艺等有效措施,减少畜禽养殖废弃物的产生量和向环境的排放量。

4.9.3　综合利用与治理

①国家鼓励和支持采取粪肥还田、制取沼气、制造有机肥等方法,对畜禽养殖废弃物进行综合利用。

②国家鼓励和支持采取种植和养殖相结合的方式消纳利用畜禽养殖废弃物,促进畜禽粪便、污水等废弃物就地就近利用。

③国家鼓励和支持沼气制取、有机肥生产等废弃物综合利用以及沼渣沼液输送和施用、沼气发电等相关配套设施建设。

④将畜禽粪便、污水、沼渣、沼液等用作肥料的,应当与土地的消纳能力相适应,并采取有效措施,消除可能引起传染病的微生物,防止污染环境和传播疫病。

⑤从事畜禽养殖活动和畜禽养殖废弃物处理活动,应当及时对畜禽粪便、畜禽尸体、污水等进行收集、贮存、清运,防止恶臭和畜禽养殖废弃物渗出、泄漏。

⑥向环境排放经过处理的畜禽养殖废弃物,应当符合国家和地方规定的污染物排放标准和总量控制指标。畜禽养殖废弃物未经处理,不得直接向环境排放。

⑦染疫畜禽以及染疫畜禽排泄物、染疫畜禽产品、病死或者死因不明的畜禽尸体等病害畜禽养殖废弃物,应当按照有关法律、法规和国务院农牧主管部门的规定,进行深埋、化制、焚烧等无害化处理,不得随意处置。

⑧畜禽养殖场、养殖小区应当定期将畜禽养殖品种、规模以及畜禽养殖废弃物的产生、排放和综合利用等情况,报县级人民政府环境保护主管部门备案。环境保护主管部门应当定期将备案情况抄送同级农牧主管部门。

⑨县级以上人民政府环境保护主管部门应当依据职责对畜禽养殖污染防治情况进行监督检查,并加强对畜禽养殖环境污染的监测。

乡镇人民政府、基层群众自治组织发现畜禽养殖环境污染行为的,应当及时制止和报告。

⑩对污染严重的畜禽养殖密集区域,市、县人民政府应当制定综合整治方案,采取组织建设畜禽养殖废弃物综合利用和无害化处理设施、有计划搬迁或者关闭畜禽养殖场所

等措施,对畜禽养殖污染进行治理。

⑪因畜牧业发展规划、土地利用总体规划、城乡规划调整以及划定禁止养殖区域,或者因对污染严重的畜禽养殖密集区域进行综合整治,确需关闭或者搬迁现有畜禽养殖场所,致使畜禽养殖者遭受经济损失的,由县级以上地方人民政府依法予以补偿。

4.9.4　激励措施

①县级以上人民政府应当采取示范奖励等措施,扶持规模化、标准化畜禽养殖,支持畜禽养殖场、养殖小区进行标准化改造和污染防治设施建设与改造,鼓励分散饲养向集约饲养方式转变。

②县级以上地方人民政府在组织编制土地利用总体规划过程中,应当统筹安排,将规模化畜禽养殖用地纳入规划,落实养殖用地。

国家鼓励利用废弃地和荒山、荒沟、荒丘、荒滩等未利用地开展规模化、标准化畜禽养殖。

畜禽养殖用地按农用地管理,并按照国家有关规定确定生产设施用地和必要的污染防治等附属设施用地。

③建设和改造畜禽养殖污染防治设施,可以按照国家规定申请包括污染治理贷款贴息补助在内的环境保护等相关资金支持。

④进行畜禽养殖污染防治,从事利用畜禽养殖废弃物进行有机肥产品生产经营等畜禽养殖废弃物综合利用活动的,享受国家规定的相关税收优惠政策。

⑤利用畜禽养殖废弃物生产有机肥产品的,享受国家关于化肥运力安排等支持政策;购买使用有机肥产品的,享受不低于国家关于化肥的使用补贴等优惠政策。

畜禽养殖场、养殖小区的畜禽养殖污染防治设施运行用电执行农业用电价格。

⑥国家鼓励和支持利用畜禽养殖废弃物进行沼气发电,自发自用、多余电量接入电网。电网企业应当依照法律和国家有关规定为沼气发电提供无歧视的电网接入服务,并全额收购其电网覆盖范围内符合并网技术标准的多余电量。

利用畜禽养殖废弃物进行沼气发电的,依法享受国家规定的上网电价优惠政策。利用畜禽养殖废弃物制取沼气或进而制取天然气的,依法享受新能源优惠政策。

⑦地方各级人民政府可以根据本地区实际,对畜禽养殖场、养殖小区支出的建设项目环境影响咨询费用给予补助。

⑧国家鼓励和支持对染疫畜禽、病死或者死因不明畜禽尸体进行集中无害化处理,并按照国家有关规定对处理费用、养殖损失给予适当补助。

⑨畜禽养殖场、养殖小区排放污染物符合国家和地方规定的污染物排放标准和总量控制指标,自愿与环境保护主管部门签订进一步削减污染物排放量协议的,由县级人民政府按照国家有关规定给予奖励,并优先列入县级以上人民政府安排的环境保护和畜禽养殖发展相关财政资金扶持范围。

⑩畜禽养殖户自愿建设综合利用和无害化处理设施、采取措施减少污染物排放的,可以依照本条例规定享受相关激励和扶持政策。

4.9.5　法律责任

①各级人民政府环境保护主管部门、农牧主管部门以及其他有关部门未依照本条例规定履行职责的,对直接负责的主管人员和其他直接责任人员依法给予处分;直接负责的主管人员和其他直接责任人员构成犯罪的,依法追究刑事责任。

②违反本条例规定,在禁止养殖区域内建设畜禽养殖场、养殖小区的,由县级以上地方人民政府环境保护主管部门责令停止违法行为;拒不停止违法行为的,处 3 万元以上10 万元以下的罚款,并报县级以上人民政府责令拆除或者关闭。在饮用水水源保护区建设畜禽养殖场、养殖小区的,由县级以上地方人民政府环境保护主管部门责令停止违法行为,处 10 万元以上 50 万元以下的罚款,并报经有批准权的人民政府批准,责令拆除或者关闭。

③违反本条例规定,畜禽养殖场、养殖小区依法应当进行环境影响评价而未进行的,由有权审批该项目环境影响评价文件的环境保护主管部门责令停止建设,限期补办手续;逾期不补办手续的,处 5 万元以上 20 万元以下的罚款。

④违反本条例规定,未建设污染防治配套设施或者自行建设的配套设施不合格,也未委托他人对畜禽养殖废弃物进行综合利用和无害化处理,畜禽养殖场、养殖小区即投入生产、使用,或者建设的污染防治配套设施未正常运行的,由县级以上人民政府环境保护主管部门责令停止生产或者使用,可以处 10 万元以下的罚款。

⑤违反本条例规定,有下列行为之一的,由县级以上地方人民政府环境保护主管部门责令停止违法行为,限期采取治理措施消除污染,依照《中华人民共和国水污染防治法》《中华人民共和国固体废物污染环境防治法》的有关规定予以处罚:

a. 将畜禽养殖废弃物用作肥料,超出土地消纳能力,造成环境污染的。

b. 从事畜禽养殖活动或者畜禽养殖废弃物处理活动,未采取有效措施,导致畜禽养殖废弃物渗出、泄漏的。

⑥排放畜禽养殖废弃物不符合国家或者地方规定的污染物排放标准或者总量控制指标,或者未经无害化处理直接向环境排放畜禽养殖废弃物的,由县级以上地方人民政府环境保护主管部门责令限期治理,可以处 5 万元以下的罚款。县级以上地方人民政府环境保护主管部门作出限期治理决定后,应当会同同级人民政府农牧等有关部门对整改措施的落实情况及时进行核查,并向社会公布核查结果。

⑦未按照规定对染疫畜禽和病害畜禽养殖废弃物进行无害化处理的,由动物卫生监督机构责令无害化处理,所需处理费用由违法行为人承担,可以处 3 000 元以下的罚款。

4.10　乳品质量安全监督管理

《乳品质量安全监督管理条例》2008 年 10 月 6 日,国务院公布,自公布之日起施行。

1)总则

①为了加强乳品质量安全监督管理,保证乳品质量安全,保障公众身体健康和生命安全,促进奶业健康发展,制定本条例。

②本条例所称乳品,是指生鲜乳和乳制品。

③奶畜养殖者、生鲜乳收购者、乳制品生产企业和销售者对其生产、收购、运输、销售的乳品质量安全负责,是乳品质量安全的第一责任者。

④县级以上地方人民政府对本行政区域内的乳品质量安全监督管理负总责。

县级以上人民政府畜牧兽医主管部门负责奶畜饲养以及生鲜乳生产环节、收购环节的监督管理。县级以上质量监督检验检疫部门负责乳制品生产环节和乳品进出口环节的监督管理。县级以上工商行政管理部门负责乳制品销售环节的监督管理。县级以上食品药品监督部门负责乳制品餐饮服务环节的监督管理。县级以上人民政府卫生主管部门依照职权负责乳品质量安全监督管理的综合协调、组织查处食品安全重大事故。县级以上人民政府其他有关部门在各自职责范围内负责乳品质量安全监督管理的其他工作。

⑤发生乳品质量安全事故,应当依照有关法律、行政法规的规定及时报告、处理;造成严重后果或者恶劣影响的,对有关人民政府、有关部门负有领导责任的负责人依法追究责任。

⑥生鲜乳和乳制品应当符合乳品质量安全国家标准。乳品质量安全国家标准由国务院卫生主管部门组织制定,并根据风险监测和风险评估的结果及时组织修订。

乳品质量安全国家标准应当包括乳品中的致病性微生物、农药残留、兽药残留、重金属以及其他危害人体健康物质的限量规定,乳品生产经营过程的卫生要求,通用的乳品检验方法与规程,与乳品安全有关的质量要求,以及其他需要制定为乳品质量安全国家标准的内容。

制定婴幼儿奶粉的质量安全国家标准应当充分考虑婴幼儿身体特点和生长发育需要,保证婴幼儿生长发育所需的营养成分。

国务院卫生主管部门应当根据疾病信息和监督管理部门的监督管理信息等,对发现添加或者可能添加到乳品中的非食品用化学物质和其他可能危害人体健康的物质,立即组织进行风险评估,采取相应的监测、检测和监督措施。

⑦禁止在生鲜乳生产、收购、贮存、运输、销售过程中添加任何物质。

禁止在乳制品生产过程中添加非食品用化学物质或者其他可能危害人体健康的物质。

⑧国务院畜牧兽医主管部门会同国务院发展改革部门、工业和信息化部门、商务部门,制定全国奶业发展规划,加强奶源基地建设,完善服务体系,促进奶业健康发展。

县级以上地方人民政府应当根据全国奶业发展规划,合理确定本行政区域内奶畜养殖规模,科学安排生鲜乳的生产、收购布局。

⑨有关行业协会应当加强行业自律,推动行业诚信建设,引导、规范奶畜养殖者、生鲜乳收购者、乳制品生产企业和销售者依法生产经营。

2) 奶畜养殖

①国家采取有效措施,鼓励、引导、扶持奶畜养殖者提高生鲜乳质量安全水平。省级以上人民政府应当在本级财政预算内安排支持奶业发展资金,并鼓励对奶畜养殖者、奶农专业生产合作社等给予信贷支持。

国家建立奶畜政策性保险制度,对参保奶畜养殖者给予保费补助。

②畜牧兽医技术推广机构应当向奶畜养殖者提供养殖技术培训、良种推广、疫病防治等服务。

国家鼓励乳制品生产企业和其他相关生产经营者为奶畜养殖者提供所需的服务。

③设立奶畜养殖场、养殖小区应当具备下列条件：

a. 符合所在地人民政府确定的本行政区域奶畜养殖规模。

b. 有与其养殖规模相适应的场所和配套设施。

c. 有为其服务的畜牧兽医技术人员。

d. 具备法律、行政法规和国务院畜牧兽医主管部门规定的防疫条件。

e. 有对奶畜粪便、废水和其他固体废物进行综合利用的沼气池等设施或者其他无害化处理设施。

f. 有生鲜乳生产、销售、运输管理制度。

g. 法律、行政法规规定的其他条件。

奶畜养殖场、养殖小区开办者应当将养殖场、养殖小区的名称、养殖地址、奶畜品种和养殖规模向养殖场、养殖小区所在地县级人民政府畜牧兽医主管部门备案。

④奶畜养殖场应当建立养殖档案,载明以下内容：

a. 奶畜的品种、数量、繁殖记录、标识情况、来源和进出场日期。

b. 饲料、饲料添加剂、兽药等投入品的来源、名称、使用对象、时间和用量。

c. 检疫、免疫、消毒情况。

d. 奶畜发病、死亡和无害化处理情况。

e. 生鲜乳生产、检测、销售情况。

f. 国务院畜牧兽医主管部门规定的其他内容。

奶畜养殖小区开办者应当逐步建立养殖档案。

⑤从事奶畜养殖,不得使用国家禁用的饲料、饲料添加剂、兽药以及其他对动物和人体具有直接或者潜在危害的物质。

禁止销售在规定用药期和休药期内的奶畜产的生鲜乳。

⑥奶畜养殖者应当确保奶畜符合国务院畜牧兽医主管部门规定的健康标准,并确保奶畜接受强制免疫。

动物疫病预防控制机构应当对奶畜的健康情况进行定期检测;经检测不符合健康标准的,应当立即隔离、治疗或者作无害化处理。

⑦奶畜养殖者应当做好奶畜和养殖场所的动物防疫工作,发现奶畜染疫或者疑似染疫的,应当立即报告,停止生鲜乳生产,并采取隔离等控制措施,防止疫病扩散。

奶畜养殖者对奶畜养殖过程中的排泄物、废弃物应当及时清运、处理。

⑧奶畜养殖者应当遵守国务院畜牧兽医主管部门制定的生鲜乳生产技术规程。直接从事挤奶工作的人员应当持有有效的健康证明。

奶畜养殖者对挤奶设施、生鲜乳贮存设施等应当及时清洗、消毒,避免对生鲜乳造成污染。

⑨生鲜乳应当冷藏。超过 2 小时未冷藏的生鲜乳,不得销售。

3) 生鲜乳收购

①省、自治区、直辖市人民政府畜牧兽医主管部门应当根据当地奶源分布情况,按照

方便奶畜养殖者、促进规模化养殖的原则,对生鲜乳收购站的建设进行科学规划和合理布局。必要时,可以实行生鲜乳集中定点收购。

国家鼓励乳制品生产企业按照规划布局,自行建设生鲜乳收购站或者收购原有生鲜乳收购站。

②生鲜乳收购站应当由取得工商登记的乳制品生产企业、奶畜养殖场、奶农专业生产合作社开办,并具备下列条件,取得所在地县级人民政府畜牧兽医主管部门颁发的生鲜乳收购许可证:

a.符合生鲜乳收购站建设规划布局。

b.有符合环保和卫生要求的收购场所。

c.有与收奶量相适应的冷却、冷藏、保鲜设施和低温运输设备。

d.有与检测项目相适应的化验、计量、检测仪器设备。

e.有经培训合格并持有有效健康证明的从业人员。

f.有卫生管理和质量安全保障制度。

生鲜乳收购许可证有效期2年;生鲜乳收购站不再办理工商登记。

禁止其他单位或者个人开办生鲜乳收购站。禁止其他单位或者个人收购生鲜乳。

国家对生鲜乳收购站给予扶持和补贴,提高其机械化挤奶和生鲜乳冷藏运输能力。

③生鲜乳收购站应当及时对挤奶设施、生鲜乳贮存运输设施等进行清洗、消毒,避免对生鲜乳造成污染。

生鲜乳收购站应当按照乳品质量安全国家标准对收购的生鲜乳进行常规检测。检测费用不得向奶畜养殖者收取。

生鲜乳收购站应当保持生鲜乳的质量。

④生鲜乳收购站应当建立生鲜乳收购、销售和检测记录。生鲜乳收购、销售和检测记录应当包括畜主姓名、单次收购量、生鲜乳检测结果、销售去向等内容,并保存2年。

⑤县级以上地方人民政府价格主管部门应当加强对生鲜乳价格的监控和通报,及时发布市场供求信息和价格信息。必要时,县级以上地方人民政府建立由价格、畜牧兽医等部门以及行业协会、乳制品生产企业、生鲜乳收购者、奶畜养殖者代表组成的生鲜乳价格协调委员会,确定生鲜乳交易参考价格,供购销双方签订合同时参考。

生鲜乳购销双方应当签订书面合同。生鲜乳购销合同示范文本由国务院畜牧兽医主管部门会同国务院工商行政管理部门制定并公布。

⑥禁止收购下列生鲜乳:

a.经检测不符合健康标准或者未经检疫合格的奶畜产的。

b.奶畜产犊7日内的初乳,但以初乳为原料从事乳制品生产的除外。

c.在规定用药期和休药期内的奶畜产的。

d.其他不符合乳品质量安全国家标准的。

对前款规定的生鲜乳,经检测无误后,应当予以销毁或者采取其他无害化处理措施。

⑦贮存生鲜乳的容器,应当符合国家有关卫生标准,在挤奶后2小时内应当降温至 $0 \sim 4$ ℃。

生鲜乳运输车辆应当取得所在地县级人民政府畜牧兽医主管部门核发的生鲜乳准运证明,并随车携带生鲜乳交接单。交接单应当载明生鲜乳收购站的名称、生鲜乳数量、交接时间,并由生鲜乳收购站经手人、押运员、司机、收奶员签字。

生鲜乳交接单一式两份,分别由生鲜乳收购站和乳品生产者保存,保存时间2年。准运证明和交接单式样由省、自治区、直辖市人民政府畜牧兽医主管部门制定。

⑧县级以上人民政府应当加强生鲜乳质量安全监测体系建设,配备相应的人员和设备,确保监测能力与监测任务相适应。

⑨县级以上人民政府畜牧兽医主管部门应当加强生鲜乳质量安全监测工作,制定并组织实施生鲜乳质量安全监测计划,对生鲜乳进行监督抽查,并按照法定权限及时公布监督抽查结果。

监测抽查不得向被抽查人收取任何费用,所需费用由同级财政列支。

4)乳制品生产

①从事乳制品生产活动,应当具备下列条件,取得所在地质量监督部门颁发的食品生产许可证:

a.符合国家奶业产业政策。

b.厂房的选址和设计符合国家有关规定。

c.有与所生产的乳制品品种和数量相适应的生产、包装和检测设备。

d.有相应的专业技术人员和质量检验人员。

e.有符合环保要求的废水、废气、垃圾等污染物的处理设施。

f.有经培训合格并持有有效健康证明的从业人员。

g.法律、行政法规规定的其他条件。

质量监督部门对乳制品生产企业颁发食品生产许可证,应当征求所在地工业行业管理部门的意见。

未取得食品生产许可证的任何单位和个人,不得从事乳制品生产。

②乳制品生产企业应当建立质量管理制度,采取质量安全管理措施,对乳制品生产实施从原料进厂到成品出厂的全过程质量控制,保证产品质量安全。

③乳制品生产企业应当符合良好生产规范要求。国家鼓励乳制品生产企业实施危害分析与关键控制点体系,提高乳制品安全管理水平。生产婴幼儿奶粉的企业应当实施危害分析与关键控制点体系。

对通过良好生产规范、危害分析与关键控制点体系认证的乳制品生产企业,认证机构应当依法实施跟踪调查;对不再符合认证要求的企业,应当依法撤销认证,并及时向有关主管部门报告。

④乳制品生产企业应当建立生鲜乳进货查验制度,逐批检测收购的生鲜乳,如实记录质量检测情况、供货者的名称以及联系方式、进货日期等内容,并查验运输车辆生鲜乳交接单。查验记录和生鲜乳交接单应当保存2年。乳制品生产企业不得向未取得生鲜乳收购许可证的单位和个人购进生鲜乳。

乳制品生产企业不得购进兽药等化学物质残留超标,或者含有重金属等有毒有害物质、致病性的寄生虫和微生物、生物毒素以及其他不符合乳品质量安全国家标准的生鲜乳。

⑤生产乳制品使用的生鲜乳、辅料、添加剂等,应当符合法律、行政法规的规定和乳品质量安全国家标准。

生产的乳制品应当经过巴氏杀菌、高温杀菌、超高温杀菌或者其他有效方式杀菌。

生产发酵乳制品的菌种应当纯良、无害,定期鉴定,防止杂菌污染。

生产婴幼儿奶粉应当保证婴幼儿生长发育所需的营养成分,不得添加任何可能危害婴幼儿身体健康和生长发育的物质。

⑥乳制品的包装应当有标签。标签应当如实标明产品名称、规格、净含量、生产日期、成分或者配料表,生产企业的名称、地址、联系方式,保质期,产品标准代号,贮存条件,所使用的食品添加剂的化学通用名称,食品生产许可证编号,法律、行政法规或者乳品质量安全国家标准规定必须标明的其他事项。

使用奶粉、黄油、乳清粉等原料加工的液态奶,应当在包装上注明;使用复原乳作为原料生产液态奶的,应当标明"复原乳"字样,并在产品配料中如实标明复原乳所含原料及比例。

婴幼儿奶粉标签还应当标明主要营养成分及其含量,详细说明使用方法和注意事项。

⑦出厂的乳制品应当符合乳品质量安全国家标准。

乳制品生产企业应当对出厂的乳制品逐批检验,并保存检验报告,留取样品。检验内容应当包括乳制品的感官指标、理化指标、卫生指标和乳制品中使用的添加剂、稳定剂以及酸奶中使用的菌种等;婴幼儿奶粉在出厂前还应当检测营养成分。对检验合格的乳制品应当标识检验合格证号;检验不合格的不得出厂。检验报告应当保存2年。

⑧乳制品生产企业应当如实记录销售的乳制品名称、数量、生产日期、生产批号、检验合格证号、购货者名称及其联系方式、销售日期等。

⑨乳制品生产企业发现其生产的乳制品不符合乳品质量安全国家标准、存在危害人体健康和生命安全危险或者可能危害婴幼儿身体健康或者生长发育的,应当立即停止生产,报告有关主管部门,告知销售者、消费者,召回已经出厂、上市销售的乳制品,并记录召回情况。

乳制品生产企业对召回的乳制品应当采取销毁、无害化处理等措施,防止其再次流入市场。

5)乳制品销售

①从事乳制品销售应当按照食品安全监督管理的有关规定,依法向工商行政管理部门申请领取有关证照。

②乳制品销售者应当建立并执行进货查验制度,审验供货商的经营资格,验明乳制品合格证明和产品标识,并建立乳制品进货台账,如实记录乳制品的名称、规格、数量、供货商及其联系方式、进货时间等内容。从事乳制品批发业务的销售企业应当建立乳制品销售台账,如实记录批发的乳制品的品种、规格、数量、流向等内容。进货台账和销售台账保存期限不得少于2年。

③乳制品销售者应当采取措施,保持所销售乳制品的质量。

销售需要低温保存的乳制品的,应当配备冷藏设备或者采取冷藏措施。

④禁止购进、销售无质量合格证明、无标签或者标签残缺不清的乳制品。

禁止购进、销售过期、变质或者不符合乳品质量安全国家标准的乳制品。

⑤乳制品销售者不得伪造产地,不得伪造或者冒用他人的厂名、厂址,不得伪造或者

冒用认证标志等质量标志。

⑥对不符合乳品质量安全国家标准、存在危害人体健康和生命安全或者可能危害婴幼儿身体健康和生长发育的乳制品,销售者应当立即停止销售,追回已经售出的乳制品,并记录追回情况。

乳制品销售者自行发现其销售的乳制品有前款规定情况的,还应当立即报告所在地工商行政管理等有关部门,通知乳制品生产企业。

⑦乳制品销售者应当向消费者提供购货凭证,履行不合格乳制品的更换、退货等义务。

乳制品销售者依照前款规定履行更换、退货等义务后,属于乳制品生产企业或者供货商的责任的,销售者可以向乳制品生产企业或者供货商追偿。

⑧进口的乳品应当按照乳品质量安全国家标准进行检验;尚未制定乳品质量安全国家标准的,可以参照国家有关部门指定的国外有关标准进行检验。

⑨出口乳品的生产者、销售者应当保证其出口乳品符合乳品质量安全国家标准的同时还符合进口国家(地区)的标准或者合同要求。

6)监督检查

①县级以上人民政府畜牧兽医主管部门应当加强对奶畜饲养以及生鲜乳生产环节、收购环节的监督检查。县级以上质量监督检验检疫部门应当加强对乳制品生产环节和乳品进出口环节的监督检查。县级以上工商行政管理部门应当加强对乳制品销售环节的监督检查。县级以上食品药品监督部门应当加强对乳制品餐饮服务环节的监督管理。监督检查部门之间,监督检查部门与其他有关部门之间,应当及时通报乳品质量安全监督管理信息。

畜牧兽医、质量监督、工商行政管理等部门应当定期开展监督抽查,并记录监督抽查的情况和处理结果。需要对乳品进行抽样检查的,不得收取任何费用,所需费用由同级财政列支。

②畜牧兽医、质量监督、工商行政管理等部门在依据各自职责进行监督检查时,行使下列职权:

a.实施现场检查。

b.向有关人员调查、了解有关情况。

c.查阅、复制有关合同、票据、账簿、检验报告等资料。

d.查封、扣押有证据证明不符合乳品质量安全国家标准的乳品以及违法使用的生鲜乳、辅料、添加剂。

e.查封涉嫌违法从事乳品生产经营活动的场所,扣押用于违法生产经营的工具、设备。

f.法律、行政法规规定的其他职权。

③县级以上质量监督部门、工商行政管理部门在监督检查中,对不符合乳品质量安全国家标准、存在危害人体健康和生命安全危险或者可能危害婴幼儿身体健康和生长发育的乳制品,责令并监督生产企业召回、销售者停止销售。

④县级以上人民政府价格主管部门应当加强对生鲜乳购销过程中压级压价、价格欺诈、价格串通等不正当价格行为的监督检查。

⑤畜牧兽医主管部门、质量监督部门、工商行政管理部门应当建立乳品生产经营者违法行为记录,及时提供给中国人民银行,由中国人民银行纳入企业信用信息基础数据库。

⑥省级以上人民政府畜牧兽医主管部门、质量监督部门、工商行政管理部门依据各自职责,公布乳品质量安全监督管理信息。有关监督管理部门应当及时向同级卫生主管部门通报乳品质量安全事故信息;乳品质量安全重大事故信息由省级以上人民政府卫生主管部门公布。

⑦有关监督管理部门发现奶畜养殖者、生鲜乳收购者、乳制品生产企业和销售者涉嫌犯罪的,应当及时移送公安机关立案侦查。

⑧任何单位和个人有权向畜牧兽医、卫生、质量监督、工商行政管理、食品药品监督等部门举报乳品生产经营中的违法行为。畜牧兽医、卫生、质量监督、工商行政管理、食品药品监督等部门应当公布本单位的电子邮件地址和举报电话;对接到的举报,应当完整地记录、保存。

接到举报的部门对属于本部门职责范围内的事项,应当及时依法处理,对于实名举报,应当及时答复;对不属于本部门职责范围内的事项,应当及时移交有权处理的部门,有权处理的部门应当立即处理,不得推诿。

7) 法律责任

①生鲜乳收购者、乳制品生产企业在生鲜乳收购、乳制品生产过程中,加入非食品用化学物质或者其他可能危害人体健康的物质,依照刑法第 144 条的规定,构成犯罪的,依法追究刑事责任,并由发证机关吊销许可证照;尚不构成犯罪的,由畜牧兽医主管部门、质量监督部门依据各自职责没收违法所得和违法生产的乳品,以及相关的工具、设备等物品,并处违法乳品货值金额 15 倍以上 30 倍以下罚款,由发证机关吊销许可证照。

②生产、销售不符合乳品质量安全国家标准的乳品,依照刑法第 143 条的规定,构成犯罪的,依法追究刑事责任,并由发证机关吊销许可证照;尚不构成犯罪的,由畜牧兽医主管部门、质量监督部门、工商行政管理部门依据各自职责没收违法所得、违法乳品和相关的工具、设备等物品,并处违法乳品货值金额 10 倍以上 20 倍以下罚款,由发证机关吊销许可证照。

③乳制品生产企业违反条例第 36 条的规定,对不符合乳品质量安全国家标准、存在危害人体健康和生命安全或者可能危害婴幼儿身体健康和生长发育的乳制品,不停止生产、不召回的,由质量监督部门责令停止生产、召回;拒不停止生产、拒不召回的,没收其违法所得、违法乳制品和相关的工具、设备等物品,并处违法乳制品货值金额 15 倍以上 30 倍以下罚款,由发证机关吊销许可证照。

④乳制品销售者违反条例第 42 条的规定,对不符合乳品质量安全国家标准、存在危害人体健康和生命安全或者可能危害婴幼儿身体健康和生长发育的乳制品,不停止销售、不追回的,由工商行政管理部门责令停止销售、追回;拒不停止销售、拒不追回的,没收其违法所得、违法乳制品和相关的工具、设备等物品,并处违法乳制品货值金额 15 倍以上 30 倍以下罚款,由发证机关吊销许可证照。

⑤违反本条例规定,在婴幼儿奶粉生产过程中,加入非食品用化学物质或其他可能危害人体健康的物质的,或者生产、销售的婴幼儿奶粉营养成分不足、不符合乳品质量安

全国家标准的,依照本条例规定,从重处罚。

⑥奶畜养殖者、生鲜乳收购者、乳制品生产企业和销售者在发生乳品质量安全事故后未报告、处置的,由畜牧兽医、质量监督、工商行政管理、食品药品监督等部门依据各自职责,责令改正,给予警告;毁灭有关证据的,责令停产停业,并处10万元以上20万元以下罚款;造成严重后果的,由发证机关吊销许可证照;构成犯罪的,依法追究刑事责任。

⑦有下列情形之一的,由县级以上地方人民政府畜牧兽医主管部门没收违法所得、违法收购的生鲜乳和相关的设备、设施等物品,并处违法乳品货值金额5倍以上10倍以下罚款;有许可证照的,由发证机关吊销许可证照:

a.未取得生鲜乳收购许可证收购生鲜乳的。

b.生鲜乳收购站取得生鲜乳收购许可证后,不再符合许可条件继续从事生鲜乳收购的。

c.生鲜乳收购站收购本条例第24条规定禁止收购的生鲜乳的。

⑧乳制品生产企业和销售者未取得许可证,或者取得许可证后不按照法定条件、法定要求从事生产销售活动的,由县级以上地方质量监督部门、工商行政管理部门依照《国务院关于加强食品等产品安全监督管理的特别规定》等法律、行政法规的规定处罚。

⑨畜牧兽医、卫生、质量监督、工商行政管理等部门,不履行本条例规定职责、造成后果的,或者滥用职权、有其他渎职行为的,由监察机关或者任免机关对其主要负责人、直接负责的主管人员和其他直接责任人员给予记大过或者降级的处分;造成严重后果的,给予撤职或者开除的处分;构成犯罪的,依法追究刑事责任。

⑩草原牧区放牧饲养的奶畜所产的生鲜乳收购办法,由所在省、自治区、直辖市人民政府参照本条例另行制定。

本章小结

2005年12月29日颁布《中华人民共和国畜牧法》;2010年1月4日,农业部发布《动物防疫条件审查办法》,要求动物饲养场、养殖小区、动物隔离场所、动物屠宰加工场所以及动物和动物产品无害化处理场所,经营动物和动物产品的集贸市场应当符合本办法规定的动物防疫条件,并取得《动物防疫条件合格证》;2006年6月16日,农业部制定《畜禽标识和养殖档案管理办法》。

凡在中华人民共和国境内从事畜、禽、蜂、蚕的遗传资源保护利用、繁育、饲养、经营、运输等活动,都必须遵守《畜牧法》,凡开展种畜禽生产经营者必须办理《种畜禽生产经营许可证》。

复习思考题

1.中国优良畜禽品种有哪些?

2.怎样进行种畜禽品种选育和种畜禽生产经营?

3.畜禽管理机关和从业者违反畜牧法应负哪些法律责任?

4.畜禽标识有哪些种类?畜禽标识编码由几部分内容组成?

5.哪些情况必须取得《动物防疫条件合格证》?

实　训

参观畜、禽、蜂、蚕养殖场(小区),了解人们在从事其动物遗传资源保护利用、繁育、饲养、经营、运输等方面的活动情况和执法现状。

第5章
草原保护建设利用管理

本章导读：本章介绍草原概念、作用、立法、权属、规划、建设、利用、保护监督等内容。草原为人类提供了许许多多药用植物、观赏植物、粮食作物、动物等资源，在固沙土、保水湿、控温度、净化空气等方面起着十分重要的作用，那么，我国的草原现状怎样呢？让我们走进草原的知识领域去看看。

5.1 草原概述

5.1.1 草原

1）草原概述

(1)草原是一种植被类型

草原是具有多种功能的自然综合体，分为热带草原、温带草原等多种类型，草原通常分布在年降水量偏少的栗钙土、黑钙土地区，由旱生或中旱生草本植物组成的草本植物群落，其优势植物是多年生丛生或根茎型禾草和一些或多或少具有耐旱能力的各种杂草。草原上生长的多是草本和木本饲用植物，草原是世界所有植被类型中分布最广的。

(2)草原出现于各式各样的气候和地质环境，也与许多不同土壤类型有关

草原生态系统本身影响着土壤的形成，这又导致草原土壤异于其他土壤。草原枯枝落叶层及其分解形态通常造成上层富有机质土壤（可达地表以下 300 mm）的发展。沙漠土壤没有这一层，与森林土壤典型枯枝落叶腐烂表层也不相同。其结构松散，富含植物养分。土壤下层是典型的白中带黄，尤其是深度 2 m 左右的土层。

2）中国草原

(1)中国草原概况

中国是世界上草原资源较为丰富的国家之一，草原总面积近 4 亿 hm²，占全国土地总面积的 40%，为现有耕地面积的 3 倍。如果从中国的东北到西南划一条斜线，也就是从东北的完达山开始，越过长城，沿吕梁山，经延安，一直向西南到青藏高原的东麓为止，可以把中国分为两大地理区：东南部分是丘陵平原区，离海洋较近，气候温湿，大部分为农业区;西北部分多为高山峻岭,离海洋远,气候干旱,风沙较多,是主要的草原区。中国草原一般可以划为五个大区:东北草原区、蒙宁甘草原区、新疆草原区、青藏草原区和南方草山草坡区。

(2)中国著名草原

我国有呼伦贝尔草原、伊犁草原、锡林郭勒草原、鄂尔多斯大草原、川西高寒草原、那曲高寒草原、祁连山草原、科尔沁草原等著名草原。

案例5.1

若尔盖大草原

若尔盖大草原地处四川、甘肃、青海三省结合部的中国西北大草原,是由若尔盖、阿坝、红原、壤塘四县组成,为中国前五大草原之一,面积35 600多km^2,系以牧为主的藏族聚居地。这里有四川省最大的草原,面积近3万km^2,由草甸草原和沼泽组成。草原地势平坦,一望无际,人烟稀少。红军二万五千里长征曾多次通过这里,留下了许多可歌可泣的动人故事和革命遗址,使草地声名远播海内外。夏季是草原的黄金季节,这里天高气爽,能见度很高。天地之间,绿草茵茵,繁花似锦,芳香幽幽,一望无涯。草地中星罗棋布地点缀着无数小湖泊,湖水碧蓝,小河如藤蔓把大大小小的湖泊串联起来,河水清澈见底,游鱼可数。草地游览内容丰富,可赏草地风光,听牧歌悠扬,可垂钓黄河鱼野炊,可骑马驰骋草原,可观梅花鹿牧场,可去黄河九曲第一弯览胜,可住帐篷宾馆,可去森林采撷野菇,也可去寺庙参观朝拜。草原海拔3 500~4 000 m,属典型的丘状高原。冬季严寒,夏季凉爽,春秋短,日照充足,昼夜温差大,年均气温7 ℃,七月最热,月平均气温10~12.7 ℃。若尔盖大草原水草丰茂,原始生态环境保护良好,形成了山水秀丽、景色迷人的草原风光。四川著名的草原还有热尔坝大草原、松潘草原和红原草原几处。

5.1.2　草原的作用

草原的生态功能是全球性的,它占据着地球上森林与荒漠、冰原之间的广阔中间地带,覆盖着地球上许多不能生长森林或不宜殖植为农田的生态环境较严酷的地区,草原在地球的生态环境与生物多样性保护方面具有极其重大和不可代替的作用。尤其在防止土地的风蚀沙化、水土流失、盐渍化和旱化等方面,草原的作用往往是其他生态系统所不及的。

1)草原是生命的重要支持系统

草原资源直接或间接地为人类的生存和发展提供必要的生产和生活资料。首先,草原为人类提供了大量植物性和动物性原材料,如食物、燃料、药材、纤维、皮毛和其他工业原料等,就是所谓的草畜产品价值。同时,草原在维持生物物质的生物地化循环、维持生物物种与遗传多样性方面起到了重要作用。

2)草原是生态环境的保障系统

草原生态系统作为陆地生态系统的重要主体,草原植物贴地面生长,能很好地覆盖地面,草原上的许多植物根系较发达,能深深地植入土壤中,牢牢地将土壤固定,是全球生态环境稳定的保障。

(1)防风蚀固沙防尘作用

草原植被可以增加下垫面的粗糙程度,降低近地表风速,从而可以减少风蚀作用的强度,草本植物是绿色植被的先锋,防治荒漠化的技术措施中植物治沙是最有效的,在干旱、风沙、土瘠等条件下,林木生长困难,而草本植物却较易生长。研究表明,随着草原植被覆盖度的增加,风蚀模数下降,当植被盖度达70%时,只有6级强风才可能引起风蚀。干旱区天然草原在其漫长的生物演化过程中,已成为蒸腾少、耗水量少、适于干旱区生长的主要植被类型。

(2)水土保持和水源涵养功能

完好的天然草原不仅具有截留降水的功能,而且比空旷裸地具有较高的渗透性和保水能力,对涵养土地中的水分有着重要的意义。

(3)调节气候和净化空气系统

草原对大气候和局部气候都具有调节功能。草原通过对温度、降水的影响,缓冲极端气候对环境和人类的不利影响。草原植物在生长过程中,从土壤吸收水分,通过叶面蒸腾,将水蒸气释放到大气中,能提高环境的湿度、云量和降水,减缓地表温度的变幅,增加水循环的速度,从而影响大气中的热交换,起到调节小气候的作用。健康的草原生态系统可起到维持大气化学平衡与稳定,抑制温室效应的作用。草原生态系统还具有减缓噪声、释放负氧离子、吸附粉尘、去除空气中的污染物的作用,从而起到改善环境、净化空气的作用。

(4)维持生物多样性的功能

生物多样性是指各种生命形式的资源,它包括数百万种的植、动物、微生物、各物种所拥有的基因和各种生物与环境相互作用形成的生态系统。由于草地资源分布于多种不同的自然地理区域,自然条件复杂和多样性形成维系了草地生态系统高度丰富的生物多样性。

综上所述,草原构成了畜牧业生产最基本的生产资料。草原放牧牛、羊、马、兔,将草料转化为肉、奶、皮、毛等畜产品,以供人们生活需要;人们食药用、观赏用植物,多由草原上牧草经人工选育演化而来;草原是饲料、原料、肥料、燃料等的天然基地。草原对生态环境起着调节作用:草原物种富有顽强生命力,在生长之地盘根错结,根茎与土地牢固结合,保坎护沙,有效地控制地面径流,防止水土流失,防止垮塌、沙漠化、盐碱化;草原植物能调节气候,使冬暖夏凉;能消除噪声,绿化美化环境;草原植物能吸附过滤尘埃,吸收有毒气体,使空气净化,能通过光合作用,吸碳吐氧,维护碳氧平衡,保证人畜正常所需氧气。

草原生态系统在为人类提供大量社会经济发展中所需要的畜牧产品、动植物资源的同时,还具有特殊的生态环境意义,尤其对干旱、高寒和其他生境严酷地区起到关键性作用,对社会、经济、生态及人类社会的可持续发展具有重要意义。

我们应以草群(植物性生产)为第一性生产,以动物有机地转化(动物性生产)为第二性生产,以环境(生态网络)为载体,以人(调控)的行为为枢纽,建立"土—草—畜—人"优化组合的一个生态系统。

5.2　草原管理

为了保护、建设和合理利用草原,改善生态环境,维护生物多样性,发展现代畜牧业,促进经济和社会的可持续发展,我国于 1985 年 6 月 18 日颁布了《中华人民共和国草原法》,2002 年 12 月 28 日修订,为加强草品种审定管理工作,根据《中华人民共和国草原法》《中华人民共和国种子法》和《草种管理办法》有关规定,农业部于 2011 年 7 月 7 日,制定了《草品种审定管理规定》,自公布之日实施。

5.2.1　草原管理立法

1)草原管理概述

①国家为了保护、建设和合理利用草原,改善生态环境,维护生物多样性,发展现代畜牧业,促进经济和社会的可持续发展,制定草原法。

②国家对草原实行科学规划、全面保护、重点建设、合理利用的方针,促进草原的可持续利用和生态、经济、社会的协调发展。

③任何单位和个人都有遵守草原法律法规、保护草原的义务,同时享有对违反草原法律法规、破坏草原的行为进行监督、检举和控告的权利。

④国家鼓励与支持开展草原保护、建设、利用和监测方面的科学研究,推广先进技术和先进成果,培养科学技术人才。

⑤国家对在草原管理、保护、建设、合理利用和科学研究等工作中做出显著成绩的单位和个人,给予奖励。

2)草原主管机关

①国务院草原行政主管部门主管全国草原监督管理工作。

②县级以上地方人民政府草原行政主管部门主管本行政区域内草原监督管理工作。

③乡(镇)人民政府应当加强对本行政区域内草原保护、建设和利用情况的监督检查,根据需要可以设专职或者兼职人员负责具体监督检查工作。

5.2.2　草原权属

①草原属于国家所有,由法律规定属于集体所有的除外。国家所有的草原,由国务院代表国家行使所有权。任何单位或者个人不得侵占、买卖或者以其他形式非法转让草原。

②国家所有的草原,可以依法确定给全民所有制单位、集体经济组织等使用。使用草原的单位,应当履行保护、建设和合理利用草原的义务。

③依法确定给全民所有制单位、集体经济组织等使用的国家所有的草原,由县级以上人民政府登记,核发使用权证,确认草原使用权。未确定使用权的国家所有的草原,由县级以上人民政府登记造册,并负责保护管理。集体所有的草原,由县级人民政府登记,核发所有权证,确认草原所有权。依法改变草原权属的,应当办理草原权属变更登记手续。

④依法登记的草原所有权和使用权受法律保护,任何单位或者个人不得侵犯。

⑤集体所有的草原或者依法确定给集体经济组织使用的国家所有的草原,可以由本集体经济组织内的家庭或者联户承包经营。在草原承包经营期内,不得对承包经营者使用的草原进行调整;个别确需适当调整的,必须经本集体经济组织成员的村(牧)民会议三分之二以上成员或者三分之二以上村(牧)民代表的同意,并报乡(镇)人民政府和县级人民政府草原行政主管部门批准。集体所有的草原或者依法确定给集体经济组织使用的国家所有的草原由本集体经济组织以外的单位或者个人承包经营的,必须经本集体经济组织成员的村(牧)民会议三分之二以上成员或者三分之二以上村(牧)民代表的同意,并报乡(镇)人民政府批准。

⑥承包经营草原,发包方和承包方应当签订书面合同。草原承包合同的内容应当包括双方的权利和义务、承包草原四至界限、面积和等级、承包期和起止日期、承包草原用途和违约责任等。承包期届满,原承包经营者在同等条件下享有优先承包权。承包经营草原的单位和个人,应当履行保护、建设和按照承包合同约定的用途合理利用草原的义务。

⑦草原承包经营权受法律保护,可以按照自愿、有偿的原则依法转让。草原承包经营权转让的受让方必须具有从事畜牧业生产的能力,并应当履行保护、建设和按照承包合同约定的用途合理利用草原的义务。草原承包经营权转让应当经发包方同意。承包方与受让方在转让合同中约定的转让期限,不得超过原承包合同剩余的期限。

⑧草原所有权、使用权的争议,由当事人协商解决;协商不成的,由有关人民政府处理。单位之间的争议,由县级以上人民政府处理;个人之间、个人与单位之间的争议,由乡(镇)人民政府或者县级以上人民政府处理。当事人对有关人民政府的处理决定不服的,可以依法向人民法院起诉。在草原权属争议解决前,任何一方不得改变草原利用现状,不得破坏草原和草原上的设施。

案例 5.2

"相邻草地"所属权问题纠纷案

20××年9月8日,A队村长王某和村民朱某气冲冲地来到达茂旗乌兰乡反映B队占了自己的草地并割走了草,多次找对方协调未果,矛盾越演越烈,乡调处中心听完两位村民反映的情况后,迅速组织人员,先后3次深入A、B两队了解情况。

因林草地长势好坏不均,A队今年对林草地进行重新调整、轮换分配。但是A、B两队地界一直以来没有明确划分,A队就以自己原有林草地总宽143步为准进行分地。当B队村民朱某收割林草时,发现自己的林草已被A队村民孙某收割。于是引起双方争议,孙某以此地是A队重新分配为理由,不予退还,两队在这块"相邻草地"所属权问题上发生争执。

调处中心工作人员和村委会调解员经过讨论,认为问题的关键在A队的"地把子"上,但是A队村长立场非常坚定,他说:"地把子我们没有了,上任村长说我队集体林草地总宽是143步,现在上任村长已搬走,到外地去了。我派村民经过两次丈量核实,我队现有林草地总宽确实是143步,根本没有占B队的草地,问题应该出在B队。"调解人员又费了几番周折,与A队新上任村长取得了联系,证实了A队村长所说林草地总宽确实为

143步。看来A队"地把子"有无已不重要了,那么问题到底出在哪里呢?带着这个问题,调解员促使A队对自己的林草地进行重新丈量,结果A队现有林草地总宽为158步,多占了B队15步。A队队长在事实面前,低下了头,惭愧地说:"村民们看到林草能卖钱,在丈量过程中弄虚作假,占15步林草,我有不可推卸的责任,代表A队向村民朱某道歉,向B队全体社员道歉。"把多占的15步林草地退还给了B队,把A队没有收割的林草让朱某割15步宽。

5.2.3　草原规划

1)草原规划制度化

国家对草原保护、建设、利用实行统一规划制度。国务院草原行政主管部门会同国务院有关部门编制全国草原保护、建设、利用规划,报国务院批准后实施。县级以上地方草原行政主管部门会同同级有关部门依据上一级草原保护、建设、利用规划编制本行政区域的草原保护、建设、利用规划,报本级人民政府批准后实施。经批准的草原保护、建设、利用规划确需调整或者修改时,须经原批准机关批准。

2)草原规划原则

①改善生态环境,维护生物多样性,促进草原的可持续利用。
②以现有草原为基础,因地制宜,统筹规划,分类指导。
③保护为主、加强建设、分批改良、合理利用。
④生态效益、经济效益、社会效益相结合。

3)草原规划的内容

草原保护、建设、利用规划应当包括:草原保护、建设、利用的目标和措施,草原功能分区和各项建设的总体部署,各项专业规划等。草原保护、建设、利用规划应当与土地利用总体规划相衔接,与环境保护规划、水土保持规划、防沙治沙规划、水资源规划、林业长远规划、城市总体规划、村庄和集镇规划以及其他有关规划相协调。草原保护、建设、利用规划一经批准,必须严格执行。

4)相关配套制度

(1)国家建立草原调查制度

县级以上人民政府草原行政主管部门会同同级有关部门定期进行草原调查;草原所有者或者使用者应当支持、配合调查,并提供有关资料。国务院草原行政主管部门会同国务院有关部门制定全国草原等级评定标准。县级以上人民政府草原行政主管部门根据草原调查结果、草原的质量,依据草原等级评定标准,对草原进行评等定级。

(2)国家建立草原统计制度

县级以上人民政府草原行政主管部门和同级统计部门共同制定草原统计调查办法,依法对草原的面积、等级、产草量、载畜量等进行统计,定期发布草原统计资料。

(3)国家建立草原预警系统

草原统计资料是各级人民政府编制草原保护、建设、利用规划的依据。县级以上人民政府草原行政主管部门国家建立草原生产、生态监测预警系统。对草原的面积、等级、植被构成、生产能力、自然灾害、生物灾害等草原基本状况实行动态监测,及时为本级政府和有关部门提供动态监测和预警信息服务。

5.2.4 草原建设

①县级以上人民政府应当增加草原建设的投入,支持草原建设。国家鼓励单位和个人投资建设草原,按照谁投资、谁受益的原则保护草原投资建设者的合法权益。国家鼓励与支持人工草地建设、天然草原改良和饲草饲料基地建设,稳定和提高草原生产能力。

②县级以上人民政府应当支持、鼓励和引导农牧民开展草原围栏、饲草饲料储备、牲畜圈舍、牧民定居点等生产生活设施的建设。

③县级以上地方人民政府应当支持草原水利设施建设,发展草原节水灌溉,改善人畜饮水条件。

④县级以上人民政府应当按照草原保护、建设、利用规划加强草种基地建设,鼓励选育、引进、推广优良草品种。新草品种必须经全国草品种审定委员会审定,由国务院草原行政主管部门公告后方可推广。从境外引进草种必须依法进行审批。县级以上人民政府草原行政主管部门应当依法加强对草种生产、加工、检疫、检验的监督管理,保证草种质量。

⑤县级以上人民政府应当有计划地进行火情监测、防火物资储备、防火隔离带等草原防火设施的建设,确保防火需要。

⑥对退化、沙化、盐碱化、石漠化和水土流失的草原,地方各级人民政府应当按照草原保护、建设、利用规划,划定治理区,组织专项治理。大规模的草原综合治理,列入国家国土整治计划。

⑦县级以上人民政府应当根据草原保护、建设、利用规划,在本级国民经济和社会发展计划中安排资金用于草原改良、人工种草和草种生产,任何单位或者个人不得截留、挪用;县级以上人民政府财政部门和审计部门应当加强监督管理。

5.2.5 草原利用

①草原承包经营者应当合理利用草原,不得超过草原行政主管部门核定的载畜量;草原承包经营者应当采取种植和储备饲草饲料、增加饲草饲料供应量、调剂处理牲畜、优化畜群结构、提高出栏率等措施,保持草畜平衡。草原载畜量标准和草畜平衡管理办法由国务院草原行政主管部门规定。

②牧区的草原承包经营者应当实行划区轮牧,合理配置畜群,均衡利用草原。

③国家提倡在农区、半农半牧区和有条件的牧区实行牲畜圈养。草原承包经营者应当按照饲养牲畜的种类和数量,调剂、储备饲草饲料,采用青贮和饲草饲料加工等新技术,逐步改变依赖天然草地放牧的生产方式。在草原禁牧、休牧、轮牧区,国家对实行舍饲圈养的给予粮食和资金补助,具体办法由国务院或者国务院授权的有关部门规定。

④县级以上地方人民政府草原行政主管部门对割草场和野生草种基地应当规定合理的割草期、采种期以及留茬高度和采割强度,实行轮割轮采。

⑤遇到自然灾害等特殊情况,需要临时调剂使用草原的,按照自愿互利的原则,由双方协商解决;需要跨县临时调剂使用草原的,由有关县级人民政府或者共同的上级人民

政府组织协商解决。

⑥进行矿藏开采和工程建设,应当不占或者少占草原;确需征用或者使用草原的,必须经省级以上人民政府草原行政主管部门审核同意后,依照有关土地管理的法律、行政法规办理建设用地审批手续。

⑦因建设征用集体所有的草原的,应当依照《中华人民共和国土地管理法》的规定给予补偿;因建设使用国家所有的草原的,应当依照国务院有关规定对草原承包经营者给予补偿。因建设征用或者使用草原的,应当交纳草原植被恢复费。草原植被恢复费专款专用,由草原行政主管部门按照规定用于恢复草原植被,任何单位和个人不得截留、挪用。草原植被恢复费的征收、使用和管理办法,由国务院价格主管部门和国务院财政部门会同国务院草原行政主管部门制定。

⑧需要临时占用草原的,应当经县级以上地方人民政府草原行政主管部门审核同意。

临时占用草原的期限不得超过两年,并不得在临时占用的草原上修建永久性建筑物、构筑物;占用期满,用地单位必须恢复草原植被并及时退还。

⑨在草原上修建直接为草原保护和畜牧业生产服务的工程设施,需要使用草原的,由县级以上人民政府草原行政主管部门批准;修筑其他工程,需要将草原转为非畜牧业生产用地的,必须依法办理建设用地审批手续。所称直接为草原保护和畜牧业生产服务的工程设施,是指:

a.生产、贮存草种和饲草饲料的设施。

b.牲畜圈舍、配种点、剪毛点、药浴池、人畜饮水设施。

c.科研、试验、示范基地。

d.草原防火和灌溉设施。

5.2.6　草原保护制度

1)基本草原制度

(1)国家实行基本草原保护制度

对下列草原应当划为基本草原,实施严格管理。如:重要放牧场;割草地;用于畜牧业生产的人工草地、退耕还草地以及改良草地、草种基地;对调节气候、涵养水源、保持水土、防风固沙具有特殊作用的草原;作为国家重点保护野生动植物生存环境的草原;草原科研、教学试验基地;国务院规定应当划为基本草原的其他草原。

(2)草原自然保护区的划分

具有代表性的草原类型;珍稀濒危野生动植物分布区;具有重要生态功能和经济科研价值的草原。

2)以草定畜、草畜平衡制度

国家对草原实行以草定畜、草畜平衡制度。县以上草原行政主管部门按照国家草原载畜量标准,结合当地实际情况,定期核定草原载畜量,采取有效措施,防止超载过牧,禁止开垦草原。对水土流失严重、有沙化趋势、需要改善生态环境的已垦草原,应当有计划、有步骤地退耕还草;已造成沙化、盐碱化、石漠化的,应当限期治理。对严重退化、沙化、盐碱化、石漠化的草原和生态脆弱区的草原,实行禁牧、休牧制度。

3) 退耕还草和禁牧、休牧制度

①退耕还草和禁牧、休牧依据国务院、省级政府制定的具体办法进行。对在国务院批准规划范围内实施退耕还草的农牧民,按照国家规定给予粮食、现金、草种费补助。退耕还草完成后,由县级以上草原行政主管部门核实登记,依法履行土地用途变更手续,发放草原权属证书。

案例 5.3

锡盟东乌旗禁牧面积达 397 万亩

2011 年 8 月 23 日锡林郭勒盟农牧业信息中心报道,为切实落实好草原生态保护补助奖励政策,东乌旗切实做好草原监测工作,及时准确发布草原监测信息,指导草原保护、建设和合理利用,为政策实施提供科学依据。全旗共定位监测样地 55 个,监测样方 165 个,重点对天然草原生态状况、返青状况、植被长势和产草量等指标进行监测,收集资料。国家草原生态保护补助奖励政策东乌旗禁牧奖补涉及 3 个镇 17 个嘎查 802 户,禁牧面积达 397 万亩。草畜平衡奖补涉及 4 个苏木镇 40 个嘎查,草畜平衡奖补面积达 5 353 万亩。

②禁止在荒漠、半荒漠和严重退化、沙化、盐碱化、石漠化、水土流失的草原以及生态脆弱区的草原上采挖植物和从事破坏草原植被的其他活动。在草原上从事采土、采砂、采石等作业活动,应当报县级草原行政主管部门批准;开采矿产资源的,并应当依法办理有关手续。经批准在草原上从事采土、采砂、采石等作业活动的,应当在规定的时间、区域内,按照准许的采挖方式作业,并采取保护草原植被的措施。在他人使用的草原上从事采土、采砂、采石等作业活动的,还应当事先征得草原使用者的同意。在草原上种植牧草或者饲料作物,应当符合草原保护、建设、利用规划;县级以上草原行政主管部门应当加强监督管理,防止草原沙化和水土流失。

③在草原上开展经营性旅游活动,应当符合有关草原保护、建设、利用规划,并事先征得县级以上草原行政主管部门的同意,方可办理有关手续。在草原上开展经营性旅游活动,不得侵犯草原所有者、使用者和承包经营者的合法权益,不得破坏草原植被。

④草原防火工作贯彻预防为主、防消结合的方针。各级人民政府应当建立草原防火责任制,规定草原防火期,制定草原防火扑火预案,切实做好草原火灾的预防和扑救工作。

⑤县级以上地方人民政府应当做好草原鼠害、病虫害和毒害草防治的组织管理工作。县级以上草原行政主管部门应当采取措施,加强草原鼠害、病虫害和毒害草监测预警、调查以及防治工作,组织研究和推广综合防治的办法。

⑥禁止在草原上使用剧毒、高残留以及可能导致二次中毒的农药。

⑦除抢险救灾和牧民搬迁的机动车辆外,禁止机动车辆离开道路在草原上行驶,破坏草原植被;因从事地质勘探、科学考察等活动确需离开道路在草原上行驶的,应当向县级草原行政主管部门提交行驶区域和行驶路线方案,经确认后执行。

案例 5.4

泰来破获 13 起非法开垦草原案破坏草原 504.9 亩

20×× 年 11 月 4 日,泰来县公安局治安大队已经成功侦破 13 起非法开垦草原案件,查实被破坏草原面积达 504.9 亩。

　　泰来县是受沙化侵蚀的重灾区,自然形成了许多风沙带。为了草原的"休养生息",泰来在一定的时间段会禁牧。但个别农户在利益的驱动下,用自己家的农机具在承包的责任田的地头、地尾不断开垦草原,扩大自家耕地,以此增加经济收入。有的农民在草原内划定界线,开垦草原种地。2008年4月10日,汤池镇汤池村农民朱某因自己家承包田少,雇佣大型农机具在自家责任田地头地尾非法开垦草原扩地16.5亩,被执法人员发现,及时制止。

5.3　草原监督与法律责任

5.3.1　草原监督检查

1) 草原监督管理机构及人员

　　①国务院草原行政主管部门和草原面积较大的县级以上草原行政主管部门设立草原监督管理机构,负责草原法律、法规执行情况的监督检查,对违反草原法律、法规的行为进行查处。

　　②草原行政主管部门和草原监督管理机构应当加强执法队伍建设,提高草原监督检查人员的政治、业务素质。草原监督检查人员应当忠于职守,秉公执法。

　　③草原监督检查人员。草原监督检查人员履行监督检查职责时,有权采取下列措施:要求被检查单位或者个人提供有关草原权属的文件和资料,进行查阅或者复制;要求被检查单位或者个人对草原权属等问题作出说明;进入违法现场进行拍照、摄像和勘测;责令被检查单位或者个人停止违反草原法律、法规的行为,履行法定义务。

2) 有关规定

　　①国务院草原行政主管部门和省级政府草原行政主管部门,应当加强对草原监督检查人员的培训和考核。

　　②有关单位和个人对草原监督检查人员的监督检查工作应当给予支持、配合,不得拒绝或者阻碍草原监督检查人员依法执行职务。草原监督检查人员在履行监督检查职责时,应当向被检查单位和个人出示执法证件。

　　③对违反草原法律、法规的行为,应当依法作出行政处理,有关草原行政主管部门不作出行政处理决定的,上级草原行政主管部门有权责令有关草原行政主管部门作出行政处理决定或者直接作出行政处理决定。

案例5.5

某自治区加大草原执法力度查处违法开垦草原案

　　开垦草原是严重破坏草原生态环境的行为,尤其是草原奖补机制实施以来,查处违法开垦草原案件更是我盟草原行政执法工作重中之重,为了有效保护草原生态,坚决打击草原违法行为,切实维护生态安全,促进全盟经济可持续发展,某行政公署于2012年3月14日发出《关于开展草原保护专项整治行动切实加强草原生态建设的通知》并制定了具体实施方案,按照实施方案要求,依据《草原法》和相关法律解释,以及兴党政[2011]47

号文件要求,对非法开垦草原面积超过15亩的一律移交司法机关追究刑事责任,面积不到15亩的必须作出行政处罚,坚决打击破坏草原的违法行为。2012年共发生违法开垦草原案件171起,涉案面积5 503.39亩,立案171起,结案121起,结案率为71%,另20起案件正在执行中,移送司法机关处理的案件数为50起,判刑18起,涉案人数25人,1名嘎查书记被免职,通过大力开展治理非法开垦草原工作,采取切实有效的措施,全面、彻底清查非法开垦草原行为,使非法开垦草原的行为得到了有效遏制,开垦草原案件发案数比去年减少25起,发案率降低17%;开垦草原面积比去年减少5761.71亩,涉案面积降低了51.1%,使草原得到了很好的保护。

5.3.2 法律责任

①草原行政主管部门工作人员及其他国家机关有关工作人员玩忽职守、滥用职权,不依法履行监督管理职责,或者发现违法行为不予查处,造成严重后果,构成犯罪的,依法追究刑事责任;尚不够刑事处罚的,依法给予行政处分。

②截留、挪用草原改良、人工种草和草种生产资金或者草原植被恢复费,构成犯罪的,依法追究刑事责任;尚不够刑事处罚的,依法给予行政处分。

③无权批准征用、使用草原的单位或者个人非法批准征用、使用草原的,超越批准权限非法批准征用、使用草原的,或者违反法律规定的程序批准征用、使用草原,构成犯罪的,依法追究刑事责任;尚不够刑事处罚的,依法给予行政处分。非法批准征用、使用草原的文件无效。非法批准征用、使用的草原应当收回,当事人拒不归还的,以非法使用草原论处。

非法批准征用、使用草原,给当事人造成损失的,依法承担赔偿责任。

④买卖或者以其他形式非法转让草原,构成犯罪的,依法追究刑事责任;尚不够刑事处罚的,由县级以上人民政府草原行政主管部门依据职权责令限期改正,没收违法所得,并处违法所得1倍以上5倍以下的罚款。

⑤未经批准或者采取欺骗手段骗取批准,非法使用草原,构成犯罪的,依法追究刑事责任;尚不够刑事处罚的,由县级以上人民政府草原行政主管部门依据职权责令退还非法使用的草原,对违反草原保护、建设、利用规划擅自将草原改为建设用地的,限期拆除在非法使用的草原上新建的建筑物和其他设施,恢复草原植被,并处草原被非法使用前3年平均产值6倍以上12倍以下的罚款。

⑥非法开垦草原,构成犯罪的,依法追究刑事责任;尚不够刑事处罚的,由县级以上人民政府草原行政主管部门依据职权责令停止违法行为,限期恢复植被,没收非法财物和违法所得,并处违法所得1倍以上5倍以下的罚款;没有违法所得的,并处5万元以下的罚款;给草原所有者或者使用者造成损失的,依法承担赔偿责任。

⑦在荒漠、半荒漠和严重退化、沙化、盐碱化、石漠化、水土流失的草原,以及生态脆弱区的草原上采挖植物或者从事破坏草原植被的其他活动的,由县级以上地方人民政府草原行政主管部门依据职权责令停止违法行为,没收非法财物和违法所得,可以并处违法所得1倍以上5倍以下的罚款;没有违法所得的,可以并处5万元以下的罚款;给草原所有者或者使用者造成损失的,依法承担赔偿责任。

⑧未经批准或者未按照规定的时间、区域和采挖方式在草原上进行采土、采砂、采石

等活动的,由县级人民政府草原行政主管部门责令停止违法行为,限期恢复植被,没收非法财物和违法所得,可以并处违法所得1倍以上2倍以下的罚款;没有违法所得的,可以并处2万元以下的罚款;给草原所有者或者使用者造成损失的,依法承担赔偿责任。

⑨违反《草原法》第52条规定,擅自在草原上开展经营性旅游活动,破坏草原植被的,由县级以上地方人民政府草原行政主管部门依据职权责令停止违法行为,限期恢复植被,没收违法所得,可以并处违法所得1倍以上2倍以下的罚款;没有违法所得的,可以并处草原被破坏前3年平均产值6倍以上12倍以下的罚款;给草原所有者或者使用者造成损失的,依法承担赔偿责任。

⑩非抢险救灾和牧民搬迁的机动车辆离开道路在草原上行驶或者从事地质勘探、科学考察等活动未按照确认的行驶区域和行驶路线在草原上行驶,破坏草原植被的,由县级人民政府草原行政主管部门责令停止违法行为,限期恢复植被,可以并处草原被破坏前3年平均产值3倍以上9倍以下的罚款;给草原所有者或者使用者造成损失的,依法承担赔偿责任。

⑪在临时占用的草原上修建永久性建筑物、构筑物的,由县级以上地方人民政府草原行政主管部门依据职权责令限期拆除;逾期不拆除的,依法强制拆除,所需费用由违法者承担。

临时占用草原,占用期届满,用地单位不予恢复草原植被的,由县级以上地方人民政府草原行政主管部门依据职权责令限期恢复;逾期不恢复的,由县级以上地方人民政府草原行政主管部门代为恢复,所需费用由违法者承担。

⑫未经批准,擅自改变草原保护、建设、利用规划的,由县级以上人民政府责令限期改正;对直接负责的主管人员和其他直接责任人员,依法给予行政处分。

⑬对违反草原法有关草畜平衡制度的规定,牲畜饲养量超过县级以上地方人民政府草原行政主管部门核定的草原载畜量标准的纠正或者处罚措施,由各级人民代表大会或者其常务委员会规定。

案例5.6

侵权占地开垦案

内蒙古自治区东乌珠穆沁旗人民法院民事调解书

(2003)东民初第23号

原告:好某,男38岁,某族,牧民,现住满都呼宝拉格苏木陶顺诺尔嘎查。

委托代理人:官某,男,59岁,某族,锡林浩特额尔敦律师事务,现住锡林浩特市。

被告人:内蒙古某地区绿色食品牧场。

法定代言人:薛某,本牧场总经理。

委托代理人:包某,男,52岁,内蒙古某地区绿色食品牧场副经理,现住乌拉盖诺克拉特地区。

案由:侵草场使用权纠纷。

原告称:被告未经允许擅自在我草场开荒种地,本人知道后先后多次找被告人解决此问题,但到现在未能解决,为此一纸诉状请求法院判被告赔偿自1998年1月1日至2001年11月15日止2 000亩草场每亩5元共4年共计4万元,为解决此纠纷来往路费

800元由被告承担。被告擅自拿走我家一只羯羊由被告返还,本案诉讼费由被告承担。被告答辩不同意2 000亩地每亩5元,同意2 000亩地每亩3元,被告同意原告其他请求。

在审理本案过程中,经过调解双方有关人员自愿达成如下协议:

1.被告内蒙古某地区绿色食品牧场给付原告好某2 000亩草场每亩4元(自1998年1月11日起至2001年11月15日止)赔偿金24 000.00元。

2.被告给付原告来往路费800.00元。

3.被告返还原告一只羯羊。

4.上述三项给付时间为2003年9月20日前付清。

5.本案诉讼费161.00元以及其他诉费用200.00元由被告承担。

因上述协议符合法律规定并由本院认定,本调解书自双方签字接受起具有法律效力。

审判长:木某　　代理审判员:清某　　代理审判员:白某　　书记员:那某

2003年7月9日

本章小结

草原占国土比例大,是构成畜牧业生产最基本的生产资料,对生态环境起着重要的调节作用,国家为了保护、建设和合理利用草原,改善生态环境,维护生物多样性,发展现代畜牧业,促进经济和社会的可持续发展,国家于1985年6月18日制定了《草原法》。

国家对重要放牧场;割草地;用于畜牧业生产的人工草地、退耕还草地以及改良草地、草种基地;对调节气候、涵养水源、保持水土、防风固沙具有特殊作用的草原;作为国家重点保护野生动植物生存环境的草原;草原科研、教学试验基地;国务院规定应当划为基本草原的其他草原,实行保护制度。

具有代表性的草原类型;珍稀濒危野生动植物分布区;具有重要生态功能和经济科研价值的草原;国家对上述草原作为草原自然保护区。

复习思考题

1.什么叫草原? 草原有哪些作用? 草原属谁所有?

2.草原应怎样规划、建设和利用?

3.草原分为哪些种类? 保护草原的制度有哪些?

4.草原监督检查的措施有哪些?

5.草原法律责任有哪些?

实 训

参观、考查草原,了解草原保护、利用现状,重点考察国家基本草原,草原自然保护区。

第6章
饲料及饲料添加剂生产经营使用管理

本章导读:本章主要介绍饲料、饲料添加剂概念,生产、经营、进出口、动物源性饲料产品管理,绿色饲料及饲料添加剂使用准则,饲料及饲料添加剂监督与法律责任等内容。众所周知,饲料直接关系到肉蛋奶的质与量,与人们的生活质量和健康密切相关,怎样的饲料才是符合要求的好饲料呢? 让我们进入饲料知识领域看看。

饲料是维持饲养动物生命的物质基础,质量的优劣关系到饲养动物的健康、动物产品的卫生和人类食源的安全,为此,1999 年 5 月 29 日,国务院发布《饲料和饲料添加剂管理条例》及相关规章,2011 年 10 月 26 日修订后的条例,自 2012 年 5 月 1 日起施行。

6.1　饲料及饲料添加剂管理概述

6.1.1　立法目的

为了加强对饲料、饲料添加剂的管理,提高饲料、饲料添加剂的质量,保障动物产品质量安全,维护公众健康,国家制定《饲料和饲料添加剂管理条例》(简称《饲料条例》)。

6.1.2　主管部门

①国务院农业行政主管部门负责全国饲料、饲料添加剂的监督管理工作。县级以上地方人民政府负责饲料、饲料添加剂管理的部门(简称饲料管理部门),负责本行政区域饲料、饲料添加剂的监督管理工作。

②饲料、饲料添加剂生产企业、经营者应当建立健全质量安全制度,对其生产、经营的饲料、饲料添加剂的质量安全负责。

③任何组织或者个人有权举报在饲料、饲料添加剂生产、经营、使用过程中违反饲料条例的行为,有权对饲料、饲料添加剂监督管理工作提出意见和建议。

6.2 新饲料及新饲料添加剂管理

农业部 2000 年 8 月 17 日发布《新饲料和新饲料添加剂管理办法》，2004 年、2012 年进行了修订，自 2012 年 7 月 1 日起施行。

6.2.1 新饲料及新饲料添加剂概述

①为加强新饲料、新饲料添加剂管理，保障养殖动物产品质量安全，根据《饲料和饲料添加剂管理条例》，制定《新饲料和新饲料添加剂管理办法》。

②新饲料是指我国境内新研制开发的尚未批准使用的单一饲料。新饲料添加剂是指我国境内新研制开发的尚未批准使用的饲料添加剂。

③有下列情形之一的，应当向农业部提出申请，参照新饲料管理办法规定的新饲料、新饲料添加剂审定程序进行评审，评审通过的，由农业部公告作为饲料、饲料添加剂生产和使用，但不发给新饲料、新饲料添加剂证书：

a.饲料添加剂扩大适用范围的。

b.饲料添加剂含量规格低于饲料添加剂安全使用规范要求的，但由饲料添加剂与载体或者稀释剂按照一定比例配制的除外。

c.饲料添加剂生产工艺发生重大变化的。

d.新饲料、新饲料添加剂自获证之日起超过 3 年未投入生产，其他企业申请生产的。

e.农业部规定的其他情形。

④研制新饲料、新饲料添加剂，应当遵循科学、安全、有效、环保的原则，保证新饲料、新饲料添加剂的质量安全。

6.2.2 新饲料及新饲料添加剂审定

1）评审机构

①农业部负责新饲料、新饲料添加剂审定。

②全国饲料评审委员会（简称评审委）组织对新饲料、新饲料添加剂的安全性、有效性及其对环境的影响进行评审。

2）申请

①新饲料、新饲料添加剂投入生产前，研制者或者生产企业（申请人）应当向农业部提出审定申请，并提交新饲料、新饲料添加剂的申请资料和样品。

②申请资料包括：

a.新饲料、新饲料添加剂审定申请表。

b.产品名称及命名依据、产品研制目的。

c.有效组分、化学结构的鉴定报告及理化性质，或者动物、植物、微生物的分类鉴定报告；微生物产品或发酵制品，还应当提供农业部指定的国家级菌种保藏机构出具的菌株保藏编号。

d.适用范围、使用方法、在配合饲料或全混合日粮中的推荐用量，必要时提供最高限量值。

e. 生产工艺、制造方法及产品稳定性试验报告。

f. 质量标准草案及其编制说明和产品检测报告;有最高限量要求的,还应提供有效组分在配合饲料、浓缩饲料、精料补充料、添加剂预混合饲料中的检测方法。

g. 农业部指定的试验机构出具的产品有效性评价试验报告、安全性评价试验报告(包括靶动物耐受性评价报告、毒理学安全评价报告、代谢和残留评价报告等);申请新饲料添加剂审定的,还应当提供该新饲料添加剂在养殖产品中的残留可能对人体健康造成影响的分析评价报告。

h. 标签式样、包装要求、贮存条件、保质期和注意事项。

i. 中试生产总结和"三废"处理报告。

j. 对他人的专利不构成侵权的声明。

③样品要求:

a. 来自中试或工业化生产线。

b. 每个产品提供连续3个批次的样品,每个批次4份样品,每份样品不少于检测需要量的5倍。

c. 必要时提供相关的标准品或化学对照品。

3) 评审

①有效性评价试验机构和安全性评价试验机构应当按照农业部制定的技术指导文件或行业公认的技术标准,科学、客观、公正开展试验,不得与研制者、生产企业存在利害关系。承担试验的专家不得参与该新饲料、新饲料添加剂的评审工作。

②农业部自受理申请之日起5个工作日内,将申请资料和样品交评审委进行评审。

③新饲料、新饲料添加剂的评审采取评审会议的形式。评审会议应当有9名以上评审委专家参加,根据需要也可以邀请1至2名评审委专家以外的专家参加。参加评审的专家对评审事项具有表决权。评审会议应当形成评审意见和会议纪要,并由参加评审的专家审核签字;有不同意见的,应当注明。

④参加评审的专家应当依法履行职责,科学、客观、公正地提出评审意见。评审专家与研制者、生产企业有利害关系的,应当回避。

⑤评审会议原则通过的,由评审委将样品交农业部指定的饲料质量检验机构进行质量复核。质量复核机构应当自收到样品之日起3个月内完成质量复核,并将质量复核报告和复核意见报评审委,同时送达申请人。需用特殊方法检测的,质量复核时间可以延长1个月。质量复核包括标准复核和样品检测,有最高限量要求的,还应当对申报产品有效组分在饲料产品中的检测方法进行验证。申请人对质量复核结果有异议的,可以在收到质量复核报告后15个工作日内申请复检。

⑥在评审过程中,农业部可以组织对申请人的试验或生产条件进行现场核查,或者对试验数据进行核查或验证。

⑦评审委应当自收到新饲料、新饲料添加剂申请资料和样品之日起9个月内向农业部提交评审结果;但是,评审委决定由申请人进行相关试验的,经农业部同意,评审时间可以延长3个月。

4) 发证

①农业部自收到评审结果之日起 10 个工作日内作出是否核发新饲料、新饲料添加剂证书的决定。决定核发新饲料、新饲料添加剂证书的,由农业部予以公告,同时发布该产品的质量标准。新饲料、新饲料添加剂投入生产后,按照公告中的质量标准进行监测和监督抽查。决定不予核发的,书面通知申请人并说明理由。

②新饲料、新饲料添加剂在生产前,生产者应当按照农业部有关规定取得生产许可证。生产新饲料添加剂的,还应当取得相应的产品批准文号。

③新饲料、新饲料添加剂的监测期为 5 年,自新饲料、新饲料添加剂证书核发之日起计算。监测期内不受理其他就该新饲料、新饲料添加剂提出的生产申请和进口登记申请,但该新饲料、新饲料添加剂超过 3 年未投入生产的除外。

5) 监测管理

①新饲料、新饲料添加剂生产企业应当收集处于监测期内的产品质量、靶动物安全和养殖动物产品质量安全等相关信息,并向农业部报告。农业部对新饲料、新饲料添加剂的质量安全状况组织跟踪监测,必要时进行再评价,证实其存在安全问题的,撤销新饲料、新饲料添加剂证书并予以公告。

②从事新饲料、新饲料添加剂审定工作的相关单位和人员,应当对申请人提交的需要保密的技术资料保密。

③从事新饲料、新饲料添加剂审定工作的相关人员,不履行本办法规定的职责或者滥用职权、玩忽职守、徇私舞弊的,依法给予处分;构成犯罪的,依法追究刑事责任。

④申请人隐瞒有关情况或者提供虚假材料申请新饲料、新饲料添加剂审定的,农业部不予受理或者不予许可,并给予警告;申请人在 1 年内不得再次申请新饲料、新饲料添加剂审定。

以欺骗、贿赂等不正当手段取得新饲料、新饲料添加剂证书的,由农业部撤销新饲料、新饲料添加剂证书,申请人在 3 年内不得再次申请新饲料、新饲料添加剂审定;以欺骗方式取得新饲料、新饲料添加剂证书的,并处 5 万元以上 10 万元以下罚款;构成犯罪的,依法移送司法机关追究刑事责任。

⑤其他违反《新饲料、新饲料添加剂管理办法》规定的,依照《饲料和饲料添加剂管理条例》的有关规定进行处罚。

案例 6.1

某省新研发一种畜禽饲料添加剂

2012 年 12 月 4 日,中国畜牧网报道,某省微生物研究所攻关完成的某市科技计划项目"畜禽用凝结芽孢杆菌制剂产业化关键技术研究",2012 年 12 月 2 日通过省科技厅组织的专家鉴定。

凝结芽孢杆菌制剂是一种畜禽用饲料添加剂,具有无毒副作用、无耐药性、无药物残留和无污染的优点,可广泛应用于畜牧业,促进畜禽生长,改善肉类品质,提高养殖收益,同时可降低养殖污染,减少或替代非治疗用抗生素和其他化学添加剂的使用。

从 2007 年起,该省微生物研究所组织团队攻关,通过实施"液固两步连续发酵后期升温兼干燥技术""高拟合度的液体分批发酵动力学方程"等科技创新,终于攻克难关,使畜禽用凝结芽孢杆菌制剂实现产业化成为现实。

6.2.3　新饲料及新饲料添加剂分类

第一类　我国创制的饲料原料及其加工品,我国研制的国外未批准生产、仅有文献报道的饲料原料及其加工品,新发现的饲料原料。

第二类　我国研制的国外已批准生产、但未列入《饲料品种目录》或《饲料添加剂目录》的饲料原料及其加工品。

第三类　我国研制的国外已批准生产,并已列入《饲料品种目录》或《饲料添加剂品种目录》的饲料原料及其制剂。

新饲料和新饲料添加剂命名要明确、简短、科学,不准用代号及容易混同或夸大功效的名称。

案例 6.2

降低养殖业抗生素使用　中草药将入《饲料原料目录》

45 天速生不是问题,但养殖过程中滥用抗生素却是大的隐患,用天然中草药等饲料添加剂可以避免抗生素残留问题,农业部新出台的饲料添加剂原料目录,列入了中草药。

中华人民共和国农业部公告　第 1773 号

为规范饲料原料生产、经营和使用,提高饲料产品质量,保障养殖动物产品质量安全,根据《饲料和饲料添加剂管理条例》的规定,我部制定了《饲料原料目录》,现予发布,并于 2013 年 1 月 1 日起施行。

二〇一二年六月一日

7.6　其他可饲用天然植物(植物或植物特定部位经干燥或干燥、粉碎获得的产品,列入 115 味中药)

7.6.1　八角茴香　木兰科八角属植物八角(*Illicium verum* Hook.)的干燥成熟果实。

7.6.2　白扁豆　豆科扁豆属(*Lablab* Adans.)植物的干燥成熟种子。

7.6.3　百合　百合科百合属植物卷丹(*Lilium lancifolium* Thunb.)、百合(*Lilium brownii F. E. Brown var. viridulum* Baker)或细叶百合(*Lilium pumilum* DC.)的干燥肉质鳞叶。

7.6.4　白芍　毛茛科芍药亚科芍药属植物芍药(*Paeonia lactiflora* Pall.)的干燥根。

7.6.5　白术　菊科苍术属植物白术(*Atrctylodes macrocephala* Koidz.)的干燥根茎。

7.6.6　柏子仁　柏科侧柏属植物侧柏(*Platycladus orientalis*(L.)Franco)的干燥成熟种仁。

　　……

7.6.115　紫苏叶　唇形科紫苏属植物紫苏(*Perilla frutescens*(L.)Britt.)的干燥叶(或带嫩枝)。

6.3　进口饲料及饲料添加剂管理

2000年7月18日,农业部发布《进口饲料和饲料添加剂登记管理办法》,并于2004年、2012年进行了修订。

6.3.1　管理概述

①为加强进口饲料、饲料添加剂监督管理,保证养殖动物的安全生产,根据《饲料和饲料添加剂管理条例》的规定,制定《进口饲料和饲料添加剂登记管理办法》。

②外国企业生产的饲料和饲料添加剂首次在我国境内销售的,应当向农业部申请登记,取得产品登记证;未取得产品登记证的饲料、饲料添加剂不得在中国境内销售、使用。

境外企业申请饲料、饲料添加剂进口登记证,应当委托其常驻中国代表机构或中国境内其他代理机构办理。

③进口的饲料、饲料添加剂应当符合安全、有效和不污染环境的原则。生产国(地区)已淘汰或禁止生产、销售、使用的饲料和饲料添加剂,不予登记。

6.3.2　产品登记证

1)资料及样品

外国厂商或其代理人申请进口饲料和饲料添加剂产品登记证,应当向中华人民共和国农业部提交相应资料及产品样品【第12条】。

①商标、标签和推广应用情况。

②主要成分、理化性质、研制方法、生产工艺、质量标准、检测方法、检验报告、稳定性试验报告、环境影响报告和污染防治措施。

③进口饲料或饲料添加剂登记申请表(一式二份,中英文填写)。

④代理机构的资质证明、生产企业委托登记授权书、生产地批准生产、使用的证明和生产地以外其他国家、地区的登记资料等。

⑤提交申请资料(中英文一式二份),包括下列内容:

a.产品名称(通用名称、商品名称)。

b.生产国(地区)批准在本国允许生产、销售的证明和在其他国家、地区的登记资料。

c.产品来源、组成成分和制造方法。

d.质量标准和检验方法。

e.标签式样、使用说明书和商标。

f.适用范围和使用方法或添加量。

g.包装规格、贮存注意事项及保质期。

h.必要时提供安全性评价试验报告和稳定性试验报告。

i.饲喂试验资料及推广应用情况。

j.其他相关资料。

⑥产品样品：

a. 每个品种需3个不同批号,每个批号3份样品,每份为检验需要量的3~5倍。同时附同批号样品的质检报告单。

b. 必要时提供该产品相对应的标准品或对照品。

2）审查

①国务院农业行政主管部门应当自受理申请之日起10个工作日内对申请资料进行审查;审查合格的,将样品交由指定的机构进行复核检测;复核检测合格的,国务院农业行政主管部门应当在10个工作日内核发饲料、饲料添加剂进口登记证。

②饲料质量检验机构应当在收到产品样品和相关资料后3个月内完成产品质量复核检验,并将检验结果报送农业部全国饲料工作办公室。申请人应当协助饲料质量检验机构进行复核质量检验。

③凡未获得生产国(地区)注册登记许可的饲料和饲料添加剂在中国境内登记时,必须进行饲喂试验和安全性评价试验。试验费用由申请人承担。

④境外企业向中国出口生产地已批准生产和使用但中国境内尚未批准使用的饲料和饲料添加剂,或者出口与中国境内已批准生产和使用的饲料、饲料添加剂的生产工艺存在重大差异的饲料、饲料添加剂的,农业部应当按照新饲料、新饲料添加剂的评审程序组织评审,并根据评审结果作出是否核发饲料、饲料添加剂进口登记证的决定。对首次向中国出口中国境内已使用且出口国已经批准使用生产和使用的其他饲料和饲料添加剂的,农业部应当对申请资料进行审查并对样品进行复核检测,并自收到质量复核检测报告作出是否核发饲料、饲料添加剂进口登记证的决定。

⑤获得进口登记证的饲料、饲料添加剂,应当由境外企业依法在中国境内设立的销售机构或者委托符合条件的中国境内销售代理机构在中国境内进行销售。境外企业不得直接在中国境内销售进口饲料、饲料添加剂;并明确了境外企业境内销售机构或者委托销售代理机构应当具备的条件。

⑥进口中华人民共和国尚未允许使用但出口国已批准生产和使用的饲料和饲料添加剂,应当进行饲喂试验,必要时进行安全性评价试验。试验方案应经农业部审查,试验承担单位由农业部认可。试验费用由申请人承担。

⑦试验过程中因产品样品应用造成的不良后果,由申请人承担责任。

3）发证

①农业部在收到质量复核检验报告后15日内,决定是否发放进口饲料、饲料添加剂产品登记证。属于第八条、第九条规定情况的,应当在5日内将饲喂试验、安全性评价试验结果提交全国饲料评审委员会审定,并根据评审结果在10日内决定是否发放进口饲料、饲料添加剂产品登记证。

②饲料、饲料添加剂进口登记证有效期为5年。进口登记证有效期满需要继续向中国出口饲料、饲料添加剂的,应当在有效期届满6个月前申请续展。

③凡已登记并在中华人民共和国使用的饲料和饲料添加剂,一旦证实对人体、养殖动物和环境有危害时,立即宣布限用或撤销登记。外国厂商应当赔偿全部经济损失。

④从事进口饲料和饲料添加剂登记、评审、复核试验等工作的有关单位和人员,应当

为申请人提供的需要保密的技术资料保密。

⑤进口饲料和饲料添加剂产品登记证的有效期限为五年。期满后,仍需继续在中国境内销售的,应当在产品登记证期满前六个月内申请续展登记。

⑥办理续展登记需提供以下资料和产品样品:

a. 提交续展登记申请表。

b. 提交原产品登记证复印件。

c. 提供生产国(地区)最新批准文件、质量标准和产品说明书等其他必要的资料。

⑦未按规定时限办理续展登记或监督抽查检验 1 次不合格的进口饲料和饲料添加剂,需送交产品样品,进行复核检验。但受到停止经营处罚的除外。

⑧生产国(地区)已停止生产、使用的饲料和饲料添加剂,或连续两次以上监督抽查检验不合格的进口饲料和饲料添加剂,由农业部注销其产品登记证并予公告。

⑨改变生产厂址、生产场所、产品标准、生产工艺、产品配方成分和使用范围的,应当重新办理登记,原进口登记证予以注销。

⑩进口的饲料、饲料添加剂在国内销售的,必须按《饲料标签》标准(GB 10648)的要求附具中文标签,并在标签上标明产品登记证号。

⑪禁止进口未取得饲料、饲料添加剂进口登记证的饲料、饲料添加剂。

案例 6.3

中华人民共和国农业部公告 第 1887 号

根据《进口饲料和饲料添加剂登记管理办法》有关规定,批准保加利亚标伟特股份有限公司等 42 家公司生产的 57 种饲料和饲料添加剂产品在我国登记或续展登记,并发给进口登记证(见附件 1)。批准德国罗曼动物保健有限公司变更生产厂家和申请单位英文名称,台湾生合生物科技股份有限公司生产的"芯来旺 I 青贮饲料添加物"变更商品中文名称,并换发进口登记证(见附件 2)。

特此公告。

农业部　　　　2013 年 1 月 8 日

附件 1:进口饲料和饲料添加剂产品登记证目录(2013-01)(略)

登记证号、通用名称、商品名称、产品类别、使用范围、生产厂家、有效期限、(2013)外饲准字 001 号、内切-1,4-β-木聚糖酶(源自长柄木酶)、Endo-1,4-beta-Xylanase (by Trichoderma longibrachiatum)、好特美 X30000、Hostazym X30000 饲料级酶制剂、Enzyme Feed Grade、鸡、猪、Chicken and Swine 保加利亚标伟特股份有限公司 Biovet Joint Stock Company,Bulgaria 2013.01-2018.01

(2013)外饲准字 002 号、内切-1,4-β-木聚糖酶(源自长柄木酶)、Endo-1,4-beta-Xylanase (by Trichoderma longibrachiatum)、好特美 X60000、Hostazym X60000 饲料级酶制剂、Enzyme Feed Grade、鸡、猪、Chicken and Swine 保加利亚标伟特股份有限公司 Biovet Joint Stock Company,Bulgaria 2013.01-2018.01

6.3.3 保护制度

①国家对已经取得新饲料、新饲料添加剂证书或者饲料、饲料添加剂进口登记证的、

含有新化合物的饲料、饲料添加剂的申请人提交的其自己所取得且未披露的试验数据和其他数据实施保护【第13条】。

②自核发证书之日起6年内,对其他申请人未经已取得新饲料、新饲料添加剂证书或者饲料、饲料添加剂进口登记证的申请人同意,使用前款规定的数据申请新饲料、新饲料添加剂审定或者饲料、饲料添加剂进口登记的,国务院农业行政主管部门不予审定或者登记。但是,其他申请人提交其自己所取得的数据的除外。

③除下列情形外,国务院农业行政主管部门不得披露本条第一款规定的数据:

a. 公共利益需要。

b. 已采取措施确保该类信息不会被不正当地进行商业使用。

6.4 饲料及饲料添加剂生产许可证管理

2012年,农业部发布《饲料和饲料添加剂生产许可管理办法》,自2012年7月1日起施行。

6.4.1 总则

①为加强饲料、饲料添加剂生产许可证管理,维护饲料、饲料添加剂生产秩序,保障饲料、饲料添加剂质量安全,根据《饲料和饲料添加剂管理条例》,制定本办法。

②在中华人民共和国境内生产饲料、饲料添加剂,应当遵守本办法。

③饲料添加剂和添加剂预混合饲料生产许可证由农业部核发。单一饲料、浓缩饲料、配合饲料和精料补充料生产许可证由省级人民政府饲料管理部门(省级饲料管理部门)核发。

省级饲料管理部门可以委托下级饲料管理部门承担单一饲料、浓缩饲料、配合饲料和精料补充料生产许可申请的受理工作。

④农业部设立饲料和饲料添加剂生产许可证专家审核委员会,负责饲料添加剂和添加剂预混合饲料生产许可的技术评审工作。

省级饲料管理部门设立饲料生产许可证专家审核委员会,负责本行政区域内单一饲料、浓缩饲料、配合饲料和精料补充料生产许可的技术评审工作。

⑤任何单位和个人有权举报生产许可过程中的违法行为,农业部和省级饲料管理部门应当依照权限核实、处理。

6.4.2 生产许可证核发

①设立饲料、饲料添加剂生产企业,应当符合饲料工业发展规划和产业政策,并具备下列条件:

a. 有与生产饲料、饲料添加剂相适应的厂房、设备和仓储设施。

b. 有与生产饲料、饲料添加剂相适应的专职技术人员。

c. 有必要的产品质量检验机构、人员、设施和质量管理制度。

d. 有符合国家规定的安全、卫生要求的生产环境。

e. 有符合国家环境保护要求的污染防治措施。

f. 农业部制定的饲料、饲料添加剂质量安全管理规范规定的其他条件。

②申请设立饲料、饲料添加剂生产企业,申请人应当向生产地省级饲料管理部门提出申请,并提交农业部规定的申请材料。

申请设立饲料添加剂、添加剂预混合饲料生产企业,省级饲料管理部门应当自受理申请之日起20个工作日内进行书面审查和现场审核,并将相关资料和审查、审核意见上报农业部。农业部收到资料和审查、审核意见后,交饲料和饲料添加剂生产许可证专家审核委员会进行评审,根据评审结果在10个工作日内作出是否核发生产许可证的决定,并将决定抄送省级饲料管理部门。

申请设立单一饲料、浓缩饲料、配合饲料和精料补充料生产企业,省级饲料管理部门应当自受理之日起10个工作日内进行书面审查;审查合格的,组织进行现场审核,并根据审核结果在10个工作日内作出是否核发生产许可证的决定。

③申请人凭生产许可证办理工商登记手续。

④取得饲料添加剂、添加剂预混合饲料生产许可证的企业,应当向省级饲料管理部门申请核发产品批准文号。

⑤饲料、饲料添加剂生产企业委托其他饲料、饲料添加剂企业生产的,应当具备下列条件,并向各自所在地省级饲料管理部门备案:

a. 委托产品在双方生产许可范围内;委托生产饲料添加剂、添加剂预混合饲料的,双方还应当取得委托产品的产品批准文号。

b. 签订委托合同,依法明确双方在委托产品生产技术、质量控制等方面的权利和义务。

受托方应当按照饲料、饲料添加剂质量安全管理规范和饲料添加剂安全使用规范及产品标准组织生产,委托方应当对生产全过程进行指导和监督。委托方和受托方对委托生产的饲料、饲料添加剂质量安全承担连带责任。委托生产的产品标签应当同时标明委托企业和受托企业的名称、注册地址、许可证编号;委托生产饲料添加剂、添加剂预混合饲料的,还应当标明受托方取得的生产该产品的批准文号。

⑥生产许可证有效期为5年。生产许可证有效期满需继续生产的,应当在有效期届满6个月前向省级饲料管理部门提出续展申请,并提交农业部规定的材料。

6.4.3 生产许可证变更和补发

①饲料、饲料添加剂生产企业有下列情形之一的,应当按照企业设立程序重新办理生产许可证:增加、更换生产线的;增加单一饲料、饲料添加剂产品品种的;生产场所迁址的;农业部规定的其他情形。

②饲料、饲料添加剂生产企业有下列情形之一的,应当在15日内向企业所在地省级饲料管理部门提出变更申请并提交相关证明,由发证机关依法办理变更手续,变更后的生产许可证证号、有效期不变:企业名称变更;企业法定代表人变更;企业注册地址或注册地址名称变更;生产地址名称变更。

③生产许可证遗失或损毁的,应当在15日内向发证机关申请补发,由发证机关补发生产许可证。

6.4.4 监督管理

①饲料、饲料添加剂生产企业应当按照许可条件组织生产。生产条件发生变化,可能影响产品质量安全的,企业应当经所在地县级人民政府饲料管理部门报告发证机关。

②县级以上人民政府饲料管理部门应当加强对饲料、饲料添加剂生产企业的监督检查,依法查处违法行为,并建立饲料、饲料添加剂监督管理档案,记录日常监督检查、违法行为查处等情况。

③饲料、饲料添加剂生产企业应当在每年2月底前填写备案表,将上一年度的生产经营情况报企业所在地省级饲料管理部门备案。省级饲料管理部门应当在每年4月底前将企业备案情况汇总上报农业部。

④饲料、饲料添加剂生产企业有下列情形之一的,由发证机关注销生产许可证:生产许可证依法被撤销、撤回或依法被吊销的;生产许可证有效期届满未按规定续展的;企业停产一年以上或依法终止的;企业申请注销的;依法应当注销的其他情形。

案例6.4

中华人民共和国农业部公告 第1875号

根据《饲料和饲料添加剂管理条例》和《饲料和饲料添加剂生产许可管理办法》的规定,准予山东大德维恩生物科技有限公司等19家企业从事饲料添加剂生产,并发给饲料添加剂生产许可证(见附件1);准予北京市富英生物高技术公司等23家企业从事添加剂预混合饲料生产,并发给添加剂预混合饲料生产许可证(见附件2);准予宜昌三峡制药有限公司等21家企业增加饲料添加剂生产品种、变更企业名称及注册地址和生产地址名称,并换发生产许可证(见附件3);准予杭州民生生物科技有限公司等15家企业期满换发饲料添加剂生产许可证(见附件4);准予杭州民生生物科技有限公司等22家企业期满换发添加剂预混合饲料生产许可证(见附件5);准予咸宁京汇药业有限公司注销饲料添加剂和添加剂预混合饲料生产许可证(见附件6)。

特此公告。

农业部 2012年12月18日

附件1:饲料添加剂生产许可证名单(略)

序号、生产许可证编号、企业名称、产品名称

1. 饲添(2012)3246、山东大德维恩生物科技有限公司、酶制剂(Ⅱ):甘露聚糖酶、植酸酶、木聚糖酶、微生物(Ⅱ):枯草芽孢杆菌、嗜酸乳杆菌、酿酒酵母。

2. 饲添(2012)3247、泰安牧升生物制品有限公司、矿物元素(Ⅰ):磷酸氢钙。

3. 饲添(2012)3248、临沂康盛海润德生物科技有限公司、微生物(Ⅰ)(Ⅱ):枯草芽孢杆菌、酸度调节剂(Ⅱ):丁酸钠 乳酸、稳定剂(Ⅱ):单硬脂酸甘油酯、多糖和寡糖(Ⅱ):甘露寡糖。

6.4.5 罚则

①县级以上人民政府饲料管理部门工作人员,不履行本办法规定的职责或者滥用职

权、玩忽职守、徇私舞弊的,依法给予处分;构成犯罪的,依法追究刑事责任。

②申请人隐瞒有关情况或者提供虚假材料申请生产许可的,饲料管理部门不予受理或者不予许可,并给予警告;申请人在1年内不得再次申请生产许可。

③以欺骗、贿赂等不正当手段取得生产许可证的,由发证机关撤销生产许可证,申请人在3年内不得再次申请生产许可;以欺骗方式取得生产许可证的,并处5万元以上10万元以下罚款;构成犯罪的,依法移送司法机关追究刑事责任。

④饲料、饲料添加剂生产企业有下列情形之一的,依照《饲料和饲料添加剂管理条例》第38条处罚:超出许可范围生产饲料、饲料添加剂的;生产许可证有效期届满后,未依法续展继续生产饲料、饲料添加剂的。

⑤饲料、饲料添加剂生产企业采购单一饲料、饲料添加剂、药物饲料添加剂、添加剂预混合饲料,未查验相关许可证明文件的,依照《饲料和饲料添加剂管理条例》第40条处罚。

⑥其他违反本办法的行为,依照《饲料和饲料添加剂管理条例》的有关规定处罚。

6.5 添加剂和预混合饲料批准文号管理

农业部1999年12月14日发布《饲料添加剂和添加剂预混合饲料产品批准文号管理办法》,2012年修订,自2012年7月1日起施行。

6.5.1 总则

①为加强饲料添加剂和添加剂预混合饲料产品批准文号管理,根据《饲料和饲料添加剂管理条例》,制定《饲料添加剂和添加剂预混合饲料产品批准文号管理办法》。

②在中华人民共和国境内生产的饲料添加剂、添加剂预混合饲料产品,在生产前应当取得相应的产品批准文号。

③饲料添加剂、添加剂预混合饲料生产企业为其他饲料、饲料添加剂生产企业生产定制产品的,定制产品可以不办理产品批准文号。

定制产品应当附具符合《饲料和饲料添加剂管理条例》第21条规定的标签,并标明"定制产品"字样和定制企业的名称、地址及其生产许可证编号。

定制产品仅限于定制企业自用,生产企业和定制企业不得将定制产品提供给其他饲料、饲料添加剂生产企业、经营者和养殖者。

6.5.2 申请审批

①饲料添加剂、添加剂预混合饲料生产企业应当向省级人民政府饲料管理部门(省级饲料管理部门)提出产品批准文号申请,并提交以下资料:产品批准文号申请表;生产许可证复印件;产品配方、产品质量标准和检测方法;产品标签样式和使用说明;涵盖产品主成分指标的产品自检报告;申请饲料添加剂产品批准文号的,还应当提供省级饲料管理部门指定的饲料检验机构出具的产品主成分指标检测方法验证结论,但产品有国家或行业标准的除外;申请新饲料添加剂产品批准文号的,还应当提供农业部核发的新饲

料添加剂证书复印件。

②省级饲料管理部门应当自受理申请之日起10个工作日内对申请资料进行审查，必要时可以进行现场核查。审查合格的，通知企业将产品样品送交指定的饲料质量检验机构进行复核检测，并根据复核检测结果在10个工作日内决定是否核发产品批准文号。产品复核检测应当涵盖产品质量标准规定的产品主成分指标和卫生指标。

③企业同时申请多个产品批准文号的，提交复核检测的样品应当符合下列要求：申请饲料添加剂产品批准文号的，每个产品均应当提交样品；申请添加剂预混合饲料产品批准文号的，同一产品类别中，相同适用动物品种和添加比例的不同产品，只需提交一个产品的样品。

④省级饲料管理部门和饲料质量检验机构的工作人员应当对申请者提供的需要保密的技术资料保密。

6.5.3　批准文号

①饲料添加剂产品批准文号格式为：×饲添字(××××)××××××。

②添加剂预混合饲料产品批准文号格式为：×饲预字(××××)××××××。

×：核发产品批准文号省、自治区、直辖市的简称；(××××)：年份；××××××：前三位表示本辖区企业的固定编号，后三位表示该产品获得的产品批准文号序号。

③有下列情形之一的，应当重新办理产品批准文号：

a. 产品主成分指标改变的。

b. 产品名称改变的。

④禁止假冒、伪造、买卖产品批准文号。

⑤饲料管理部门工作人员不履行本办法规定的职责或者滥用职权、玩忽职守、徇私舞弊的，依法给予处分；构成犯罪的，依法追究刑事责任。

⑥申请人隐瞒有关情况或者提供虚假材料申请产品批准文号的，省级饲料管理部门不予受理或者不予许可，并给予警告；申请人在1年内不得再次申请产品批准文号。

⑦以欺骗、贿赂等不正当手段取得产品批准文号的，由发证机关撤销产品批准文号，申请人在3年内不得再次申请产品批准文号；以欺骗方式取得产品批准文号的，并处5万元以上10万元以下罚款；构成犯罪的，依法移送司法机关追究刑事责任。

⑧假冒、伪造、买卖产品批准文号的，依照《饲料和饲料添加剂管理条例》第37条、第38条处罚。

⑨有下列情形之一的，由省级饲料管理部门注销其产品批准文号并予以公告：企业的生产许可证被吊销、撤销、撤回、注销的；新饲料添加剂产品证书被撤销的。

⑩饲料添加剂、添加剂预混合饲料生产企业违反本办法规定，向定制企业以外的其他饲料、饲料添加剂生产企业、经营者或养殖者销售定制产品的，依照《饲料和饲料添加剂管理条例》第38条处罚。

定制企业违反本办法规定，向其他饲料、饲料添加剂生产企业、经营者和养殖者销售定制产品的，依照《饲料和饲料添加剂管理条例》第43条处罚。

6.6 饲料及饲料添加剂生产管理

2012年10月9日,农业部发布,《饲料生产企业许可条件》和《混合型饲料添加剂生产企业许可条件》,自2012年12月1日起施行。

6.6.1 饲料生产企业许可条件

1)总则

①为加强饲料生产许可管理,保障饲料质量安全,根据《饲料和饲料添加剂管理条例》《饲料和饲料添加剂生产许可管理办法》,制定本条件。

②设立添加剂预混合饲料、浓缩饲料、配合饲料和精料补充料生产企业,应当符合本条件。

2)机构与人员

①企业应当设立技术、生产、质量、销售、采购等管理机构。技术、生产、质量机构应当配备专职负责人,并不得互相兼任。

②技术机构负责人应当具备畜牧、兽医、水产等相关专业大专以上学历或中级以上技术职称,熟悉饲料法规、动物营养、产品配方设计等专业知识,并通过现场考核。

③生产机构负责人应当具备畜牧、兽医、水产、食品、机械、化工与制药等相关专业大专以上学历或中级以上技术职称,熟悉饲料法规、饲料加工技术与设备、生产过程控制、生产管理等专业知识,并通过现场考核。

④质量机构负责人应当具备畜牧、兽医、水产、食品、化工与制药、生物科学等相关专业大专以上学历或中级以上技术职称,熟悉饲料法规、原料与产品质量控制、原料与产品检验、产品质量管理等专业知识,并通过现场考核。

⑤销售和采购机构负责人应当熟悉饲料法规,并通过现场考核。

⑥企业应当配备2名以上专职饲料检验化验员。饲料检验化验员应当取得农业部职业技能鉴定机构颁发的职业资格证书,并通过现场操作技能考核。

企业的饲料厂中央控制室操作工、饲料加工设备维修工应当取得农业部职业技能鉴定机构颁发的职业资格证书。

3)厂区布局与设施

①企业应当独立设置厂区,厂区周围没有影响饲料产品质量安全的污染源。

厂区应当布局合理,生产区与生活、办公等区域分开。厂区整洁卫生,道路和作业场所应当采用混凝土或沥青硬化,生活、办公等区域有密闭式生活垃圾收集设施。

②生产区应当按照生产工序合理布局,固态添加剂预混合饲料、浓缩饲料、配合饲料、精料补充料有相对独立的、与生产规模相匹配的生产车间、原料库、配料间和成品库。

液态添加剂预混合饲料有与生产规模相匹配的前处理间、配料间、生产车间、罐装间、外包装间、原料库、成品库。

固态添加剂预混合饲料生产区总使用面积不低于500平方米;液态添加剂预混合饲料生产区总使用面积不低于350平方米;浓缩饲料、配合饲料、精料补充料生产区总使用面积不低于1 000平方米。

③添加剂预混合饲料生产线应当单独设立,生产设备不得与配合饲料、浓缩饲料、精料补充料生产线共用。

同时生产固态和液态添加剂预混合饲料的,生产车间应当分别设立。同时生产添加剂预混合饲料和混合型饲料添加剂的,生产车间应当分别设立,且生产设备不得共用。

④生产区建筑物通风和采光良好,自然采光设施应当有防雨功能,人工采光灯具应当有防爆功能。

⑤厂区内应当配备必要的消防设施或设备。

⑥厂区内应当有完善的排水系统,排水系统入口处有防堵塞装置,出口处有防止动物侵入装置。

⑦存在安全风险的设备和设施,应当设置警示标识和防护设施:配电柜、配电箱有警示标识,生产区电源开关有防爆功能;高温设备和设施有隔热层和警示标识;压力容器有安全防护装置;设备传动装置有防护罩;投料地坑入口处有完整的栅栏,车间内吊物孔有坚固的盖板或四周有防护栏,所有设备维修平台、操作平台和爬梯有防护栏。企业应当为生产区作业人员配备劳动保护用品。

⑧企业仓储设施应当符合以下条件:满足原料、成品、包装材料、备品备件贮存要求,并具有防霉、防潮、防鸟、防鼠等功能;存放维生素、微生物添加剂和酶制剂等热敏物质的贮存间密闭性能良好,并配备空调;亚硒酸钠等按危险化学品管理的饲料添加剂应当有独立的贮存间或贮存柜;药物饲料添加剂应当有独立的贮存间;具有立筒仓的生产企业,立筒仓应当配备通风系统和温度监测装置。

4)工艺与设备

①固态添加剂预混合饲料生产企业应当符合以下条件:复合预混合饲料和微量元素预混合饲料生产企业的设计生产能力不小于2.5吨/小时,混合机容积不小于0.5立方米;维生素预混合饲料生产企业的设计生产能力不小于1吨/小时,混合机容积不小于0.25立方米;配备成套加工机组(包括原料提升、混合和自动包装等设备),并具有完整的除尘系统和电控系统;有两台以上混合机,混合机(含混合机缓冲仓)与物料接触部分使用不锈钢制造,混合机的混合均匀度变异系数不大于5%;生产线除尘系统使用脉冲式除尘器或性能更好的除尘设备,采用集中除尘和单点除尘相结合的方式,投料口和打包口采用单点除尘方式;小料配制和复核分别配置电子秤;粉碎机、空气压缩机采用隔音或消音装置;反刍动物添加剂预混合饲料生产线与其他含有动物源性成分的添加剂预混合饲料生产线应当分别设立。

②液态添加剂预混合饲料生产企业应当符合以下条件:生产线由包括原料前处理、称量、配液、过滤、灌装等工序的成套设备组成;生产设备、输送管道及管件使用不锈钢或性能更好的材料制造;有均质工序的,高压均质机的工作压力不小于50兆帕,并具有高压报警装置;配液罐具有加热保温功能和温度显示装置;有独立的灌装间。

③浓缩饲料、配合饲料、精料补充料生产企业应当符合以下条件:设计生产能力不小于10吨/小时,专业加工幼畜禽饲料、种畜禽饲料、水产育苗料、特种饲料、宠物饲料的企业设计生产能力不小于2.5吨/小时;配备成套加工机组(包括原料清理、粉碎、提升、配料、混合、自动包装等设备),并具有完整的除尘系统和电控系统;生产颗粒饲料产品的,

还应当配备制粒或膨化、冷却、破碎、分级、干燥等后处理设备;配料、混合工段采用计算机自动化控制系统,配料动态精度不大于3‰,静态精度不大于1‰;反刍动物饲料的生产线应当单独设立,生产设备不得与其他非反刍动物饲料生产线共用;混合机的混合均匀度变异系数不大于7%;粉碎机、空气压缩机、高压风机采用隔音或消音装置,生产车间和作业场所噪声控制符合国家有关规定;生产线除尘系统使用脉冲式除尘器或性能更好的除尘设备,采用集中除尘和单点除尘相结合的方式,投料口采用单点除尘方式;作业区的粉尘浓度和排放浓度符合国家有关规定;小料配制和复核分别配置电子秤;有添加剂预混合工艺的,应当单独配备至少一台混合机,混合机(含混合机缓冲仓)与物料接触部分使用不锈钢制造,混合机的混合均匀度变异系数不大于5%。

5)质量检验和质量管理制度

①企业应当在厂区内独立设置检验化验室,并与生产车间和仓储区域分离。

②添加剂预混合饲料生产企业检验化验室应当符合以下条件:

a.除配备常规检验仪器外,还应当配备下列专用检验仪器:固态维生素预混合饲料生产企业配备万分之一分析天平、高效液相色谱仪(配备紫外检测器)、恒温干燥箱、样品粉碎机、标准筛;液态维生素预混合饲料生产企业配备万分之一分析天平、高效液相色谱仪(配备紫外检测器)、酸度计;微量元素预混合饲料生产企业配备万分之一分析天平、原子吸收分光光度计(配备火焰原子化器和被测项目的元素灯)、恒温干燥箱、样品粉碎机、标准筛;复合预混合饲料生产企业配备万分之一分析天平、高效液相色谱仪(配备紫外检测器)、原子吸收分光光度计(配备火焰原子化器和被测项目的元素灯)、恒温干燥箱、高温炉、样品粉碎机、标准筛。

b.检验化验室应当包括天平室、前处理室、仪器室和留样观察室等功能室,使用面积应当满足仪器、设备、设施布局和检验化验工作需要:天平室有满足分析天平放置要求的天平台;前处理室有能够满足样品前处理和检验要求的通风柜、实验台、器皿柜、试剂柜、气瓶柜或气瓶固定装置以及避光、空调等设备设施;同时开展高温或明火操作和易燃试剂操作的,应当分别设立独立的操作区和通风柜;仪器室满足高效液相色谱仪、原子吸收分光光度计等仪器的使用要求,高效液相色谱仪和原子吸收分光光度计应当分室存放;留样观察室有满足原料和产品贮存要求的样品柜。

③浓缩饲料、配合饲料、精料补充料生产企业检验化验室应当符合以下条件:除配备常规检验仪器外,还应当配备万分之一分析天平、可见光分光光度计、恒温干燥箱、高温炉、定氮装置或定氮仪、粗脂肪提取装置或粗脂肪测定仪、真空泵及抽滤装置或粗纤维测定仪、样品粉碎机、标准筛;检验化验室应当包括天平室、理化分析室、仪器室和留样观察室等功能室,使用面积应当满足仪器、设备、设施布局和检验化验工作需要:天平室有满足分析天平放置要求的天平台;理化分析室有能够满足样品理化分析和检验要求的通风柜、实验台、器皿柜、试剂柜;仪器室满足分光光度计等仪器的使用要求;留样观察室有满足原料和产品贮存要求的样品柜。

④企业应当按照《饲料质量安全管理规范》的要求制定质量管理制度。

6.6.2　混合型饲料添加剂生产企业许可条件

1）总则

①为加强混合型饲料添加剂生产许可管理,保障饲料质量安全,根据《饲料和饲料添加剂管理条例》《饲料和饲料添加剂生产许可管理办法》,制定本条件。

②本条件所称混合型饲料添加剂,是指由一种或一种以上饲料添加剂与载体或稀释剂按一定比例混合,但不属于添加剂预混合饲料的饲料添加剂产品。

③设立混合型饲料添加剂生产企业,应当符合本条件。

2）机构与人员

①企业应当设立技术、生产、质量、销售、采购等管理机构。技术、生产、质量机构应当配备专职负责人,并不得互相兼任。

②技术机构负责人应当具备畜牧、兽医、水产等相关专业大专以上学历或中级以上技术职称,熟悉饲料法规、动物营养、产品配方设计等专业知识,并通过现场考核。

③生产机构负责人应当具备畜牧、兽医、水产、食品、机械、化工与制药等相关专业大专以上学历或中级以上技术职称,熟悉饲料法规、饲料加工技术与设备、生产过程控制、生产管理等专业知识,并通过现场考核。

④质量机构负责人应当具备畜牧、兽医、水产、食品、化工与制药、生物科学等相关专业大专以上学历或中级以上技术职称,熟悉饲料法规、原料与产品质量控制、原料与产品检验、产品质量管理等专业知识,并通过现场考核。

⑤销售和采购机构负责人应当熟悉饲料法规,并通过现场考核。

⑥企业应当配备2名以上专职检验化验员。检验化验员应当取得农业部职业技能鉴定机构颁发的饲料检验化验员职业资格证书或与生产产品相关的省级以上医药、化工、食品行业管理部门核发的检验类职业资格证书,并通过现场操作技能考核。

企业加工设备维修工应当取得农业部职业技能鉴定机构颁发的职业资格证书。

3）厂区布局与设施

①企业应当独立设置厂区,厂区周围没有影响产品质量安全的污染源。

厂区应当布局合理,生产区与生活、办公等区域分开。厂区整洁卫生,道路和作业场所应当采用混凝土或沥青硬化,生活、办公等区域有密闭式生活垃圾收集设施。

②生产区应当按照生产工序合理布局,有相对独立的、与生产规模相匹配的生产车间、原料库、配料间和成品库。

同时生产混合型饲料添加剂和添加剂预混合饲料的,生产车间应当分别设立,且生产设备不得共用。生产区总使用面积不少于400平方米。

③生产区建筑物通风和采光良好,自然采光设施应当有防雨功能,人工采光灯具应当有防爆功能。

④厂区内应当配备必要的消防设施或设备。

⑤厂区内应当有完善的排水系统,排水系统入口处有防堵塞装置,出口处有防止动物侵入装置。

⑥存在安全风险的设备和设施,应当设置警示标识和防护设施:配电柜、配电箱有警

示标识,生产区电源开关有防爆功能;设备传动装置有防护罩;投料地坑入口处有完整的栅栏,车间内吊物孔有坚固的盖板或四周有防护栏,所有设备维修平台、操作平台和爬梯有防护栏。企业应当为生产区作业人员配备劳动保护用品。

⑦企业仓储设施应当符合以下条件:满足原料、成品、包装材料、备品备件贮存要求,并具有防霉、防潮、防鸟、防鼠等功能;存放维生素、微生物添加剂和酶制剂等热敏物质的贮存间密闭性能良好,并配备空调;亚硒酸钠等按危险化学品管理的饲料添加剂应当有独立的贮存间或贮存柜。

4) 工艺与设备

①企业的设计生产能力不小于1吨/小时,混合机容积不小于0.25立方米。

②企业应当配备一台以上混合机,混合机(含混合机缓冲仓)与物料接触部分使用不锈钢制造,混合机的混合均匀度变异系数不大于5%。

产品配方中有添加比例小于0.2%的原料的,应当单独配备一台符合前款规定的混合机,用于原料的预混合。

③生产线除尘系统使用脉冲式除尘器或性能更好的除尘设备,采用集中除尘和单点除尘相结合的方式,投料口和打包口采用单点除尘方式。

④原料配制、复核、产品包装分别配备电子秤。

⑤使用粉碎机、空气压缩机的,采用隔音或消音装置。

⑥液态混合型饲料添加剂生产企业应当符合以下条件:生产线由包括原料前处理、称量、配液、过滤、灌装等工序的成套设备组成;生产设备、输送管道及管件使用不锈钢或性能更好的材料制造;有均质工序的,高压均质机的工作压力不小于50兆帕,并具有高压报警装置;配液罐具有加热保温功能和温度显示装置;有独立的灌装间。

5) 质量检验和质量管理制度

①企业应当在厂区内独立设置检验化验室,并与生产车间和仓储区域分离。

②检验化验室应当符合以下条件:除配备常规检验仪器外,还应当配备能够满足产品主成分检验需要的专用检验仪器;检验化验室应当包括天平室、理化分析室或前处理室、仪器室和留样观察室等功能室,使用面积应当满足仪器、设备、设施布局和检验化验工作需要:天平室有满足分析天平放置要求的天平台;理化分析室有能够满足样品理化分析和检验要求的通风柜、实验台、器皿柜、试剂柜;前处理室有能够满足样品前处理和检验要求的通风柜、实验台、器皿柜、试剂柜、气瓶柜或气瓶固定装置以及避光、空调等设备设施;同时开展高温或明火操作和易燃试剂操作的,应当分别设立独立的操作区和通风柜;配备高效液相色谱仪、原子吸收分光光度计、可见紫外分光光度计等仪器的,仪器室的面积和布局应当满足其使用要求。同时配备高效液相色谱仪和原子吸收分光光度计的,应当分室存放;留样观察室有满足原料和产品贮存要求的样品柜。

③企业应当建立原料采购与管理、生产过程控制、产品质量控制、产品贮存与运输、产品召回、人员与卫生、文件与记录等管理制度。

④企业应当为其生产的混合型饲料添加剂产品制定企业标准,混合型饲料添加剂产品的主成分指标检测方法应当经省级饲料管理部门指定的饲料检验机构验证。

6.6.3 原料检验要求

①饲料、饲料添加剂生产企业应当按照国务院农业行政主管部门的规定和有关标准,对采购的饲料原料、单一饲料、饲料添加剂、药物饲料添加剂、添加剂预混合饲料和用于饲料添加剂生产的原料进行查验或者检验。

②饲料生产企业使用限制使用的饲料原料、单一饲料、饲料添加剂、药物饲料添加剂、添加剂预混合饲料生产饲料的,应当遵守国务院农业行政主管部门的限制性规定。禁止使用国务院农业行政主管部门公布的饲料原料目录、饲料添加剂品种目录和药物饲料添加剂品种目录以外的任何物质生产饲料。

③饲料、饲料添加剂生产企业应当如实记录采购的饲料原料、单一饲料、饲料添加剂、药物饲料添加剂、添加剂预混合饲料和用于饲料添加剂生产的原料的名称、产地、数量、保质期、许可证明文件编号、质量检验信息、生产企业名称或者供货者名称及其联系方式、进货日期等。记录保存期限不得少于2年。

6.6.4 产品留样记录

①饲料、饲料添加剂生产企业,应当按照产品质量标准以及国务院农业行政主管部门制定的饲料、饲料添加剂质量安全管理规范和饲料添加剂安全使用规范组织生产,对生产过程实施有效控制并实行生产记录和产品留样观察制度。

②饲料、饲料添加剂生产企业应当对生产的饲料、饲料添加剂进行产品质量检验;检验合格的,应当附具产品质量检验合格证。未经产品质量检验、检验不合格或者未附具产品质量检验合格证的,不得出厂销售。

③饲料、饲料添加剂生产企业应当如实记录出厂销售的饲料、饲料添加剂的名称、数量、生产日期、生产批次、质量检验信息、购货者名称及其联系方式、销售日期等。记录保存期限不得少于2年。

④出厂销售的饲料、饲料添加剂应当包装,包装应当符合国家有关安全、卫生的规定。

饲料生产企业直接销售给养殖者的饲料可以使用罐装车运输。罐装车应当符合国家有关安全、卫生的规定,并随罐装车附具符合本条例第21条规定的标签。

易燃或者其他特殊的饲料、饲料添加剂的包装应当有警示标志或者说明,并注明储运注意事项。

6.6.5 标签要求

①料、饲料添加剂的包装上应当附具标签。

②标签应当以中文或者适用符号标明产品名称、原料组成、产品成分分析保证值、净重或者净含量、贮存条件、使用说明、注意事项、生产日期、保质期、生产企业名称以及地址、许可证明文件编号和产品质量标准等。

③加入药物饲料添加剂的,还应当标明"加入药物饲料添加剂"字样,并标明其通用名称、含量和休药期。

④乳和乳制品以外的动物源性饲料,还应当标明"本产品不得饲喂反刍动物"字样。

【条例第21条】

案例6.5

某省6家饲料企业通过农业部验收

继2012年某省3家饲料企业率先通过农业部饲料质量管理规范认证后,2013年1月农业部饲料质量管理规范认证评估专家组对该省正成、禾丰、爱普罗斯、成三、双宇、东大6家饲料生产企业进行了饲料质量安全管理规范示范创建(简称饲料GMP)现场验收评审,这6家企业也成为全国第二批通过农业部饲料质量安全管理规范认证的企业。

农业部专家组从企业的原料采购与管理、生产过程控制、产品检验等7个方面进行了详细检查评审。据悉,从2013年开始,该省将开展饲料生产许可证换证工作,并对该省现有的1 100多家饲料生产企业进行清理,不具备新《饲料和饲料添加剂管理条例》及其配套规章规定条件的将予以淘汰,从而进一步规范我省饲料生产秩序,从源头上保障畜产品安全。

6.7 饲料经营使用管理

6.7.1 饲料经营管理

1)条件

饲料、饲料添加剂管理条例第22条规定,饲料、饲料添加剂经营者应当符合下列条件:

①有与经营饲料、饲料添加剂相适应的经营场所和仓储设施。

②有具备饲料、饲料添加剂使用、贮存等知识的技术人员。

③有必要的产品质量管理和安全管理制度。

2)进货要求

饲料、饲料添加剂经营者进货时应当查验产品标签、产品质量检验合格证和相应的许可证明文件。

①饲料、饲料添加剂经营者不得对饲料、饲料添加剂进行拆包、分装,不得对饲料、饲料添加剂进行再加工或者添加任何物质。

②禁止经营用国务院农业行政主管部门公布的饲料原料目录、饲料添加剂品种目录和药物饲料添加剂品种目录以外的任何物质生产的饲料。

③饲料、饲料添加剂经营者应当建立产品购销台账,如实记录购销产品的名称、许可证明文件编号、规格、数量、保质期、生产企业名称或者供货者名称及其联系方式、购销时间等。购销台账保存期限不得少于2年。

6.7.2 饲料使用管理

①养殖者应当按照产品使用说明和注意事项使用饲料。在饲料或者动物饮用水中

添加饲料添加剂的,应当符合饲料添加剂使用说明和注意事项的要求,遵守国务院农业行政主管部门制定的饲料添加剂安全使用规范。

②养殖者使用自行配制的饲料的,应当遵守国务院农业行政主管部门制定的自行配制饲料使用规范,并不得对外提供自行配制的饲料。

③使用限制使用的物质养殖动物的,应当遵守国务院农业行政主管部门的限制性规定。禁止在饲料、动物饮用水中添加国务院农业行政主管部门公布禁用的物质以及对人体具有直接或者潜在危害的其他物质,或者直接使用上述物质养殖动物。禁止在反刍动物饲料中添加乳和乳制品以外的动物源性成分。

④饲料、饲料添加剂在使用过程中被证实对养殖动物、人体健康或者环境有害的,由国务院农业行政主管部门决定禁用并予以公布。

6.7.3 饲料安全管理

①饲料、饲料添加剂生产企业发现其生产的饲料、饲料添加剂对养殖动物、人体健康有害或者存在其他安全隐患的,应当立即停止生产,通知经营者、使用者,向饲料管理部门报告,主动召回产品,并记录召回和通知情况。召回的产品应当在饲料管理部门监督下予以无害化处理或者销毁【条例第 28 条】。

②饲料、饲料添加剂经营者发现其销售的饲料、饲料添加剂具有前款规定情形的,应当立即停止销售,通知生产企业、供货者和使用者,向饲料管理部门报告,并记录通知情况。

③养殖者发现其使用的饲料、饲料添加剂具有本条第一款规定情形的,应当立即停止使用,通知供货者,并向饲料管理部门报告。

④禁止生产、经营、使用未取得新饲料、新饲料添加剂证书的新饲料、新饲料添加剂以及禁用的饲料、饲料添加剂。

⑤禁止经营、使用无产品标签、无生产许可证、无产品质量标准、无产品质量检验合格证的饲料、饲料添加剂。禁止经营、使用无产品批准文号的饲料添加剂、添加剂预混合饲料。禁止经营、使用未取得饲料、饲料添加剂进口登记证的进口饲料、进口饲料添加剂。

⑥禁止对饲料、饲料添加剂作具有预防或者治疗动物疾病作用的说明或者宣传。但是,饲料中添加药物饲料添加剂的,可以对所添加的药物饲料添加剂的作用加以说明。

6.7.4 饲料监督管理

1) 管理机关

①国务院农业行政主管部门和省级人民政府饲料管理部门应当按照职责权限对全国或者本行政区域饲料、饲料添加剂的质量安全状况进行监测,并根据监测情况发布饲料、饲料添加剂质量安全预警信息。

②国务院农业行政主管部门和县级以上地方人民政府饲料管理部门,应当根据需要定期或者不定期组织实施饲料、饲料添加剂监督抽查;饲料、饲料添加剂监督抽查检测工作由国务院农业行政主管部门或者省级人民政府饲料管理部门指定的具有相应技术条

件的机构承担。饲料、饲料添加剂监督抽查不得收费。

③国务院农业行政主管部门和省级人民政府饲料管理部门应当按照职责权限公布监督抽查结果,并可以公布具有不良记录的饲料、饲料添加剂生产企业、经营者名单。

④县级以上地方人民政府饲料管理部门应当建立饲料、饲料添加剂监督管理档案,记录日常监督检查、违法行为查处等情况。

⑤国务院农业行政主管部门和县级以上地方人民政府饲料管理部门在监督检查中可以采取下列措施:

a. 对饲料、饲料添加剂生产、经营、使用场所实施现场检查。

b. 查阅、复制有关合同、票据、账簿和其他相关资料。

c. 查封、扣押有证据证明用于违法生产饲料的饲料原料、单一饲料、饲料添加剂、药物饲料添加剂、添加剂预混合饲料,用于违法生产饲料添加剂的原料,用于违法生产饲料、饲料添加剂的工具、设施,违法生产、经营、使用的饲料、饲料添加剂。

d. 查封违法生产、经营饲料、饲料添加剂的场所。

2)饲料检验机构

(1)国家级饲料质量检验中心

国家级饲料质量检验中心由国务院饲料行政主管部门或国务院产品质量监督管理部门认可,承担全国饲料质量检验任务。

(2)省级饲料质量检验站

省级饲产质量检验站(所)由省级饲料行政主管部门或同级产品质量监督管理部门认可,承担本行政区域的饲料质量检验任务。

(3)地级饲料质量检所

地市级饲料质量检验所(站)由省级饲料行政主管部门或同级产品质量监督管理部门认可,承担本行政区域的饲料质量检验任务。

饲料添加剂的质量检验工作,由国家级饲料质量检验中心或省级饲料质量站承担。饲料统检和监督抽查工作由国务院饲料行政主管部门和地方饲料行政主管部门规划和组织。对同一单位的同一产品6个月内不得重复检验,除委托检验外,统检和日常检验不得向受检单位收费。

饲料行政执法人员、检验人员在执行监督、检验工作中,须持国家统一制定的行政执法证。

3)假劣饲料及假劣饲料添加剂管理

(1)假饲料及假饲料添加剂

根据饲料管理法规规定,有下列情况之一者为假:

a. 为谋取非法利润,故意掺入杂质的。

b. 冒用他人商标、标签、生产许可证、产品批准文号、包装物的。

c. 产品所含成分与执行标准严重不符的,即常规指标三项不合格或卫生指标两项不合格的。

d. 没有标签或标签内容不符合饲料标签标准等管理法规相关规定的。

(2)劣饲料及劣饲料添加剂

根据饲料管理法规规定,有下列情况之一者为劣:

a. 失效的。

b. 霉坏变质的。

c. 超过保质期的或保存期的。

d. 不符合饲料强制标准,但不属于假饲料和假饲料添加剂的不合格产品。

4)饲料广告的管理

饲料产品的广告宣传必须科学真实,广告宣传的内容符合广告法、广告审查办法、广告审查标准和饲料管理法规等有关规定,须经在宣传辖区内饲料行政主管部门会同相关行政主管部门审查同意,发给广告审查批准文号后,方可进行广告宣传。未经审查、同意、不得刊登设置、印刷、播放、散发和张贴广告。有下列情况之一者,禁止宣传、广告:

①没有生产许可证、营业执照、产品批准文号的产品。

②有产品合格证的产品。

③不合格的产品。

④受到处罚企业三个月内生产的产品。

⑤其他属假劣性质的产品。

案例 6.6

某市加大对饲料生产经营企业检查监督力度

2012 年 11 月 2 日,为加强饲料产品质量安全监督管理工作,保障饲料质量安全,规范饲料生产、经营、养殖行为,市饲料办对全市各旗县区饲料办及其辖区饲料生产、经营企业和规模养殖场(户)进行了为期一个月的工作监督和安全检查。检查组一行:

1. 对全市饲料办的饲料常规抽检和专项检查等日常监管工作进行了监督检查,并检查其监管培训、应急建设及年度备案等工作任务的完成情况。

2. 检查组还深入饲料生产、经营企业、养殖场(户)进行了现场检查,检查内容包括饲料生产企业的相关证件执照,饲料生产安全,原料及饲料产品质量安全监控,生产购销记录,检化验等项内容。

3. 对饲料经营企业和规模养殖场(户)进行相关证件执照及其饲料购销记录的检查。

通过检查,对提高饲料和养殖产品质量安全水平,保障人民健康取得很好的效果。

6.8 饲料及饲料添加剂种类

6.8.1 饲料及饲料添加剂含义

1)饲料原料

饲料原料是指来源于动物、植物、微生物或者矿物质,用于加工制作饲料但不属于饲料添加剂的饲用物质。

2)饲料

饲料是指经工业化加工、制作的供动物食用的产品,包括单一饲料、添加剂预混合饲料、浓缩饲料、配合饲料和精料补充料。

①单一饲料是指来源于一种动物、植物、微生物或者矿物质,用于饲料产品生产的饲料。

②添加剂预混合饲料是指由两种(类)或者两种(类)以上营养性饲料添加剂为主,与载体或者稀释剂按照一定比例配制的饲料,包括复合预混合饲料、微量元素预混合饲料、维生素预混合饲料。

a.复合预混合饲料是指以矿物质微量元素、维生素、氨基酸中任何两类或两类以上的营养性饲料添加剂为主,与其他饲料添加剂、载体和(或)稀释剂按一定比例配制的均匀混合物,其中营养性饲料添加剂的含量能够满足其适用动物特定生理阶段的基本营养需求,在配合饲料、精料补充料或动物饮用水中的添加量不低于0.1%且不高于10%。

b.微量元素预混合饲料是指两种或两种以上矿物质微量元素与载体和(或)稀释剂按一定比例配制的均匀混合物,其中矿物质微量元素含量能够满足其适用动物特定生理阶段的微量元素需求,在配合饲料、精料补充料或动物饮用水中的添加量不低于0.1%且不高于10%。

c.维生素预混合饲料是指两种或两种以上维生素与载体和(或)稀释剂按一定比例配制的均匀混合物,其中维生素含量应当满足其适用动物特定生理阶段的维生素需求,在配合饲料、精料补充料或动物饮用水中的添加量不低于0.01%且不高于10%。

③浓缩饲料是指主要由蛋白质、矿物质和饲料添加剂按照一定比例配制的饲料。

④配合饲料是指根据养殖动物营养需要,将多种饲料原料和饲料添加剂按照一定比例配制的饲料。

⑤精料补充料是指为补充草食动物的营养,将多种饲料原料和饲料添加剂按照一定比例配制的饲料。

3)饲料添加剂

饲料添加剂是指在饲料加工、制作、使用过程中添加的少量或者微量物质,包括营养性饲料添加剂和一般饲料添加剂。

①一般饲料添加剂是指为保证或者改善饲料品质、提高饲料利用率而掺入饲料中的少量或者微量物质。如:

a.抗氧化剂,如L—抗坏血酸、乙氧喹、L—抗坏血酸钠、L—抗坏血酸钙、没食子酸辛酯、二丁基羟基甲苯等10种。

b.防腐剂,如丙酸、丙酸钠、丙酸钙、丙酸铵、丙酸钾;甲酸、甲酸钠、甲酸钙、甲酸铵;乳酸、乳酸钾、乳酸钠、乳酸亚铁、乳酸铵;柠檬酸、柠檬酸钠、柠檬酸钾、柠檬酸钙;延胡索酸;山梨酸钾,苯甲酸钠,对羧基苯甲乙酯,酒石酸、酒石酸钠、酒石酸钾;1、2—丙二醇等34种。

c.着色剂,如辣椒红、叶黄素、柠檬黄等10种。

d.乳化剂,如丙二醇、卵磷脂、甘油脂肪酸酯等12种。

e.粘结剂,如海藻酸钠、丙乙醇、酪蛋白钠等6种。

f.抗结块剂,如二氧化硅、硅酸钠、甘露醇、硬脂酸钾等9种。

g.调味剂,调味剂包括所在天然及合成的芳香调味剂,如柠檬酸、苹果酸、乳酸、延胡索酸、乙酸、磷酸、草酸、密糠、糖精、谷氨酸钠、葡萄糖酸等16种。

②营养性饲料添加剂是指为补充饲料营养成分而掺入饲料中的少量或者微量物质,包括饲料级氨基酸、维生素、矿物质微量元素、酶制剂、非蛋白氮等。如:

a.氨基酸类饲料添加剂,如DL—蛋氨酸、DL—色氨酸、DL—苏氨酸、甘氨酸等10种。

b.维生素饲料添加剂,如维生素 D_3、D_2、E、K、B_{12}、C、B_6 等20种。

c.矿物质饲料添加剂,如硫酸亚铁、碘化钾、硫酸铜、乳酸钙、硫酸钴等36种。

d.酶制剂饲料添加剂,如胃蛋白酶、胰蛋白酶、脂肪酶、细胞酶、植酸酶、乳料分解酶等11种。

e.非蛋白态氮饲料添加剂,如尿素、氯化铵、磷酸氢铵等8种。

f.微生态制剂饲料添加剂,如乳酸杆菌、双歧杆菌、酵母菌等11种。

③药物饲料添加剂是指为预防、治疗动物疾病而掺入载体或者稀释剂的兽药的预混合物质。包括抗球虫药类、驱虫剂类、抑菌促生长类等。药物饲料添加剂的管理,依照《兽药管理条例》规定执行。

a.抗球虫药类,如氨丙啉、海南霉素、马杜霉素等16种。

b.驱虫药类,如越霉素A、潮霉素 B_2 两种。

c.菌促生长类,如杆菌肽锌、黄霉素、新里霉素、金霉素钙、土霉素钙、恩抗霉素等12种。

d.激素类,如己烯雌酚、甲状腺素、抗甲状腺素、二羧基苯甲酸内酯、生长激素等6种。

e.保健促长中药添加剂:如曲药、麦芽、山楂、陈皮等。

6.8.2　生菌剂含义

1)概念

生菌剂是一种可以直接添加在饲料中的微生物制剂,含有一种或多种能作用于肠胃道的有益菌,可以抑制有害菌生长、刺激免疫机能、帮助消化和减少氨气排放,及时改善肠内微生物平衡,而对宿主动物起有益作用之活微生物添加物。

2)种类

①嗜氧性菌群全部为 Bazillus 属之芽孢形成菌,有 toyoi 菌、coagulaus 菌,枯草菌(包括纳豆菌)及糖化菌。

②嫌氧性菌群则有酪酸菌属(clostridium)之芽孢形成菌。

③乳酸菌群全为无芽孢菌,有乳酸杆菌、乳酸球菌及 Bifizusu 菌等菌种制造而成,同时有以单一菌种为有效成分之单味制剂及以数个菌种为有效成分之配合制剂〖几乎不使用酵母(Saccharomyces)及麴(Aspergillus)〗。

④常用生菌剂分痢治疗用生菌剂(动物用医药品)和饲料用生菌剂(饲料原料)的酪酸菌(Clostridium butyricum)、乳酸球菌(Enterococcusfaecalis)、乳酸杆菌(Lactobacillus acidophilus)、纳豆菌(Bacollusnatto)、糖化菌(Bacillus mesentericus)等。

6.9 饲料标准

饲料和饲料添加剂产品标准分为国家标准、行业标准、地方标准、企业标准。企业标准由企业自行制定,作为组织生产的依据,并按所在省级饲料行政主管部门和标准化行政主管部门的规定备案。国家鼓励企业制定严于国家标准或行业标准的企业标准,鼓励积极采用国际标准。

我国饲料行业现有《饲料行业现行国家标准和行业标准》,包括综合标准(19 项),方法标准(115 项),产品标准(37 项),饲料原料标准(48 项),饲料添加剂标准(70 项),其他相关标准(52 项)。如:饲料标签标准、饲料工业标准、饲料卫生标准等。

6.9.1 饲料标签标准

1999 年,国家质量技术监督局发布,《饲料标签》(GB 10648—1999)标准,于 2000 年6 月 1 日实施,并于 2001 年 9 月 19 日以质检办标函[2001]049 号文批准,自 2001 年 10月 30 日起实施。

1)范围

①本标准规定了饲料标签设计制作的基本原则、要求以及标签标示的基本内容和方法。

②本标准适用于商品饲料和饲料添加剂(包括进口饲料和饲料添加剂)的标签。合同定制饲料、自用饲料、可饲用原粮及其加工产品和药物饲料。

2)引用标准

①GB/T 10648—1989 饲料工业通用术语。

②GB 13078—1991 饲料卫生标准。

3)定义

本标准采用 GB/T 10647 中的定义。其他术语采用下列定义。

①饲料标签(feed label):以文字、图形、符号说明饲料内容的一切附签及其他说明物。

②药物饲料添加剂(medical feed additive):为预防动物疾病或影响动物某种生理、生化功能,而添加到饲料中的一种或几种药物与载体或稀释剂按规定比例配制而成的均匀预混物。

③产品成分分析保证值(guaranteed analytical value of product):生产者根据规定的保证值项目,对其产品成分必须作出的明示承诺和保证,保证在保质期内,采用规定的分析方法均能分析得到的、符合标准要求的产品成分值。

④净重(net mass):去除包装容器和其他包装材料后,内装物的实际质量。

⑤保质期(shelf life):在规定的贮存条件下,保证饲料产品质量的期限。在此期内,产品的成分、外观等应符合标准要求。

4)基本原则

①饲料标签标示的内容必须符合国家有关法律和法规的规定,并符合相关标准的

规定。

②饲料标签所标示的内容必须真实并与产品的内在质量相一致。

③饲料标签内容的表述应通俗易懂、科学、准确，并易于为用户理解掌握。

不得使用虚假、夸大或容易引起误解的语言，更不得以欺骗性描述误导消费者。

5）必须标示的基本内容

①饲料标签上应标有"本产品符合饲料卫生标准"字样，以明示产品符合 GB 13078 的规定。

②饲料名称

a.饲料产品应按 GB/T 10647 中的有关定义，采用表明饲料真实属性的名称进行命名。

b.需要指明饲喂对象和饲喂阶段的，必须在饲料名称中予以表明。

c.在使用商标名称或牌号名称时，必须同时使用(5)b(a)规定的名称。

③产品成分分析保证值

a.标签上应按表1规定项目列出产品成分分析保证值。

b.保证值必须符合产品生产所执行标准的要求。

c.各类产品其成分分析保证值的项目规定见表6.1。

表 6.1　产品成分分析保证值项目表

序号	产品类别	保证值项目	备　注
1	蛋白质饲料	粗蛋白质、粗纤维、粗灰分、水分(动物蛋白质饲料增加钙、总磷、食盐)、氨基酸	
2	配合饲料	粗蛋白质、粗纤维、粗灰分、钙、总磷、食盐、水分、氨基酸	
3	浓缩饲料	粗蛋白质、粗纤维、粗灰分、钙、总磷、食盐、水分、氨基酸、主要微量元素和维生素	
4	精料补充料	粗蛋白质、粗纤维、粗灰分、钙、总磷、食盐、水分、氨基酸、主要微量元素和维生素	
5	复合预混料	微量元素及维生素和其他有效成分含量;载体和稀释剂名称;水分	
6	微量元素预混料	微量元素有效成分含量;载体和稀释剂名称;水分	
7	维生素预混料	维生素有效成分含量;载体和稀释剂名称;水分	
8	矿物质饲料	主要成分含量、主要有毒有害物质最高含量、水分、粒度	若无粒度、水分要求时,此二项均可以不列

续表

序号	产品类别	保证值项目	备 注
9	营养性添加剂	有效成分含量	
10	非营养性添加剂	有效成分含量	不包括药物饲料添加剂
11	其他	标明能说明产品内在质量的项目	

注:序号1、2、3、4保证值项目中氨基酸的具体种类和保证值的标注由企业根据产品的特性自定。

④原料组成:标明用来加工饲料产品使用的主要原料名称以及添加剂、载体和稀释剂名称。营养性原料可按种类标注。单一有效成分饲料添加剂可不标注原料组成。

⑤产品标准编号:标签上应标明生产该产品所执行的标准编号。

⑥加入药物饲料添加剂的饲料产品:

a. 对于添加有药物饲料添加剂的饲料产品,其标签上必须标注"含有药物饲料添加剂"字样字体醒目标注在产品名称下方。

b. 标明所添加药物的法定名称。

c. 标明饲料中药物的准确含量、配伍禁忌、停药期及其他注意事项。

⑦使用说明:预混料、浓缩饲料和精料补充料,应给出相应配套的推荐配方或使用方法及其他注意事项。

⑧净重或净含量:应在标签的显著位置标明饲料在每个包装物中的净重;散装运输的饲料,标明每个运输单位的净重,以国家法定计量单位克(g)[千克(kg)或吨(t)]表示。若内装物不以质量计量时,应标注"净含量"。

⑨生产日期:必须标明产品的生产日期。生产日期应明确完整地标明年、月、日。

a. 保质期:用"保质期_____个月(或若干年、天)"表示。根据需要可标明贮存条件及贮存方法。

b. 生产者、分装者的名称和地址。

● 必须标明与其营业执照一致的生产者、分装者的名称和详细地址,邮政编码和联系电话。

● 进口产品必须用中文标明原产国名、地区名以及与营业执照一致的经销者在国内依法登记注册的名称和详细地址、邮政编码、联系电话等。进口产品的生产日期和净重,可根据情况在中文标签上以"见原产地标签"或"见外包装"字样标注,但原产地标签或外包装上标注的生产日期、净重必须符合本标准的规定。

● 进口饲料和饲料添加剂必须在标签的显著位置上标明进口产品登记许可证编号。

⑩许可证和产品批准文号:实施生产许可证、产品批准文号管理的产品,应标明有效的生产许可证号、产品批准文号。

⑪其他:可以标注必要的其他内容。如有效期内的质量认证标志等。

6)基本要求

①饲料标签不得与包装物分离。

②散装产品的标签随发货单一起传送。

③饲料标签的印制材料应结实耐用;文字、符号、图形清晰醒目。

④标签上印制的内容不得在流通过程中变得模糊不清甚至脱落，必须保证用户在购买和使用时清晰易辨。

⑤饲料标签上必须使用规范的汉字；可以同时使用有对应关系的汉语拼音及其他文字。

⑥标签上出现的符号、代号、术语等应符合国家法令、法规和有关标准的规定。

⑦饲料标签标注的计量单位，必须采用法定计量单位。饲料标签上常用计量单位的标注见附录 A。

⑧一个标签只标示一个饲料产品，不可一个标签上同时标出数个饲料产品。

7）标准附录 A：饲料标签计量单位的标注

A1　产品成分分析保证值

A1.1　粗蛋白质、粗纤维、粗脂肪、粗灰分、总磷、钙、食盐、水分、各种氨基酸的含量，以质量分数（％）表示。

A1.2　微量元素的含量，以每千克饲料中含有某元素的质量表示（如：mg 或 μg）。

A1.3　有毒有害物质的含量，以每千克饲料中含有毒有害物质的质量或个数表示（如：mg、μg 或细菌个数）。

A1.4　药物和维生素含量，以每千克饲料中含药物或维生素的质量，或以表示药物生物效价的国际单位表示（如：mg、μg 或国际单位 IU）

6.9.2　饲料工业标准

我国的饲料工业标准日趋健全，现在已有四百多个，主要包括饲料基础标准、饲料方法标准、饲料原料标准、饲料产品标准、饲料添加剂标准、饲料加工机械标准及部分饲养标准和化学分析方法标准等内容。请见：饲料工业国家标准、行业标准目录（截至 2009 年 11 月为 466 项）。

6.9.3　饲料卫生标准

植物性饲料、动物性饲料、矿物质饲料和饲料添加剂常含有有毒有害物质和抗营养因子，如棉籽饼粕里的棉酚、菜籽饼粕里的芥子苷、亚麻籽饼粕里的氰苷、山黧豆里的变异氨基酸、鱼粉里的肌胃糜烂素、青菜和青嫩牧草里的草酸等，以及霉菌、细菌、害虫、老鼠、农药和有毒金属元素对饲料的污染，使得饲料不卫生，影响饲养动物健康，为了控制和消除饲料中的有毒、有害物质，使饲料安全、无公害、绿色，国家高度重视加饲料卫生，2001 年国家制定了标准饲料卫生标准 GB 13078—2001。

①饲料卫生标准是指饲料中有害物质及微生物的允许量，一般以干物质含 88％ 为基础。凡加工、经销、贮运和进出口的配合饲料、畜禽配、混合饲料和饲料原料都必须遵守此标准。

请见：中华人民共和国国家标准饲料卫生标准（GB 13078—2001）Hygienical standard for feeds。

②要求饲料、饲料添加剂（浓缩饲料）的卫生指标及试验方法见表 6.2（略）。

表 6.2　饲料、饲料添加剂卫生指标

序号	卫生指标项目	产品名称	指标	试验方法	备注
1	砷（以总砷计）的允许量（每千克产品中），mg	石粉	≤2.0	GB/T 13079	不包括国家主管部门批准使用的有机砷制剂中的砷含量
		硫酸亚铁、硫酸镁	≤2.0		
		磷酸盐	≤2.0		
		沸石粉、膨润土、麦饭石	≤10		
		硫酸铜、硫酸锰、硫酸锌、碘化钾、碘酸钙、氯化钴	≤5.0		
		氧化锌	≤10.0		
		鱼粉、肉粉、肉骨粉	≤10.0		
		家禽、猪配合饲料	≤2.0		
		牛、羊精料补充料			
		猪、家禽浓缩饲料	≤10.0		以在配合饲料中20%的添加量计
		猪、家禽添加剂预混合饲料			以在配合饲料中1%的添加量计
2	铅（以Pb计）的允许量（每千克产品中），mg	生长鸭、产蛋鸭、肉鸭配合饲料	≤5	GB/T 13080	
		鸡配合饲料、猪配合饲料			
		奶牛、肉牛精料补充料	≤8		
		产蛋鸡、肉用仔鸡浓缩饲料仔猪、生长肥育猪浓缩饲料	≤13		以在配合饲料中20%的添加量计
		骨粉、肉骨粉、鱼粉、石粉	≤10		
		磷酸盐	≤30		
		产蛋鸡、肉用仔鸡复合预混合饲料仔猪、生长肥育猪复合预混合饲料	≤40		以在配合饲料中1%的添加量计

续表

序号	卫生指标项目	产品名称	指　标	试验方法	备　注
3	氟（以 F 计）的 允 许 量（每千克产 品中），mg	鱼粉	≤500	GB/T 13083	高氟饲料用HG2636-1994中4.4条
		石粉	≤2 000		
		磷酸盐	≤1 800	HG 2636	
		肉用仔鸡、生长鸡配合饲料	≤250	GB/T 13083	
		产蛋鸡配合饲料	≤350		
		猪配合饲料	≤100		
		骨粉、肉骨粉	≤1 800		
		生长鸭、肉鸭配合饲料	≤200		
		产蛋鸭配合饲料	≤250		
		牛（奶牛、肉牛）精料补充料	≤50		
		猪、禽添加剂预混合饲料	≤1 000	GB/T 13083	以在配合饲料中 1% 的添加量计
		猪、禽浓缩饲料	按添加比例折算后，与相应猪、禽配合饲料规定值相同		
4	霉菌的允许量（每 克 产 品中），霉菌数×10³个	玉米	<40	GB/T 13092	限 量 饲 用：40～100禁用：>100
		小麦麸、米糠			限 量 饲 用：40～80禁用：>80
		豆饼（粕）、棉籽饼（粕）、菜籽饼（粕）	<50		限 量 饲 用：50～100禁用：>100
		鱼粉、肉骨粉	<20		限 量 饲 用：20～50禁用：>50
		鸭配合饲料	<35		
		猪、鸡配合饲料猪、鸡浓缩饲料	<45		
		奶、肉牛精料补充料			

续表

序号	卫生指标项目	产品名称	指　标	试验方法	备　注
5	黄曲霉毒素 B_1 允许量（每千克产品中），μg	玉米	≤50	GB/T 17480 或 GB/T 8381	
		花生饼（粕）、棉籽饼（粕）、菜籽饼（粕）			
		豆粕	≤30		
		仔猪配合饲料及浓缩饲料	≤10		
		生长肥育猪、种猪配合饲料及浓缩饲料	≤20		
		肉用仔鸡前期、雏鸡配合饲料及浓缩饲料	≤10		
		肉用仔鸡后期、生长鸡、产蛋鸡配合饲料及浓缩饲料	≤20		
		肉用仔鸭前期、雏鸭配合饲料及浓缩饲料	≤10		
		肉用仔鸭后期、生长鸭、产蛋鸭配合饲料及浓缩饲料	≤15		
		鹌鹑配合饲料及浓缩饲料	≤20		
		奶牛精料补充料	≤10		
		肉牛精料补充料	≤50		
6	铬（以 Cr 计）的允许量（每千克产品中），mg	皮革蛋白粉	≤200	GB/T 13088	
		鸡、猪配合饲料	≤10		
7	汞（以 Hg 计）的允许量（每千克产品中），mg	鱼粉	≤0.5	GB/T 13081	
		石粉			
		鸡配合饲料，猪配合饲料	≤0.1		

续表

序号	卫生指标项目	产品名称	指　　标	试验方法	备　注
8	镉（以 Cd 计）的允许量（每千克产品中），mg	米糠	≤1.0	GB/T 13082	
		鱼粉	≤2.0		
		石粉	≤0.75		
		鸡配合饲料,猪配合饲料	≤0.5		
9	氰化物（以 HCN 计）的允许量（每千克产品中），mg	木薯干	≤100	GB/T 13084	
		胡麻饼、粕	≤350		
		鸡配合饲料,猪配合饲料	≤50		
10	亚硝酸盐（以 $NaNO_2$ 计）的允许量（每千克产品中），mg	鱼粉	≤60	GB/T 13085	
		鸡配合饲料,猪配合饲料	≤15		
11	游离棉酚的允许量（每千克产品中），mg	棉籽饼、粕	≤1 200	GB/T 13086	
		肉用仔鸡、生长鸡配合饲料	≤100		
		产蛋鸡配合饲料	≤20		
		生长肥育猪配合饲料	≤60		
12	异硫氰酸酯（以丙烯基异硫氰酸酯计）的允许量（每千克产品中），mg	菜籽饼、粕	≤4 000	B/T 13087	
		鸡配合饲料	≤500		
		生长肥育猪配合饲料			
13	恶唑烷硫酮的允许量（每千克产品中），mg	肉用仔鸡、生长鸡配合饲料	≤1 000	GB/T 13089	
		产蛋鸡配合饲料	≤500		

续表

序号	卫生指标项目	产品名称	指 标	试验方法	备 注
14	六六六的允许量(每千克产品中),mg	米糠	≤0.05	GB/T 13090	
		小麦麸			
		大豆饼、粕			
		鱼粉			
		肉用仔鸡、生长鸡配合饲料	≤0.3		
		产蛋鸡配合饲料			
		生长肥育猪配合饲料	≤0.4		
15	滴滴涕的允许量(每千克产品中),mg	米糠	0.02	GB/T 13090	
		小麦麸			
		大豆饼、粕			
		鱼粉			
		鸡配合饲料,猪配合饲料	≤0.2		
16	沙门氏杆菌	饲料	不得检出	GB/T 13091	
17	细菌总数的允许量(每克产品中),细菌总数×10^6个	鱼粉	<2	GB/T 13093	限量饲用:2~5 禁用:>5

注:1. 所列允许量均为以干物质含量为88%的饲料为基础计算;

   2. 浓缩饲料、添加剂预混合饲料添加比例与本标准备注不同时,其卫生指标允许量可进行折算。

6.9.4 动物源性饲料产品目录

①肉粉(畜和禽)、肉骨粉(畜和禽)。

②鱼粉、鱼油、鱼膏、虾粉、鱿鱼肝粉、鱿鱼粉、乌贼膏、乌贼粉、鱼精粉、干贝精粉。

③血粉、血浆粉、血球粉、血细胞粉、血清粉、发酵血粉。

④动物下脚料粉、羽毛粉、水解羽毛粉、水解毛发蛋白粉、皮革蛋白粉、蹄粉、角粉、鸡杂粉、肠黏膜蛋白粉、明胶。

⑤乳清粉、乳粉、巧克力乳粉、蛋粉。

⑥蚕蛹、蛆、卤虫卵。

⑦骨粉、骨灰、骨炭、骨制磷酸氢钙、虾壳粉、蛋壳粉、骨胶。

⑧动物油渣、动物脂肪、饲料级混合油。

6.10　绿色食品饲料、饲料添加剂使用准则

中国绿色食品发展中心制定了《绿色食品饲料及饲料添加剂使用准则》《绿色食品兽药使用准则》《绿色食品动物卫生准则》,农业部审定通过,2001 年 9 月 27 日发布,2001 年 11 月 1 日实施。只有符合这三项准则的绿色畜禽产品生产的企业才能被认定为绿色食品生产企业,并允许使用中国绿色食品专用标志。

6.10.1　范围

本标准规定了生产绿色食品允许使用的饲料和饲料添加剂的使用准则以及禁止使用的饲料和饲料添加剂种类。本标准适用于 A 级绿色食品的生产、管理和认定。

6.10.2　规范性引用文件

下列文件中的条款通过标准的引用而成为本标准的条文。饲料工业通用术语(GB/T 10647)、饲料标签(GB 10648)、饲料卫生标准(GB 13078)、高产奶牛饲养管理规范(NY/T 14)、鸡的饲养标准(NY/T 33)、奶牛饲养标准(NY/T 34)、瘦肉型猪饲养标准(NY/T 65)、绿色食品产地环境技术条件(NY/T 391)、中华人民共和国国务院令饲料和饲料添加剂管理条例、中华人民共和国农业部公告允许使用的饲料添加剂品种目录。

6.10.3　术语和定义

GB/T 10647 确立的以及下列术语和定义适用于本标准。

①绿色食品是遵循可持续发展原则,按照特定生产方式生产,经专门机构认定,许可使用绿色食品标志的无污染的安全、优质、营养类食品。

②A 级绿色食品指生产地的环境质量符合 NY/T 391 的要求,生产过程中严格按照绿色食品生产资料使用准则和生产操作规程要求,限量使用限定的化学合成生产资料,产品质量符合绿色食品产品标准,经专门机构认定,许可使用 A 级绿色食品标志的产品。

③饲料是指能提供饲养动物所需养分,保证健康,促进生产和生长在合理使用下不发生有害作用的可饲物质。

④饲料添加剂指在饲料加工、制作、使用过程中添加的少量或者微量物质,包括营养性饲料添加剂、一般性饲料添加剂。

⑤绿色食品生产资料是经专门机构认定,符合绿色食品生产要求,并正式推荐用于绿色食品生产的生产资料。

6.10.4　使用准则

绿色畜产品的生产首先以改善饲养环境、善待动物、加强饲养管理为主,按照饲养标准配制配合饲料,做到营养全面,各营养素间相互平衡。所使用的饲料和饲料添加剂等生产资料必须符合《饲料卫生标准》《饲料标签标准》、各种饲料原料标准、饲料产品标准和饲料添加剂标准的有关规定。所用饲料添加剂和添加剂预混合饲料必须来自有生产

许可证的企业,并且具有企业、行业或国家标准,产品批准文号,进口饲料和饲料添加剂产品登记证及配套的质量检验手段。同时还应遵守以下准则:

(1)生产 A 级绿色食品的饲料使用准则

①优先使用绿色食品生产资料的饲料类产品。

②至少90%的饲料来源于已认定的绿色食品产品及其副产品,其他饲料原料可以是达到绿色食品标准的产品。

③禁止使用转基因方法生产的饲料原料。

④禁止使用以哺乳类动物为原料的动物性饲料产品饲喂反刍动物。

⑤禁止使用工业合成的油脂。

⑥禁止使用畜禽粪便。

(2)绿色食品的饲料添加剂使用准则

①优先使用符合绿色食品生产资料的饲料添加剂类产品。

②所选饲料添加剂必须是《允许使用的饲料添加剂品种目录》中所列的饲料添加剂和允许进口的饲料添加剂品种,但附录 A 中所列的饲料添加剂除外。

③禁止使用任务药物性饲料添加剂。

④禁止使用激素类、安眠镇静类药品。

⑤营养性饲料添加剂的使用量应符合 NY/T 14、NY/T 33、NY/T 34、NY/T 65 中所规定的营养需要量及营养安全幅度。

(3)生产 A 级绿色食品禁止使用的饲料添加剂种类品种(规范性要求)

①添加剂、香料:各种人工合成的调味剂和香料。

②着色剂:各种人工合成的着色剂。

③抗氧化剂:乙氧基喹啉、二丁基羟基甲苯(BHT)、丁基羟基茴香醚。

④粘结剂、抗氧化剂:羟甲纤维素钠、聚氯乙烯、山梨酸。

⑤稳定剂:醇酐单油酸酯、聚丙烯酸树脂。

⑥防腐剂:苯甲酸、苯甲酸钠。

⑦非蛋白氮类:尿素、硫酸铵、液氮、磷酸氢二铵、磷酸二氢铵、缩二脲、异丁叉二脲、磷酸脲、羟甲基脲(反刍动物除外)。

6.10.5 法律责任

①违反饲料条例规定,未取得生产许可证,生产饲料添加剂、添加剂预混合饲料的,由县以上饲料管理部门责令停止生产,没收违法生产的产品和违法所得,并处违法所得 1 倍以上 5 倍以下的罚款;对已取得生产许可证,但未取得产品批准文号的,责令停止生产,并限期补办产品批准文号。

②违反饲料条例规定,经营未附具产品质量检验合格证和产品标签以及无生产许可证、批准文号、产品质量标准的饲料、饲料添加剂的,由县以上饲料管理部门责令停止经营,没收违法经营的产品和违法所得,可以并处违法所得 1 倍以下的罚款。

③包装材料、标签不符合规定的,由县以上饲料管理部门责令限期改正;逾期不改正的,责令停止销售,可以处违法所得 1 倍以下的罚款。

④不具备规定的条件,经营饲料、饲料添加剂的,由县以上饲料管理部门责令限期改正;逾期不改正的,责令停止经营,没收违法所得,可以并处违法所得1倍以上3倍以下的罚款。

⑤违反饲料条例规定,生产、经营已经停用、禁用或者淘汰以及未经审定公布的饲料、饲料添加剂的,依照刑法关于非法经营罪的规定,依法追究刑事责任;尚不够刑事处罚的,由县以上饲料管理部门责令停止生产、经营,没收违法生产、经营的产品和违法所得,并处违法所得1倍以上5倍以下的罚款。

⑥违反饲料条例规定,不按照农业部的规定使用饲料添加剂的,由县以上饲料管理部门责令立即改正,可以处3万元以下的罚款。

在饲料和动物饮用水中添加激素类药品和农业部规定的其他禁用药品的,由县以上饲料管理部门没收违禁药品,可以并处1万元以上5万元以下的罚款。

⑦在生产、经营过程中,以假劣饲料、饲料添加剂的,依照刑法关于生产、销售伪劣产品罪的规定,依法追究刑事责任;尚不够刑事处罚的,由县以上饲料管理部门责令停止生产、经营,没收违法生产、经营的产品和违法所得,并处违法所得1倍以上5倍以下的罚款;情节严重的,并由农业部吊销生产许可证。

⑧经营未经农业部登记的进口饲料、进口饲料添加剂的,依照刑法关于非法经营罪的规定,依法追究刑事责任;尚不够刑事处罚的,由县以上饲料管理部门责令立即停止经营,没收未售出的产品和违法所得,并处违法所得1倍以上5倍以下的罚款。

⑨假冒、伪造或者买卖饲料添加剂、添加剂预混合饲料生产许可证、产品批准文号或者产品登记证的,依照刑法关于非法经营罪或者伪造、变造、买卖国家机关公文、证件、印章罪的规定,依法追究刑事责任;尚不够刑事处罚的,由农业部或者省级饲料管理部门按照职责权限收缴或者吊销生产许可证、产品批准文号或者产品登记证,没收违法所得,并处违法所得1倍以上5倍以下的罚款。

6.11　违反饲料及饲料添加剂条例法律责任

6.11.1　主管机关法律责任

国务院农业行政主管部门、县级以上地方人民政府饲料管理部门或者其他依照本条例规定行使监督管理权的部门及其工作人员,不履行本条例规定的职责或者滥用职权、玩忽职守、徇私舞弊的,对直接负责的主管人员和其他直接责任人员,依法给予处分;直接负责的主管人员和其他直接责任人员构成犯罪的,依法追究刑事责任。

案例6.7

如何确保畜产品质量安全（2012.12.17）

1. 宣传和落实GSP、GMP新标准、《兽药管理条例》《饲料和饲料添加剂管理条例》《动物源性饲料产品安全卫生管理办法》《农业部食品动物禁用的兽药及其他化合物清单》《部分国家及地区明令禁用或重点监控的兽药及其他化合物清单》《兽药国家标准和部分品种的停药期规定》《饲料药物添加剂使用规范》《兽药地方标准废止目录》等法律法规。

2. 全面推行兽药、饲料网络化监管工作机制,做到纸质、电子双备案。

3. 严格监管饲料兽药经营及诊疗场所,把好发放《经营许可证》条件管理,整治经营秩序,依法查处和取缔无照经营、超范围经营等违法行为。

4. 开展安全用药知识宣传普及提行政相对人责任意识,宣传专业知识、法律法规、建立监督制度。

5. 健全畜产品质量安全长效机制,确保人民群众吃上安全放心的畜产品。

6.11.2　行政相对人法律责任

①提供虚假的资料、样品或者采取其他欺骗方式取得许可证明文件的,由发证机关撤销相关许可证明文件,处 5 万元以上 10 万元以下罚款,申请人 3 年内不得就同一事项申请行政许可。以欺骗方式取得许可证明文件给他人造成损失的,依法承担赔偿责任。

②假冒、伪造或者买卖许可证明文件的,由国务院农业行政主管部门或者县级以上地方人民政府饲料管理部门按照职责权限收缴或者吊销、撤销相关许可证明文件;构成犯罪的,依法追究刑事责任。

③未取得生产许可证生产饲料、饲料添加剂的,由县级以上地方人民政府饲料管理部门责令停止生产,没收违法所得、违法生产的产品和用于违法生产饲料的饲料原料、单一饲料、饲料添加剂、药物饲料添加剂、添加剂预混合饲料以及用于违法生产饲料添加剂的原料,违法生产的产品货值金额不足 1 万元的,并处 1 万元以上 5 万元以下罚款,货值金额 1 万元以上的,并处货值金额 5 倍以上 10 倍以下罚款;情节严重的,没收其生产设备,生产企业的主要负责人和直接负责的主管人员 10 年内不得从事饲料、饲料添加剂生产、经营活动。

④已经取得生产许可证,但不再具备本条例第 14 条规定的条件而继续生产饲料、饲料添加剂的,由县级以上地方人民政府饲料管理部门责令停止生产、限期改正,并处 1 万元以上 5 万元以下罚款;逾期不改正的,由发证机关吊销生产许可证。

⑤已经取得生产许可证,但未取得产品批准文号而生产饲料添加剂、添加剂预混合饲料的,由县级以上地方人民政府饲料管理部门责令停止生产,没收违法所得、违法生产的产品和用于违法生产饲料的饲料原料、单一饲料、饲料添加剂、药物饲料添加剂以及用于违法生产饲料添加剂的原料,限期补办产品批准文号,并处违法生产的产品货值金额 1 倍以上 3 倍以下罚款;情节严重的,由发证机关吊销生产许可证。

⑥饲料、饲料添加剂生产企业有下列行为之一的,由县级以上地方人民政府饲料管理部门责令改正,没收违法所得、违法生产的产品和用于违法生产饲料的饲料原料、单一饲料、饲料添加剂、药物饲料添加剂、添加剂预混合饲料以及用于违法生产饲料添加剂的原料,违法生产的产品货值金额不足 1 万元的,并处 1 万元以上 5 万元以下罚款,货值金额 1 万元以上的,并处货值金额 5 倍以上 10 倍以下罚款;情节严重的,由发证机关吊销、撤销相关许可证明文件,生产企业的主要负责人和直接负责的主管人员 10 年内不得从事饲料、饲料添加剂生产、经营活动;构成犯罪的,依法追究刑事责任:a. 使用限制使用的饲料原料、单一饲料、饲料添加剂、药物饲料添加剂、添加剂预混合饲料生产饲料,不遵守国务院农业行政主管部门的限制性规定的;b. 使用国务院农业行政主管部门公布的饲料原料目录、饲料添加剂品种目录和药物饲料添加剂品种目录以外的物质生产饲料的;

c.生产未取得新饲料、新饲料添加剂证书的新饲料、新饲料添加剂或者禁用的饲料、饲料添加剂的。

⑦饲料、饲料添加剂生产企业有下列行为之一的,由县级以上地方人民政府饲料管理部门责令改正,处1万元以上2万元以下罚款;拒不改正的,没收违法所得、违法生产的产品和用于违法生产饲料的饲料原料、单一饲料、饲料添加剂、药物饲料添加剂、添加剂预混合饲料以及用于违法生产饲料添加剂的原料,并处5万元以上10万元以下罚款;情节严重的,责令停止生产,可以由发证机关吊销、撤销相关许可证明文件:a.不按照国务院农业行政主管部门的规定和有关标准对采购的饲料原料、单一饲料、饲料添加剂、药物饲料添加剂、添加剂预混合饲料和用于饲料添加剂生产的原料进行查验或者检验的;b.饲料、饲料添加剂生产过程中不遵守国务院农业行政主管部门制定的饲料、饲料添加剂质量安全管理规范和饲料添加剂安全使用规范的;c.生产的饲料、饲料添加剂未经产品质量检验的。

⑧饲料、饲料添加剂生产企业不依照本条例规定实行采购、生产、销售记录制度或者产品留样观察制度的,由县级以上地方人民政府饲料管理部门责令改正,处1万元以上2万元以下罚款;拒不改正的,没收违法所得、违法生产的产品和用于违法生产饲料的饲料原料、单一饲料、饲料添加剂、药物饲料添加剂、添加剂预混合饲料以及用于违法生产饲料添加剂的原料,处2万元以上5万元以下罚款,并可以由发证机关吊销、撤销相关许可证明文件。

饲料、饲料添加剂生产企业销售的饲料、饲料添加剂未附具产品质量检验合格证或者包装、标签不符合规定的,由县级以上地方人民政府饲料管理部门责令改正;情节严重的,没收违法所得和违法销售的产品,可以处违法销售的产品货值金额30%以下罚款。

⑨不符合《饲料、饲料添加剂管理条例》第22条规定的条件经营饲料、饲料添加剂的,由县级人民政府饲料管理部门责令限期改正;逾期不改正的,没收违法所得和违法经营的产品,违法经营的产品货值金额不足1万元的,并处2000元以上2万元以下罚款,货值金额1万元以上的,并处货值金额2倍以上5倍以下罚款;情节严重的,责令停止经营,并通知工商行政管理部门,由工商行政管理部门吊销营业执照。

⑩饲料、饲料添加剂经营者有下列行为之一的,由县级人民政府饲料管理部门责令改正,没收违法所得和违法经营的产品,违法经营的产品货值金额不足1万元的,并处2000元以上2万元以下罚款,货值金额1万元以上的,并处货值金额2倍以上5倍以下罚款;情节严重的,责令停止经营,并通知工商行政管理部门,由工商行政管理部门吊销营业执照;构成犯罪的,依法追究刑事责任:

a.对饲料、饲料添加剂进行再加工或者添加物质的;

b.经营无产品标签、无生产许可证、无产品质量检验合格证的饲料、饲料添加剂的;

c.经营无产品批准文号的饲料添加剂、添加剂预混合饲料的;

d.经营用国务院农业行政主管部门公布的饲料原料目录、饲料添加剂品种目录和药物饲料添加剂品种目录以外的物质生产的饲料的;

e.经营未取得新饲料、新饲料添加剂证书的新饲料、新饲料添加剂或者未取得饲料、饲料添加剂进口登记证的进口饲料、进口饲料添加剂以及禁用的饲料、饲料添加剂的。

⑪饲料、饲料添加剂经营者有下列行为之一的,由县级人民政府饲料管理部门责令

改正,没收违法所得和违法经营的产品,并处2 000元以上1万元以下罚款:

a. 对饲料、饲料添加剂进行拆包、分装的;

b. 不依照本条例规定实行产品购销台账制度的;

c. 经营的饲料、饲料添加剂失效、霉变或者超过保质期的。

⑫对《饲料、饲料添加剂管理条例》第28条规定的饲料、饲料添加剂,生产企业不主动召回的,由县级以上地方人民政府饲料管理部门责令召回,并监督生产企业对召回的产品予以无害化处理或者销毁;情节严重的,没收违法所得,并处应召回的产品货值金额1倍以上3倍以下罚款,可以由发证机关吊销、撤销相关许可证明文件;生产企业对召回的产品不予以无害化处理或者销毁的,由县级人民政府饲料管理部门代为销毁,所需费用由生产企业承担。

对《饲料、饲料添加剂管理条例》第28条规定的饲料、饲料添加剂,经营者不停止销售的,由县级以上地方人民政府饲料管理部门责令停止销售;拒不停止销售的,没收违法所得,处1 000元以上5万元以下罚款;情节严重的,责令停止经营,并通知工商行政管理部门,由工商行政管理部门吊销营业执照。

⑬饲料、饲料添加剂生产企业、经营者有下列行为之一的,由县级以上地方人民政府饲料管理部门责令停止生产、经营,没收违法所得和违法生产、经营的产品,违法生产、经营的产品货值金额不足1万元的,并处2 000元以上2万元以下罚款,货值金额1万元以上的,并处货值金额2倍以上5倍以下罚款;构成犯罪的,依法追究刑事责任:

a. 在生产、经营过程中,以非饲料、非饲料添加剂冒充饲料、饲料添加剂或者以此种饲料、饲料添加剂冒充他种饲料、饲料添加剂的;

b. 生产、经营无产品质量标准或者不符合产品质量标准的饲料、饲料添加剂的;

c. 生产、经营的饲料、饲料添加剂与标签标示的内容不一致的。

饲料、饲料添加剂生产企业有前款规定的行为,情节严重的,由发证机关吊销、撤销相关许可证明文件;饲料、饲料添加剂经营者有前款规定的行为,情节严重的,通知工商行政管理部门,由工商行政管理部门吊销营业执照。

⑭养殖者有下列行为之一的,由县级人民政府饲料管理部门没收违法使用的产品和非法添加物质,对单位处1万元以上5万元以下罚款,对个人处5 000元以下罚款;构成犯罪的,依法追究刑事责任:

a. 使用未取得新饲料、新饲料添加剂证书的新饲料、新饲料添加剂或者未取得饲料、饲料添加剂进口登记证的进口饲料、进口饲料添加剂的;

b. 使用无产品标签、无生产许可证、无产品质量标准、无产品质量检验合格证的饲料、饲料添加剂的;

c. 使用无产品批准文号的饲料添加剂、添加剂预混合饲料的;

d. 在饲料或者动物饮用水中添加饲料添加剂,不遵守国务院农业行政主管部门制定的饲料添加剂安全使用规范的;

e. 使用自行配制的饲料,不遵守国务院农业行政主管部门制定的自行配制饲料使用规范的;

f. 使用限制使用的物质养殖动物,不遵守国务院农业行政主管部门的限制性规定的;

g. 在反刍动物饲料中添加乳和乳制品以外的动物源性成分的。

在饲料或者动物饮用水中添加国务院农业行政主管部门公布禁用的物质以及对人体具有直接或者潜在危害的其他物质,或者直接使用上述物质养殖动物的,由县级以上地方人民政府饲料管理部门责令其对饲喂了违禁物质的动物进行无害化处理,处3万元以上10万元以下罚款;构成犯罪的,依法追究刑事责任。

⑮养殖者对外提供自行配制的饲料的,由县级人民政府饲料管理部门责令改正,处2 000元以上2万元以下罚款。

案例6.8

关于擅自添加违禁药物盐酸克伦特罗处罚案

20××年7月14日A某在猪场加工饲料时添加了盐酸克伦特罗(瘦肉精),后将该批饲料用于喂养其猪场内的200头种猪,于9月19日将其中的103头生猪出售给外地客商B某,该批生猪在外地被检出"瘦肉精"呈阳性,经该市兽医行政执法人员查证属实。

该市畜牧兽医局依法对该人作出如下处罚:①没收已查扣的28克瘦肉精;②并处10 000元人民罚款。

这是一起擅自使用国家明令禁止使用饲料、饲料添加剂的案件。该市兽医局对该人的处罚决定是正确的。

《饲料和饲料添加剂管理条例》第3条规定"国务院农业行政主管部门负责全国饲料、饲料添加剂管理工作。"《条例》第19条第1款规定,"使用饲料添加剂应当遵守国务院农业行政主管部门制定的安全使用规范。"农业部于20××年以168号公告了《饲料药物添加剂使用规范》。《条例》第19条第2款规定,"禁止使用本条例第18条规定的饲料、饲料添加剂。禁止在饲料和动物饮用水中添加激素类药品和国务院农业行政主管部门规定的其他禁用药品。"20××年农业部、卫生部、国家药品监督管理局三部局以176号公告公布了《禁止在饲料和动物饮用水中使用的药物品种目录》。瘦肉精为国家明令禁止使用的饲料添加剂。该人擅自在饲料加工过程添加瘦肉精,并将含瘦肉精的饲料喂养猪的行为就明显违反了上述规定。

《条例》第29条第2款规定,"使用本条例第18条规定的饲料、饲料添加剂,或者在饲料和动物饮用水中添加激素类药品和国务院农业行政主管部门规定的其他禁用药品的,由县级以上地方人民政府饲料管理部门没收违禁药品,可以并处1万元以上5万元以下的罚款。"某市农业局对该人的罚款,符合《条例》的规定,是正确的。

本章小结

饲料是维持饲养动物生命的物质基础,其质量优劣关系到饲养动物的健康、动物产品的卫生和人类食源的安全。

为了提高饲料、饲料添加剂质量,促进饲料工业和养殖业的发展,维护人民身体健康,国家1999年5月29日制定《饲料和饲料添加剂管理条例》《新饲料和新饲料添加剂管理办法》《进口饲料和饲料添加剂登记管理办法》《饲料和饲料添加剂生产许可管理办法》《饲料添加剂和添加剂预混合饲料产品批准文号管理办法》《饲料生产企业许可条件》《混合型饲料添加剂生产企业许可条件》《绿色食品饲料及饲料添加剂使用准则》规范饲料、饲料添加剂研究、生产、进出口、经营、使用、监督各个环节。

复习思考题

1. 什么是饲料？饲料有哪些种类？举例说明。

2. 什么是饲料添加剂？分为哪几类？举例说明。

3. 制作饲料标签应遵循什么原则？标签的内容有哪些？

4. 动物源性饲料产品有哪些？

5. 开办饲料经营企业需要什么条件，怎样才能办起一个饲料经营企业？

6. 名词解释：饲料，饲料添加剂，动物源性饲料产品，饲料卫生标准，标签，饲料添加剂预混料。

实　训

到饲料生产、经营企业参观实习，了解饲料原料种类、饲料生产工艺过程、质量检验；饲料产品购进、贮存、营销过程和使用情况。

第7章
兽药研究生产经营使用管理

本章导读:本章主要介绍兽药生产、经营、进出口、使用、监督、新兽药、兽用生物制品、兽药商标标签包装说明书广告管理、绿色食品兽药使用准则、法律责任等内容。大家都知道,动物健康与兽药息息相关,怎样的兽药才能确保动物健康呢? 让我们进入兽药知识领域看看吧。

7.1 兽药管理概述

7.1.1 兽药管理立法

1)目的政策

①为了加强兽药管理,保证兽药质量,防治动物疾病,促进养殖业的发展,维护人体健康,国务院于 1987 年 5 月 21 日发布《兽药管理条例》,2004 年 3 月 24 日修订,2004 年 11 月 1 日起施行,并制定相应的配套管理办法。

②在中华人民共和国境内从事兽药的研制、生产、经营、进出口、使用和监督管理,都必须遵守兽药管理条例。

③国家对兽药实行处方用药和非处方药的分类管理制度。

④国家实行兽药储备制度。发生重大动物疫情、灾情或者其他突发事件时,农业部兽医局紧急调用国家储备的兽药;必要时,调用国家储备以外的兽药。

2)主管机关

①农业部兽医局负责全国的兽药监督管理工作。

②县以上兽药主管机关负责本行政区域内的兽药监督管理工作。

7.1.2 新兽药研究

1) 新兽药研制规定

①国家鼓励研制新兽药,依法保护研制者的合法权益。

②研制新兽药,必须具有与研制相适应的场所、仪器设备、专业技术人员、安全管理规范和措施。

③研制新兽药,必须进行安全性评价。从事兽药安全性评价的单位,应由农业部兽医局认定,并遵守兽药非临床研究质量管理规范和兽药临床试验质量管理规范。

④研制新兽药,应在临床试验前向省级兽药主管机关提出申请,并附具该新兽药实验室阶段安全性评价报告及其他临床前研究资料;省级兽药主管机关自收到申请之日起60个工作日内将审查结果书面通知申请人。

⑤研制的新兽药属于生物制品的,应在临床试验前向农业部兽医局提出申请,农业部兽医局自收到申请之日起60个工作日内将审查结果书面通知申请人。

⑥研制新兽药需要使用一类病原微生物的,还应具备农业部兽医局规定的条件,并在实验室阶段前报农业部兽医局批准。

2) 新兽药注册证书申报审批

(1) 样品与资料

临床试验完成后,新兽药研制者向农业部兽医局提出新兽药注册申请时,应提交该新兽药的样品和下列资料:

①名称、主要成分、理化性质。

②研制方法、生产工艺、质量标准和检测方法。

③药理和毒理试验结果、临床试验报告和稳定性试验报告。

④环境影响报告和污染防治措施。

⑤研制的新兽药属于生物制品的,还应提供菌(毒、虫)种、细胞等有关材料和资料。菌(毒、虫)种、细胞由农业部兽医局指定的机构保藏。

⑥研制用于食用动物的新兽药,还应按照农业部兽医局的规定进行兽药残留试验并提供休药期、最高残留限量标准、残留检测方法及其制定依据等资料。

(2) 审批

农业部兽医局自收到申请之日起10个工作日内,将决定受理的新兽药资料送其设立的兽药评审机构进行评审,将新兽药样品送其指定的检验机构复核检验,并自收到评审和复核检验结论之日起60个工作日内完成审查。审查合格的,发给新兽药注册证书,发布该兽药的质量标准;不合格的,书面通知申请人。

(3) 保护

国家对依法获得注册的、含有新化合物的兽药的申请人提交的数据实施保护。自注册之日起6年内,对其他申请人未经已获得注册兽药的申请人同意,使用其数据申请兽药注册的,兽药注册机关不予注册。

除下列情况外,兽药注册机关不得披露其数据:公共利益需要;已采取措施确保该类信息不会被不正当地进行商业使用。

7.2 兽药生产管理

7.2.1 兽药生产实行许可证制度

1）兽药生产企业应具备的条件

①与所生产的兽药相适应的兽医学、药学或者相关专业的技术人员。

②与所生产的兽药相适应的厂房、设施。

③与所生产的兽药相适应的兽药质量管理和质量检验的机构、人员、仪器设备。

④符合安全、卫生要求的生产环境。

⑤兽药生产质量管理规范规定的其他生产条件。

2）申请发证

①符合规定条件的，申请人方可向省级兽药主管机关提出申请，并附具符合规定条件的证明材料；省级兽药主管机关自收到申请之日起 20 个工作日内，将审核意见和有关材料报送农业部兽医局。

②农业部兽医局自收到审核意见和有关材料之日起 40 个工作日内完成审查。经审查合格的，发给兽药生产许可证；不合格的，应书面通知申请人。申请人凭兽药生产许可证办理工商登记手续。

7.2.2 兽药生产许可证管理

①兽药生产许可证应载明生产范围、生产地点、有效期和法定代表人姓名、住址等事项。兽药生产许可证有效期为 5 年。有效期届满，需要继续生产兽药的，应当在许可证有效期届满前 6 个月到原发证机关申请换发兽药生产许可证。

②兽药生产企业变更生产范围、生产地点的，应依照兽药管理条例规定条件申请换发兽药生产许可证，申请人凭换发的兽药生产许可证办理工商变更登记手续；变更企业名称、法定代表人的，应在办理工商变更登记手续后 15 个工作日内，到原发证机关申请换发兽药生产许可证。

7.2.3 兽药按照 GMP 组织生产

1）生产要求

①企业应按照农业部兽医局制定的兽药生产质量管理规范，即 GMP 组织生产。农业部兽医局对兽药生产企业是否符合 GMP 的要求进行监督检查，并公布检查结果。

②兽药生产企业生产兽药，应取得农业部兽医局核发的产品批准文号，产品批准文号的有效期为 5 年。兽药产品批准文号的核发办法由农业部兽医局制定。

③兽药生产企业应当按照兽药国家标准和农业部兽医局批准的生产工艺进行生产。兽药生产企业改变影响兽药质量的生产工艺的，应报原批准部门审核批准。兽药生产企业应建立生产记录，生产记录应当完整、准确。

④生产兽药所需的原料、辅料,应当符合国家标准或者所生产兽药的质量要求。直接接触兽药的包装材料和容器应当符合药用要求。

2)质量检验

①兽药出厂前应当经过质量检验,不符合质量标准的不得出厂。兽药出厂应附有产品质量合格证。禁止生产假、劣兽药。

②兽药生产企业生产的每批兽用生物制品,在出厂前应当由农业部兽医局指定的检验机构审查核对,并在必要时进行抽查检验;未经审查核对或者抽查检验不合格的,不得销售。强制免疫所需兽用生物制品,由农业部兽医局指定的企业生产。

7.2.4 包装标签和说明书

①兽药包装应按照规定印有或者贴有标签,附具说明书,并在显著位置注明"兽用"字样。兽药的标签和说明书经农业部兽医局批准并公布后,方可使用。

②兽药的标签或者说明书,应以中文注明兽药的通用名称、成分及其含量、规格、生产企业、产品批准文号(进口兽药注册证号)、产品批号、生产日期、有效期、适应证或者功能主治、用法、用量、休药期、禁忌、不良反应、注意事项、运输贮存保管条件及其他应当说明的内容。有商品名称的,还应注明商品名称。

③除前款规定的内容外,兽用处方药的标签或者说明书还应印有农业部兽医局规定的警示内容,其中兽用麻醉药品、精神药品、毒性药品和放射性药品还应当印有规定的特殊标志;兽用非处方药的标签或者说明书还应当印有农业部兽医局规定的非处方药标志。

7.2.5 兽药监测期

农业部兽医局根据保证动物产品质量安全和人体健康的需要,可以对新兽药设立不超过5年的监测期;在监测期内,不得批准其他企业生产或者进口该新兽药。生产企业应在监测期内收集该新兽药的疗效、不良反应等资料,并及时报送农业部兽医局。

案例7.1

农业部对兽药企业生产假兽药案件进行行政处罚

中华人民共和国农业部　行政处罚决定书

农罚(医)〔2013〕1号

当事人:某动物药业有限公司　地址:江西省上高县工业园黄金堆　法定代表人:龚某

当事人生产假兽药一案,经我部依法调查,现查明:2012年4月19日,江西省畜牧兽医局对当事人实施兽药监督执法检查,发现当事人存在以下违法行为:一是仿冒其他兽药企业生产假兽药;二是改变产品组方不按兽药标准生产假兽药;三是违反兽药生产质量管理规范要求从事生产活动,并提供虚假资料骗取兽药批准证明文件。以上事实有江西省畜牧兽医局对当事人实施执法检查时形成的询问笔录、现场检查(勘验)笔录及现场检查(产品、标签及说明书)登记表等证据为证。

我部认为,当事人以上行为违反了《兽药管理条例》第11条第1款第2、3项"设立兽

180

药生产企业,应当符合国家兽药行业发展规划和产业政策,并具备下列条件:(二)与所生产的兽药相适应的厂房、设施;(三)与所生产的兽药相适应的兽药质量管理和质量检验的机构、人员、仪器设备"、第16条"兽药生产企业应当按照兽药国家标准和国务院兽医行政主管部门批准的生产工艺进行生产"、第18条第3款"禁止生产假、劣兽药"的规定,违法事实清楚,情节严重。2012年11月22日,我部依法向当事人送达了《行政处罚事先告知书》{农罚(医)[2012]1号},告知当事人可以在收到告知书之日起3日内向我部进行陈述申辩、申请听证。当事人在规定期限内未进行陈述申辩,也未申请听证。

依照《兽药管理条例》第56条"违反本条例规定,生产、经营假、劣兽药,情节严重的,吊销兽药生产许可证"、第57条"违反本条例规定,提供虚假的资料、样品或者采取其他欺骗手段取得兽药生产许可证、兽药经营许可证或者兽药批准证明文件的,吊销兽药生产许可证"、第59条"违反本条例规定,兽药安全性评价单位、临床试验单位、生产和经营单位未按照规定实施兽药研究试验、生产、经营质量管理规范的,情节严重的,吊销兽药生产许可证"之规定,我部作出如下处罚决定:吊销当事人《兽药生产许可证》(〔2010〕兽药生产证字14053号)。

当事人对本处罚决定不服的,可以在收到本处罚决定书之日起60日内向我部申请行政复议;或者3个月内向北京市第二中级人民法院提起行政诉讼。

农业部
2013年1月8日

7.3　兽药经营管理

2010年1月4日,农业部发布《兽药经营质量管理规范》,自2010年3月1日起施行。

7.3.1　总则

①为加强兽药经营质量管理,保证兽药质量,根据《兽药管理条例》,制定兽药经营质量管理规范。

②本规范适用于中华人民共和国境内的兽药经营企业。

案例7.2

某县严厉查处一例经营假兽药行为

2012年8月,某县动物卫生监督所兽药监督员在对该县毛家港镇兽药市场进行检查中,发现曹某经营的"渔病医院"中卖有批准文号过期的假兽药,该药品名为"三黄散",生产单位是"武汉某生物科技有限公司",标签上的批准文号为(2006)170099213已过期,共11箱,合计1 320元。

依据《兽药管理条例》第47条:未经审查批准即生产销售的为假兽药。按照第56条:违反本条例规定,经营假兽药的,责令停止经营,没收产品,处货值金额2倍以上5倍以下的罚款。执法人员依法对曹某进行教育并处以罚款,对假药全部没收后予以销毁。

以此为鉴,该县动物卫生监督所加大了对兽药饲料等畜牧业生产投入品市场检查力度,杜绝假劣产品流入市场,要求兽药饲料经营户、养殖户都保持清醒的认识,诚信经营,守法经营,共同营造健康养殖,安全消费的社会环境。

7.3.2　场所与设施

1)场所

①兽药经营企业应当具有固定的经营场所和仓库,其面积应当符合省、自治区、直辖市人民政府兽医行政管理部门的规定。经营场所和仓库应当布局合理,相对独立。

②经营场所的面积、设施和设备应当与经营的兽药品种、经营规模相适应。兽药经营区域与生活区域、动物诊疗区域应当分别独立设置,避免交叉污染。

③兽药经营企业应当具有与经营的兽药品种、经营规模适应并能够保证兽药质量的常温库、阴凉库(柜)、冷库(柜)等。

④仓库面积和相关设施、设备应当满足合格兽药区、不合格兽药区、待验兽药区、退货兽药区等不同区域划分和不同兽药品种分区、分类保管、储存的要求。

2)设施设备

①兽药经营企业的经营场所和仓库的地面、墙壁、顶棚等应当平整、光洁,门、窗应当严密、易清洁。

②与经营兽药相适应的货架、柜台。

③避光、通风、照明的设施、设备。

④与储存兽药相适应的控制温度、湿度的设施、设备。

⑤防尘、防潮、防霉、防污染和防虫、防鼠、防鸟的设施、设备。

⑥进行卫生清洁的设施、设备等。

⑦兽药经营企业经营场所和仓库的设施、设备应当齐备、整洁、完好,并根据兽药品种、类别、用途等设立醒目标志。

⑧兽药直营连锁经营企业在同一县(市)内有多家经营门店的,可以统一配置仓储和相关设施、设备。

3)经营许可证

①兽药经营企业的经营地点应当与《兽药经营许可证》载明的地点一致。《兽药经营许可证》应当悬挂在经营场所的显著位置。

②变更经营地点的,应当申请换发兽药经营许可证。

③变更经营场所面积的,应当在变更后30个工作日内向发证机关备案。

④变更仓库位置,增加、减少仓库数量、面积以及相关设施、设备的,应当在变更后30个工作日内向发证机关备案。

案例7.3

某市畜牧兽医局办理《兽药经营许可》公示(2011)

1.政策依据:《兽药管理条例》第22条第2款符合前款规定条件的,申请人方可向市、县人民政府兽医行政管理部门提出申请,并附具符合前款规定条件的证明材料;县级以上地方人民政府兽医行政管理部门,应当自收到申请之日起30个工作日内完成审查。

审查合格的,发给兽药经营许可证;不合格的,应当书面通知申请人。申请人凭兽药经营许可证办理工商登记手续。

2.办理程序:①申请;②受理;③审核;④决定。

3.申报材料:

(1)《申请表》;个人或法人身份证复印件一份并交验原件。

(2)所经营的兽药相适应的兽药技术人员证明。

(3)与所经营的兽药相适应的营业场所、设备、仓库设施证明。

(4)与所经营的兽药相适应的质量管理机构或者人员证明。

(5)兽药经营质量管理规范规定的其他经营条件。

4.收费标准:不收费。

5.收费依据:无。

6.办理时限:13个工作日。

7.联系电话:282610×。

7.3.3　机构与人员

1)专业技术人员

①兽药经营企业直接负责的主管人员应当熟悉兽药管理法律、法规及政策规定,具备相应兽药专业知识。

②兽药经营企业应当配备与经营兽药相适应的质量管理人员。有条件的,可以建立质量管理机构。

③兽药经营企业主管质量的负责人和质量管理机构的负责人应当具备相应兽药专业知识,且其专业学历或技术职称应当符合省级人民政府兽医行政管理部门的规定(注册执业兽医师)。

④兽药质量管理人员应当具有兽药、兽医等相关专业中专以上学历,或者具有兽药、兽医等相关专业初级以上专业技术职称(注册助理执业兽医师)。经营兽用生物制品的,兽药质量管理人员应当具有兽药、兽医等相关专业大专以上学历,或者具有兽药、兽医等相关专业中级以上专业技术职称,并具备兽用生物制品专业知识。

⑤兽药质量管理人员不得在本企业以外的其他单位兼职。

⑥主管质量的负责人、质量管理机构的负责人、质量管理人员发生变更的,应当在变更后30个工作日内向发证机关备案。

2)一般工作人员

兽药经营企业从事兽药采购、保管、销售、技术服务等工作的人员,应当具有高中以上学历,并具有相应兽药、兽医等专业知识,熟悉兽药管理法律、法规及政策规定。

3)培训考核

兽药经营企业应当制订培训计划,定期对员工进行兽药管理法律、法规、政策规定和相关专业知识、职业道德培训、考核,并建立培训、考核档案。

7.3.4 规章制度

1）质量管理文件

兽药经营企业应当建立质量管理体系,制定管理制度、操作程序等质量管理文件,质量管理文件应当包括下列内容:

①企业质量管理目标。

②企业组织机构、岗位和人员职责。

③对供货单位和所购兽药的质量评估制度。

④兽药采购、验收、入库、陈列、储存、运输、销售、出库等环节的管理制度。

⑤环境卫生的管理制度。

⑥兽药不良反应报告制度。

⑦不合格兽药和退货兽药的管理制度。

⑧质量事故、质量查询和质量投诉的管理制度。

⑨企业记录、档案和凭证的管理制度。

⑩质量管理培训、考核制度。

2）记录

①人员培训、考核记录。

②控制温度、湿度的设施、设备的维护、保养、清洁、运行状态记录。

③兽药质量评估记录。

④兽药采购、验收、入库、储存、销售、出库等记录。

⑤兽药清查记录。

⑥兽药质量投诉、质量纠纷、质量事故、不良反应等记录。

⑦不合格兽药和退货兽药的处理记录。

⑧兽医行政管理部门的监督检查情况记录。

记录应当真实、准确、完整、清晰,不得随意涂改、伪造和变造。确需修改的,应当签名、注明日期,原数据应当清晰可辨。

3）质量管理档案

兽药经营企业应当建立兽药质量管理档案,设置档案管理室或者档案柜,并由专人负责,质量管理档案应当包括:

①人员档案、培训档案、设备设施档案、供应商质量评估档案、产品质量档案。

②开具的处方、进货及销售凭证。

③购销记录及本规范规定的其他记录。

质量管理档案不得涂改,保存期限不得少于 2 年;购销等记录和凭证应当保存至产品有效期后一年。

7.3.5 采购与入库

1）采购要求

①兽药经营企业应当采购合法兽药产品。兽药经营企业应当对供货单位的资质、质

量保证能力、质量信誉和产品批准证明文件进行审核,并与供货单位签订采购合同。

②兽药经营企业购进兽药时,应当依照国家兽药管理规定、兽药标准和合同约定,对每批兽药的包装、标签、说明书、质量合格证等内容进行检查,符合要求的方可购进。必要时,应当对购进兽药进行检验或者委托兽药检验机构进行检验,检验报告应当与产品质量档案一起保存。

兽药经营企业应当保存采购兽药的有效凭证,建立真实、完整的采购记录,做到有效凭证、账、货相符。采购记录应当载明兽药的通用名称、商品名称、批准文号、批号、剂型、规格、有效期、生产单位、供货单位、购入数量、购入日期、经手人或者负责人等内容。

③兽药入库时,应当进行检查验收,并做好记录。

2)入库要求

有下列情形之一的兽药,不得入库:

①与进货单不符的。

②内、外包装破损可能影响产品质量的。

③没有标识或者标识模糊不清的。

④质量异常的。

⑤其他不符合规定的。

⑥兽用生物制品入库,应当由两人以上进行检查验收。

7.3.6　陈列与储存

1)陈列储存

①按照品种、类别、用途以及温度、湿度等储存要求,分类、分区或者专库存放。

②按照兽药外包装图示标志的要求搬运和存放。

③与仓库地面、墙、顶等之间保持一定间距。

④内用兽药与外用兽药分开存放,兽用处方药与非处方药分开存放;易串味兽药、危险药品等特殊兽药与其他兽药分库存放。

⑤待验兽药、合格兽药、不合格兽药、退货兽药分区存放。

⑥同一企业的同一批号的产品集中存放。

2)标识记录

①不同区域、不同类型的兽药应当具有明显的识别标识。标识应当放置准确、字迹清楚。

②不合格兽药以红色字体标识;待验和退货兽药以黄色字体标识;合格兽药以绿色字体标识。

③兽药经营企业应当定期对兽药及其陈列、储存的条件和设施、设备的运行状态进行检查,并做好记录。

④兽药经营企业应当及时清查兽医行政管理部门公布的假劣兽药,并做好记录。

7.3.7 销售与运输

1)出库原则

兽药经营企业销售兽药,应当遵循先产先出和按批号出库的原则。兽药出库时,应当进行检查、核对,建立出库记录。兽药出库记录应当包括兽药通用名称、商品名称、批号、剂型、规格、生产厂商、数量、日期、经手人或者负责人等内容。有下列情形之一的兽药,不得出库销售。

①标识模糊不清或者脱落的。

②外包装出现破损、封口不牢、封条严重损坏的。

③超出有效期限的。

④其他不符合规定的。

2)记录凭证

①兽药经营企业应当建立销售记录。销售记录应当载明兽药通用名称、商品名称、批准文号、批号、有效期、剂型、规格、生产厂商、购货单位、销售数量、销售日期、经手人或者负责人等内容。

②兽药经营企业销售兽药,应当开具有效凭证,做到有效凭证、账、货、记录相符。

③兽药经营企业销售兽用处方药的,应当遵守兽用处方药管理规定;销售兽用中药材、中药饮片的,应当注明产地。

④兽药拆零销售时,不得拆开最小销售单元。

3)兽药的运输

兽药经营企业应当按照兽药外包装图示标志的要求运输兽药。有温度控制要求的兽药,在运输时应当采取必要的温度控制措施,并建立详细记录。

7.3.8 售后服务

①兽药经营企业应当按照兽医行政管理部门批准的兽药标签、说明书及其他规定进行宣传,不得误导购买者。

②兽药经营企业应当向购买者提供技术咨询服务,在经营场所明示服务公约和质量承诺,指导购买者科学、安全、合理使用兽药。

③兽药经营企业应当注意收集兽药使用信息,发现假、劣兽药和质量可疑兽药以及严重兽药不良反应时,应当及时向所在地兽医行政管理部门报告,并根据规定做好相关工作。

④兽药经营企业经营兽用麻醉药品、精神药品、易制毒化学药品、毒性药品、放射性药品等特殊药品,还应当遵守国家其他有关规定。

⑤动物防疫机构依法从事兽药经营活动的,应当遵守本规范。

7.3.9 兽药经营许可证管理

①兽药经营许可证应载明经营范围、经营地点、有效期和法定代表人姓名、住址等

事项。

兽药经营许可证有效期为5年。有效期届满,需要继续经营兽药的,应当在许可证有效期届满前6个月到原发证机关申请换发兽药经营许可证。

②兽药经营企业变更经营范围、经营地点的,应依照兽药条例规定条件申请换发兽药经营许可证,申请人凭换发的兽药经营许可证办理工商变更登记手续;变更企业名称、法定代表人的,应当在办理工商变更登记手续后15个工作日内,到原发证机关申请换发兽药经营许可证。

案例7.4

某县动物卫生监督所查处一起无证销售兽药行为

2012年10月19日,某县动物卫生监督所执法人员在狮子口镇查获一起无《兽药经营许可证》的兽药经营案。经调查,供货商黄某在未取得《兽药经营许可证》的情况下,用小车运送兽药的方式将兽药销给各兽药门店。当日黄某正准备将兽药销售给吉兴兽药店时被执法人员拦截,当场查处"菌毒先锋"1件、"杀虫1号"1件、"神通九加一"1件、"头孢百安康"1件、"长效头孢"14盒,货值总计1050元。执法人员根据《兽药管理条例》第56条规定,无《兽药经营许可证》经营兽药的,没收违法经营的兽药,并处2倍以上5倍以下的罚款。依法没收该批兽药,并处罚款2100元。通过打击这次走街串巷无《兽药经营许可证》销售兽药行为,有效地震慑了不法商人的违法行为。

7.4　兽药进出口管理

7.4.1　出口兽药实行注册制度

1)兽药注册资料

首次向中国出口的兽药,由出口方驻中国境内的办事机构或者其委托的中国境内代理机构向农业部兽医局申请注册,并提交下列资料和物品:

①生产企业所在国家(地区)兽药管理部门批准生产、销售的证明文件。

②生产企业所在国家(地区)兽药管理部门颁发的符合GMP的证明文件。

③兽药的制造方法、生产工艺、质量标准、检测方法、药理和毒理试验结果、临床试验报告、稳定性试验报告及其他相关资料;用于食用动物的兽药的休药期、最高残留限量标准、残留检测方法及其制定依据等资料。

④兽药的标签和说明书样本。

⑤兽药的样品、对照品、标准品。

⑥环境影响报告和污染防治措施。

⑦涉及兽药安全性的其他资料。

⑧申请向中国出口兽用生物制品的,还应提供菌(毒、虫)种、细胞等有关材料和资料。

2)兽药注册审查

农业部兽医局自收到申请之日起10个工作日内组织初步审查。经初步审查合格的,应当将决定受理的兽药资料送其设立的兽药评审机构进行评审,将该兽药样品送其指定的检验机构复核检验,并自收到评审和复核检验结论之日起 60 个工作日内完成审查。经审查合格的,发给进口兽药注册证书,并发布该兽药的质量标准;不合格的,应当书面通知申请人。

在审查过程中,农业部兽医局对向中国出口兽药的企业是否符合 GMP 的要求进行考查,并有权要求该企业在农业部兽医局指定的机构进行该兽药的安全性和有效性试验。

国内急需兽药、少量科研用兽药或者注册兽药的样品、对照品、标准品的进口,按照农业部兽医局的规定办理。

3)兽药注册证书

进口兽药注册证书的有效期为 5 年。有效期届满,需要继续向中国出口兽药的,应当在有效期届满前 6 个月到原发证机关申请再注册。

7.4.2　进口兽药禁止性规定

1)境外企业不得在中国直接销售兽药

境外企业在中国销售兽药,应当依法在中国境内设立销售机构或者委托符合条件的中国境内代理机构。

进口在中国已取得进口兽药注册证书的兽用生物制品的,中国境内代理机构应向农业部兽医局门申请允许进口兽用生物制品证明文件,凭允许进口兽用生物制品证明文件到口岸所在地兽药主管机关办理进口兽药通关单;进口在中国已取得进口兽药注册证书的其他兽药的,凭进口兽药注册证书到口岸所在地兽药主管机关办办理进口兽药通关单。海关凭进口兽药通关单放行。

兽用生物制品进口后,应当依照兽药管理条例的规定进行审查核对和抽查检验。其他兽药进口后,由当地兽医局通知兽药检验机构进行抽查检验。

2)禁止进口下列兽药

①药效不确定、不良反应大以及可能对养殖业、人体健康造成危害或者存在潜在风险的。

②来自疫区可能造成疫病在中国境内传播的兽用生物制品。

③经考查生产条件不符合规定的。

④农业部兽医局禁止生产、经营和使用的。

7.4.3　出口兽药管理

向中国境外出口兽药,进口方要求提供兽药出口证明文件的,农业部兽医局或者企业所在地的省级兽药主管机关可以出具出口兽药证明文件。国内防疫急需的疫苗,农业部兽医局可以限制或者禁止出口。

案例 7.5

中华人民共和国农业部公告

根据《兽药管理条例》和《兽药注册办法》规定,经审核,批准辉瑞动物保健品有限公司生产的葡萄糖甘氨酸补液盐可溶性粉在我国注册,核发《进口兽药注册证书》,并发布产品质量标准、说明书和标签,自发布之日起执行。

批准辉瑞动物保健品公司法国 Amboise 生产厂生产的泰拉霉素注射液在我国再注册,核发《进口兽药注册证书》,并发布修订后的产品质量标准、说明书和标签,自发布之日起执行。

特此公告。

农业部

2012 年 9 月 14 日

附件1　进口兽药注册目录(略)

兽药名称	生产厂名称	证书号	有效期限	备注
葡萄糖甘氨酸补液盐可溶性粉 Glucose, Glycine and Electrolyte for Oral Hydration Powder	辉瑞动物保健品有限公司 Pfizer Animal Health, A Division of Pfizer, Inc.	(2012) 外兽药证字 59 号	2012.09—2017.08	注册
泰拉霉素注射液 (20 ml:2 g) Tulathromycin Injection	辉瑞动物保健品公司法国 Amboise 生产厂 Pfizer PGM, Amboise, France	(2012) 外兽药证字 60 号	2012.09—2017.08	再注册

7.5　兽药使用管理

7.5.1　兽药实行安全使用制度

①兽药使用单位,应遵守农业部兽医局制定的兽药安全使用规定,并建立用药记录。

②禁止使用假、劣兽药以及农业部兽医局规定禁止使用的药品和其他化合物。

③有休药期规定的兽药用于食用动物时,饲养者应向购买者或者屠宰者提供准确、真实的用药记录;购买者或者屠宰者应当确保动物及其产品在用药期、休药期内不被用于食品消费。

禁止在饲料和动物饮用水中添加激素类药品和农业部兽医局规定的其他禁用药品。

经批准可以在饲料中添加的兽药,应由兽药生产企业制成药物饲料添加剂后方可添加。禁止将原料药直接添加到饲料及动物饮用水中或者直接饲喂动物。禁止将人用药品用于动物。

7.5.2 兽药残留监控

①农业部兽医局制定并组织实施国家动物及动物产品兽药残留监控计划。

②县以上兽药主管机关负责组织对动物产品中兽药残留量的检测。兽药残留检测结果,由农业部兽医局或者省级兽药主管机关按照权限予以公布。

③动物产品的生产者、销售者对检测结果有异议的,可以自收到检测结果之日起7个工作日内向组织实施兽药残留检测的兽医局或者其上级兽医局提出申请,由受理申请的兽医局指定检验机构进行复检。

④禁止销售含有违禁药物或者兽药残留量超过标准的食用动物产品。

案例7.6

农业部派出专家组赴某地调查违法使用兽药问题

2012年12月18日,媒体对某地部分地方养鸡户在养殖过程中,超剂量、超范围违规使用抗生素的问题进行了报道。农业部高度重视,立即责成某省相关部门迅速查处,并立即派出专家组前往该地调查。

农业部再次强调禁止人用药品用于养殖业生产、禁止在饲料和动物饮用水中添加激素类药品和国务院兽医主管部门规定的其他禁用药品、禁止销售含有违禁药物或者兽药残留量超过标准的食用动物产品,并要求各地畜牧兽医部门要切实按照《兽药管理条例》规定,进一步强化养殖环节兽药使用监管,并将对超剂量、超范围使用兽药、不执行休药期制度的行为进行严厉打击,确保畜产品质量安全。

7.6 兽药监督管理

7.6.1 兽药监督机关与标准

①县以上兽药主管机关行使兽药监督管理权。兽药检验工作由农业部兽医局和省级兽药主管机关设立的兽药检验机构承担。农业部兽医局根据需要认定其他检验机构承担兽药检验工作。

②当事人对兽药检验结果有异议的,可以自收到检验结果之日起7个工作日内向实施检验的机构或者上级兽医局设立的检验机构申请复检。

③兽药标准。兽药应符合兽药国家标准。国家兽药典委员会拟定的、农业部兽医局发布的《中华人民共和国兽药典》和农业部兽医局发布的其他兽药质量标准为兽药国家标准。

7.6.2 监督措施

1)兽药监督抽样

(1)兽药监督抽样依据

为加强和规范兽药质量监督抽样工作,保证抽样工作的科学性和公正性,根据《兽药管理条例》的有关规定,2001 年 12 月 10 日农业部制定《兽药监督抽样规定》。

兽药监察机构抽样时,抽样人员不得少于两人,并应当主动向被抽样单位或者个人出示抽样任务书。被抽样的单位应当予以配合;抽样人员不能出示抽样任务书的,被抽样单位有权拒绝。

(2)被抽样单位应出具的资料

①兽药生产企业提供《兽药生产许可证》及《营业执照》,被抽样兽药品种的批准证明文件、质量标准、生产记录、兽药检验报告书、批生产量、库存量、销售量和销售记录,以及主要原料进货证明(包括发票、合同、调拨单、检验报告书)等相关资料;有进口兽药原料药及用于分装的进口兽药的,还需提供《进口兽药许可证》、口岸兽药监察所出具的检验报告或其复印件。

②兽药经营企业提供《兽药经营许可证》及《营业执照》,被抽样兽药品种的进货凭证(包括发票、合同、调拨单)、购销记录及库存量等相关资料;有进口兽药的,还需提供《进口兽药许可证》、口岸兽药监察所出具的检验报告或其复印件。抽样人员应当核实前款规定的各项证明资料,并负有保密义务。

(3)抽样地点

①兽药抽样应在被抽样单位存放兽药产品的现场进行,包括兽药生产企业成品仓库和药用原、辅料仓库;兽药经营企业的仓库或营业场所;兽医医疗机构的药房或药库;以及其他需要抽样的场所。

抽样品种由下达抽样任务的单位确定。

②抽样人员应当检查兽药贮存条件是否符合要求;兽药包装是否按照规定印有或者贴有标签并附有说明书,字样是否清晰;标签或者说明书的内容是否与兽药管理部门核准的内容相符,并核实被抽样兽药品种的库存量。

③对同一企业相同品种抽取的样品不超过 3 个批号的产品。相同批号的产品,依其库存数量,确定抽样件数。

④抽样结束后,抽样人员应当用《兽药封签》(见附件 1)将所抽样品签封,据实填写《兽药抽样记录及凭证》(见附件 2)。《兽药封签》和《兽药抽样记录及凭证》应当由抽样人员和被抽样单位负责人签字,并加盖抽样单位和被抽样单位公章;被抽样对象为个人的,由该个人签字。

《兽药抽样记录及凭证》一式 3 份,一份交被抽样单位或者个人作抽样凭证,一份封存于样品包装内随检验单位检品卡流转,一份由抽样单位保存备查。

⑤抽样注意事项:8 项。

⑥抽样过程中发现有下列情形之一的,应当及时报告农牧行政管理机关:

a. 国家农牧行政管理机关明文规定禁止使用的。

b. 未经批准生产、配制、经营、进口,或者须经口岸兽药监察所检验而未经检验即生产、销售的。

c. 未取得兽药批准文号或人畜共用原料药未取得兽药或药品批准文号的。

d. 用途或用法用量超出规定范围的。

e. 应标明而未标明有效期或者更改有效期、超过有效期的。

f. 未注明或者更改生产批号的。

g. 超越许可范围生产、配制、经营或进口兽药的。

h. 未经登记或者质量检验不合格仍进口、销售或者使用的。

⑦抽样人员应当采取措施保证样品不失效、不变质、不破损、不泄漏,并及时将抽取的样品送达承担检验任务的兽药监察所。经核查,对抽样人员送检的样品与《兽药抽样记录及凭证》所记录的内容相符、《兽药封签》完整的,兽药监察所予以签收。

⑧兽药监督员实施监督抽样时,应当向被抽查单位或者个人出示符合《兽药管理条例》规定的证件。进口兽药的报验程序,依照《进口兽药管理办法》的规定执行;进口兽药的抽样依照本规定执行。

附件1:

兽药封签

品名及批号: 抽样单位经手人:

被抽样单位经手人: 抽样签封日期:

注:大封条 长30 cm,宽10 cm;   小封条   长20 cm,宽6 cm。

附件2:

兽药抽样记录及凭证

抽样编号□□□□□□□□□□   抽样日期: 年   月   日

兽药名称: 生产、配制单位或产地:

规格: 批号: 抽样数量:

效期: 生产、配制或购进数量:

已销售或使用数量: 库存数量:

被抽样单位: 被抽样场所:

抽样单位(盖章)抽样人签名: 被抽样单位(盖章)有关负责人签名:

(注:本凭证一式三联,第一联存根,第二联交被抽样单位,第三联交兽药检验机构随检品卡流转)

(4)抽样结果处理

兽药行政主管机关依法进行监督检查时,对有证据证明可能是假、劣兽药的,应当采取查封、扣押的行政强制措施,并自采取行政强制措施之日起7个工作日内作出是否立案的决定;需要检验的,应当自检验报告书发出之日起15个工作日内作出是否立案的决定;不符合立案条件的,应当解除行政强制措施;需要暂停生产、经营和使用的,由农业部兽医局或者省级兽药行政主管机关按照权限作出决定。

未经行政强制措施决定机关或者其上级机关批准,不得擅自转移、使用、销毁、销售被查封或者扣押的兽药及有关材料。

案例7.7

某兽药经营部违法经营人用药品及假兽药、无证经营兽用生物制品案

该经营部违法经营"口服补液盐Ⅰ(国药准字H35021107)"等17个人用药品及"抗真菌1号"等9种假兽药,无证经营"兰耳灭活疫苗""禽流感疫苗"等兽用生物制品,获违法所得9 929元。该省农业厅在查清案情后,依法责令其停止违法行为,没收尚未销售的17个人用药品及9种假兽药308盒(瓶、罐),并处以罚没款29 787元。

7.6.3　假劣兽药界定

1）假兽药界定

①有下列情形之一的,为假兽药:

a. 以非兽药冒充兽药或者以他种兽药冒充此种兽药的。

b. 兽药所含成分的种类、名称与兽药国家标准不符合的。

②有下列情形之一的,按照假兽药处理:

a. 农业部兽医局规定禁止使用的。

b. 依照本条例规定应当经审查批准而未经审查批准即生产、进口的,或者依照本条例规定应当经抽查检验、审查核对而未经抽查检验、审查核对即销售、进口的。

c. 变质的。

d. 被污染的。

e. 所标明的适应证或者功能主治超出规定范围的。

2）劣兽药界定

①成分含量不符合兽药国家标准或者不标明有效成分的。

②不标明或者更改有效期或者超过有效期的。

③不标明或者更改产品批号的。

④其他不符合兽药国家标准,但不属于假兽药的。

7.6.4　兽药监督的其他规定

①禁止将兽用原料药拆零销售或者销售给兽药生产企业以外的单位和个人。

②禁止未经兽医开具处方销售、购买、使用农业部兽医局规定实行处方药管理的兽药。

③国家实行兽药不良反应报告制度。兽药生产企业、经营企业、兽药使用单位和开具处方的兽医人员发现可能与兽药使用有关的严重不良反应,应当立即向所在地兽药行政主管机关报告。

④兽药生产企业、经营企业停止生产、经营超过6个月或者关闭的,由原发证机关责令其交回兽药生产许可证、兽药经营许可证,并由工商行政管理部门变更或者注销其工商登记。

⑤禁止买卖、出租、出借兽药生产许可证、兽药经营许可证和兽药批准证明文件。

⑥各级兽医局、兽药检验机构及其工作人员,不得参与兽药生产、经营活动,不得以其名义推荐或者监制、监销兽药。

案例7.8

农业部关于开展2012年第七批假兽药查处活动的通报

各省、自治区、直辖市畜牧兽医（农牧、农业）厅（局、委、办）:

近期,23个省（自治区、直辖市）兽药监察所和中国兽医药品监察部所上报了2012年9月份经抽样确认的331批假兽药相关信息。其中,非法企业12家（附件1）,涉及假兽药 13 批(附件 2);合法企业确认非该企业产品 318 批(附件 3),现予公布。请各级兽医主管部门按以下要求组织查处:①对列入附件 1 的非法生产企业,要立案排查,捣毁造假窝点和经销链条;②对列入附件 2 和附件 3 的假兽药,要立即组织清缴销毁,并对兽药经营单位依法实施处罚;③对列入附件 3 的标称生产企业,要迅速组织核查,发现附件 3 所列假兽药的,一律依法从重处罚。

附件:①2012 年 9 月份非法企业名单;②2012 年 9 月份非法企业假兽药汇总表;③2012 年 9 月份合法企业确认的假兽药汇总表

农业部

2012 年 11 月 27 日

7.7 新兽药管理

7.7.1 新兽药名称

①兽药名称是兽药标准的首要内容,国家兽药标准中收载的兽药名称为兽药法定名称(通用名称),根据《商标法》的规定,兽药通用名称不得作为商标注册。

②兽药生产企业可以根据需要拟定兽药专用商品名,并应在报批兽药产品或申请产品批准文号时向兽药管理部门提出申请,经审核批准后,方可使用及向工商行政管理部门申请商标注册。

③为维护企业商标注册权益及避免发生侵权行为,凡已取得兽药名称注册证书的,需将批件复印件上报农业部兽医局,农业部兽医局将定期公布兽药商品名注册目录。

④兽药产品标签、说明书、外包装必须印制兽药产品通用名称。已有商品名的应同时印制有关标识。

⑤对新批产品或需重新确认的兽药名称,应由兽药生产企业草拟名称,并提出命名依据说明,兽药管理部门按兽药通用名称命名原则审批兽药通用名称及兽药专用商品名。

7.7.2 兽药通用名称命名原则

①兽药通用名称应准确、科学、合理、简练。

②兽药通用名称应包括正式品名、化学名、英文名(或拉丁名)、汉语拼音等。

③不得使用产品中非主要功效成分的名称。

④兽用生物制品根据《兽用新生物制品管理办法》的规定命名。

7.7.3 原料药命名

①兽药的名称应尽量采用世界卫生组织(WHO)编订的国际非专利药品名称(简称INN)。

②中文名称应尽量与外文名相对应,可采取音译、意译或音意结合对应。

7.7.4 制剂命名

①制剂名称必须使用兽药法定名称(通用名称),剂型的类别名称应与兽药典"制剂通则"一致,如"预混剂""溶液"等。

②制订制剂名称应将药品名称列前,剂型名称列后。如"土霉素片""呋喃唑酮预混剂"等。

③单方制剂命名,应与原料药名一致。如"恩诺沙星溶液""安茶碱注射液"等。

④复方制剂的命名,以主药命名,名称前加"复方"二字,如"复方甘草合剂""复方氯化钠注射液"等。

⑤以所含有效成分名称的简缩字命名,如"维生素 AD 油"等。

7.7.5 兽药商品名称命名原则

①由汉字组成,不得使用图形、字母、数字、符号等标志。

②不得使用同中华人民共和国国家名称相同或者近似的,以及同中央国家机关所在地特定地点名称或者标志性建筑物名称相同的文字。

③不得使用同外国国家名称相同或者近似的文字,但该国政府同意的除外。

④不得使用同政府间国际组织名称相同或者近似的文字,但经该组织同意或者不易误导公众的除外。

⑤不得使用带有民族歧视性的文字。

⑥不得使用夸大宣传或带有欺骗性的文字。

⑦不得使用有害于社会主义道德风尚或者有其他不良影响的文字。

⑧不得使用国际非专利药名(INN)中文译名及其主要字词的文字。

⑨不得使用不科学地表示功效、扩大或者夸大产品疗效的文字。

⑩不得使用明示或暗示适应所有病症的文字。

⑪不得使用直接表示产品剂型、原料的文字。

⑫不得使用与兽药通用名称音似或者形似的文字。

⑬不得使用兽药习用名称或者曾用名称。

⑭不得使用人名、地名或者其他有特定含义的文字。

⑮不同品种兽药不得使用同一商品名称。

⑯同一兽药生产企业生产的同一种兽药,成分相同但剂型或规格不同的,应当使用同一商品名称。

7.7.6 新兽药批准文号

(1)批准文号格式

①兽药或药物添加剂批准文号格式:兽药类别简称+年号+企业所在地省份(自治区、直辖市)序号+企业序号+兽药品种编号。如:

兽药字(药添字):(××××) ××× ×××
　　　　　　　　 年号 　　 省序号或兽药厂编号 　　 品种编号

②生物制品批准文号格式。

生药字:(××××)　　　　　××　　　　　×　　　　　×××
　　　　　年号　　　　　　厂编号　　　　类别号　　　品种编号

在年后加"X"为西药,加"Z"中药,加"F"为中西方制剂。

(2)兽药批准文号期限

兽药批准文号有效期为 5 年。未获得兽药批准文号的企业,不得以"联营"形式与其他兽药厂共用一个兽药批准文号生产或销售兽药。禁止使用文件号或其他编号代替、冒充兽药产品的批准文号。

7.7.7　新兽药注册管理

2004 年 11 月 15 日,农业部发布《兽药注册办法》,自 2005 年 1 月 1 日起施行。

1)新兽药注册概述

①为保证兽药安全、有效和质量可控,规范兽药注册行为,根据《兽药管理条例》,制定《兽药注册办法》。

②在中华人民共和国境内从事新兽药注册和进口兽药注册,应当遵守《兽药注册办法》。

③农业部负责全国兽药注册工作。

农业部兽药审评委员会负责新兽药和进口兽药注册资料的评审工作。

中国兽医药品监察所和农业部指定的其他兽药检验机构承担兽药注册的复核检验工作。

2)新兽药注册

①新兽药注册申请人应当在完成临床试验后,向农业部提出申请,并按《兽药注册资料要求》提交相关资料。

②联合研制的新兽药,可以由其中一个单位申请注册或联合申请注册,但不得重复申请注册;联合申请注册的,应当共同署名作为该新兽药的申请人。

③申请新兽药注册所报送的资料应当完整、规范,数据必须真实、可靠。引用文献资料应当注明著作名称、刊物名称及卷、期、页等;未公开发表的文献资料应当提供资料所有者许可使用的证明文件;外文资料应当按照要求提供中文译本。

申请新兽药注册时,申请人应当提交保证书,承诺对他人的知识产权不构成侵权并对可能的侵权后果负责,保证自行取得的试验数据的真实性。

申报资料含有境外兽药试验研究资料的,应当附具境外研究机构提供的资料项目、页码情况说明和该机构经公证的合法登记证明文件。

④有下列情形之一的新兽药注册申请,不予受理:

a. 农业部已公告在监测期,申请人不能证明数据为自己取得的兽药。

b. 经基因工程技术获得,未通过生物安全评价的灭活疫苗、诊断制品之外的兽药。

c. 申请材料不符合要求,在规定期间内未补正的。

d. 不予受理的其他情形。

⑤农业部自收到申请之日起 10 个工作日内,将决定受理的新兽药注册申请资料送

农业部兽药审评委员会进行技术评审,并通知申请人提交复核检验所需的连续 3 个生产批号的样品和有关资料,送指定的兽药检验机构进行复核检验。

申请的新兽药属于生物制品的,必要时,应对有关种毒进行检验。

⑥农业部兽药审评委员会应当自收到资料之日起 120 个工作日内提出评审意见,报送农业部。

评审中需要补充资料的,申请人应当自收到通知之日起 6 个月内补齐有关数据;逾期未补正的,视为自动撤回注册申请。

⑦兽药检验机构应当在规定时间内完成复核检验,并将检验报告书和复核意见送达申请人,同时报农业部和农业部兽药审评委员会。

初次样品检验不合格的,申请人可以再送样复核检验一次。

⑧农业部自收到技术评审和复核检验结论之日起 60 个工作日内完成审查;必要时,可派员进行现场核查。审查合格的,发给《新兽药注册证书》,并予以公告,同时发布该新兽药的标准、标签和说明书。不合格的,书面通知申请人。

⑨新兽药注册审批期间,新兽药的技术要求由于相同品种在境外获准上市而发生变化的,按原技术要求审批。

3)进口兽药注册

①首次向中国出口兽药,应当由出口方驻中国境内的办事机构或由其委托的中国境内代理机构向农业部提出申请,填写《兽药注册申请表》,并按《兽药注册资料要求》提交相关资料。

申请向中国出口兽用生物制品的,还应当提供菌(毒、虫)种、细胞等有关材料和资料。

②申请兽药制剂进口注册,必须提供用于生产该制剂的原料药和辅料、直接接触兽药的包装材料和容器合法来源的证明文件。原料药尚未取得农业部批准的,须同时申请原料药注册,并应当报送有关的生产工艺、质量指标和检验方法等研究资料。

③申请进口兽药注册所报送的资料应当完整、规范,数据必须真实、可靠。引用文献资料应当注明著作名称、刊物名称及卷、期、页等;外文资料应当按照要求提供中文译本。

④农业部自收到申请之日起 10 个工作日内组织初步审查,经初步审查合格的,予以受理,书面通知申请人。

予以受理的,农业部将进口兽药注册申请资料送农业部兽药审评委员会进行技术评审,并通知申请人提交复核检验所需的连续 3 个生产批号的样品和有关资料,送指定的兽药检验机构进行复核检验。

⑤有下列情形之一的进口兽药注册申请,不予受理:

a. 农业部已公告在监测期,申请人不能证明数据为自己取得的兽药。

b. 经基因工程技术获得,未通过生物安全评价的灭活疫苗、诊断制品之外的兽药。

c. 我国规定的一类疫病以及国内未发生疫病的活疫苗。

d. 来自疫区可能造成疫病在中国境内传播的兽用生物制品。

e. 申请资料不符合要求,在规定期间内未补正的。

f. 不予受理的其他情形。

⑥进口兽药注册的评审和检验程序适用本办法第九条和第十条的规定。

⑦申请进口注册的兽用化学药品,应当在中华人民共和国境内指定的机构进行相关临床试验和残留检测方法验证;必要时,农业部可以要求进行残留消除试验,以确定休药期。

申请进口注册的兽药属于生物制品的,农业部可以要求在中华人民共和国境内指定的机构进行安全性和有效性试验。

⑧农业部自收到技术评审和复核检验结论之日起60个工作日内完成审查;必要时,可派人员进行现场核查。审查合格的,发给《进口兽药注册证书》,并予以公告;中国香港、澳门和台湾地区的生产企业申请注册的兽药,发给《兽药注册证书》。审查不合格的,书面通知申请人。

农业部在批准进口兽药注册的同时,发布经核准的进口兽药标准和产品标签、说明书。

⑨农业部对申请进口注册的兽药进行风险分析,经风险分析存在安全风险的,不予注册。

4)兽药变更注册

①已经注册的兽药拟改变原批准事项的,应当向农业部申请兽药变更注册。

②申请人申请变更注册时,应当填写《兽药变更注册申请表》,报送有关资料和说明。涉及兽药产品权属变化的,应当提供有效证明文件。

进口兽药的变更注册,申请人还应当提交生产企业所在国家(地区)兽药管理机构批准变更的文件。

③农业部对决定受理的不需进行技术审评的兽药变更注册申请,自收到申请之日起30个工作日内完成审查。审查合格的,批准变更注册。

需要进行技术审评的兽药变更注册申请,农业部将受理的材料送农业部兽药审评委员会评审,并通知申请人提交复核检验所需的连续3个生产批号的样品和有关资料,送指定的兽药检验机构进行复核检验。

④兽药变更注册申请的评审、检验的程序、时限和要求适用本办法新兽药注册和进口兽药注册的规定。

申请修改兽药标准变更注册的,兽药检验机构应当进行标准复核。

⑤农业部自收到技术评审和复核检验结论之日起30个工作日内完成审查,审查合格的,批准变更注册。审查不合格的,书面告知申请人。

5)进口兽药再注册

①《进口兽药注册证书》和《兽药注册证书》的有效期为5年。有效期届满需要继续进口的,申请人应当在有效期届满6个月前向农业部提出再注册申请。

②申请进口兽药再注册时,应当填写《兽药再注册申请表》,并按《兽药注册资料要求》提交相关资料。

③农业部在受理进口兽药再注册申请后,应当在20个工作日内完成审查。符合规定的,予以再注册。不符合规定的,书面通知申请人。

④有下列情形之一的,不予再注册:

a.未在有效期届满6个月前提出再注册申请的。

b. 未按规定提交兽药不良反应监测报告的。

c. 经农业部安全再评价被列为禁止使用品种的。

d. 经考查生产条件不符合规定的。

e. 经风险分析存在安全风险的。

f. 我国规定的一类疫病以及国内未发生疫病的活疫苗。

g. 来自疫区可能造成疫病在中国境内传播的兽用生物制品。

h. 其他依法不予再注册的。

⑤不予再注册的,由农业部注销其《进口兽药注册证书》或《兽药注册证书》,并予以公告。

6)兽药复核检验

①申请兽药注册应当进行兽药复核检验,包括样品检验和兽药质量标准复核。

②从事兽药复核检验的兽药检验机构,应当符合兽药检验质量管理规范。

③申请人应当向兽药检验机构提供兽药复核检验所需要的有关资料和样品,提供检验用标准物质和必需材料。

申请兽药注册所需的 3 批样品,应当在取得《兽药 GMP 证书》的车间生产。每批的样品应为拟上市销售的 3 个最小包装,并为检验用量的 3~5 倍。

④兽药检验机构进行兽药质量标准复核时,除进行样品检验外,还应当根据该兽药的研究数据、国内外同类产品的兽药质量标准和国家有关要求,对该兽药的兽药质量标准、检验项目和方法等提出复核意见。

⑤兽药检验机构在接到检验通知和样品后,应当在 90 个工作日内完成样品检验,出具检验报告书;需用特殊方法检验的兽药应当在 120 个工作日内完成。

需要进行样品检验和兽药质量标准复核的,兽药检验机构应当在 120 个工作日内完成;需用特殊方法检验的兽药应当在 150 个工作日内完成。

7)兽药标准物质管理

①中国兽医药品监察所负责标定和供应国家兽药标准物质。

中国兽医药品监察所可以组织相关的省、自治区、直辖市兽药监察所、兽药研究机构或兽药生产企业协作标定国家兽药标准物质。

②申请人在申请新兽药注册和进口兽药注册时,应当向中国兽医药品监察所提供制备该兽药标准物质的原料,并报送有关标准物质的研究资料。

③中国兽医药品监察所对兽药标准物质的原料选择、制备方法、标定方法、标定结果、定值准确性、量值溯源、稳定性及分装与包装条件等资料进行全面技术审核;必要时,进行标定或组织进行标定,并作出可否作为国家兽药质量标准物质的推荐结论,报国家兽药典委员会审查。

④农业部根据国家兽药典委员会的审查意见批准国家兽药质量标准物质,并发布兽药标准物质清单及质量标准。

8)兽药注册法律责任

①申请人提供虚假的资料、样品或者采取其他欺骗手段申请注册的,农业部对该申请不予批准,对申请人给予警告,申请人在 1 年内不得再次申请该兽药的注册。

申请人提供虚假的资料、样品或者采取其他欺骗手段取得兽药注册证明文件的,按《兽药管理条例》第 57 条的规定给予处罚,申请人在 3 年内不得再次申请该兽药的注册。

②其他违反本办法规定的行为,依照《兽药管理条例》的有关规定进行处罚。

案例 7.9

农业部公告 第 1865 号(新兽药注册目录)

根据《兽药管理条例》和《兽药注册办法》规定,经审查,批准青岛易邦生物工程有限公司等 3 家单位申报的鸡新城疫、禽流感(H9 亚型)、传染性法氏囊病三联灭活疫苗(La Sota 株+YBF003 株+S-VP2 蛋白)两种兽药为新兽药,现核发《新兽药注册证书》,并发布产品试行规程、质量标准、说明书和标签,自发布之日起执行。

特此公告。

农业部
2012 年 12 月 3 日

附件 1:新兽药注册目录(略)

新兽药名称	研制单位	类别	新兽药注册证书号	备注
鸡新城疫、禽流感(H9 亚型)、传染性法氏囊病三联灭活疫苗(La Sota 株 + YBF003 株+S-VP2 蛋白)	青岛易邦生物工程有限公司	三类	(2012)新兽药证字 41 号	注册
苓藤注射液	通威股份有限公司、成都通威三新药业有限公司	三类	(2012)新兽药证字 42 号	注册

7.8 兽用生物制品管理

兽用生物制品是保证养殖业发展,用于动物保健的特殊产品,为提高兽用生物制品的质量和防疫效果,农业部制定了《兽用生物制品管理规定》。

7.8.1 兽用生物制品及分类

(1)生物制品

用微生物(细菌、噬菌体、立克次体、病毒等)、微生物代谢产品、动物毒素、动物的血液或组织等经过加工制成,作为预防、治疗诊断特定传染病或其他有关疾病的免疫制剂通称为生物制品。

(2)生物制品的分类

根据所采用的原料、制法或用途不同,生物制品分为不同类别:

$$类别\begin{cases}预防用生物制品——活菌(疫)苗\begin{cases}菌(疫)苗\begin{cases}自然弱毒株菌(疫)苗\\人工培育的弱毒菌(疫)苗\end{cases}\\灭活菌(疫)苗\end{cases}\\治疗与预防用生物制品\\诊断用生物制品——诊断液\end{cases}$$

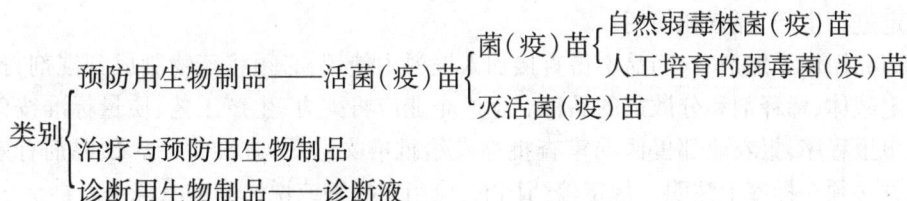

7.8.2　生物制品命名

①生物制品的命名以明确、简练、科学为基本原则。

②生物制品的名称不采用商品名或代号。

③生物制品的名称一般采用"动物种名+制品种类"的形式。诊断制剂则在制品种类前加诊断方法名称。例如:牛巴氏杆菌灭活疫苗;马传染性贫血活疫苗;猪支原体肺炎微量间接血凝抗原。

特殊的制品命名可参照此方法。病名应为国际公认的,普遍的称呼、译音汉字采用国内公认的习惯写法。

④共患病一般可不列动物种名。例如:气肿疽灭活疫苗;狂犬病灭活疫苗。

⑤由特定细菌、病毒、立克次体、螺旋体、支原体等微生物及寄生虫制成的主动免疫制品,一律称为疫苗,例如:仔猪副伤寒活疫苗;牛瘟活疫苗;牛环形泰勒氏黎浆虫疫苗。

⑥凡将特定细菌、病毒等微生物及寄生虫毒力致弱再采用异源毒制成的疫苗,称"活疫苗",用物理或化学方法将其灭活后制成的疫苗,称"灭活疫苗"。

⑦同一种类不同毒(菌、虫)(系)制成的疫苗,可在全称后加括号注明毒(菌、虫)株(系)。例如:猪丹毒活疫苗(GC_{42}株)。

⑧由两种以上的病原体制成的一种疫苗,命名采用"动物种名+若干病名+×联疫苗"的形式。例如:猪瘟、猪丹毒、猪肺疫三联活疫苗。

⑨由两种以上血清型制成的一种疫苗,命名采用"动物种名+病名+若干型名+×价疫苗"的形式。例如:口蹄疫 O 型、A 型双价活疫苗。

⑩制品的制造方法、剂型、灭活剂、佐剂一般不标明。但为区别已有的制品,可以标明。

7.9　药物饲料添加剂

农业部根据《兽药管理条例》第 41 条,2001 年发布了《饲料药物添加剂使用规范》(简称《规范》)。

1)规定

①禁止在饲料和动物饮用水中添加激素类药品和国务院兽医行政管理部门规定的其他禁用药品。

②经批准可以在饲料中添加的兽药,应当由兽药生产企业制成药物饲料添加剂后方可添加。禁止将原料药直接添加到饲料及动物饮用水中或者直接饲喂动物。

③凡含有药物的饲料添加剂,均按农业部发布的药物饲料添加剂允许使用品种及标

准的规定进行生产、经营和使用。

在药品用作添加剂时，药品不得直接加入饲料中使用，必须将药物制成预混剂，预混剂硬规定载体、稀释剂和分散剂的品种。生产企业应将配方、生产工艺、质量标准按兽药制剂的申报程序，报农业部兽医局审查批准发给批准文号后，方准生产。预混剂有效成分的配方必须在标签上注明。规定停药期的，应当在标签或说你明书上说明。

④药物饲料添加剂使用的药物，必须符合兽药标准的规定，有两种以上药物制成的饲料添加剂，必须符合药物配伍规定。《饲料药物添加剂使用规范》规定：

a. 凡农业部批准的具有预防动物疾病、促进动物生长作用，可在饲料中长时间添加使用的药物饲料添加剂，（品种收载于附录一），其产品批准文号须用"药添字"。生产含有"附录一"所列品种成分的饲料，必须在产品标签中标明所含兽药成分的名称、含量、适用范围、停药期规定及注意事项等。

b. 凡农业部批准的用于防治动物疾病，并规定疗程，仅是通过混饲给药的饲料药物添加剂（包括预混剂或散剂，品种收载于附录），其产品批准文号须用"兽药字"，各畜禽养殖场及养殖户须凭兽医处方购买、使用，所有商品饲料中不得添加"附录二"中所列的兽药成分。

c. 除本《规范》收载品种及农业部今后批准允许添加到饲料中使用的饲料药物添加剂外，任何其他兽药产品一律不得添加到饲料中使用。

d. 兽用原料药不得直接加入饲料中使用，必须制成预混剂后方可添加到饲料中。

e. 凡从事饲料药物添加剂生产、经营活动的，必须履行有关的兽药报批手续，并接受各级兽药管理部门的管理和质量监督，违者按照兽药管理法规进行处理。

2）基本要求

①凡含有药物的饲料添加剂，均按农业部布的药物饲料添加剂规范品种及标准的规定进行生产、经营和使用。

②在药品用作添加剂时，原料药品不得直接加入饲料中使用，必须将药物制成预混剂，预混剂应规定载体，稀释剂和分散剂的品种。生产企业应将配方、生产工艺、质量标准按兽药制剂的申报程序，报农业部兽医局审查批准发给批准文号后，方准生产。预混剂有效成分的配方必须在标签上注明。规定停药期的，应当在标签或说明书上说明。

③药物饲料添加剂使用的药物，必须符合兽药标准的规定，由两种以上药物制成的饲料添加剂，必须符合药物配伍规定。

3）对《规范》的补充规定

①根据需要，养殖场（户）可凭兽医处方将"168号公告"附录2的产品及今后我部批准的同类产品，预混后添加到特定的饲料中使用，或委托具有生产和质量控制能力并经省级饲料管理部门认定的饲料厂代加工生产为含药饲料，但须遵守以下规定：

a. 动物养殖场（户）须与饲料厂签订代加工生产合同一式四份，合同须注明兽药名称、含量、加工数量、双方通信地址和电话等，合同双方及省兽药和饲料管理部门须各执一份合同文本。

b. 饲料厂必须按照合同内容代加工生产含药饲料，并做好生产记录，接受饲料主管部门的监督管理；含药饲料外包装上必须标明兽药有效成分、含量、饲料厂名。

　　c.动物养殖场(户)应建立用药记录制度,严格按照法走兽药质量标准使用所加工的含药饲料,并接受兽药管理部门的监督管理。

　　d.代加工生产的含药饲料仅限动物养殖场(户)自用,任何单位或个人不得销售或倒买倒卖,违者按照《兽药管理条例》《饲料和饲料添加剂管理条例》的有关规定进行处罚。

　　②为从养殖生产环节控制动物性产品中兽药残留,各地要认真贯彻执行"168 号公告",切实加强饲料药物添加剂质量和使用的监督管理工作,加强对委托加工含药饲料生产、使用活动的监管工作,对监管工作中发现的违规行为要及时进行部门间的沟通,并依法严厉查处。

　　案例 7.10

"对一起私制药物饲料添加剂销售案的处罚"案例的商榷

　　《某牧业通讯》2001 年第 6 期刊登的"对一起私自配制药物饲料添加剂销售案的处罚"的案件,其中有些问题值得商榷,谈出来供大家共同探讨。

　　一、违法事实认定不够清楚。

　　1.是取得了《兽药生产许可证》,无批准文号,私自配制药物饲料添加剂,还是未取得《兽药生产许可证》私自配制药物饲料添加剂？ 从文中交代分析,应属于未取得《兽药生产许可证》私自配制药物饲料添加剂。

　　2.使用硫酸铜、硫酸镁、磷酸氢钙等非法生产饲料添加剂的违法事实也应予以认定。

　　二、适用法规、规章有误。

　　1.《兽药违法案件处理办法》农业部早已宣布废止执行,包括兽药在内的农业行政违法案件的处理程序,应执行《农业行政处罚程序规定》。

　　2.该案当事人为公民,处罚额超过 50 元以上,应适用一般程序,不适用当场处罚的简易程序。

　　3.处理程序不符合规定。应先下达违法行为处理通知书,告知当事人拥有的权利,3 日后作出处罚决定,下达行政处罚决定书。

　　4.没收的剩余硫酸铜、硫酸镁、磷酸氢钙不属于《兽药管理条例》管理范围,根据农业部公告第 105 号规定,应按照《饲料和饲料添加剂管理条例》规定,另案处理。

　　5.罚款额也有出入。该案违法所得应予以没收……

7.10　蚕药管理

7.10.1　蚕药属性

　　蚕药是指专门用于养蚕业方面为确保蚕桑机体健康的药物。根据国务院《兽药管理条例》规定,蚕药药事工作由原丝绸公司移交农牧行政部门统一管理,即蚕药的生产、经营、进出许可证,新蚕药证书、产品批准立号等,由国家兽医行政管理部门按兽药统一审批核发,并行使蚕药质量监督管理权。

7.10.2 蚕药种类用途

1)蚕药种类

按蚕药品种按用途来分,可分为四大类,即消毒剂、抗生素类药剂、抗寄生虫类药剂以及生长调节剂等。

目前我国主要蚕药品种有31个,其中消毒药剂(包括蚕室蚕具消毒剂、蚕体蚕座消毒剂和烟熏剂)15个,抗生素类药剂9个,激素类(包括登蔟剂)3个,抗寄生虫药剂4个。

从品种数量上来看,主要为消毒药剂和抗生素类药剂,消毒药剂以含氯制剂和甲醛制剂为主,主要用于蚕室蚕具、蚕体蚕座消毒,部分药剂可用于桑叶和卵面消毒。抗生素药剂以氟喹诺酮类药物和大环内酯类药物为主;主要用于防治由革兰氏阳性杆菌感染引起的败血病,对革兰氏阴性菌如黏质沙雷氏菌感染引起的灵菌败血病只有盐酸环丙沙星等少数药物有一定的防效;氟苯尼考作为氯霉素的替代品对家蚕黑胸败血病有较好的防效。有些抗生素对病毒的增殖具有一定的抑制作用,但不能完全杀灭蚕体内的病毒,达不到治疗的目的。蝇蛆病药防治仍以灭蚕蝇为主。

2)品种用途

类　别	通用名称	用途(适应证)
1.蚕室蚕具消毒剂	甲醛溶液(蚕用)	消毒药,用于蚕室蚕具和卵面消毒。对家蚕的病毒病、真菌病、细菌病、原虫病的病原体有杀灭作用。蚕室蚕具消毒时加1%的新鲜石灰粉
	含氯石灰(蚕用)	消毒药,用于蚕室蚕具、蚕体蚕座和桑叶叶面等的消毒。对家蚕的病毒病、真菌病、细菌病、原虫病的病原体有杀灭作用
	三氯异氰尿酸、碳酸氢钠粉(蚕用)	
	次氯酸钙粉(蚕用)	
	复合次氯酸钙粉(蚕用)	消毒药,用于蚕室蚕具消毒。对家蚕的病毒病、真菌病、细菌病、原虫病的病原体有杀灭作用
	三氯异氰脲酸粉(蚕用)	
	三氯异氰脲酸、磷酸三钠粉(蚕用)	
2.蚕体蚕座消毒剂	二氯异氰脲酸钠粉(蚕用)	消毒药,对家蚕真菌病的病原体有杀灭作用,用于蚕体蚕座消毒
	多聚甲醛粉(蚕用)	
	复方多聚甲醛粉(蚕用)	
	仁香散	消毒药,防治家蚕白僵病、曲霉病
3.烟熏剂	多聚甲醛烟熏剂(蚕用)	消毒药,用于蚕室蚕具消毒。对家蚕病毒病、细菌病、真菌病、原虫病的病原体有杀灭作用,对多角体病毒的作用较弱
	二氯异氰尿酸钠、聚甲醛粉(蚕用)	消毒药,用于蚕室蚕具消毒,蚕期中的蚕体蚕座防僵消毒。对家蚕的病毒病、真菌病、细菌病、原虫病的病原体有杀灭作用
	三氯异氰脲酸烟熏剂(蚕用)	
	复方三氯异氰尿酸粉(蚕用)	

续表

类　别	通用名称	用途(适应证)
4.抗生素类	红霉素胶囊(蚕用)	抗菌药,用于防治家蚕黑胸败血病
	硫氰酸红霉素胶囊(蚕用)	
	盐酸诺氟沙星胶囊(蚕用)	
	盐酸诺氟沙星溶液(蚕用)	
	氟苯尼考溶液(蚕用)	
	烟酸诺氟沙星可溶性粉(蚕用)	
	盐酸环丙沙星胶囊(蚕用)	
	盐酸环丙沙星溶液(蚕用)	
	恩诺沙星溶液(蚕用)	
5.激素类(登蔟剂)	蜕皮激素溶液(蚕用)	激素类药,调节家蚕生长发育。主要用于促使家蚕老熟齐一,上蔟整齐
	蚕用蜕皮液	
	鱼腥草溶液(蚕用)	主要用于促使家蚕蔟整齐
6.抗寄生虫类	多菌灵粉(蚕用)	用于治疗家蚕微粒子病
	灭蚕蝇片(蚕用)	杀虫药,用于杀灭家蚕、柞蚕体内的寄生蝇蛆
	灭蚕蝇溶液(蚕用)	
	蝇毒磷溶液(蚕用)	杀虫药,主要用于杀灭柞蚕体内寄生的蝇蛆

7.11　渔用药物管理

7.11.1　渔用药物的概念

渔用药物,简称渔药,是指专门用于渔业方面为确保水产动植物机体健康成长的药物,即为提高养殖渔业产量,用以预防、控制和治疗水产动植物的病、虫、害,促进养殖品种健康生长,增进机体抗病能力以及改善养殖水体质量所使用的一切物质。现代养殖渔业分为鱼、虾、贝、龟、鳖等各种水产动物增养殖和以紫菜、海带等藻类为主的水产植物种养殖两大部分。因此,渔药同样区分为水产植物药和水产动物药两部分,也可称为水产药。水产动物和兽药有比较密切的关系,而水产植物药则与农药关系比较密切。应当指出的是,当前国际上对渔药的研究、开发和应用,主要集中于水产动物药,故常常将渔药狭义地局限为水产动物药。

7.11.2　渔用药物的功用

渔药是人类与水产动植物病、虫、害作斗争的重要武器,也是增进水产动植物机体健康、促进生长发育的重要手段。应用渔药的目的是为了确保和提高产量和质量。养殖渔业的主要特点是所有养殖品种必须生活在水中,而各类水体通常又是微生物、寄生虫以及种类繁多的水生生物栖居或滋生地,水又是化学物质的优良溶剂和有机物、尘埃的悬浮剂。在人为因素的作用下,特别是在不利养殖条件下,如水质恶化易为病害的发生和流行创造条件。因此,作为渔药必须具有下列 8 项功用之一,即:预防疾病;治疗疾病;消灭、控制敌害;改善养殖环境;增进机体健康;增强机体抗病力;促进生长;疾病诊断。

7.11.3　渔用药物的分类

药物通常是按药理作用分类,然而,渔药由于药理研究尚不充分,基本以使用目的进行分类。

(1)环境改良剂

环境改良剂以改良养殖水域环境为目的所使用的药物,包括底址改良剂、水质改良剂和生态条件改良剂。

(2)消毒剂

消毒剂以杀灭水体中的微生物(包括原生动物)为目的所使用的药物。

(3)抗微生物药

抗微生物药指通过内服或注射,杀灭或抑制体内微生物繁殖、生长的药物。包括抗病毒药、抗细菌药、抗真菌药等。

(4)杀虫驱虫药

杀虫驱虫药指通过药浴或内服,杀死或驱除体外或体内寄生虫的药物以及杀灭水体中有害无脊椎动物的药物。包括抗原虫药、抗蠕虫药和抗甲壳动物药等。

(5)代谢改善和强壮药

代谢改善和强壮药指以改善养殖对象机体代谢、增强机体体质、病后恢复、促进生长为目的而使用的药物。通常以饵料添加剂方式使用。

(6)中草药

中草药是指为防治水产动植物疾病或改善养殖对象健康为目的而使用的经加工或未加工的天然药物(药用植物、矿物等)。

(7)生物制品

生物制品通过生物化学或生物技术制成的药剂,通常有特殊功用。包括疫苗、免疫激活剂、某些激素、生物水质净化剂等。

(8)其他

包括抗氧化剂、麻醉剂、防霉剂、增效剂等用作辅助疗效的药物。

渔药的分类,其目的是为了方便使用,实际上某些药物具多种功用,如石灰既具改良环境的功效,又有消毒的作用,某些商品药,经科学配伍,可有抗菌和保健的功用,随着药物科学技术的进步,分类将可能合理地改变。

7.11.4　渔药生产管理监管

①渔药属兽药范畴,渔药生产同样依照《兽药管理条例》《兽药生产质量管理规范》

生产管理。

②各省、自治区、直辖市兽药药政管理机关,调查本辖区渔药生产、使用情况、将渔药质量标准等有关资料,报农业部兽医局,由农业部兽医局会同有关单位,确定渔药使用品种。

③凡申请属于必须进行临床试验或临床验证的新渔用药及渔用药新制剂、外国企业申请在中国注册进行药效试验的渔用药,其临床试验或临床验证必须由农业部指定的水产研究所及水产相关大学等单位承担。

7.12　蜂药管理

7.12.1　蜂药属性

蜂药是指专门用于养蜂业方面为确保蜜蜂健康成长的药物。根据《兽药管理条例》规定,蜂药的生产、经营、进出许可证,新蜂药证书、产品批准立号等,由国家兽药行政管理部门按兽药统一审批核发,并行使蜂药质量监督管理权。

7.12.2　蜂药现状

(1)蜂药使用现状

欧盟进口蜂产品除了不得含有氯霉素、链霉素、四环素外,新增加禁用药物磺胺、硝基呋喃、甲硝唑等。我国蜂产品出口欧盟等国必须与国际标准接轨,如何杜绝蜂产品中蜂药残留已成为我国当前蜂业界首要任务。蜂产品中蜂药残留是蜂农在防治蜂病过程中喂饲蜂药污染蜂产品造成,有的是蜂农盲目用药的恶果。蜂群无病蜂农就不会用药,健壮的蜂群是生产无公害蜂产品的基础,也是杜绝蜂药污染蜂产品的根本。为此,2003年5月20日,农业部、国家质量监督检验检疫总局印发《蜂产品兽药残留专项整治计划》。

(2)蜂病与蜂药关系现状

据调查,2003—2004年,95%蜂场除治螨用药,未使用任何药物。经过连续两年蜂产品安全与标准化生产技术培训,广大蜂农认识到使用抗生素的危害性,从盲目用药到自觉遵守国家禁药令是科学普及的结果。如何防治蜂螨是蜂农关注的热点,蜂农目前反映常规治螨药物不佳。主要原因是蜂螨对药物产生抗药性;再者,多年暖冬,蜂群缩短了越冬期。子脾是蜂螨繁衍、寄生的主要场所。早春整地,将少量蛹脾抽掉,人为造成蜂螨断子绝孙,不愧为"失小保大"上策。夏季,在上个蜜源与下个蜜源间隔期,人为造成蜂群断子,使蜂螨暴露在蜂体及巢脾上,适时选择药物治螨,可起事半功倍作用。蜂螨喜欢在雄蜂蛹繁衍,蜂农可结合生产雄蜂蛹,利用雄蜂蛹诱杀蜂螨,减轻蜂螨危害。目前治螨药物主要是氟胺氰菊酯、升华硫,其他治螨药物还有浏阳霉素、乳酸、麝草酚,各种治螨药物可交叉使用,防止蜂螨产生抗药性。升华硫主要用于防治小螨,一要正宗,二要干燥,硫黄粉治螨效果不佳。防治蜂螨用药一要掌握火候;二要避开流蜜期,防止对蜂产品污染;三要尽量选择无公害治螨药物,如乳酸、麝香草酚,这也是今后科研单位、蜂药厂开发新型治螨药物的方向。对于早春出现蜜蜂消化系统疾病、爬蜂病可采用生物制剂EM原露防治。

7.13　特殊药品管理

《兽药管理条例》第9章第73条规定:"兽用麻醉药品、精神药品、毒性药品和放射性药品等特殊药品,按照国家有关规定进行管理"以正确发挥其防病治病的积极作用,严防因管理不善或使用不当而造成对人畜健康的危害。

7.13.1　麻醉药品管理

为了加强对麻醉药品的管理,1980年11月20日,农业部制定《兽用麻醉药品的供应、使用、管理办法》,国务院1987年公布《麻醉药品管理办法》,对生产、供应、使用,运输和进出口管理均作了明确的规定,要求严格执行,违者追究法律责任。

1)麻醉药品管理

(1)定义

麻醉药品是指能产生麻醉现象,连续使用后易产生依赖性,能成瘾癖的药品。如阿片、吗啡等不适作为医疗、科研、教学上的正当需要,而是为了嗜好供吸毒使用的,就是毒品。

(2)品种

麻醉药品包括阿片类、可卡因类、大麻类、合成药类及其他易成瘾癖的药品,药用原植物及其制剂。

(3)生产管理

麻醉药品的生产单位必须经主管机关审查批准,未经批准的任何单位、个人,一律不得从事麻醉药的生产(种植)活动。

(4)供应

兽用麻醉药品的供应,由国家指定的中国医药公司的麻醉药品供应点统一供应,季度限购一年;县级以上兽医医疗单位(包括动物园、牧场)和科研大专院校等部门,可向当地兽医(农业)局办理申请手续,经地(市、州)兽医(农业)局批准,核定供应级别后,发给"麻醉药品购用印鉴卡",购用时需填写与印鉴卡相符的"麻醉药品用印鉴卡",向麻醉药品供应点购用。

2)麻醉药品禁止性规定

①麻醉药品只限医疗、教学和科研使用。

②麻醉药品的每张处方用量,不能超过一日量。麻醉药品必须用单位处方,并应书写完整,签全名,以资核查。

3)麻醉药品管理

①购用麻醉药品的单位,要指定专人负责(可兼任),加强质量管理,严格保管并建立颁发制度。

②麻醉药品要有专柜加锁、专用账册、单独处方,专册登记,处方应保存5年。

③对霉变坏损的麻醉药品,使用单位每年报损一次,由本单位领导审核批准,报上级主管部门监督就地销毁,并向当地畜牧(农业)局报销备案。

7.13.2　精神商品管理

精神药品管理依照《精神药品管理办法》《中华人民共和国药品管理法》《兽药管理条例》及其进出口管理办法等法律法规进行。

1) 精神药品定义

①精神药品(Spirit Drug)是指直接作用于中枢经系统,使之兴奋或抑制,连续作用能产生依赖性的药品。精神药品正常服用有利生命和健康。兽医临床常用精神药品有兽用安钠咖注射液、兽用盐酸氯胺酮注射液、兽用复方氯胺酮注射液等精神药品。

②精神药品贮存、使用应认真管理,严禁滥用,部分健康催眠药和健康的精神类药品没列入精神药品,一些副作用相对不大的精神类药品和副作用相对不大的催眠药没列入精神药品范畴,以保证诊疗机构正常销售使用。

2) 精神药品生产管理

精神药品由国家指定的生产单位按计划生产,其他任何单位和个人不得从事精神药品的生产活动。精神药品的生产计划,须经有关审批部门下达,不得擅自改变。其原料和制剂,按国家计划调拨,生产单位不得自行销售。

(1) 精神药品供应

兽用精神药品(主要为复方氯胺酮注射液、盐酸氯胺酮注射液和安钠咖注射液)实行"专营专供专用"原则,农业部指定沈阳市兽药厂为全国唯一兽用精神药品生产企业,指定中亚动物保健品总公司为全国唯一兽用精神药品销售企业;各级兽医行政主管部门均指定一家动物药业有限公司为该行政区域唯一兽用精神药品批发单位,医疗单位、教学和科研单位需要精神药品,经批准后,由指定的医药经营单位供应。

(2) 精神药品使用

兽用购药单位必须从指定经销单位采购兽用复方氯胺酮注射液、盐酸氯胺酮注射液和安钠咖注射液,产品仅限自用,并建立处方药管理制度和使用、保管管理制度,有完善的购进、使用记录,不得转手倒买倒卖。

(3) 法律责任

凡违反规定,制造、贩运精神药品,构成犯罪的,由司法机关依法追究其刑事责任。

7.13.3　毒性药品管理

1) 毒性药品定义品种范围

(1) 定义

医疗用毒性药品(Toxic Drug)(以下简称毒性药品),系指毒性剧烈,治疗剂量与中毒剂量相近,使用平当舍致人畜中毒或死亡的药品。

(2) 品种

包括中西毒性药品两类。

①中药毒性品种。砒石(红砒、白砒)、砒霜、红升丹、生马钱子、生甘遂、雄黄、生草

鸟、红娘虫、生白附子、生附子、水银、生巴豆、白降丹、生千金子、生半夏、斑蝥、青娘虫、洋金花、生天仙子、生南星、红粉、生腾黄、蟾酥、雪上一枝蒿、生狼毒、轻粉、闹羊花。

②西药毒性品种。去乙酰毛花苷、阿托品、洋地黄素、氢乙酸后乌托品、三氧化二砷、毛果芸香碱、升汞、水杨酸毒扁豆碱、亚砷酸钾、氢溴酸莨菪碱、士的宁、A型肉毒毒素。

我国政府十分重视时医疗用毒性药品的管理。1988年12月国务院发布《医疗用毒性商品管理》,要求药品生产、经营和使用等单位执行。

2)毒性药品管理

(1)毒性药品生产

毒性药品年度生产由省级管理部门根据需要下达任务,生产毒性药品及其制剂,必须严格执行生产工艺操作规程,在本单位药品检验人员的监督下准确投料,并建立完整的生产记录,保存5年备查。在生产毒性药品过程中产生的废弃物,必须妥善处理,不得污染环境。

(2)毒性药品供应

毒性药品的收购、经营,由各级医药管理部门指定的药品经营单位负责,收购、经营、加工、使用毒性药品的单位必须健全保管、验收、颁发、核对等制度,严防收假、发错或与其他药品混杂,专柜加锁并由专人保管,毒性药品的包装容器上必须印有毒性标志。

(3)毒性药品使用

①处方限量规定,药疗用毒性药品不得超过两日剂量。凭医生签名的正式处方,按医嘱注明要求配处方,取药后处方保存两年备查。

②科研和教学单位所用毒性药品,经有关部门批准后,方能发售。

③对违反毒性药品管理办法的规定,由县以上主管部门没收其全部毒性药品,并处以警告或罚款,情节严重,构成犯罪,由司法机关依法追究其刑事责任。

7.13.4 放射性药品管理

1)放射性药品定义品种

(1)定义

放射性药品是指用于临床诊断或者治疗的放时性核素制剂或者其标记药物。

(2)品种

《药典》1990年版收载的品种有:

①氙[^{133}Xe]注射液。

②邻碘[^{131}I]马尿酸钠注射液等16种。

2)放射性药品管理

(1)生产经营管理

国家根据需要,对放射性药品实行合理布局,定点生产,生产、经营企业按照要求,生产、销售合格的产品。

(2)使用管理

医疗单位必须配备与其医疗任务相适应的并经核医学培训的人员,必须获得使用许可证方可使用。

案例7.11

男子用兽用药品鹿眠灵 麻醉强奸朋友妻

趁同事上夜班,男子先切断电源,再用"鹿眠灵"麻醉强奸2名同事妻。2010年11月6日凌晨,住在某市凉水镇林场附近的女子张某以为丈夫敲门,刚一开门,就被人注射了麻醉药,等她醒来时,发现自己已被强暴。两名受害人丈夫都是夜班工作,警方排查初步锁定重大嫌疑人。到"11.06"案件的发生,"9.20"专案组通过如出一辙的作案手法将两起案件合并侦查,通过对两起案件的对比发现一条新的线索。两位被害人的丈夫都在凉水煤矿上班,而且嫌疑人都是趁家属上晚班后实施的犯罪行为,某市凉水镇延边煤矿是个现拥有上千人的大企业,侦查员找到煤矿领导,查找两个案发时间未上晚班的工人,并对全场工人逐一提取指纹和DNA样本。通过调查,矿上职工王某具有重大嫌疑,而且案发时间王某都是在休息,具有作案时间,体貌特征和犯罪人相似。

7.14 兽药商标标签包装说明书广告管理

7.14.1 兽药商标管理

(1)商标商标

任何能够将自然人、法人或者其他组织的商品与他人的商品区别开的可视性标志,包括文字、图形、字母、数字、三维标志和颜色组合,以及上述要素的组合,均可以作为商标申请注册。

(2)商标分类

对商标可根据不同的标准加以分类。一般分为:文字商标、图形商标、组合商标;注册商标和非注册商标。

(3)兽药商标应当按照国家商标法的规定,进行登记注册。

7.14.2 兽药标签和说明书的管理

①兽药标签和说明书必须经农业部兽医局审核批准后方可使用。
②兽药标签和说明书必须按照批准的内容印制。
③兽药标签和说明书所用文字必须使用国家规范化汉字,根据需要可有外文对照。
④兽药标签上可使用条形码、专利标记和专利号、GMP标识;注册商标应印制在标签和说明书的左或右上角。
⑤兽药标签和说明书的字迹必须清晰易辨,兽用标识及外用药标识应清楚醒目,不得有印字脱落或粘贴不牢等现象,并不得用粘贴、剪切的方式进行修改或补充。
⑥兽药标签和说明书用法与用量、停药期、有效期等项目内容必须与法定兽药标准一致,并使用符合兽药国家标准要求的规范性用语。
⑦兽药标签和说明书上必须标识兽药通用名称,可同时标识商品名称。通用名称与商品名称用字的比例不得小于1:2(指面积),并不得小于注册商标用字。

⑧兽药最小销售单元的包装必须印有或贴有符合外包装标签规定内容的标签并附有说明书。兽药外包装箱上必须印有或粘贴有外包装标签。

7.14.3 兽药广告管理

1)兽药广告管理概述

①为了加强兽药广告管理,根据广告法、兽药管理条例的有关规定,国家制定兽药广告审查办法。

②凡利用各种媒介或者形式发布兽药的广告,包括企业产品介绍材料等,均应当按照兽药广告审查办法进行审查。

③兽药广告审查的依据:《中华人民共和国广告法》;《兽药管理条例》、兽药技术标准;广告审查标准。

④农业部兽医局和省级兽医行政管理机关,会同广告监督管理机关,对兽药广告进行审查。

⑤利用重点媒介发布兽药广告,新兽药、进口兽药的广告,需经农业部兽医局审查,其他兽药广告需经生产者所在地兽药行政主管机关审查,取得广告审查批准文号后,方可发布。需在异地发布的兽药广告,须持所在地兽药行政主管机关审查,经广告发布地的省级兽药行政主管机关换发广告批准广告文号后,方可发布。

2)兽药广告审批

(1)广告申请

①申请者,应填《兽药广告审查表》,提交:营业执照副本以及生产、经营许可证、产品批准文号、产品说明书;省级兽药监察所3个月内出具的产品检验报告单;法律法规规定的其他证明文件。

②申请进口兽药广告者,应填《兽药广告审查表》,提交以下证明文件及其中文译本:申请人及生产者的营业执照副本或者其他生产、经营资格的证明文件;《进口兽药登记许可证》;产品说明书;兽药广告委托书;中国法律、法规规定的及其他确认广告内容真实性的证明文件。

(2)广告审查

①兽药广告审查机关对申请人提供证明文件的真实性、有效性、合法性、完整性进行审查,并于受理申请之日起十日内作出初审决定,发给《兽药广告初审决定通知书》。

②广告申请人凭初审合格决定,将制作的广告作品送交原广告审查机关,广告审查机关在受理之日起十日内作出终审决定。对终审合格者,签发《兽药广告审查表》及广告审查批准号;对终审不合格者,通知广告申请人,并说明理由。

③广告申请人可以直接申请终审,广告审查机关应当在受理审查之日起十五日内作出终审决定。

(3)广告管理

①兽药广告审查批准号的有效期为一年。《兽药生产许可证》《兽药经营许可证》的有效期限不足一年的,兽药广告审查批准号的有效期以上述许可证有效期限为准。

②经审查批准的兽药广告,出现某种特别情况时,广告审查机关可以调回复审。

③广告发布地的广告审查机关对生产者所在地的审查机关作出的终审决定持有异议的,应当提请上级广告审查机关进行裁定,并以裁定结论为准。

④兽药广告经审查批准后,应当将广告审查批准号列为广告内容,同时发布。

⑤未取得兽药广告审查批准文号的,不得刊登、设置、印刷、播放、散发和张贴。

⑥兽药麻醉药品和精神药品,不得进行广告宣传。

⑦兽用处方药可以在农业部兽医局指定的动物医学、药学等专业刊物上介绍,但不得在大众传播媒介发布广告或者以其他方式进行以公众为对象的广告宣传。

(4)广告注意事项

①兽药广告中不得含有不科学地表示功效的断言或者保证。如"疗效最佳""药到病除""根治""安全预防""完全无副作用"等。

②兽药广告不得贬低同类产品,不得与其他兽药进行功效和安全性对比。

③兽药广告中不得含有"最高技术""最高科学""最进步制法""包治百病"等绝对化的表示。

④兽药广告中不得含有治愈率、有效率及获奖的内容。

⑤兽药广告中不得含有利用兽医医疗、科研单位、学术机构或者专家、兽医、用户的名义、形象作证明的内容。

⑥兽药广告不得含有直接显示疾病症状和病理的画面,也不得含有"无效退款""保险公司保险"等承诺。

⑦兽药广告中兽药的使用范围不得超过国家兽药标准的规定;不得出现违反兽药安全使用规定的用语和画面。

(5)广告内容

兽药广告内容应当与兽药说明书内容相一致,在全国重点媒体发布兽药广告的,经农业部兽医局审查批准,取得兽药广告审查批准文号。在地方媒体发布兽药广告的,经省级兽药主管机关审查批准,取得兽药广告审查批准文号;未经批准的,不得发布。

案例 7.12

兽药广告审批(2011)

审批项目名称	兽药广告审批
承办机关名称	×省畜牧兽医局
法律法规依据	1.《中华人民共和国广告法》 2.《兽药管理条例》 3.《兽药广告审查办法》(国家工商行政管理局、农业部令第29号,1995年颁布) 4.《兽药广告审查标准》(国家工商行政管理局令第26号,1995年颁布)

续表

审批项目名称	兽药广告审批
审批范围和条件	境内生产的兽药的广告,必须具备《兽药生产许可证》和兽药产品批准文号;境外生产的兽药的广告,必须具备《进口兽药登记许可证》
申请材料	1.《兽药广告审查申请表》一式 5 份; 2.企业兽药 GMP 证书、兽药生产许可证复印件或者进口兽药登记许可证; 3.企业营业执照(复印件); 4.兽药产品批准文号批件(复印件); 5.法定兽药质量标准(复印件); 6.兽药标签和说明书(农业部批准的样张); 7.其他广告真实性的证明文件; 8.广告样稿(包括文字、视频、音频等形式)
办理流程	材料受理—审查—决定—办结
法定办理期限	15 个工作日
承诺办理期限	10 个工作日
收费依据和标准	不收费
申请表格名称及获取方式	网上下载
咨询/投诉电话	×××-872722××/027-876652××
受理地点	×市武珞路 519 号,×省农业厅行政审批服务中心

7.15 绿色食品兽药使用准则

7.15.1 范围

本标准规定了生产绿色食品允许使用的兽药种类、剂型、使用对象以及停药期以及禁止使用的兽药种类。本标准适用于 A 级绿色食品的生产、管理和认定。

7.15.2 规范性引用文件

NY/T 391 绿色食品产地环境技术条件:①中华人民共和国兽药典;②兽药质量标准;③进口兽药质量标准;④兽用生物制品质量标准;⑤中华人民共和国动物防疫法;⑥动物性食品中兽药最高残留限量。

7.15.3 术语定义

(1)绿色食品

绿色食品遵循可持续发展原则,按照特定生产方式生产,经专门机构认定,许可使用绿色食品标志的无污染的安全、优质、营养类食品。

（2）A级绿色食品

A级绿色食品生产地的环境质量符合NY/T 391的要求，生产过程中严格按照绿色食品生产资料使用准则和生产规程要求，限量使用限定的化学合成生产资料，产品质量符合绿色食品产品标准，经专门机构认定，许可使用A级绿色食品标志的产品。

（3）绿色食品生产资料

绿色食品生产资料经专门机构认定，符合绿色食品生产要求，并正式推荐用于绿色食品生产的生产资料。

7.15.4　使用准则

绿色食品生产者应供给动物充足的营养，提供良好的饲养环境，加强饲养管理，采取各种措施以减少应激，增强植物自身的抗病力。应严格按《中华人民共和国动物防疫法》的规定防止畜禽发病和死亡，力争不用或少用药物。

畜禽疾病以预防为主，建立严格的生物安全体系。必要时，进行预防、治疗和诊断疾病所用的兽药必须符合《中华人民共和国兽药典》《兽药质量标准》《兽用生物制品质量标准》和《进口兽药质量标准》有关规定。所用兽药必须来自具有生产许可证的生产企业，并且具有标准，产品批准文号；或者具有《进口兽药登记许可证》。所用兽药的标签必须遵守兽药标签和使用说明书管理规定。使用兽药时还应遵循以下原则：

①优先使用绿色食品生产资料的兽药产品。

②允许使用消毒防腐剂对饲养环境、厩舍和器具进行消毒，但不准对动物直接施用。不能使用酚类消毒剂。

③允许使用疫苗预防动物疾病。但是活疫苗应无外源病原污染，灭活疫苗的佐剂未被动物完全吸收前，该动物产品不能作为绿色食品。

④允许使用钙、磷、硒、钾等补充药，酸碱平衡药，体液补充药，电解质补充药，营养药，血容量补充药，抗贫血药，维生素类药，吸附药，泻药，润滑剂，酸化剂，局部止血药，收敛药和助消化药。

⑤允许使用附录A中的抗寄生虫药和抗菌药，使用中应注意以下几点：严格遵守规定的作用与用途、使用对象、使用途径、使用剂量、疗程和注意事项；停药期必须遵守附录A中规定的时间；产品中的兽药残留量应符合《动物性食品中兽药最高残留限量》规定。认证标准并抽检产品中的兽药残留量；建立并保持患病动物的治疗记录，包括患病家畜的畜号或其他标志、发病时间及症状、治疗用药的经过、治疗时间、疗程、所用药物的商品名称及主要成分；禁止使用有致畸、致癌、致突变作用的兽药；禁止在饲料中添加兽药（原料药）；禁止使用激素类药品；禁止使用安眠镇静药，中枢兴奋药，镇痛药，解热镇痛药，麻醉药，肌肉松弛药，化学保定药，巴比妥类药等用于调节神经系统机能的兽药；禁止使用基因工程兽药。

⑥A级绿色食品允许使用的抗寄生虫、抗菌化学药品和抗生素类别、药名、剂型、途径、动物、剂量、休药期（规范性附录）。

7.16　法律责任

7.16.1　行政主体法律责任

兽药行政主管机关及其工作人员利用职务上的便利收取他人财物或者谋取其他利益,对不符合法定条件的单位和个人核发许可证、签署审查同意意见,不履行监督职责,或者发现违法行为不予查处,造成严重后果,构成犯罪的,依法追究刑事责任;尚不构成犯罪的,依法给予行政处分。

7.16.2　行政相对人法律责任

①无兽药生产许可证、兽药经营许可证生产、经营兽药的,或者虽有兽药生产许可证、兽药经营许可证,生产、经营假、劣兽药的,或者兽药经营企业经营人用药品的,责令其停止生产、经营,没收用于违法生产的原料、辅料、包装材料及生产、经营的兽药和违法所得,并处违法生产、经营的兽药(包括已出售的和未出售的兽药,下同)货值金额2倍以上5倍以下罚款,货值金额无法查证核实的,处10万元以上20万元以下罚款;无兽药生产许可证生产兽药,情节严重的,没收其生产设备;生产、经营假、劣兽药,情节严重的,吊销兽药生产许可证、兽药经营许可证;构成犯罪的,依法追究刑事责任;给他人造成损失的,依法承担赔偿责任。生产、经营企业的主要负责人和直接负责的主管人员终身不得从事兽药的生产、经营活动。

擅自生产强制免疫所需兽用生物制品的,按照无兽药生产许可证生产兽药处罚。

②提供虚假的资料、样品或者采取其他欺骗手段取得兽药生产许可证、兽药经营许可证或者兽药批准证明文件的,吊销兽药生产许可证、兽药经营许可证或者撤销兽药批准证明文件,并处5万元以上10万元以下罚款;给他人造成损失的,依法承担赔偿责任。其主要负责人和直接负责的主管人员终身不得从事兽药的生产、经营和进出口活动。

③买卖、出租、出借兽药生产许可证、兽药经营许可证和兽药批准证明文件的,没收违法所得,并处1万元以上10万元以下罚款;情节严重的,吊销兽药生产许可证、兽药经营许可证或者撤销兽药批准证明文件;构成犯罪的,依法追究刑事责任;给他人造成损失的,依法承担赔偿责任。

④兽药安全性评价单位、临床试验单位、生产和经营企业未按照规定实施兽药研究试验、生产、经营质量管理规范的,给予警告,责令其限期改正;逾期不改正的,责令停止兽药研究试验、生产、经营活动,并处5万元以下罚款;情节严重的,吊销兽药生产许可证、兽药经营许可证;给他人造成损失的,依法承担赔偿责任。

研制新兽药不具备规定的条件擅自使用一类病原微生物或者在实验室阶段前未经批准的,责令其停止实验,并处5万元以上10万元以下罚款;构成犯罪的,依法追究刑事责任;给他人造成损失的,依法承担赔偿责任。

⑤兽药的标签和说明书未经批准的,责令其限期改正;逾期不改正的,按照生产、经营假兽药处罚;有兽药产品批准文号的,撤销兽药产品批准文号;给他人造成损失的,依

法承担赔偿责任。

兽药包装上未附有标签和说明书,或者标签和说明书与批准的内容不一致的,责令其限期改正;情节严重的,依照前款规定处罚。

⑥境外企业在中国直接销售兽药的,责令其限期改正,没收直接销售的兽药和违法所得,并处5万元以上10万元以下罚款;情节严重的,吊销进口兽药注册证书;给他人造成损失的,依法承担赔偿责任。

⑦未按照国家有关兽药安全使用规定使用兽药的、未建立用药记录或者记录不完整真实的,或者使用禁止使用的药品和其他化合物的,或者将人用药品用于动物的,责令其立即改正,并对饲喂了违禁药物及其他化合物的动物及其产品进行无害化处理;对违法单位处1万元以上5万元以下罚款;给他人造成损失的,依法承担赔偿责任。

⑧销售尚在用药期、休药期内的动物及其产品用于食品消费的,或者销售含有违禁药物和兽药残留超标的动物产品用于食品消费的,责令其对含有违禁药物和兽药残留超标的动物产品进行无害化处理,没收违法所得,并处3万元以上10万元以下罚款;构成犯罪的,依法追究刑事责任;给他人造成损失的,依法承担赔偿责任。

⑨擅自转移、使用、销毁、销售被查封或者扣押的兽药及有关材料的,责令其停止违法行为,给予警告,并处5万元以上10万元以下罚款。

⑩兽药生产企业、经营企业、兽药使用单位和开具处方的兽医人员发现可能与兽药使用有关的严重不良反应,不向所在地兽医行政管理部门报告的,给予警告,并处5 000元以上1万元以下罚款。

生产企业在新兽药监测期内不收集或者不及时报送该新兽药的疗效、不良反应等资料的,责令其限期改正,并处1万元以上5万元以下罚款;情节严重的,撤销该新兽药的产品批准文号。

⑪未经兽医开具处方销售、购买、使用兽用处方药的,责令其限期改正,没收违法所得,并处5万元以下罚款;给他人造成损失的,依法承担赔偿责任。

⑫兽药生产、经营企业把原料药销售给兽药生产企业以外的单位和个人的,或者兽药经营企业拆零销售原料药的,责令其立即改正,给予警告,没收违法所得,并处2万元以上5万元以下罚款;情节严重的,吊销兽药生产许可证、兽药经营许可证;给他人造成损失的,依法承担赔偿责任。

⑬在饲料和动物饮用水中添加激素类药品和国务院兽医行政管理部门规定的其他禁用药品,依照《饲料和饲料添加剂管理条例》的有关规定处罚;直接将原料药添加到饲料及动物饮用水中,或者饲喂动物的,责令其立即改正,并处1万元以上3万元以下罚款;给他人造成损失的,依法承担赔偿责任。

⑭有下列情形之一的,撤销兽药的产品批准文号或者吊销进口兽药注册证书:

a. 抽查检验连续2次不合格的。

b. 药效不确定、不良反应大以及可能对养殖业、人体健康造成危害或者存在潜在风险的。

c. 农业部兽医局禁止生产、经营和使用的兽药。被撤销产品批准文号或者被吊销进口兽药注册证书的兽药,不得继续生产、进口、经营和使用。已经生产、进口的,由所在地兽医局监督销毁,所需费用由违法行为人承担;给他人造成损失的,依法承担赔偿责任。

⑮兽药管理条例规定的行政处罚由县以上兽医行政管理部门决定;其中吊销兽药生产许可证、兽药经营许可证、撤销兽药批准证明文件或者责令停止兽药研究试验的,由原发证、批准部门决定。上级兽医行政管理部门对下级兽医行政管理部门违反兽药管理条例的行政行为,应当责令限期改正;逾期不改正的,有权予以改变或者撤销。

⑯兽药管理条例规定的货值金额以违法生产、经营兽药的标价计算;没有标价的,按照同类兽药的市场价格计算。

案例 7.13

加强兽药生产经营监管 建立企业诚信档案

2013 年 1 月 17 日,农业部办公厅下发关于加强兽药生产经营监管工作的通知。

1.各级兽药管理部门要全面履行法律法规赋予的监管职责,严格兽药生产和经营环节的监管。

2.各级兽药管理部门要强化源头治理,建立健全日常巡查、监督检查、飞行检查等制度,确保兽药 GMP 制度得到切实执行。对擅自改变组方、违规添加禁用兽药或人用药品等违法行为的打击力度。建立兽药生产企业诚信档案或诚信信息平台,及时向社会公布不诚信企业违法违规行为。加大对生产假劣兽药企业和地下"黑窝点"的排查力度,对线索明显、事实清楚的重大案件,要及时商请司法部门提前介入,确保捣毁制假黑窝点。对跨省作案的,要及时将有关情况通报涉案省份,确保案件有效查处。

3.全面实施兽药 GSP 制度,规范兽药 GSP 经营企业经营活动,严格执行兽药 GSP 规定,建立守法、诚信、规范的兽药经营秩序。

4.各级畜牧兽医管理部门要加大兽药安全使用的宣传培训工作力度,引导养殖者合理、规范用药,建立健全用药记录制度,严格执行休药期等有关规定。

本章小结

为了加强兽药管理,保证兽药质量,防治动物疾病,促进养殖业的发展,维护人体健康,国务院于 1987 年 5 月 21 日发布《兽药管理条例》,并不断修改完善管理规定。

凡在中华人民共和国境内从事兽药的研制、生产、经营、进出口、使用和监督管理,都必须遵守兽药管理条例。

通过学习,明确农业部兽医局负责全国的兽药监督管理工作,县以上兽医行政主管机关负责本行政区域内的兽药监督管理工作;国家对兽药实行处方用药和非处方药的分类管理制度、对兽药生产实行 GMP、经营实行 GSP 和许可证管理制度;新兽药实行分类注册制度;兽药使用实行安全使用制度,依法从事兽药工作。

复习思考题

1.兽药生产、经营企业应具备什么条件?怎样才能取得生产、经营兽药的资格?

2.我国禁止进口的兽药有哪些?

3.兽用生物制品分为哪几类?常用的生物制品有哪些品种?

4.兽药标签的基本要求有哪些? 兽药使用者应注意些什么?

5.怎样避免经营使用到假劣兽药? 万一如此,怎样依法保护自己的合法权益?

6.解释:兽药、GMP、GSP、兽药批准文号、物料、洁净室、待验、批、兽药不良反应、兽用生物制品、特殊药品、假兽药、劣兽药。

实　训

学员应主动到兽药生产企业、经营企业参观实践、实习,写出实习报告或心得体会,并开会交流,老师点评、指导。

第8章
动物防疫检疫管理

本章导读:本章主要介绍动物疫病预防、动物和动物产品检疫、动物防疫监督及违法责任等内容,众所周知,许多病是人畜共患,相互感染,如2005年6—7月四川×地链球菌病爆发,人、猪相互染疫,发病者爆死事件,怎么办?谁来为人畜健康保驾护航?为了公共卫生的安全,为了人和动物的健康,让我们进入动物疫病预防知识领域看看,了解动物疫病防疫、动物和动物产品检疫,尤其是疫病预防、控制、扑灭的目的意义,并自觉愿参与其中。

8.1 动物防疫概述

8.1.1 动物防疫立法

1)目的范围

①为了加强对公共卫生的管理,预防、控制和扑灭动物疫病,促进养殖业发展,保护人体健康,我国1997年7月3日颁布了《中华人民共和国动物防疫法》,自1998年1月1日起施行,2007年8月30日修订。

②动物防疫法适用于在中华人民共和国领域内的动物防疫活动。

2)术语

①动物是指家畜家禽和人工饲养、合法捕获的其他动物。动物产品是指动物的生皮、原毛、精液、胚胎、种蛋以及未经加工的胴体、脂、脏器、血液、绒、骨、角、头、蹄等。动物疫病是指动物传染病、寄生虫病。动物防疫包括动物疫病的预防、控制、扑灭和动物、动物产品的检疫。

②动物屠宰依照动物防疫法对其胴体、头、蹄和内脏实施检疫、监督。

8.1.2 动物防疫方针政策及主管机关

1)方针政策

①国家对动物疫病实行预防为主的方针。

②国家鼓励、支持动物防疫的科学研究,推广先进的科学研究成果,普及动物防疫的科学知识,提高动物防疫水平。

③在动物防疫工作、动物防疫科学研究中作出成绩和贡献的单位和个人,由人民政府或者兽医行政管理部门给予奖励。

2) 主管机关

①国务院兽医行政管理部门主管全国的动物防疫工作。

②县以上兽医行政管理部门主管本行政区域内的动物防疫工作。县以上动物防疫监督机构实施动物防疫和动物防疫监督。军队的动物防疫监督机构负责军队现役动物及军队饲养自用动物的防疫工作。

案例 8.1

探索指定兽医制度　构建动检执法体系

"苏丹红""三聚氰胺""口蹄疫""禽流感""人猪链球病""瘦肉精"等畜产品安全事件,在我国先后出现,给人民群众的身体健康带来了影响,切实加强动检执法体系建设,保障畜产品卫生安全刻不容缓,某县按照《检疫管理办法》构建动检执法体系,确保畜产品卫生安全。

1. 按照县政府《动物卫生检疫体系建设实施方案》,全县设置产地动物检疫申报点 24 个,生猪屠宰检疫申报点 7 个,机场动物检疫申报点 1 个,市农产品批发市场动物卫生监察室 1 个。

2. 全县设定检疫监督岗位 105 个。

3. 严格按照《劳动合同法》和《县兽医专业技术人才招聘工作实施方案》,招聘 45 周岁以下的兽医专业人员 105 人,培训合格上岗。

4. 理顺执法监管关系,县兽医主管机关主管全县动物卫生检疫和监督管理;县动物卫生监督所具体负责全县动物、动物产品的检疫及其监督管理;动物检疫执法网点主要承担县动物卫生监督所下达的动物及产品检疫、动物卫生监督检查各项工作任务。检疫执法网点组织开展动物和动物产品检疫及动物卫生监督检查业务,受理产地、屠宰检疫申报,审查申报材料,派员实施现场检疫及检疫结果处理。

5. 明确人员工作职责,官方兽医(动物检疫员—动物卫生监督员)实施检疫,出具检疫证明,加施检疫标志;聘用的动检岗位人员作为指定兽医专业人员协助官方兽医(检疫员)具体实施动物检疫。一是受理检疫申报,按检疫规程和判定标准实施现场检疫,处理检疫不合格的动物和动物产品,对检疫合格的发给货主由官方兽医签名的检疫合格证明,按统一要求做好各项记录,及时报送汇总;二是执行动物卫生监督检查任务,记录各项检查内容,纠正轻微违规行为,向官方兽医及时汇报检查工作情况。

8.2 动物疫病预防

8.2.1 动物疫病防疫制度

1)动物疫病预防规划

①国务院兽医行政管理部门(农业部兽医局)制定国家动物疫病预防规划。

②农业部兽医局根据国内外动物疫情和保护养殖业生产及人体健康的需要,及时规定并公布动物疫病预防办法。

③国家对严重危害养殖业生产和人体健康的动物疫病实行计划免疫制度,实施强制免疫。实施强制免疫的动物疫病病种名录由农业部兽医局规定并公布。

④实施强制免疫以外的动物疫病预防,由县以上畜牧兽医行政管理部门制订计划,报同级人民政府批准后实施。

2)预防扑灭重大动物疫病措施

①国家采取措施预防和扑灭严重危害养殖业生产和人体健康的动物疫病。

②动物防疫监督机构负责对动物疫病预防的宣传教育和技术指导、技术培训、咨询服务,并组织实施动物疫病免疫计划。

③乡、民族乡、镇的动物防疫组织负责在动物防疫监督机构的指导下,组织做好动物疫病预防工作。

④饲养、经营动物和生产、经营动物产品的单位和个人,依照动物防疫法和国家有关规定做好动物疫病的计划免疫、预防工作,并接受动物防疫监督机构的监测、监督。

⑤动物饲养场应及时扑灭动物疫病。种畜、种禽应达到国家规定的健康合格标准。

⑥动物、动物产品的运载工具、垫料、包装物应符合农业部兽医局规定的动物防疫条件。

⑦染疫动物及其排泄物、染疫动物的产品、病死或者死因不明的动物尸体,必须按照农业部兽医局的有关规定处理,不得随意处置。

⑧保存、使用、运输动物源性致病微生物的,应遵守国家规定的管理制度和操作规程。

⑨因科研、教学、防疫等特殊需要,运输动物病料的,应按照国家有关规定运输。从事动物疫病科学研究的单位应按照国家有关规定,对实验动物严格管理,防止动物疫病传播。

8.2.2 禁止经营的动物和动物产品

①封锁疫区内与所发生动物疫病有关的。

②疫区内易感染的。

③依法应当检疫而未经检疫或者检疫不合格的。

④染疫的。

⑤病死或者死因不明的。

⑥其他不符合国家有关动物防疫规定的。

8.3 动物和动物产品检疫

2010年1月4日,农业部发布《动物检疫管理办法》,自2010年3月1日起施行。

8.3.1 检疫机构和人员

1)法定检疫机构

法定的物检疫机构是指由国家兽医行政法规定的或由兽医行政主体授权,在规定的区域范围内行使动物检疫职权的单位,即动物检疫主体。

①国家动物检疫监督机构,包括:

a. 兽医行政主管部门所属的动物防疫监督机构。

b. 国家动植物检疫机关。

c. 国家进出口商品检验机构。

②屠宰厂、肉类联合加工厂。根据动物防疫法规定,他们负责本厂动物的屠宰检疫和出证工作。

③被委托单位。为具备检疫条件,在兽医行政主体授权的情况下,接受委托检疫的单位。

动物防疫监督机构按照国家标准和农业部兽医局规定的行业标准、检疫管理办法和检疫对象,依法对动物、动物产品实施检疫。

案例8.2

某区黄花动物检疫申报点强化检疫工作

为切实加强冬季动物疫病防控,确保无重大动物疫病发生,2013年1月,该区动物卫生监督局黄花动物检疫申报点严格检疫检验。一是查验动物经纪人登记备案卡,严格经纪人资质审核;二是认真进行临床检查,确保被检动物健康;三是查验申报单和询问被检动物来源、途径、去向;四是查验免疫标识佩戴情况,抽验耳标号;五是按抽样检测比例进行抽检,确保无违禁添加物;六是符合要求开证出票。通过严格把关,真正发挥了申报点作用,确保了广大市民吃上"放心肉"。

2)法定检疫人员

动物防疫监督机构设动物检疫员。动物检疫员按照检疫规程对动物、动物产品检疫实施检疫,并对检疫结果负责。

案例8.3

农业部要求进一步规范动物卫生监督执法工作

2011年3月16日,农业部发出《关于进一步规范动物卫生监督执法工作的通知》,要求:

1. 动物卫生监督机构执法人员要严格按照《动物防疫法》《动物检疫管理办法》和动物检疫规程要求,对动物实施全程监管,规范检疫行为,做好检疫工作。

2.各地动物卫生监督机构严厉查处逃避检疫和运输、加工、贩卖病死动物及动物产品的违法行为,打击经营病害动物产品的地下窝点,发现病死动物,要严格监督畜货主按规定进行处理。公路动物卫生监督检查站对运输动物和动物产品的车辆,要严格查证验物。

3.各级动物卫生监督机构要加强对各类动物卫生监督证章标志的管理,实行省级动物卫生监督机构统一订购、统一发放,完善领用发放记录,做好电子化管理。坚决杜绝买卖、违规出具动物检疫证明等行为,严厉打击制售、假冒动物检疫证明的行为,构成犯罪的,要移交有关部门追究其刑事责任。

8.3.2 动物检疫分类

1)进出境检疫

进出境检疫是指我国在开展动物、动物产品的对外贸易活动中,为防止国外的动物疫病经贸易渠道传入我国以及为保证出口动物、动物产品符合进口国卫生质量要求,由口岸检疫机关进行的检疫。按进出境检疫的管理的分类又具体划分为:进境动物检疫,出境动物检疫,过境动物检疫,携带、邮寄物检疫,运输工具检疫,动物产品的检疫六方面。

案例8.4

以案说法:携冻鱼过境 须申报检疫

2012年6月10日下午6时许,香港旅客何某从皇岗口岸旅检入境大厅入境时,怀里抱着一个非常大的、用黑色塑料袋包裹的物体,未向海关作任何申报。"当时我们看到当事人怀里抱着一个长条状的大物,很像是件儿童玩具。我们让当事人将物品过X光机检查,看完图像我们都吃了一惊。"海关检查员小陈介绍说。原来,这个用黑色塑料袋严严实实捆绑固定的物品居然是一条冷冻的大鱼。

据当事人称,这条大鱼是金枪鱼,携带过境是作食材用的。当事人嫌办理入境手续麻烦,因此未经任何检验,也未办理任何相关批准,就这么自顾自地带入境了。目前,物品已移交检验检疫部门处理。携带动植物须填申报单。

皇岗海关提醒广大进出境旅客,按照海关相关法规,携带动、植物及其产品,微生物、生物制品、人体组织、血液制品等入境,必须在《申报单》相应栏目内如实填报,并提供相关部门的许可、检验、检疫证明等,将有关物品及材料交海关验核,完成有关手续方可入境。

2)国内检疫

国内动物检疫是指对动物、动物产品实施的产地检疫和屠宰检疫。包括动物、动物产品,在其饲养、生产、屠宰、加工、贮藏、运输、销售等各个环节所进行的检疫。

8.3.3 国内动物检疫分类

1) 国家对动物检疫实行报检制度

国家实行动物检疫申报制度。动物卫生监督机构应当根据检疫工作需要,合理设置动物检疫申报点,并向社会公布动物检疫申报点、检疫范围和检疫对象。县级以上人民政府兽医主管部门应当加强动物检疫申报点的建设和管理。

①动物、动物产品在出售或者调出离开产地前,畜主、货主或承运人必须向所在地动物防疫监督机构提前报检。

②动物防疫监督机构设动物检疫员,实施动物检疫。

a. 动物检疫员必须按照检疫标准、检疫规程等动物检疫规定,对动物、动物产品实施检疫,并对检疫结果负责。

b. 对检疫合格的动物、动物产品出具检疫合格证明,加盖验讫印章或加封规定的检疫标志。

c. 对检疫不合格的动物、动物产品,包括染疫或者疑似染疫的动物、动物产品,病死或者死因不明的动物、动物产品,必须按照国家有关规定,在动物防疫监督机构监督下由畜主、货主、承运人进行无害化处理;无法作无害化处理的,予以销毁。

③检疫申报

a. 下列动物、动物产品在离开产地前,货主应当按规定时限向所在地动物卫生监督机构申报检疫:

• 出售、运输动物产品和供屠宰、继续饲养的动物,应当提前3天申报检疫。

• 出售、运输乳用动物、种用动物及其精液、卵、胚胎、种蛋,以及参加展览、演出和比赛的动物,应当提前15天申报检疫。

• 向无规定动物疫病区输入相关易感动物、易感动物产品的,货主除按规定向输出地动物卫生监督机构申报检疫外,还应当在起运3天前向输入地省级动物卫生监督机构申报检疫。

b. 合法捕获野生动物的,应当在捕获后3天内向捕获地县级动物卫生监督机构申报检疫。

c. 屠宰动物的,应当提前6小时向所在地动物卫生监督机构申报检疫;急宰动物的,可以随时申报。

d. 申报检疫的,应当提交检疫申报单;跨省、自治区、直辖市调运乳用动物、种用动物及其精液、胚胎、种蛋的,还应当同时提交输入地省、自治区、直辖市动物卫生监督机构批准的《跨省引进乳用种用动物检疫审批表》。申报检疫采取申报点填报、传真、电话等方式申报。采用电话申报的,需在现场补填检疫申报单。

e. 动物卫生监督机构受理检疫申报后,应当派出官方兽医到现场或指定地点实施检疫;不予受理的,应当说明理由。

案例8.5

无合格证 未经检疫猪肉被处理

2008年7月3日,某县兽医卫生监督所对唐某经营的鲜猪肉进行依法检查时发现,唐某销售的30余千克猪肉均无《动物产品检疫合格证明》,胴体未加盖检疫验讫印章,属违法经营,依据我国《动物防疫法》的有关规定,决定立案调查。

经查实,唐某销售的猪肉是当天凌晨购买的,共40千克,没有经过检疫便运回城区南街市场销售,依据我国《动物防疫法》的规定,该所对唐某作出:

1. 对违法经营的30余千克猪肉予以没收并进行无害化处理。

2. 没收违法销售所得收入并处以50元的行政处罚。

④运载动物、动物产品的车辆、船舶、机舱以及饲养用具、装载用具,畜主、货主、承运人必须在装货前和卸货后进行清扫、洗刷,并由动物防疫监督机构或其指定单位进行消毒后,凭运载工具消毒证明装载和运输动物、动物产品。清除的垫料、粪便、污物由畜主、货主或者承运人在动物防疫监督机构监督下进行无害化处理。

⑤出具检疫合格证明和消毒证明应当执行动物防疫证章填写及使用规范的规定。

动物检疫合格证明有效期最长为7天;赛马等特殊用途的动物,检疫合格证明有效期可延长至15天;动物产品检疫合格证明有效期最长为30天。运载工具消毒证明有效期与当次运输动物或动物产品的检疫合格证明有效期相同。

2) 产地检疫

①动物、动物产品出售或调运离开产地前必须由动物检疫员实施产地检疫。

②畜主、货主、托运人按下列时间向动物防疫监督机构提前报检:

动物产品、供屠宰或者育肥的动物提前3天;种用、乳用或者役用动物提前15天;因生产生活特殊需要出售、调运和携带动物或者动物产品的,随报随检。

③动物产地检疫按照法定标准实施。符合下列条件的,出具动物产地检疫合格证明:

a. 供屠宰和育肥的动物,达到健康标准的种用、乳用、役用动物、因生产生活特殊需要出售、调运和携带的动物,必须来自非疫区,免疫在有效期内,并经群体和个体临床健康检查合格。

b. 猪、牛、羊等必须具备合格的免疫标识。

c. 未达到健康标准的种用、乳用、役用动物,除符合上述条件外,必须经过实验室检验合格。

④动物产品经产地检疫,符合下列条件或者按照以下规定处理后,出具动物产品产地检疫合格证明:

a. 生皮、原毛、绒等产品的原产地无规定疫情,并按照有关规定进行消毒。炭疽易感动物生皮、原毛、绒等产品炭疽沉淀试验为阴性,或经环氧乙烷消毒。

b. 精液、胚胎、种蛋的供体达到动物健康标准。

c. 骨、角等产品的原产地应无规定疫情,并按有关规定进行消毒。

d. 参展、参赛和演出的动物在启运前,必须向当地动物防疫监督机构报检,符合规定的,出具检疫合格证明。必要时,可以进行实验室检验。到达参展、参赛、演出地点后,畜主、货主凭检疫合格证明到当地动物防疫监督机构报验。

e. 合法捕获的野生动物,畜主、货主必须到捕获地动物防疫监督机构报检,经捕获地动物防疫监督机构临床健康检查和实验室检疫合格,方可出售和运输;到达接受地后,畜主、货主凭检疫合格证明到接受地动物防疫监督机构报验。

f.跨省引进种用动物及其精液、胚胎、种蛋的,经输出地动物防疫监督机构按照本节规定检疫合格后方可启运;到达输入地后,向输入地动物防疫监督机构报验。

⑤出售或者运输的动物、动物产品经所在地县级动物卫生监督机构的官方兽医检疫合格,并取得《动物检疫合格证明》后,方可离开产地。

⑥出售或者运输的动物,经检疫符合下列条件,由官方兽医出具《动物检疫合格证明》:

a.来自非封锁区或者未发生相关动物疫情的饲养场(户)。

b.按照国家规定进行了强制免疫,并在有效保护期内。

c.临床检查健康。

d.农业部规定需要进行实验室疫病检测的,检测结果符合要求。

e.养殖档案相关记录和畜禽标识符合农业部规定。乳用、种用动物和宠物,还应当符合农业部规定的健康标准。

⑦合法捕获的野生动物,经检疫符合下列条件,由官方兽医出具《动物检疫合格证明》后,方可饲养、经营和运输:

a.来自非封锁区。

b.临床检查健康。

c.农业部规定需要进行实验室疫病检测的,检测结果符合要求。

⑧出售、运输的种用动物精液、卵、胚胎、种蛋,经检疫符合下列条件,由官方兽医出具《动物检疫合格证明》:

a.来自非封锁区,或者未发生相关动物疫情的种用动物饲养场。

b.供体动物按照国家规定进行了强制免疫,并在有效保护期内。

c.供体动物符合动物健康标准。

d.农业部规定需要进行实验室疫病检测的,检测结果符合要求。

e.供体动物的养殖档案相关记录和畜禽标识符合农业部规定。

⑨出售、运输的骨、角、生皮、原毛、绒等产品,经检疫符合下列条件,由官方兽医出具《动物检疫合格证明》:

a.来自非封锁区,或者未发生相关动物疫情的饲养场(户)。

b.按有关规定消毒合格。

c.农业部规定需要进行实验室疫病检测的,检测结果符合要求。

⑩经检疫不合格的动物、动物产品,由官方兽医出具检疫处理通知单,并监督货主按照农业部规定的技术规范处理。

⑪跨省、自治区、直辖市引进用于饲养的非乳用、非种用动物到达目的地后,货主或者承运人应当在24小时内向所在地县级动物卫生监督机构报告,并接受监督检查。

⑫跨省、自治区、直辖市引进的乳用、种用动物到达输入地后,在所在地动物卫生监督机构的监督下,应当在隔离场或饲养场(养殖小区)内的隔离舍进行隔离观察,大中型动物隔离期为45天,小型动物隔离期为30天。经隔离观察合格的方可混群饲养;不合格的,按照有关规定进行处理。隔离观察合格后需继续在省内运输的,货主应当申请更换《动物检疫合格证明》。动物卫生监督机构更换《动物检疫合格证明》不得收费。

案例 8.6

重复使用《出县境动物检疫合格证明》案

2012 年 9 月 8 日,甲县动物卫生监督所执法员张某对货主李某的 100 只猪检疫后,出具了起始地为甲县、到达地为乙县的有效期为 5 天的《动物检疫合格证明》。李某持该检疫证明将猪运往乙县,卸车后又返回了甲县。因检疫证明仍在有效期内,李某又偷偷地装运了同等数量的猪原路运往乙县,途经丙县时被丙县动物卫生监督所执法人员发现部分猪患有 W 病,遂进行了全部扑杀。李某以检疫证明在有效期内,向甲县动物卫生监督所申请国家赔偿。请问:甲县动物卫生监督所是否应该赔偿? 并说明理由。

3)屠宰检疫

①国家对生猪等动物实行定点屠宰,集中检疫。

②县级动物卫生监督机构依法向屠宰场(厂、点)派驻(出)官方兽医实施检疫。屠宰场(厂、点)应当提供与屠宰规模相适应的官方兽医驻场检疫室和检疫操作台等设施。出场(厂、点)的动物产品应当经官方兽医检疫合格,加施检疫标志,并附有《动物检疫合格证明》。

③对动物凭产地检疫合格证明进行收购、运输和进场(厂、点)待宰。官方兽医(动物检疫员)负责查验收缴动物(产地)检疫合格证明和运载工具消毒证明,填写屠宰检疫记录。动物产地检疫合格证明和消毒证明至少应当保存 12 个月。

④动物检疫员按屠宰检疫有关国家和行业标准实施屠宰检疫。动物屠宰前应当逐头(只)进行临床检查,健康的动物方可屠宰;患病动物和疑似患病动物按照有关规定处理。动物屠宰过程实行全流程同步检疫,对头、蹄、胴体、内脏(肉、油、血液、骨及其他分割物)进行统一编号,对照检疫检查。检疫合格的动物产品,加盖验讫印章或加封检疫标志,出具动物产品检疫合格证明。检疫不合格的动物产品,按规定作无害化处理;无法作无害化处理的,予以销毁。

⑤未实行定点屠宰和农民个人自宰自用动物的屠宰检疫,按省级兽医行政部门有关规定执行。

⑥进入屠宰场(厂、点)的动物应当附有《动物检疫合格证明》,并佩戴有农业部规定的畜禽标识。官方兽医应当查验进场动物附具的《动物检疫合格证明》和佩戴的畜禽标识,检查待宰动物健康状况,对疑似染疫的动物进行隔离观察。官方兽医应当按照农业部规定,在动物屠宰过程中实施全流程同步检疫和必要的实验室疫病检测。

⑦经检疫符合下列条件的,由官方兽医出具《动物检疫合格证明》,对胴体及分割、包装的动物产品加盖检疫验讫印章或者加施其他检疫标志:

a.无规定的传染病和寄生虫病。

b.符合农业部规定的相关屠宰检疫规程要求。

c.需要进行实验室疫病检测的,检测结果符合要求。骨、角、生皮、原毛、绒的检疫还应当符合动物检疫管理办法第 17 条有关规定。

⑧经检疫不合格的动物、动物产品,由官方兽医出具检疫处理通知单,并监督屠宰场(厂、点)或者货主按照农业部规定的技术规范处理。

⑨经检疫合格的动物产品到达目的地后,需要直接在当地分销的,货主可以向输入

地动物卫生监督机构申请换证,换证不得收费。换证应当符合下列条件:

a. 提供原始有效的《动物检疫合格证明》,检疫标志完整,且证物相符。

b. 在有关国家标准规定的保质期内,且无腐败变质。

⑩经检疫合格的动物产品到达目的地,贮藏后需继续调运或者分销的,货主可以向输入地动物卫生监督机构重新申报检疫。输入地县级以上动物卫生监督机构对符合下列条件的动物产品,出具《动物检疫合格证明》。

a. 提供原始有效《动物检疫合格证明》,检疫标志完整,且证物相符。

b. 在有关国家标准规定的保质期内,无腐败变质。

c. 有健全的出入库登记记录。

d. 农业部规定进行必要的实验室疫病检测的,检测结果符合要求。

4)水产苗种产地检疫

①出售或者运输水生动物的亲本、稚体、幼体、受精卵、发眼卵及其他遗传育种材料等水产苗种的,货主应当提前20天向所在地县级动物卫生监督机构申报检疫;经检疫合格,并取得《动物检疫合格证明》后,方可离开产地。

②养殖、出售或者运输合法捕获的野生水产苗种的,货主应当在捕获野生水产苗种后2天内向所在地县级动物卫生监督机构申报检疫;经检疫合格,并取得《动物检疫合格证明》后,方可投放养殖场所、出售或者运输。

合法捕获的野生水产苗种实施检疫前,货主应当将其隔离在符合下列条件的临时检疫场地:

a. 与其他养殖场所有物理隔离设施。

b. 具有独立的进排水和废水无害化处理设施以及专用渔具。

c. 农业部规定的其他防疫条件。

③水产苗种经检疫符合下列条件的,由官方兽医出具《动物检疫合格证明》:

a. 该苗种生产场近期未发生相关水生动物疫情。

b. 临床健康检查合格。

c. 农业部规定需要经水生动物疫病诊断实验室检验的,检验结果符合要求。检疫不合格的,动物卫生监督机构应当监督货主按照农业部规定的技术规范处理。

④跨省、自治区、直辖市引进水产苗种到达目的地后,货主或承运人应当在24小时内按照有关规定报告,并接受当地动物卫生监督机构的监督检查。

5)无规定动物疫病区动物检疫

①向无规定动物疫病区运输相关易感动物、动物产品的,除附有输出地动物卫生监督机构出具的《动物检疫合格证明》外,还应当向输入地省、自治区、直辖市动物卫生监督机构申报检疫,并按照动物检疫管理办法第33条、第34条规定取得输入地《动物检疫合格证明》。

②输入到无规定动物疫病区的相关易感动物,应当在输入地省、自治区、直辖市动物卫生监督机构指定的隔离场所,按照农业部规定的无规定动物疫病区有关检疫要求隔离检疫。大中型动物隔离检疫期为45天,小型动物隔离检疫期为30天。隔离检疫合格的,由输入地省、自治区、直辖市动物卫生监督机构的官方兽医出具《动物检疫合格证明》;不

合格的,不准进入,并依法处理。

③输入到无规定动物疫病区的相关易感动物产品,应当在输入地省、自治区、直辖市动物卫生监督机构指定的地点,按照农业部规定的无规定动物疫病区有关检疫要求进行检疫。检疫合格的,由输入地省、自治区、直辖市动物卫生监督机构的官方兽医出具《动物检疫合格证明》;不合格的,不准进入,并依法处理。

6)乳用种用动物检疫审批

①跨省、自治区、直辖市引进乳用动物、种用动物及其精液、胚胎、种蛋的,货主应当填写《跨省引进乳用种用动物检疫审批表》,向输入地省、自治区、直辖市动物卫生监督机构申请办理审批手续。

②输入地省、自治区、直辖市动物卫生监督机构应当自受理申请之日起 10 个工作日内,作出是否同意引进的决定。符合下列条件的,签发《跨省引进乳用种用动物检疫审批表》;不符合下列条件的,书面告知申请人,并说明理由。

a.输出和输入饲养场、养殖小区取得《动物防疫条件合格证》。

b.输入饲养场、养殖小区存栏的动物符合动物健康标准。

c.输出的乳用、种用动物养殖档案相关记录符合农业部规定。

d.输出的精液、胚胎、种蛋的供体符合动物健康标准。

③货主凭输入地省、自治区、直辖市动物卫生监督机构签发的《跨省引进乳用种用动物检疫审批表》,按照本办法规定向输出地县级动物卫生监督机构申报检疫。输出地县级动物卫生监督机构应当按照本办法的规定实施检疫。

④跨省引进乳用种用动物应当在《跨省引进乳用种用动物检疫审批表》有效期内运输。逾期引进的,货主应当重新办理审批手续。

7)运输检疫监督

(1)运输检疫监督

运输检疫监督是对运出县境动物及动物产品所实施的检疫监督检查。其主要任务是检查有无运输检疫证明,是否证物相符,是否在有效期内,合格的放行,不合格的根据情况进行处理。证件逾期,或证物不符的,实行重检,出具检疫证明,并按规定处罚;无证或伪造、涂改证件的,以及动物患传染病的,要终止运输,依照动物卫生行政法的规定予以处理。

为了保证检疫工作的正常开展,各级兽医行政主管部门的动物防疫监督机构设在公路、铁路、机场、码头的运输检查站,对过往动物或其产品依法实行监督检查。运输检疫站的任务是验证、查物;证明符合规定的动物及动物产品正常放行,对不合格的,按规定处理。

(2)运输检疫监督作用与布局

动物运输检疫监督是为了促进产地检疫和防止动物疫病远距离传播。依照"有利把关,方便流通,促进生产,避免浪费"为动物运输检疫站的原则,一般在动物及其产品流通量大的陆路交通要道设置,由省级兽医行政主管部门会同公安部门统一规划,合理布局。

(3)动物检疫项目

①是否来自非疫区。

②临床检查是否健康。

③免疫接种是否在有效期内。

④实验室检验结果是否阴性。

⑤种、乳用动物是否有健康合格证。

(4)检疫结果处理方式

①检疫合格。经检疫合格,出具检疫证明,胴体加盖验讫印章或规定的检疫检验标志(记)。

②检疫不合格。经检疫不合格时,根据情况采取封锁、隔离观察、扑杀、销毁、高温和其他无害化处理方式。

(5)检疫证明

①法定检疫证明的形式有:

a.书面证明,包括产地检疫证明、运输检疫证明、动物产品检疫证明、进出口检疫证明等。

b.检疫印章(或称验讫印章)。

c.检疫标志。用于动物或分割肉类以及某些动物产品的外包装。如禽类的检疫环等。

②证明的有效性。凡具有下述5个要素的证明才具有法律效力:

a.国务院兽医行政主管部门及OIE依法统一设置,统一格式、统一监制、统一发放的证明。

b.由法定的检疫机构和检疫人员签发。

c.在有效期内。

d.按规定要求填写。

e.证物相符。

凡不具备上述条件之一者,其检疫证明不具有法律效力。应按规定重检、补检、并依法承担行政处理处罚。

此外,对不合格的动物及其产品,也要出具统一的证件和印记。如胴体上加盖"高温""工业炼油"等印章和出具扑杀,销毁通知等。

③屠宰、经营、运输以及参加展览、演出和比赛的动物,应当附有《动物检疫合格证明》;经营、运输的动物产品应当附有《动物检疫合格证明》和检疫标志。对符合前款规定的动物、动物产品,动物卫生监督机构可以查验检疫证明、检疫标志,对动物、动物产品进行采样、留验、抽检,但不得重复检疫收费。

④依法应当检疫而未经检疫的动物,由动物卫生监督机构依照本条第②款规定补检,并依照《动物防疫法》处理处罚。符合下列条件的,由动物卫生监督机构出具《动物检疫合格证明》;不符合的,按照农业部有关规定进行处理。

a.畜禽标识符合农业部规定。

b.临床检查健康。

c.农业部规定需要进行实验室疫病检测的,检测结果符合要求。

⑤依法应当检疫而未经检疫的骨、角、生皮、原毛、绒等产品,符合下列条件的,由动物卫生监督机构出具《动物检疫合格证明》;不符合的,予以没收并销毁。同时,依照《动

物防疫法》处理处罚。

a.货主在 5 天内提供输出地动物卫生监督机构出具的来自非封锁区的证明。

b.经外观检查无腐烂变质。

c.按有关规定重新消毒。

d.农业部规定需要进行实验室疫病检测的,检测结果符合要求。

⑥依法应当检疫而未经检疫的精液、胚胎、种蛋等,符合下列条件的,由动物卫生监督机构出具《动物检疫合格证明》;不符合的,予以没收销毁。同时,依照《动物防疫法》处理处罚。

a.货主在 5 天内提供输出地动物卫生监督机构出具的来自非封锁区的证明和供体动物符合健康标准的证明。

b.在规定的保质期内,并经外观检查无腐败变质。

c.农业部规定需要进行实验室疫病检测的,检测结果符合要求。

⑦依法应当检疫而未经检疫的肉、脏器、脂、头、蹄、血液、筋等,符合下列条件的,由动物卫生监督机构出具《动物检疫合格证明》,并依照《动物防疫法》第 78 条的规定进行处罚;不符合下列条件的,予以没收销毁,并依照《动物防疫法》第 76 条的规定进行处罚:

a.货主在 5 天内提供输出地动物卫生监督机构出具的来自非封锁区的证明。

b.经外观检查无病变、无腐败变质。

c.农业部规定需要进行实验室疫病检测的,检测结果符合要求。

⑧经铁路、公路、水路、航空运输依法应当检疫的动物、动物产品的,托运人托运时应当提供《动物检疫合格证明》。没有《动物检疫合格证明》的,承运人不得承运。

⑨货主或者承运人应当在装载前和卸载后,对动物、动物产品的运载工具以及饲养用具、装载用具等,按照农业部规定的技术规范进行消毒,并对清除的垫料、粪便、污物等进行无害化处理。

⑩封锁区内的商品蛋、生鲜奶的运输监管按照《重大动物疫情应急条例》实施。

⑪经检疫合格的动物、动物产品应当在规定时间内到达目的地。经检疫合格的动物在运输途中发生疫情,应按有关规定报告并处置。

案例 8.7

A 省某县双江指定道口检查站查获一起无检疫证明运输动物案

2012 年 3 月 16 日 11 时,A 省某县双江指定道口检查站执法人员拦截一辆载有 3 头耕牛的车牌号为川×××××的三轮车,货主不能提供出动物的检疫证明。经了解,货主周某于 3 月 16 日早上到 B 省某县购买了 3 头耕牛,价值 6 400 元,雇请 B 省某县人李某帮其运回家中饲养。现场检查发现,3 头耕牛均未佩戴耳标,无检疫证明,无备案单,周某和李某均表示对此不了解。在执法人员详细讲解《动物防疫法》相关规定后,当执法人员依法处罚时,当事人极不配合,劝解无效后,立即上报县动监所,接到报告后,局领导决定立案查处,派县动监所执法人员立即赶到现场,再次给当事人讲解了有关法律规定,制作了《现场检查笔录》和《询问笔录》,对整个执法过程进行了现场拍照,证实了当事人无检疫证明运输动物的行为违反了《动物防疫法》第 25 条第 3 款、第 43 条第 1 款之规定,并依据《动物防疫法》第 78 条第 1 款之规定,对周某及李某分别给予了相应处罚。

8.4　动物防疫监督

8.4.1　监督措施

①动物防疫监督机构依法对动物防疫工作进行监督。

动物防疫监督机构负责对动物、动物产品采样、留验、抽检,对没有检疫证明的动物、动物产品进行补检或者重检,对染疫或者疑似染疫的动物和染疫的动物产品进行隔离、封存和处理。

②经铁路、公路、水路、航空运输动物、动物产品的,托运人必须提供检疫证明方可托运;承运人必须凭检疫证明方可承运。

动物防疫监督机构负责对动物、动物产品运输依法进行监督检查。

③动物防疫监督工作人员执行监督检查任务时应出示证件,有关单位和个人应当给予支持、配合。动物防疫监督机构及人员进行动物防疫监督检查,不得收取费用。

8.4.2　监督的相关规定

①动物饲养场所、贮存场所、屠宰厂、肉类联合加工厂、其他定点屠宰场(点)和动物产品冷藏场所的工程的选址和设计,应符合农业部兽医局规定的动物防疫条件。

②动物饲养场、屠宰厂、肉类联合加工厂和其他定点屠宰场(点)等单位,从事动物饲养、经营和动物产品生产、经营活动,应符合农业部兽医局规定的动物防疫条件,并接受动物防疫监督机构的监督检查。

③从事动物诊疗活动,应有相应的专业技术人员,并取得畜牧兽医行政管理部门发放的动物诊疗许可证。

④患有人畜共患传染病的人员不得直接从事动物诊疗以及动物饲养、经营和动物产品生产、经营活动。

8.5　法律责任

①有下列行为之一的,由动物防疫监督机构给予警告;拒不改正的,由动物防疫监督机构依法代作处理,处理所需费用由违法行为人承担:

a. 对饲养、经营的动物不按照动物疫病的强制免疫计划和国家有关规定及时进行免疫接种和消毒的。

b. 对动物、动物产品的运载工具、垫料、包装物不按照国家有关规定清洗消毒的。

c. 不按照国家有关规定处置染疫动物及其排泄物、染疫动物的产品、病死或者死因不明的动物尸体的。

②违反动物防疫法规定,保存、使用、运输动物源性致病微生物或者运输动物病料的,由动物防疫监督机构给予警告,可以并处 2 000 元以下的罚款。

③经营下列动物、动物产品的,由动物防疫监督机构责令停止经营,立即采取有效措施收回已售出的动物、动物产品,没收违法所得和未售出的动物、动物产品;情节严重的,

可以并处违法所得 5 倍以下的罚款：

    a.封锁疫区内与所发生动物疫病有关的。

    b.疫区内易感染的。

    c.依法应当检疫而检疫不合格的。

    d.染疫的。

    e.病死或者死因不明的。

    f.其他不符合国家有关动物防疫规定的。

④经营依法应当检疫而没有检疫证明的动物、动物产品的，由动物防疫监督机构责令停止经营，没收违法所得；对未售出的动物、动物产品，依法补检，并依照检疫办法的规定办理。

⑤不执行凭检疫证明运输动物、动物产品的规定的，由动物防疫监督机构给予警告，责令改正；情节严重的，可以对托运人和承运人分别处以运输费用 3 倍以下的罚款。

⑥转让、涂改、伪造检疫证明的，由动物防疫监督机构没收违法所得，收缴检疫证明；转让、涂改检疫证明的，并处 2 000 元以上 5 000 元以下的罚款，违法所得超过 5 000 元的，并处违法所得 1 倍以上 3 倍以下的罚款；伪造检疫证明的，并处 1 万元以上 3 万元以下的罚款，违法所得超过 3 万元的，并处违法所得 1 倍以上 3 倍以下的罚款；构成犯罪的，依法追究刑事责任。

⑦从事动物饲养、经营和动物产品生产、经营活动的单位的动物防疫条件不符合规定的，由动物防疫监督机构给予警告、责令改正；拒不改正的，并处 1 万元以上 3 万元以下的罚款。

⑧单位瞒报、谎报或者阻碍他人报告动物疫情的，由动物防疫监督机构给予警告，并处 2 000 元以上 5 000 元以下的罚款；对负有直接责任的主管人员和其他直接责任人员，依法给予行政处分。

⑨逃避检疫，引起重大动物疫情，致使养殖业生产遭受重大损失或者严重危害人体健康的，依法追究刑事责任。

⑩动物检疫员违法，对未经检疫或者检疫不合格的动物、动物产品出具检疫证明、加盖验讫印章的，由其所在单位或者上级主管机关给予记过或者撤销动物检疫员资格的处分；情节严重的，给予开除的处分。因前款规定的违法行为给有关当事人造成损害的，由动物检疫员所在单位承担赔偿责任。

⑪动物防疫监督工作人员滥用职权，玩忽职守，徇私舞弊，隐瞒和延误疫情报告，伪造检疫结果，构成犯罪的，依法追究刑事责任；尚不构成犯罪的，依法给予行政处分。

⑫动物防疫监督工作人员依法执行职务，构成犯罪的，依法追究刑事责任；尚不构成犯罪的，依法给予治安管理处罚。

⑬违反《动物检疫管理办法》第 19 条、第 31 条规定，跨省、自治区、直辖市引进用于饲养的非乳用、非种用动物和水产苗种到达目的地后，未向所在地动物卫生监督机构报告的，由动物卫生监督机构处 500 元以上 2 000 元以下罚款。

⑭违反《动物检疫管理办法》第 20 条规定，跨省、自治区、直辖市引进的乳用、种用动物到达输入地后，未按规定进行隔离观察的，由动物卫生监督机构责令改正，处 2 000 元以上 1 万元以下罚款。

案例8.8

为图方便　伪造票证

2012年5月6日,陈某收购了5头生猪由该县石子贩运到该县城屠宰,并用李某的车托运。在装运的过程中,陈某提出要去开产地检疫证明,这时李某对陈说不用去开票,他这里有票,为图方便陈某便同意了此提议。于是李某便将2008年4月捡到的4张空白检验票证按照自己的意思分别用陈某某、吴某、吴某某等名字填写,填好后交给了陈某。虽然5头猪只有4张检疫证明,但怀着侥幸心理的陈某和李某将猪拉到了屠宰场进行屠宰。当天屠宰完毕后,县动物卫生监督所驻场官方兽医在回收检疫证明过程中发现有4张产地检疫证明存在一定的问题,该票证上不仅无产地检疫人员名字,而且填写也极不规范,便将此事及时上报。经立案调查,确认了李某、陈某伪造检疫票证的行为违反了《中华人民共和国动物防疫法》规定。根据《中华人民共和国动物防疫法》第79条,给予李某、陈某分别处以6 000元和700元罚款的行政处罚。

8.6　病死及死因不明动物处置

2005年10月21日,中华人民共和国农业部发布《病死及死因不明动物处置办法(试行)》。

8.6.1　目的范围

①为规范病死及死因不明动物的处置,消灭传染源,防止疫情扩散,保障畜牧业生产和公共卫生安全,根据《中华人民共和国动物防疫法》等有关规定,制定《病死及死因不明动物处置办法(试行)》。

②本办法适用于饲养、运输、屠宰、加工、贮存、销售及诊疗等环节发现的病死及死因不明动物的报告、诊断及处置工作。

8.6.2　处置措施

①任何单位和个人发现病死或死因不明动物时,应当立即报告当地动物防疫监督机构,并做好临时看管工作。

②任何单位和个人不得随意处置及出售、转运、加工和食用病死或死因不明动物。

③所在地动物防疫监督机构接到报告后,应立即派员到现场作初步诊断分析,能确定死亡病因的,应按照国家相应动物疫病防治技术规范的规定进行处理。

对非动物疫病引起死亡的动物,应在当地动物防疫监督机构指导下进行处理。

④对病死但不能确定死亡病因的,当地动物防疫监督机构应立即采样送县级以上动物防疫监督机构确诊。对尸体要在动物防疫监督机构的监督下进行深埋、化制、焚烧等无害化处理。

⑤对发病快、死亡率高等重大动物疫情,要按有关规定及时上报,对死亡动物及发病动物不得随意进行解剖,要由动物防疫监督机构采取临时性的控制措施,并采样送省级

动物防疫监督机构或农业部指定的实验室进行确诊。

⑥对怀疑是外来病,或者是国内新发疫病,应立即按规定逐级报至省级动物防疫监督机构,对动物尸体及发病动物不得随意进行解剖。经省级动物防疫监督机构初步诊断为疑似外来病,或者是国内新发疫病的,应立即报告农业部,并将病料送国家外来动物疫病诊断中心(农业部动物检疫所)或农业部指定的实验室进行诊断。

⑦发现病死及死因不明动物所在地的县级以上动物防疫监督机构,应当及时组织开展死亡原因或流行病学调查,掌握疫情发生、发展和流行情况,为疫情的确诊、控制提供依据。

出现大批动物死亡事件或发生重大动物疫情的,由省级动物防疫监督机构组织进行死亡原因或流行病学调查;属于外来病或国内新发疫病,国家动物流行病学研究中心及农业部指定的疫病诊断实验室要派人协助进行流行病学调查工作。

⑧除发生疫情的当地县级以上动物防疫监督机构外,任何单位和个人未经省级兽医行政主管部门批准,不得到疫区采样、分离病原、进行流行病学调查。当地动物防疫监督机构或获准到疫区采样和流行病学调查的单位和个人,未经原审批的省级兽医行政主管部门批准,不得向其他单位和个人提供所采集的病料及相关样品和资料。

⑨在对病死及死因不明动物采样、诊断、流行病学调查、无害化处理等过程中,要采取有效措施做好个人防护和消毒工作。

⑩发生动物疫情后,动物防疫监督机构应立即按规定逐级报告疫情,并依法对疫情作进一步处置,防止疫情扩散蔓延。动物疫情监测机构要按规定做好疫情监测工作。

⑪确诊为人畜共患疫病时,兽医行政主管部门要及时向同级卫生行政主管部门通报。

⑫各地应根据实际情况,建立病死及死因不明动物举报制度,并公布举报电话。对举报有功的人员,应给予适当奖励。

⑬对病死及死因不明动物的各项处理,各级动物防疫监督机构要按规定做好相关记录、归档等工作。

⑭各级兽医行政主管部门要采取多种形式,宣传随意处置及出售、转运、加工和食用病死或死因不明动物的危害性,提高群众防病意识和自我保护能力。

案例 8.9

再不敢"刨"病死猪了——探访"猪链球菌病"治愈者

"这次惨喽,以后,我再也不敢'刨'病死猪了!"2005 年 7 月 31 日,吴某坐在家门口的长凳上苦笑着说。现年 46 岁的吴某是某市雁江区松涛镇周祠村的村民,他是这次感染猪链球菌病的首批患者,也是 2005 年 7 月 26 日最先治愈出院者之一。他原本瘦削的脸上透着几分憔悴。

"7 月 8 日早晨,我弟弟吴代彬家的一头肥猪忽然死掉了,便喊我去帮着'刨'猪。当时我手上有一处结了痂的小伤口,谁知'刨'猪时在热水里一泡,痂掉了,我也没在意。第二天下午 3 点多,我睡醒午觉后便觉得头昏眼花、四肢无力,走路是'飘'的,以为感冒了,到村里诊所输液后,还是没有好转,一看不行,我兄弟他们赶紧把我送到市医院,后来我才知道,自己是在'刨'病死猪时感染了猪链球菌病。"

8.6.3　法律责任

对违反规定经营病死及死因不明动物的或不按规定处理病死及死因不明动物的单位和个人,按《动物防疫法》有关规定处理。

案例 8.10

贩卖病死猪肉的处理

某县兽医行政主管机关接到群众举报有一商贩张某在一巷口贩卖病死猪肉,该县动物防疫监督机构立即组织 2 名动物监督员赶到事发地点,当场查获疑似病死猪肉 60 kg。请问:动物监督员应如何处理?

本章小结

为了加强对公共卫生的管理,预防、控制和扑灭动物疫病,促进养殖业发展,保护人体健康,我国于 1997 年 7 月 3 日颁布了《中华人民共和国动物防疫法》;本章还涉及《中华人民共和国进出境动植物检疫法》及《动物防疫条件审查办法》《动物检疫管理办法》《家禽产地检疫规程》《家禽屠宰检疫规程》《跨省调运乳用种用动物产地检疫规程》《牛屠宰检疫规程》《生猪产地检疫规程》《生猪屠宰检疫规程》《羊屠宰检疫规程》《病死及死因不明动物处置办法(试行)》等法律法规。为此,必须明确:

①国务院兽医行政管理部门(农业部兽医局)主管全国的动物防疫工作。县以上兽医行政管理部门主管本行政区域内的动物防疫工作。县以上动物防疫监督机构实施动物防疫和动物防疫监督。军队的动物防疫监督机构负责军队现役动物及军队饲养自用动物的防疫工作。

②禁止经营的动物、动物产品是:封锁疫区内与所发生动物疫病有关的;疫区内易感染的;依法应当检疫而未经检疫或者检疫不合格的;染疫的;病死或者死因不明的;其他不符合国家有关动物防疫规定的。

③动物监督的检疫项目有:是否来自非疫区;临床检查是否健康;免疫接种是否在有效期内;实验室检验结果是否阴性;种、乳用动物是否有健康合格证。

④检疫结果处理方式有:

a.检疫合格。经检疫合格,出具检疫证明,胴体加盖验讫印章或规定的检疫检验标志(记)。

b.检疫不合格。经检疫不合格时,根据情况采取封锁、隔离观察、扑杀、销毁、高温和其他无害化处理方式。

⑤凡饲养、运输、屠宰、加工、贮存、销售及诊疗等环节发现的病死及死因不明动物的报告、诊断及处置工作都必须遵循《病死及死因不明动物处置办法(试行)》。

复习思考题

1.法定的检疫机关和人员是谁?

2.哪些动物、动物产品是属禁止经营的?

3.怎样的检疫证明才有法律效力? 检疫结果处理的方式有哪些?

4.病死及死因不明的动物应怎么处置?

5.解释:产地检疫,动物,动物产品,动物防疫,动物疫病,无害化处理

实 训

学员到当地动物防疫监督机构、国家动植物检疫机关、国家进出口商品检验机构、动物与动物产品交易市场、动物屠宰、畜产品加工厂(场)等地参观实习,了解我国动物防疫检疫现状,写出实习报告或心得体会,进行交流。

第9章
畜牧兽医行政执法

本章导读:本章主要介绍畜牧兽医执法概况,畜牧兽医行政处理、处罚、强制执行等内容,众所周知,畜禽养殖,畜产品、饲料与兽药安全生产经营,动物防疫检疫、动物产品安全都依赖于法律的保驾护航,这就要求行政相对人依法从业,执法者依法行政。

兽医行政执法是畜牧兽医执法主体代表国家主动采取单方面的履职行为,如行政监督检查、处理、处罚、强制执行等,以确保畜牧业正常秩序,实现畜牧兽医立法目的。

9.1 畜牧兽医行政监督检查

9.1.1 行政监督概述

畜牧兽医行政管理是法律赋予畜牧兽医行政主体的职责,如《中华人民共和国动物防疫法》第7条"国务院兽医主管部门主管全国的动物防疫工作。县级以上地方人民政府兽医主管部门主管本行政区域内的动物防疫工作。"《中华人民共和国畜牧法》第7条"国务院畜牧兽医行政主管部门负责全国畜牧业的监督管理工作。县级以上地方人民政府畜牧兽医行政主管部门负责本行政区域内的畜牧业监督管理工作。县级以上人民政府有关主管部门在各自的职责范围内,负责有关促进畜牧业发展的工作。"畜牧兽医行政监督是畜牧兽医行政主体为了行使行政职能,对行政相对人守法情况进行的考察、监察和督导活动。

1)监督主体范围

(1)监督主体

行政监督是一种政府监督行为,监督主体是行使监督职能的机关,由法律设定,如:《中华人民共和国动物防疫法》第8条"县级以上地方人民政府设立的动物卫生监督机构依照本法规定,负责动物、动物产品的检疫工作和其他有关动物防疫的监督管理执法工作。"《兽药管理条例》第1章第3条"国务院兽医行政管理部门负责全国的兽药监督管理工作。县级以上地方人民政府兽医行政管理部门负责本行政区域内的兽药监督管理工作。"

(2)监督范围

行政监督的目的是确保法律的实施,达到立法目的,监督范围包括被监督人的行为范畴,被监督人应包括行政机关及其公务员和行政相对人。

2)监督对象任务

(1)监督对象

监督对象是指兽医行政主体实施监督所指向的标的。即包括:兽医行政机关及公务员、行政相对人的行为和畜产品、兽药、饲料等的质量及其他。

(2)监督任务

畜牧兽医监督的主要任务是检查国家法律和政府决定的执行情况,及时发现和纠正一切不符合法律规定的行为和质量标准的假劣产品。

9.1.2　畜牧兽医监督管理

1)常规监督管理

(1)索证验证

索证验证是指畜牧兽医监督主体依法检查自然人、法人和其他组织等是否持有规定的兽药证、章、标志,以及所持证、章、标志是否合法的行政活动。畜牧兽医管理大部分属于要式行为。持有检验合格证、许可证等证者,表明持有人已依法履行了义务,可享有相应的权利。证明是体现管理相对人是否合法,产品及有关物品是否符合法定标准及条件要求的重要标志。所以,索证验证是畜牧兽医监督的重要方式。

(2)常规监督管理

常规监督管理是指畜牧兽医行政主体对各有关环节单位和个人执行畜牧兽医行政法的情况,依法经常进行的监督检查和行政管理。如:

①对有关药厂、饲料厂、养殖场的规划布局和建筑设施必须符合有关规定的要求。

②生产现场布局设施必须符合制药、饲料生产、养殖要求。

(3)技术监督监测

技术监督监测主要是看行政相对人生产、经营的兽药、饲料、动物及动物产品是否符合质量标准,有关的场所设施等是否符合相应条件要求。其监督监测的主要内容有:

①人员素质是否达到规定要求。

②动物和动物产品、药品、饲料及其包装等是否符合标准。

③仪器、设备是否达到规定的数量、型号、指标等。

④生产、经营、检验操作是否符合规范要求和程序。

⑤工程建设、布局是否符合要求。

⑥其他方面是否符合要求。

(4)流通环节监督管理

流通环节监督管理是指兽医行政主体,对进入流通环节的兽药、饲料、动物产品及生产经营者在流通环节的活动,所进行的监督检查与管理:

①是否凭证入市。进入市场进行交易的兽药、饲料、动物及动物产品,货主必须持有

证明或证件。产品要有检验证明或检验标志、生产许可证、产品批准文号等法定手续。

②证明是否符合规定。货主(或托运人)所持各种兽药证明,要证物相符,证的内容项目填写规范符合要求。

(5)对运输的监督管理

可在车站、港口、机场、道路检查站派驻机构和人员,执行监督管理任务。要求:

①验证。检查管理相对人是否改造了药物行政法规定的义务。

②查物。检查证物是否相符,产品是否符合要求,根据情况决定抽检,补检、重检和出证。

③处理。经检查,在查出问题后,属于违法行为的,依法进行处罚,属于不符合药物要求的,依法进行处理。

2)对下级机关的监督管理

①制定相应的规章制度,建立健全监督管理秩序。

②复议下级机关的行政案件,及时纠正、处理违章行为。

③受理裁决下一级行政主体和管理相对人之间发生的技术争议和行政纠纷。

对下级机关的监督管理有利于及时发现、制止、纠正、处理各级兽药行政主体及其工作人员在贯彻执行药物行政法中的违章行为,以提高监督管理的质量。

9.1.3　常用监督方法措施

1)常用监督方法

(1)检查

检查是一种最广泛的监督方法。其形式包括综合、专题、抽样、定期、临时、现场和全面检查等。当事人对产品检验结果有异议的,可以自收到检验结果之日起7个工作日内向实施检验的机构或者上级畜牧兽医行政管理部门设立的检验机构申请复检。

(2)调查

通过调查,畜牧兽医行政主体可以了解管理相对人的情况,采取相应的监督措施。

(3)派驻

派驻是畜牧兽医行政主体为了执行监督任务。在车站、码头、机场以及生产经营等有关场所和单位派驻机构或人员的行为,有关单位应提供方便,不得拒绝、阻挠。

2)常用的行政措施

(1)按规定无偿取样

监督离不开技术检验和监测,抽样检查是监测的一种方式,是监督主体的行政权力,被检查者不得拒绝或讨价索取报酬,必须认真执行,监方主体也不得违反操作规程。必须按规定进行抽样,并严格执行规定的方式。

(2)封存、留验

在监督检查过程中,如果发现有可疑的违反技术质量标准的兽药时,为了查清原因、核准结果、保全证据,畜牧兽医监督主体可采取封存、留验措施,然后作必要的检验工作,得出该产品是否符合标准的结论。

(3)扣押

在监督过程中。当发现行政相对人行为违法或经营的产品及有关物品不符合标准时,畜牧兽医行政主体有权将不合格产品且有关物品予以扣押,并采取处理措施,但必须严格按规定的方式和程序执行,严禁滥用扣押权。如《兽药管理条例》第46条"兽医行政管理部门依法进行监督检查时,对有证据证明可能是假、劣兽药的,应当采取查封、扣押的行政强制措施,并自采取行政强制措施之日起7个工作日内作出是否立案的决定;需要检验的,应当自检验报告书发出之日起15个工作日内作出是否立案的决定;不符合立案条件的,应当解除行政强制措施;需要暂停生产、经营和使用的,由国务院兽医行政管理部门或者省、自治区、直辖市人民政府兽医行政管理部门按照权限作出决定。"

未经行政强制措施决定机关或者其上级机关批准,不得擅自转移、使用、销毁、销售被查封或者扣押的产品及有关材料。

(4)责令追回违禁产品及有关物品

当发现已经售出或运出不符合产品质量标准要求的产品和有关物品时,监督主体有权责令当事人将其追回,并采取处理措施。

监督结果的处理:

①行政制裁。对违反行政法的行为,依法进行纠正、制止、处理直至行政制裁。

②无害化处理。无害化处理是国家对有害产品及其有关物品采用规定的物理、化学、生物技术方法所进行的处理,消灭污染源。常用的无害化处理方法有火化、深埋、转化、焚烧等。

9.2 畜牧兽医行政处理

9.2.1 畜牧兽医行政处理内容形式

1)畜牧兽医行政处理内容

畜牧兽医行政处理是畜牧兽医行政主体针对某些具体的事件和特殊的情况,依照畜牧兽医行政法作出行政处理决定,采取行政处理措施的单方面的、能直接产生法律后果的具体行政行为。行政处理内容有:

(1)赋予权利

畜牧兽医行政处理使行政相对人获得一种新的权利。如兽医行政主管部门颁发《兽医经营许可书》,使管理相对人具有从事兽药经营工作的资格。给持有"许可证"的人员颁发了《兽药营业执照》就使其获得了从事兽药职业的权利。

(2)依法设立义务

在出现了法律规范所规定的情形时,畜牧兽医行政主体可令管理相对人承担某种义务。如兽药监督员发现有假劣兽药出现时,货主必须主动配合执法人员进行处理处罚。

(3)免除义务

在某些特殊情况时,畜牧兽医行政主体对原来承担某种义务的管理相对人,作出免除其某种义务的行为,如对假劣兽药、饲料、病死动物尸体的无害化处理费用。

(4)确定认可

确定认可是指畜牧兽医行政主体对公民、法人或其他组织的权利义务关系的确定、认可、证明的行政处理行为。如兽药、饲料、动物生产、经营场所条件鉴定、达标等级鉴定、验收的行政处理行为等。

(5)否定驳回

否定驳回是指行政相时人提出赋予其某项权利和资格的请求后,经畜牧兽医行政主体审核,不符合兽医行政法规定的标准、条件或要求的,不予认可或驳回的具体行政行为,如兽药生产、经营的单位和个人申领《兽药生产许可证》,不符合法定条件即可拒绝颁发有关证件。

2)畜牧兽医行政处理形式

畜牧兽医行政处理的表现形式具有一般行政处理的形式。如命令、指标、审批、批准、拒绝、请示、批复、许可、免除、赋予等,此外。还有其特殊表现形式:

(1)颁发证照、签发书证

畜牧兽医行政主体依照法律、法规、规章的规定,为履行畜牧兽医工作的社会管理职能,按照法定程序颁发签署证照的行政行为。

(2)审查验收、监测评价

审查验收监测评价指畜牧兽医行政主体对兽药、饲料、动物生产、经营的单位、新建、改建、扩建工程的审查验收,以及对该标准、规程要求的执行情况所进行的监测、评价的行政处理行为。

(3)无偿采样、封存留验

无偿采样、封存、留验是畜牧兽医行政主体为查明事件的真实情况,对疑是假劣兽药、药物饲料添加剂、饲料、动物品种采取的处理形式。

9.2.2　畜牧兽医行政处理效力

1)处理的有效成立条件生效

(1)处理的有效成立条件

一般兽医行政处理的有效成立,必须具备如一定条件,如:

①畜牧兽医行政主体只有在法定职权范围内所采取的行政处理才为有效。如兽药监督员在执行任务时,对行政相对人可依法独立行使警告、当场处罚并限期改进等的行政处罚权。如果监督检验人员自作主张吊销兽药生产或经营许可证,就属于越权,其行为无效。

②畜牧兽医行政处理必须合法,严格按照法定方式进行。

(2)畜牧兽医行政处理的生效

畜牧兽医行政处理处理后,还须具备如下条件才生效,如告知行政相对人、行政处理有附款。

2)畜牧兽医行政处理效力

(1)确定力

确定力是指行政处理决定具有不再更改的效力。一是畜牧兽医行政主所体所作出的行政处理规定的事项,未经法律允许,行政相对人不得要求更改,即使法律允许其更改,如依法提出申诉或起诉,也受一定时间限制,如当事人不服畜牧兽医行政主体所作出的行政处理,可以在接到通知后15日内提出申请复议。二是畜牧兽医行政主体作出的行政处理决定,其自身也不能随意更改。

(2)拘束力

拘束力是指行政处理决定对畜牧兽医行政主体及行政相对人有约束力。一方面是对行政相对人的拘束力。如颁发给甲的许可证,甲就不能转借给乙用,否则就是违法。另一方面是对畜牧兽医行政主体有约束力。在畜牧兽医行政处理未经废止或撤销前,畜牧兽医行政主体也有遵守的义务。

(3)强制力

强制力就是畜牧兽医行政处理生效后,畜牧兽医行政主体有权依法采取一定手段,使处理内容得以完全实现的效力。相对一方如不执行,畜牧兽医行政主体可依法执行或申请人民法院强制执行。

9.3 畜牧兽医行政执法

9.3.1 畜牧兽医行政执法概述

1)畜牧兽医行政执法的概念

①行政执法是指建立在近代国家权力的立法、执法、司法三分立的基础上的国家行政机关和法律委托的组织及其公职人员依照法定职权和程序行使行政管理权,贯彻实施国家立法机关所制定的法律的活动。

②畜牧兽医行政执法是国家行政执法的组成部分,是畜牧兽医行政主体在其职责范围内依法对特定对象采取的直接产生法律效果的单方面的行政行为。

2)畜牧兽医行政执法的特点

①畜牧兽医行政执法主体必须是兽医行政执法者及授权者。

②畜牧兽医行政执法必须是具体行政行为。

③畜牧兽医行政执法是兽医行政执法主体与管理相对人之间发生的一种双方不平等的法律关系。

④畜牧兽医行政执法要坚持的基本原则是合法性、合理性、正当程序、效率等原则。

我国畜牧兽医行政执法主要包括3个内容,即畜牧兽医行政处理、畜牧兽医行政处罚和畜牧兽医行政强制执行。

9.3.2 畜牧兽医行政执法的生效要件

畜牧兽医行政执法行为的生效要件是指畜牧兽医行政执法行为产生法律效力的必

要条件,包括实体要件和程序要件。

1)实体要件

(1)主体合法

畜牧兽医行政执法行为的主体必须依法组成,并拥有行政管理权利。在我国只有各级畜牧兽医主管部门及其授权机构才拥有畜牧兽医行政处罚权,其他任何机关均无此权力。

(2)依法执行

畜牧兽医行政执法行为必须依法执行,如检验、处理、处罚行为,在畜牧兽医行政法中有规定。

(3)必须有真实意思表示

畜牧兽医行政执法行为必须是畜牧兽医监督管理机构的真实意思表示,而不是在被胁迫,被欺诈或其他不正常的情况下所作的行为。

(4)行政相对人必须有权利能力和行为能力

畜牧兽医行政执法行政相对人必须有权利能力和行为能力,对未成年人或限制行为能力的人就不能要求他们承担违反畜牧兽医行政法的责任。

2)程序要件

(1)必须符合法定程序

畜牧兽医监督机构在实施行政处罚时,必须按照畜牧兽医行政程序法等有关规定的程序进行。

(2)必须符合法定形式

畜牧兽医行政执法行为必须符合法定形式。如证照的发放,必须按法律规范的要求进行制作。发放、管理,对违反畜牧兽药行政法律规范的当事人实施处理、处罚,也要按规定程序进行,如《中华人民共和国行政处罚法》等。

9.3.3　畜牧兽医行政执法的意义

①畜牧兽医行政执法可以保护公民、法人或其他组织的合法权益。
②畜牧兽医行政执法可保证畜牧兽医管理秩序正常运转。
③可以保障畜牧兽医行政法的贯彻落实。
④教育公民自觉守法。

9.4　畜牧兽医行政处罚

1996 年 3 月 17 日,全国人民代表大会通过《中华人民共和国行政处罚法》,自 1996 年 10 月 1 日起施行,1997 年 12 月 31 修订。

9.4.1　行政处罚目的原则种类

1) 立法目的原则

(1) 立法目的

为了规范行政处罚的设定和实施,保障和监督行政机关有效实施行政管理,维护公共利益和社会秩序,保护公民、法人或者其他组织的合法权益,根据宪法,制定《中华人民共和国行政处罚法》。

(2) 处罚原则

对违反畜牧兽医法律的行政相对人依照《中华人民共和国行政处罚法》规定程序实施处罚,没有法定依据或者不遵守法定程序的,行政处罚无效。行政处罚遵循公正、公开的原则;坚持处罚与教育相结合,教育公民、法人或者其他组织自觉守法;行政相对人对行政处罚享有陈述权、申辩权;对行政处罚不服的,有权依法申请行政复议或者提起行政诉讼;因行政处罚受到损害的,有权依法提出赔偿要求等;违法行为构成犯罪,应依法追究刑事责任,不得以行政处罚代替刑事处罚。

2) 畜牧兽医行政处罚种类

①畜牧兽医行政处罚种类:

a. 警告。

b. 罚款。

c. 没收违法所得、没收非法财物。

d. 责令停产停业。

e. 暂扣或者吊销许可证、暂扣或者吊销执照。

f. 行政拘留。

g. 法律、行政法规规定的其他行政处罚。

②法律可以设定各种行政处罚,限制人身自由的行政处罚,只能由法律设定。

③农业部制定的规章可以在法律、行政法规规定的给予行政处罚的行为、种类和幅度的范围内作出具体规定,除此规定外,其他规范性文件不得设定行政处罚。

9.4.2　行政处罚机关与管辖

1) 畜牧兽医行政处罚机关

①畜牧兽医行政处罚由具有行政处罚权的畜牧兽医行政机关在法定职权范围内实施,但限制人身自由的行政处罚权只能由公安机关行使。

②畜牧兽医行政机关依照法律、法规或者规章的规定,可以在其法定权限内委托符合本法规定条件的组织实施行政处罚。

③受委托组织必须符合以下条件:

a. 依法成立的管理公共事务的事业组织。

b. 具有熟悉有关法律、法规、规章和业务的工作人员。

c. 对违法行为需要进行技术检查或者技术鉴定的,应当有条件组织进行相应的技术检查或者技术鉴定。

2) 畜牧兽医行政处罚管辖

①畜牧兽医行政处罚由违法行为发生地的县级以上具有畜牧兽医行政处罚权的行政机关管辖。法律、行政法规另有规定的除外。

②对管辖发生争议的,报请共同的上一级行政机关指定管辖。

③违法行为构成犯罪的,行政机关必须将案件移送司法机关,并依法追究刑事责任。

④行政机关实施行政处罚时,应当责令当事人改正或者限期改正违法行为。

⑤对当事人的同一个违法行为,不得给予两次以上罚款的行政处罚。

⑥不满十四周岁的人有违法行为的,不予行政处罚,责令监护人加以管教;已满十四周岁不满十八周岁的人有违法行为的,从轻或者减轻行政处罚。

⑦精神病人在不能辨认或者不能控制自己行为时有违法行为的,不予行政处罚,但应当责令其监护人严加看管和治疗。间歇性精神病人在精神正常时有违法行为的,应当给予行政处罚。

⑧当事人有下列情形之一的,应当依法从轻或者减轻行政处罚:

a. 主动消除或者减轻违法行为危害后果的。

b. 受他人胁迫有违法行为的。

c. 配合行政机关查处违法行为有立功表现的。

d. 其他依法从轻或者减轻行政处罚的。

e. 违法行为轻微并及时纠正,没有造成危害后果的,不予行政处罚。

⑨违法行为构成犯罪,人民法院判处拘役或者有期徒刑时,行政机关已经给予当事人行政拘留的,应当依法折抵相应刑期。违法行为构成犯罪,人民法院判处罚金时,行政机关已经给予当事人罚款的,应当折抵相应罚金。

⑩违法行为在 2 年内未被发现的,不再给予行政处罚。法律另有规定的除外。期限,从违法行为发生之日起计算;违法行为有连续或者继续状态的,从行为终了之日起计算。

9.4.3　畜牧兽医行政处罚程序

行政相对人违反畜牧兽医行政管理秩序的行为,依法应当给予行政处罚的,行政机关必须查明事实,违法事实不清的,不得给予行政处罚;行政机关在作出行政处罚决定之前,应当告知当事人作出行政处罚决定的事实、理由及依据,并告知当事人依法享有的权利;当事人有权进行陈述和申辩,行政机关必须充分听取当事人的意见,对当事人提出的事实、理由和证据,应当进行复核;当事人提出的事实、理由或者证据成立的,行政机关应当采纳。行政机关不得因当事人申辩而加重处罚。处罚有简易、一般、听证 3 种程序。

1) 简易程序

①违法事实确凿并有法定依据,对公民处以 50 元以下、对法人或者其他组织处以 1 000元以下罚款或者警告的行政处罚的,可以当场作出行政处罚决定。当事人应当依照本法的规定履行行政处罚决定。

②执法人员当场作出行政处罚决定的,应当向当事人出示执法身份证件,填写预定

格式、编有号码的行政处罚决定书。行政处罚决定书应当当场交付当事人。行政处罚决定书应载明当事人的违法行为、行政处罚依据、罚款数额、时间、地点以及行政机关名称,并由执法人员签名或者盖章。执法人员当场作出的行政处罚决定,必须报所属行政机关备案。

③当事人对当场作出的行政处罚决定不服的,可以依法申请行政复议或者提起行政诉讼。

案例 9.1

某区查获一未经检疫猪肉案

为确保我区肉食品安全,让人民吃上放心肉。该区动物卫生监督所加大执法力度,要求全区各镇街兽医站加派人手,每天对辖区的农贸市场进行仔细检查。

2011 年 3 月 2 日上午,区动监所驻青峰镇畜牧兽医站检疫人员,在对青峰镇农贸市场猪肉销售摊点进行检查时,发现该市场猪肉经营户赵某销售的鲜猪肉没有胴体检疫验讫印章,且不能提供有效的《动物产品检疫合格证明》,属经营未经检疫的猪肉,执法人员当场对该猪肉共计 31 kg 进行登记保存,并制作了《现场检查笔录》《询问笔录》,对现场情况进行了拍照。随后,执法人员对当事人赵某进行了《动物防疫法》及相关法律、法规的宣传教育,并根据《动物防疫法》相关规定对其进行了严厉处罚。

2)一般程序

①除《行政处罚法》规定的可以当场作出的行政处罚外,畜牧兽医行政机关发现行政相对人有依法应当给予行政处罚行为的,必须全面、客观、公正地调查,收集有关证据;必要时,依照法律、法规的规定,可以进行检查。

②行政机关在调查或者进行检查时,执法人员不得少于两人,并应当向当事人或者有关人员出示证件。当事人或者有关人员应当如实回答询问,并协助调查或者检查,不得阻挠。询问或者检查应当制作笔录。行政机关在搜集证据时,可以采取抽样取证的方法;在证据可能灭失或者以后难以取得的情况下,经行政机关负责人批准,可以先行登记保存,并应当在 7 日内及时作出处理决定,在此期间,当事人或者有关人员不得销毁或者转移证据。执法人员与当事人有直接利害关系的,应当回避。

③调查终结,行政机关负责人应当对调查结果进行审查,根据不同情况,分别作出如下决定:

a.确有应受行政处罚的违法行为的,根据情节轻重及具体情况,作出行政处罚决定。

b.违法行为轻微,依法可以不予行政处罚的,不予行政处罚。

c.违法事实不能成立的,不得给予行政处罚。

d.违法行为已构成犯罪的,移送司法机关。对情节复杂或者重大违法行为给予较重的行政处罚,畜牧兽医行政机关的负责人应当集体讨论决定。

④行政机关依照行政处罚法的规定给予行政处罚,应当制作行政处罚决定书。行政处罚决定书应当载明下列事项:

a.当事人的姓名或者名称、地址。

b.违反法律、法规或者规章的事实和证据。

c.行政处罚的种类和依据。

d. 行政处罚的履行方式和期限。

e. 不服行政处罚决定,申请行政复议或者提起行政诉讼的途径和期限。

f. 作出行政处罚决定的行政机关名称和作出决定的日期。行政处罚决定书必须盖有作出行政处罚决定的行政机关的印章。

⑤行政处罚决定书应当在宣告后当场交付当事人;当事人不在场的,行政机关应当在 7 日内依照民事诉讼法的有关规定,将行政处罚决定书送达当事人。

⑥行政机关及其执法人员在作出行政处罚决定之前,不依照本法的规定向当事人告知给予行政处罚的事实、理由和依据,或者拒绝听取当事人的陈述、申辩,行政处罚决定不能成立;当事人放弃陈述或者申辩权利的除外。

案例 9.2

全国首例"兽药添加瘦肉精案"开庭

擅自更改兽药配方,生产大量不合格兽药,销往全国,案值达 1 700 多万元大案

2013 年 7 月,公安部统一指挥浙江、江西等 21 省市区警方,联合捣毁了涉嫌生产、销售假兽药的江西某动物药业有限公司。

此案被称为我国破获的首例兽药非法添加瘦肉精及擅自更改兽药配方,生产大量不合格兽药销往全国,案值达 1 700 多万元的大案。

此案也是我国警方首次全环节摧毁的假兽药及食品源头性犯罪案件。2014 年 5 月 22 日星期四,此案在浙江省嘉兴市中级人民法院开庭审理。

检察机关指控:从 2012 年 1 月开始,被告人熊某组织周、詹、周、王等 5 人,擅自更改兽药配方或在兽药中添加违禁成分,生产、销售不符合国家标准的假兽药。从 2012 年 1 月到 2013 年 2 月,不符合国家标准的重症绝杀、超强克拉风暴、克拉克、氟莱克、特效阿莫先、克拉阿莫先、阿莫先、第二代克拉阿莫先、高热蓝耳抗毒清、混感全能等兽药的累计销售金额为 1 729.97 万元。其中,天星系列售药的销售金额为 531.04 万元,天星系列售药在浙江地区的销售金额为 58.93 万元;添加违禁成分盐酸氯丙那林的兽药品种超强多抗、超能金尊、咳喘停、特效咳喘宁的累计销售金额为 28.12 万元。

检察机关认为,5 名被告人生产、销售假兽药,应当以生产、销售伪劣产品罪追究其刑事责任。熊某参与的销售金额为 1 758.09 万元,周某参与的销售金额为 1 555.61 万元,詹某参与的销售金额为 1 729.97 万元,周某参与的销售金额为 531.05 万元,王某参与的销售金额为 58.93 万元。在共同犯罪中,周、詹、周、王系从犯,周、周、王能如实供述自己的罪行,应当从轻或减轻处罚。

在庭审过程中,熊某当庭翻供,称自己不怎么管公司的事,什么都不知道。周某则称,公司需要生产新药的时候,他就从网上、书上找一下资料,在兽药中添加盐酸氯丙那林是从网上下载得到的。

鉴于案情重大,涉案人数较多,法庭将择日再审,再审时间为 2014.07.28。

3) 听证程序

①畜牧兽医行政机关作出责令停产停业、吊销许可证或者执照、较大数额罚款等行政处罚决定之前,应当告知当事人有要求举行听证的权利;当事人要求听证的,畜牧兽医行政机关应当组织听证。当事人不承担行政机关组织听证的费用。听证依照以下程序

组织:

　　a. 当事人要求听证的,应当在行政机关告知后 3 日内提出。

　　b. 行政机关应当在听证的 7 日前,通知当事人举行听证的时间、地点。

　　c. 除涉及国家秘密、商业秘密或者个人隐私外,听证公开举行。

　　d. 听证由畜牧兽医行政机关指定的非本案调查人员主持;当事人认为主持人与本案有直接利害关系的,有权申请回避。

　　e. 当事人可以亲自参加听证,也可以委托 1~2 人代理。

　　f. 举行听证时,调查人员提出当事人违法的事实、证据和行政处罚建议,当事人进行申辩和质证。

　　g. 听证应当制作笔录;笔录应当交当事人审核无误后签字或者盖章。

　　②听证结束后,行政机关依照本法的规定,作出决定。

案例 9.3

一起动物卫生监督执法案例引发的思考

　　某市动物卫生监督所在去年的重大动物疫情防控工作中发现 3 个饲养场存在违反动物防疫有关法律的行为,经过调查取证,按照执法程序下达了《违法行为处理通知书》,对方提出听证的要求,在听证会上,围绕这一事件展开争论,按照争论结果,修改了处罚的内容,下达了《行政处罚通知书》,在该市尚属首例听证案件。在该案例执法过程中,笔者深有感触,现汇报如下,供同仁们商榷。

　　1. 案情及立案

　　2011 年 5 月 10 日,某市某区动物卫生监督所接群众举报,在该区某乡一修车场内,一红色面包车运载有死猪 1 头,要求动物卫生监督部门尽快查处。接到群众举报后,该区动物卫生监督所立即派执法人员前去调查。执法人员到场后向当事人表明身份并出示执法证件。经初步现场勘验,当事人刘某驾驶车号为豫×—××××的红色昌河面包车运载死猪 1 头,行至修车场附近面包车出现故障,于是到修车场进行维修。执法人员根据现场勘察,认定当事人刘某的行为已违反了《中华人民共和国动物防疫法》的有关规定,报经主管领导同意后予以立案。随后,执法人员对当事人车辆和死猪进行拍照、录像,并监督车主对车辆和现场进行消毒。

　　2. 查处经过及事实认定

　　执法人员依照执法办案程序对当事人刘某依次进行了中国动物卫生监督《现场检查笔录》《查封通知书》《动物、动物产品确认通知书》,并制作了《询问笔录》。在调查询问中,当事人刘某承认,其于 2010 年筹建养猪场,位置在某乡某村自己的地里。猪场占地 5 亩(每亩 667 平方米),现存栏 200 头,已申请办理《动物防疫条件合格证》。

9.4.4　畜牧兽医行政处罚执行

　　①畜牧兽医行政处罚决定依法作出后,当事人应当在行政处罚决定的期限内,予以履行。

　　②当事人对行政处罚决定不服申请行政复议或者提起行政诉讼的,行政处罚不停止执行,法律另有规定的除外。

③作出罚款决定的行政机关应当与收缴罚款的机构分离。除依照本法规定当场收缴的罚款外,作出行政处罚决定的行政机关及其执法人员不得自行收缴罚款。当事人应当自收到行政处罚决定书之日起 15 日内,到指定的银行缴纳罚款。银行应当收受罚款,并将罚款直接上缴国库。

④当场作出行政处罚决定,有下列情形之一的,执法人员可以当场收缴罚款:

a. 依法给予 20 元以下的罚款的。

b. 不当场收缴事后难以执行的。

⑤在边远、水上、交通不便地区,行政机关及其执法人员依法作出罚款决定后,当事人向指定的银行缴纳罚款确有困难,经当事人提出,行政机关及其执法人员可以当场收缴罚款。

⑥行政机关及其执法人员当场收缴罚款的,必须向当事人出具省、自治区、直辖市财政部门统一制发的罚款收据;不出具财政部门统一制发的罚款收据的,当事人有权拒绝缴纳罚款。

⑦执法人员当场收缴的罚款,应当自收缴罚款之日起 2 日内,交至行政机关;在水上当场收缴的罚款,应当自抵岸之日起 2 日内交至行政机关;行政机关应当在 2 日内将罚款缴付指定的银行。

⑧当事人逾期不履行行政处罚决定的,作出行政处罚决定的行政机关可以采取下列措施:

a. 到期不缴纳罚款的,每日按罚款数额的百分之三加处罚款。

b. 根据法律规定,将查封、扣押的财物拍卖或者将冻结的存款划拨抵缴罚款。

c. 申请人民法院强制执行。

⑨当事人确有经济困难,需要延期或者分期缴纳罚款的,经当事人申请和行政机关批准,可以暂缓或者分期缴纳。

⑩除依法应当予以销毁的物品外,依法没收的非法财物必须按照国家规定公开拍卖或者按照国家有关规定处理。罚款、没收违法所得或者没收非法财物拍卖的款项,必须全部上缴国库,任何行政机关或者个人不得以任何形式截留、私分或者变相私分;财政部门不得以任何形式向作出行政处罚决定的行政机关返还罚款、没收的违法所得或者返还没收非法财物的拍卖款项。

⑪行政机关应当建立健全对行政处罚的监督制度。县级以上人民政府应当加强对行政处罚的监督检查。

行政相对人对行政机关作出的行政处罚,有权申诉或者检举;行政机关应当认真审查,发现行政处罚有错误的,应当主动改正。

9.4.5 畜牧兽医行政处罚责任

①畜牧兽医行政机关实施行政处罚,有下列情形之一的,由上级兽医行政机关或者有关部门责令改正,可以对直接负责的主管人员和其他直接责任人员依法给予行政处分:

a. 没有法定的行政处罚依据的。

b. 擅自改变行政处罚种类、幅度的。

c. 违反法定的行政处罚程序的。

d. 违反行政处罚法第18条关于委托处罚的规定的。

②畜牧兽医行政机关对当事人进行处罚不使用罚款、没收财物单据或者使用非法定部门制发的罚款、没收财物单据的,当事人有权拒绝处罚,并有权予以检举。上级行政机关或者有关部门对使用的非法单据予以收缴销毁,对直接负责的主管人员和其他直接责任人员依法给予行政处分。

③畜牧兽医行政机关违反行政处罚法规定自行收缴罚款的,财政部门违反行政处罚法的规定向行政机关返还罚款或者拍卖款项的,由上级行政机关或者有关部门责令改正,对直接负责的主管人员和其他直接责任人员依法给予行政处分。

④畜牧兽医行政机关将罚款、没收的违法所得或者财物截留、私分或者变相私分的,由财政部门或者有关部门予以追缴,对直接负责的主管人员和其他直接责任人员依法给予行政处分;情节严重构成犯罪的,依法追究刑事责任。执法人员利用职务上的便利,索取或者收受他人财物、收缴罚款据为己有,构成犯罪的,依法追究刑事责任;情节轻微不构成犯罪的,依法给予行政处分。

⑤畜牧兽医行政机关使用或者损毁扣押的财物,对当事人造成损失的,应当依法予以赔偿,对直接负责的主管人员和其他直接责任人员依法给予行政处分。

⑥畜牧兽医行政机关违法实行检查措施或者执行措施,给公民人身或者财产造成损害、给法人或者其他组织造成损失的,应当依法予以赔偿,对直接负责的主管人员和其他直接责任人员依法给予行政处分;情节严重构成犯罪的,依法追究刑事责任。

⑦畜牧兽医行政机关为牟取本单位私利,对应当依法移交司法机关追究刑事责任的不移交,以行政处罚代替刑罚,由上级行政机关或者有关部门责令纠正;拒不纠正的,对直接负责的主管人员给予行政处分;徇私舞弊、包庇纵容违法行为的,比照刑法第188条的规定追究刑事责任。

⑧畜牧兽医执法人员玩忽职守,对应当予以制止和处罚的违法行为不予制止、处罚,致使公民、法人或者其他组织的合法权益、公共利益和社会秩序遭受损害的,对直接负责的主管人员和其他直接责任人员依法给予行政处分;情节严重构成犯罪的,依法追究刑事责任。

9.4.6 畜牧兽医行政处罚生效条件

畜牧兽医行政处罚生效需要有一定的条件,缺少任何要件或不符合其中任何一个要求的要求,都是无效的,可以撤销的,其生效事件为:

(1)处罚主体合法

处罚主体拥有进行该行政处罚的职权。处罚主体必须是依法拥有行使行政处罚的畜牧兽药行政主体。处罚主体还必须是法定的对某一违法行为具有处罚权的行政主体。

(2)被处罚的个人或组织的行为确已构成违法

(3)处罚决定必须符合程序

处罚的实体内容正确,程序必须符合简易程序、一般程序、听证程序,如因程序违法,该处罚仍可能被撤销。

(4)处罚以法律为准绳

处罚所依据的事实清楚,证据确实充分,适用法律、法规、规章的规定准确。

案例 9.4

农业部办公厅关于扎实推进基层畜牧兽医综合执法的意见

各省、自治区、直辖市畜牧兽医(农牧、农业)厅(局、委、办):

为贯彻落实《农业部关于全面加强农业执法扎实推进综合执法的意见》,切实履行畜牧兽医部门法定职责,促进畜牧业持续健康发展,提出如下意见。

1.加强基层畜牧兽医综合执法的原则

本着"精简、统一、效能"的原则,以全面履行畜牧兽医部门法定职责为核心,以强化动物防疫检疫、种畜禽生产、饲料、兽药、畜产品质量安全监管为重点,以动物卫生监督机构为依托,以充实执法人员、落实执法经费、提高执法装备水平和检测能力为保障,强化日常监督,着力创新畜牧兽医执法体制机制,切实提高基层畜牧兽医执法水平,促进畜牧业持续健康发展。

2.扎实推进基层畜牧兽医综合执法

①由畜牧兽医部门负责执行的法律和行政法规共有 11 部,涉及种畜禽生产经营、兽药饲料管理、动物病原微生物实验室生物安全监管、畜禽养殖及资源保护、畜产品质量安全监管等方面的行政管理、行政审批、行政许可、行政强制、行政处罚等法定职责细化分解,落实岗位责任。

②由县级动物卫生监督机构统一承担执法工作,同时加挂畜牧兽医综合执法大队的牌子,归口同级畜牧兽医主管部门管理。

③严格按照《行政处罚法》等有关法律法规规定,使执法行为合法有效。

④完善执法工作机制,规范执法管理。

9.5　畜牧兽医行政强制执行

2011 年 6 月 30 日,颁布《中华人民共和国行政强制法》,自 2012 年 1 月 1 日起施行。

9.5.1　总则

①为了规范行政强制的设定和实施,保障和监督行政机关依法履行职责,维护公共利益和社会秩序,保护公民、法人和其他组织的合法权益,根据宪法,制定行政强制法。

②行政强制包括行政强制措施和行政强制执行。

a.行政强制措施是指行政机关在行政管理过程中,为制止违法行为、防止证据损毁、避免危害发生、控制危险扩大等情形,依法对公民的人身自由实施暂时性限制,或者对公民、法人或者其他组织的财物实施暂时性控制的行为。

b.行政强制执行是指行政机关或者行政机关申请人民法院,对不履行行政决定的公民、法人或者其他组织,依法强制履行义务的行为。

③行政强制的设定和实施,适用行政强制法。

a.发生或者即将发生自然灾害、事故灾难、公共卫生事件或者社会安全事件等突发事件,行政机关采取应急措施或者临时措施,依照有关法律、行政法规的规定执行。

b.行政机关采取金融业审慎监管措施、进出境货物强制性技术监控措施,依照有关法律、行政法规的规定执行。

④行政强制的设定和实施,应依照法定的权限、范围、条件和程序。

⑤行政强制的设定和实施,应当适当。采用非强制手段可以达到行政管理目的的,不得设定和实施行政强制。

⑥实施行政强制,应当坚持教育与强制相结合。

⑦行政机关及其工作人员不得利用行政强制权为单位或者个人谋取利益。

⑧行政相对人对行政机关实施行政强制,享有陈述权、申辩权;有权依法申请行政复议或者提起行政诉讼;因行政机关违法实施行政强制受到损害的,有权依法要求赔偿。行政相对人因人民法院在强制执行中有违法行为或者扩大强制执行范围受到损害的,有权依法要求赔偿。

9.5.2 行政强制种类和设定

①行政强制措施的种类【第9条】:

a.限制公民人身自由。

b.查封场所、设施或者财物。

c.扣押财物。

d.冻结存款、汇款。

e.其他行政强制措施。

②行政强制措施由法律设定。

a.尚未制定法律,且属于国务院行政管理职权事项的,行政法规可以设定除行政强制法第9条第1项、第4项【即二1、(1)、(4)】和应当由法律规定的行政强制措施以外的其他行政强制措施。

b.尚未制定法律、行政法规,且属于地方性事务的,地方性法规可以设定行政强制法第9条第2项、第3项【即二、2、3】的行政强制措施。

c.法律、法规以外的其他规范性文件不得设定行政强制措施。

③法律对行政强制措施的对象、条件、种类作了规定的,行政法规、地方性法规不得作出扩大规定。法律中未设定行政强制措施的,行政法规、地方性法规不得设定行政强制措施。但是,法律规定特定事项由行政法规规定具体管理措施的,行政法规可以设定除行政强制法第9条第1项、第4项【即二、1、4】和应当由法律规定的行政强制措施以外的其他行政强制措施。

④行政强制执行的方式【第12条】。

a.加处罚款或者滞纳金。

b.划拨存款、汇款。

c.拍卖或者依法处理查封、扣押的场所、设施或者财物。

d.排除妨碍、恢复原状。

e.代履行。

f. 其他强制执行方式。

⑤行政强制执行由法律设定。法律没有规定行政机关强制执行的,作出行政决定的行政机关应当申请人民法院强制执行。

⑥起草法律草案、法规草案,拟设定行政强制的,起草单位应当采取听证会、论证会等形式听取意见,并向制定机关说明设定该行政强制的必要性、可能产生的影响以及听取和采纳意见的情况。

⑦行政强制的设定机关应当定期对其设定的行政强制进行评价,并对不适当的行政强制及时予以修改或者废止。行政强制的实施机关可以对已设定的行政强制的实施情况及存在的必要性适时进行评价,并将意见报告该行政强制的设定机关。

行政相对人可以向行政强制的设定机关和实施机关就行政强制的设定和实施提出意见和建议。有关机关应当认真研究论证,并以适当方式予以反馈。

9.5.3　行政强制措施实施程序

1)一般规定

①行政机关履行行政管理职责,依照法律、法规的规定,实施行政强制措施。违法行为情节显著轻微或者没有明显社会危害的,可以不采取行政强制措施。

②行政强制措施由法律、法规规定的行政机关在法定职权范围内实施。

a. 行政强制措施权不得委托。

b. 依据行政处罚法的规定行使相对集中行政处罚权的行政机关,可以实施法律、法规规定的与行政处罚权有关的行政强制措施。

c. 行政强制措施应当由行政机关具备资格的行政执法人员实施,其他人员不得实施。

③行政机关实施行政强制措施应当遵守下列规定【第18条】

a. 实施前须向行政机关负责人报告并经批准。

b. 由2名以上行政执法人员实施。

c. 出示执法身份证件。

d. 通知当事人到场。

e. 当场告知当事人采取行政强制措施的理由、依据以及当事人依法享有的权利、救济途径。

f. 听取当事人的陈述和申辩。

g. 制作现场笔录。

h. 现场笔录由当事人和行政执法人员签名或者盖章,当事人拒绝的,在笔录中予以注明。

i. 当事人不到场的,邀请见证人到场,由见证人和行政执法人员在现场笔录上签名或者盖章。

j. 法律、法规规定的其他程序。

④情况紧急,需要当场实施行政强制措施的,行政执法人员应当在24小时内向行政机关负责人报告,并补办批准手续。行政机关负责人认为不应当采取行政强制措施的,

应当立即解除。

⑤依照法律规定实施限制公民人身自由的行政强制措施,除应当履行行政强制法第18条【即三、(一)、3】规定的程序外,还应当遵守下列规定:

a.当场告知或者实施行政强制措施后立即通知当事人家属实施行政强制措施的行政机关、地点和期限。

b.在紧急情况下当场实施行政强制措施的,在返回行政机关后,立即向行政机关负责人报告并补办批准手续。

c.法律规定的其他程序。

实施限制人身自由的行政强制措施不得超过法定期限。实施行政强制措施的目的已经达到或者条件已经消失,应当立即解除。

⑥违法行为涉嫌犯罪应当移送司法机关的,行政机关应当将查封、扣押、冻结的财物一并移送,并书面告知当事人。

2)查封、扣押

①查封、扣押应当由法律、法规规定的行政机关实施,其他任何行政机关或者组织不得实施。

②查封、扣押限于涉案的场所、设施或者财物,不得查封、扣押与违法行为无关的场所、设施或者财物;不得查封、扣押公民个人及其所扶养家属的生活必需品。

当事人的场所、设施或者财物已被其他国家机关依法查封的,不得重复查封。

③行政机关决定实施查封、扣押的,应当履行行政强制法第18条【即三、(一)、3】规定的程序,制作并当场交付查封、扣押决定书和清单。

查封、扣押决定书应当载明下列事项:

a.当事人的姓名或者名称、地址。

b.查封、扣押的理由、依据和期限。

c.查封、扣押场所、设施或者财物的名称、数量等。

d.申请行政复议或者提起行政诉讼的途径和期限。

e.行政机关的名称、印章和日期。

查封、扣押清单一式两份,由当事人和行政机关分别保存。

④查封、扣押的期限不得超过30日;情况复杂的,经行政机关负责人批准,可以延长,但是延长期限不得超过30日。法律、行政法规另有规定的除外。

延长查封、扣押的决定应当及时书面告知当事人,并说明理由。

对物品需要进行检测、检验、检疫或者技术鉴定的,查封、扣押的期间不包括检测、检验、检疫或者技术鉴定的期间。检测、检验、检疫或者技术鉴定的期间应当明确,并书面告知当事人。检测、检验、检疫或者技术鉴定的费用由行政机关承担。

⑤对查封、扣押的场所、设施或者财物,行政机关应当妥善保管,不得使用或者损毁;造成损失的,应当承担赔偿责任。

对查封的场所、设施或者财物,行政机关可以委托第三人保管,第三人不得损毁或者擅自转移、处置。因第三人的原因造成的损失,行政机关先行赔付后,有权向第三人追偿。

因查封、扣押发生的保管费用由行政机关承担。

⑥行政机关采取查封、扣押措施后,应当及时查清事实,在行政强制法第25条【即

三、(二)、4】规定的期限内作出处理决定。对违法事实清楚,依法应当没收的非法财物予以没收;法律、行政法规规定应当销毁的,依法销毁;应当解除查封、扣押的,作出解除查封、扣押的决定。

⑦有下列情形之一的,行政机关应当及时作出解除查封、扣押决定:

a.当事人没有违法行为。

b.查封、扣押的场所、设施或者财物与违法行为无关。

c.行政机关对违法行为已经作出处理决定,不再需要查封、扣押。

d.查封、扣押期限已经届满。

e.其他不再需要采取查封、扣押措施的情形。

解除查封、扣押应当立即退还财物;已将鲜活物品或者其他不易保管的财物拍卖或者变卖的,退还拍卖或者变卖所得款项。变卖价格明显低于市场价格,给当事人造成损失的,应当给予补偿。

3)冻结

①冻结存款、汇款应当由法律规定的行政机关实施,不得委托给其他行政机关或者组织;其他任何行政机关或者组织不得冻结存款、汇款。冻结存款、汇款的数额应当与违法行为涉及的金额相当;已被其他国家机关依法冻结的,不得重复冻结。

②行政机关依照法律规定决定实施冻结存款、汇款的,应当履行行政强制法第18条第1项、第2项、第3项、第7项【即三、1,1)、2)、3)、7)】规定的程序,并向金融机构交付冻结通知书。

金融机构接到行政机关依法作出的冻结通知书后,应当立即予以冻结,不得拖延,不得在冻结前向当事人泄露信息。

法律规定以外的行政机关或者组织要求冻结当事人存款、汇款的,金融机构应当拒绝。

③依照法律规定冻结存款、汇款的,作出决定的行政机关应当在3日内向当事人交付冻结决定书。冻结决定书应当载明下列事项:

a.当事人的姓名或者名称、地址。

b.冻结的理由、依据和期限。

c.冻结的账号和数额。

d.申请行政复议或者提起行政诉讼的途径和期限。

e.行政机关的名称、印章和日期。

④自冻结存款、汇款之日起30日内,行政机关应当作出处理决定或者作出解除冻结决定;情况复杂的,经行政机关负责人批准,可以延长,但是延长期限不得超过30日。法律另有规定的除外。

延长冻结的决定应当及时书面告知当事人,并说明理由。

⑤有下列情形之一的,行政机关应当及时作出解除冻结决定:

a.当事人没有违法行为。

b.冻结的存款、汇款与违法行为无关。

c.行政机关对违法行为已经作出处理决定,不再需要冻结。

d.冻结期限已经届满。

e.其他不再需要采取冻结措施的情形。

行政机关作出解除冻结决定的,应当及时通知金融机构和当事人。金融机构接到通知后,应当立即解除冻结。

行政机关逾期未作出处理决定或者解除冻结决定的,金融机构应当自冻结期满之日起解除冻结。

9.5.4 行政机关强制执行程序

1)一般规定

①行政机关依法作出行政决定后,当事人在行政机关决定的期限内不履行义务的,具有行政强制执行权的行政机关依照本章规定强制执行。

②行政机关作出强制执行决定前,应当事先催告当事人履行义务。催告应当以书面形式作出,并载明下列事项:

a.履行义务的期限。

b.履行义务的方式。

c.涉及金钱给付的,应当有明确的金额和给付方式。

d.当事人依法享有的陈述权和申辩权。

③当事人收到催告书后有权进行陈述和申辩。行政机关应当充分听取当事人的意见,对当事人提出的事实、理由和证据,应当进行记录、复核。当事人提出的事实、理由或者证据成立的,行政机关应当采纳。

④经催告,当事人逾期仍不履行行政决定,且无正当理由的,行政机关可以作出强制执行决定。

强制执行决定应当以书面形式作出,并载明下列事项:

a.当事人的姓名或者名称、地址。

b.强制执行的理由和依据。

c.强制执行的方式和时间。

d.申请行政复议或者提起行政诉讼的途径和期限。

e.行政机关的名称、印章和日期。在催告期间,对有证据证明有转移或者隐匿财物迹象的,行政机关可以作出立即强制执行决定。

⑤催告书、行政强制执行决定书应当直接送达当事人。当事人拒绝接收或者无法直接送达当事人的,应当依照《中华人民共和国民事诉讼法》的有关规定送达。

⑥有下列情形之一的,中止执行:

a.当事人履行行政决定确有困难或者暂无履行能力的。

b.第三人对执行标的主张权利,确有理由的。

c.执行可能造成难以弥补的损失,且中止执行不损害公共利益的。

d.行政机关认为需要中止执行的其他情形。中止执行的情形消失后,行政机关应当恢复执行。对没有明显社会危害,当事人确无能力履行,中止执行满3年未恢复执行的,行政机关不再执行。

⑦有下列情形之一的,终结执行:

a.公民死亡,无遗产可供执行,又无义务承受人的。

b. 法人或者其他组织终止,无财产可供执行,又无义务承受人的。

c. 执行标的灭失的。

d. 据以执行的行政决定被撤销的。

e. 行政机关认为需要终结执行的其他情形。

⑧在执行中或者执行完毕后,据以执行的行政决定被撤销、变更,或者执行错误的,应当恢复原状或者退还财物;不能恢复原状或者退还财物的,依法给予赔偿。

⑨实施行政强制执行,行政机关可以在不损害公共利益和他人合法权益的情况下,与当事人达成执行协议。执行协议可以约定分阶段履行;当事人采取补救措施的,可以减免加处的罚款或者滞纳金。

执行协议应当履行。当事人不履行执行协议的,行政机关应当恢复强制执行。

⑩行政机关不得在夜间或者法定节假日实施行政强制执行。但是,情况紧急的除外。

行政机关不得对居民生活采取停止供水、供电、供热、供燃气等方式迫使当事人履行相关行政决定。

⑪对违法的建筑物、构筑物、设施等需要强制拆除的,应当由行政机关予以公告,限期当事人自行拆除。当事人在法定期限内不申请行政复议或者提起行政诉讼,又不拆除的,行政机关可以依法强制拆除。

2)金钱给付义务的执行

①行政机关依法作出金钱给付义务的行政决定,当事人逾期不履行的,行政机关可以依法加处罚款或者滞纳金。加处罚款或者滞纳金的标准应当告知当事人。加处罚款或者滞纳金的数额不得超出金钱给付义务的数额。

②行政机关依照行政强制法第45条规定实施加处罚款或者滞纳金超过30日,经催告当事人仍不履行的,具有行政强制执行权的行政机关可以强制执行。行政机关实施强制执行前,需要采取查封、扣押、冻结措施的,依照行政强制法第3章【即三】规定办理。没有行政强制执行权的行政机关应当申请人民法院强制执行。但是,当事人在法定期限内不申请行政复议或者提起行政诉讼,经催告仍不履行的,在实施行政管理过程中已经采取查封、扣押措施的行政机关,可以将查封、扣押的财物依法拍卖抵缴罚款。

③划拨存款、汇款应当由法律规定的行政机关决定,并书面通知金融机构。金融机构接到行政机关依法作出划拨存款、汇款的决定后,应当立即划拨。法律规定以外的行政机关或者组织要求划拨当事人存款、汇款的,金融机构应当拒绝。

④依法拍卖财物,由行政机关委托拍卖机构依照《中华人民共和国拍卖法》的规定办理。

⑤划拨的存款、汇款以及拍卖和依法处理所得的款项应当上缴国库或者划入财政专户。任何行政机关或者个人不得以任何形式截留、私分或者变相私分。

3)代履行

①行政机关依法作出要求当事人履行排除妨碍、恢复原状等义务的行政决定,当事人逾期不履行,经催告仍不履行,其后果已经或者将危害交通安全、造成环境污染或者破坏自然资源的,行政机关可以代履行,或者委托没有利害关系的第三人代履行。

②代履行应当遵守下列规定:

a.代履行前送达决定书,代履行决定书应当载明当事人的姓名或者名称、地址,代履行的理由和依据、方式和时间、标的、费用预算以及代履行人。

b.代履行3日前,催告当事人履行,当事人履行的,停止代履行。

c.代履行时,作出决定的行政机关应当派员到场监督。

d.代履行完毕,行政机关到场监督的工作人员、代履行人和当事人或者见证人应当在执行文书上签名或者盖章。代履行的费用按照成本合理确定,由当事人承担。但是,法律另有规定的除外。代履行不得采用暴力、胁迫以及其他非法方式。

③需要立即清除道路、河道、航道或者公共场所的遗洒物、障碍物或者污染物,当事人不能清除的,行政机关可以决定立即实施代履行;当事人不在场的,行政机关应当在事后立即通知当事人,并依法作出处理。

9.5.5 申请人民法院强制执行

①当事人在法定期限内不申请行政复议或者提起行政诉讼,又不履行行政决定的,没有行政强制执行权的行政机关可以自期限届满之日起3个月内,依照本章规定申请人民法院强制执行。

②行政机关申请人民法院强制执行前,应当催告当事人履行义务。催告书送达10日后当事人仍未履行义务的,行政机关可以向所在地有管辖权的人民法院申请强制执行;执行对象是不动产的,向不动产所在地有管辖权的人民法院申请强制执行。

③行政机关向人民法院申请强制执行,应当提供下列材料:

a.强制执行申请书。

b.行政决定书及作出决定的事实、理由和依据。

c.当事人的意见及行政机关催告情况。

d.申请强制执行标的情况。

e.法律、行政法规规定的其他材料。强制执行申请书应当由行政机关负责人签名,加盖行政机关的印章,并注明日期【第55条】。

④人民法院接到行政机关强制执行的申请,应当在5日内受理。行政机关对人民法院不予受理的裁定有异议的,可以在15日内向上一级人民法院申请复议,上一级人民法院应当自收到复议申请之日起15日内作出是否受理的裁定。

⑤人民法院对行政机关强制执行的申请进行书面审查,对符合本法第55条【即五、3】规定,且行政决定具备法定执行效力的,除行政强制法第58条【即五、6】规定的情形外,人民法院应当自受理之日起7日内作出执行裁定。

⑥人民法院发现有下列情形之一的,在作出裁定前可以听取被执行人和行政机关的意见:

a.明显缺乏事实根据的。

b.明显缺乏法律、法规依据的。

c.其他明显违法并损害被执行人合法权益的。

人民法院应当自受理之日起30日内作出是否执行的裁定。裁定不予执行的,应当说明理由,并在5日内将不予执行的裁定送达行政机关。行政机关对人民法院不予执行的裁定有异议的,可以自收到裁定之日起15日内向上一级人民法院申请复议,上一级人民法院应当自收到复议申请之日起30日内作出是否执行的裁定。

⑦因情况紧急,为保障公共安全,行政机关可以申请人民法院立即执行。经人民法院院长批准,人民法院应当自作出执行裁定之日起5日内执行。

⑧行政机关申请人民法院强制执行,不缴纳申请费。强制执行的费用由被执行人承担。人民法院以划拨、拍卖方式强制执行的,可以在划拨、拍卖后将强制执行的费用扣除。依法拍卖财物,由人民法院委托拍卖机构依照《中华人民共和国拍卖法》的规定办理。划拨的存款、汇款以及拍卖和依法处理所得的款项应当上缴国库或者划入财政专户,不得以任何形式截留、私分或者变相私分。

9.5.6　法律责任

①行政机关实施行政强制,有下列情形之一的,由上级行政机关或者有关部门责令改正,对直接负责的主管人员和其他直接责任人员依法给予处分:

a. 没有法律、法规依据的。

b. 改变行政强制对象、条件、方式的。

c. 违反法定程序实施行政强制的。

d. 违反本法规定,在夜间或者法定节假日实施行政强制执行的。

e. 对居民生活采取停止供水、供电、供热、供燃气等方式迫使当事人履行相关行政决定的。

f. 有其他违法实施行政强制情形的。

②违反行政强制法规定,行政机关有下列情形之一的,由上级行政机关或者有关部门责令改正,对直接负责的主管人员和其他直接责任人员依法给予处分:

a. 扩大查封、扣押、冻结范围的。

b. 使用或者损毁查封、扣押场所、设施或者财物的。

c. 在查封、扣押法定期间不作出处理决定或者未依法及时解除查封、扣押的。

d. 在冻结存款、汇款法定期间不作出处理决定或者未依法及时解除冻结的。

③行政机关将查封、扣押的财物或者划拨的存款、汇款以及拍卖和依法处理所得的款项,截留、私分或者变相私分的,由财政部门或者有关部门予以追缴;对直接负责的主管人员和其他直接责任人员依法给予记大过、降级、撤职或者开除的处分。行政机关工作人员利用职务上的便利,将查封、扣押的场所、设施或者财物据为己有的,由上级行政机关或者有关部门责令改正,依法给予记大过、降级、撤职或者开除的处分。

④行政机关及其工作人员利用行政强制权为单位或者个人谋取利益的,由上级行政机关或者有关部门责令改正,对直接负责的主管人员和其他直接责任人员依法给予处分。

⑤违反行政强制法规定,金融机构有下列行为之一的,由金融业监督管理机构责令改正,对直接负责的主管人员和其他直接责任人员依法给予处分:

a. 在冻结前向当事人泄露信息的。

b. 对应当立即冻结、划拨的存款、汇款不冻结或者不划拨,致使存款、汇款转移的。

c. 将不应当冻结、划拨的存款、汇款予以冻结或者划拨的。

d. 未及时解除冻结存款、汇款的。

⑥违反行政强制法规定,金融机构将款项划入国库或者财政专户以外的其他账户的,由金融业监督管理机构责令改正,并处以违法划拨款项两倍的罚款;对直接负责的主管人员和其他直接责任人员依法给予处分。违反行政强制法规定,行政机关、人民法院指令金融机构将款项划入国库或者财政专户以外的其他账户的,对直接负责的主管人员和其他直接责任人员依法给予处分。

⑦人民法院及其工作人员在强制执行中有违法行为或者扩大强制执行范围的,对直接负责的主管人员和其他直接责任人员依法给予处分。

⑧违反行政强制法规定,给公民、法人或者其他组织造成损失的,依法给予赔偿。违反行政强制法规定,构成犯罪的,依法追究刑事责任。

注:法律、行政法规授权的具有管理公共事务职能的组织在法定授权范围内,以自己的名义实施行政强制,适用行政强制法有关行政机关的规定。

案例 9.5

一起法院强制执行案件引发的思考

案情20××年9月5日,某市城区动物检疫站接到群众举报称,位于某市卧龙区窑场31号有一肉品加工点,长期经营加工来路不明的猪肉,而且卫生条件极差,经常从加工点透出难闻气味,要求调查处理。某市城区动检站立即派执法人员赶现场,发现该加工点位于居民区内,是一个利用生猪瘦肉从事"牙签肉"生产、加工、销售的小作坊,作坊内凌乱不堪,油污遍地皆是,冰柜内生熟不分,散发出难闻的臭味,动物防疫条件不符合卫生要求。经对业主刘某调查,自20××年2月份以来,他一直在这里从事"牙签肉"加工、销售,办有《动物防疫合格证》,所加工的猪肉没有检疫合格证明,也没有向动检站门报检过,属违法经营,决定立案查处。执法人员当场对刘某制作了询问笔录,下发了强制行为决定书,并对其冰柜内20 kg没有检疫证明的猪肉进行了留验。

本章小结

畜牧兽医行政执法是畜牧兽医行政执法机关依法对其管理相对人采取的直接产生法律效果的行政行为,是国家行政执法的组成部分,内容包括行政处理、处罚、强制执行3个方面。

复习思考题

1. 行政执法的生效要件有哪些?
2. 行政主体要承担法律责任的情况有哪些?
3. 行政处罚的种类有哪些? 有哪些处罚程序?

实 训

深入畜牧兽医执法机构,根据畜禽、饲料、兽药、草原、动物防疫检疫等相关执法案件,进行学习,了解有关案件与执法处罚情况,增强法律意识。

第10章
畜牧兽医行政司法

> **本章导读：**本章主要介绍畜牧兽医行政调解、裁决、复议、诉讼，通过学习了解我国行政司法的现状及法律规定，一旦遇有相关事件，以便寻求司法帮助，维护自己合法权益。

10.1 畜牧兽医行政司法概述

10.1.1 畜牧兽医行政司法概念

(1)行政司法

行政司法行为是一种特殊的具体行政行为，它是指行政机关根据法律的授权，按照准司法程序审理和裁处有关争议或纠纷，以影响当事人之间的权利、义务关系，从而具有相应法律效力的行为。在我国行政司法行为主要有行政复议、行政裁决、行政调解、行政仲裁行为。

(2)畜牧兽医行政司法

畜牧兽医行政司法是指畜牧兽医行政主体作为争议双方之外的裁判者，按照畜牧兽医行政司法程序和畜牧兽医行政法规定的，审理和裁决的某些兽药、饲料、养殖方面具体案件和某些争议。如受理畜牧兽医行政司法复议案件，鉴定裁决畜牧兽医技术争议，调解或处理违章索赔案件等。

10.1.2 畜牧兽医行政司法特征原则

1)行政司法特征

(1)行政司法权

行政司法行为是享有准司法权的行政行为，它对纠纷的解决一般都不具有终局性，具有可诉性，不服行政司法决定的可以向法院起诉。随着社会的发展，国家职能在不同的国家机构间相互渗透，法院难以裁决专门性的国家事务，特别是行政职能日益广泛复杂，非一般法院所能处理的，为此需要行政机关作为裁判者，解决行政争议和某些民事纠纷,行政司法行为为"准司法"活动。

(2)行政司法机关

行政司法行为的主体是法律规定的具有行政司法职权的行政机关,在我国,主要是指行政复议机关、行政裁决机关以及调解机关。

(3)行政司法对象

行政司法对象是由法律给特别规定的和行政管理有关的行政纠纷以及民事经济纠纷。它们是由于当事人不服行政机关的决定,或双方当事人不履行义务,或行政机关、其他当事人侵害相对方合法权益而产生的,发生权利和义务利害关系的争议或纠纷。

(4)行政司法种类

行政司法是行政主体依法行政活动,即以依法裁处纠纷为宗旨的行政司法行为,按程序司法化的一种准司法活动。行政司法既具有行政性质,又具有司法性质,是行政与司法相结合的一种特殊形式。行政司法包括行政调解、复议、裁决。

2)畜牧兽医行政司法原则

(1)事实为依据,法律为准绳原则

畜牧兽医行政司法必须在调查研究,弄清事实的基础上,根据畜牧兽医行政法的规定进行裁决。

(2)平等原则

畜牧兽医行政司法关系中双方当事人处于完全平等的地位,都有向争议案件的审理机关说明案情、陈述理由、提供证据、提出请求的权利。又都有遵守行政司法程序、时效、形式等要求的义务。

为了保证畜牧兽医行政司法平等合法等原则的实现,履行行政司法职能,畜牧兽医行政主体要做到:接受当事人对行政司法的请求,在行政司法过程中向双方当事人告知其权利、义务,不偏袒任何一方,依法办事。

(3)简便原则

畜牧兽医行政司法实际上是畜牧兽医行政管理活动,要求程序简便实用。畜牧兽医行政主体在受理争议案件后,经过必需的调查取证、双方辩论、审理合议后即可作出裁决,这样有利于提高办事效率,有利于保护当事人合法权益。

(4)回避原则

回避是指主持审理的行政人员和具体办案人员与本案有利害关系的、可能会影响公正办案的,必须自行回避,当事人也可以口头或书面方式申请他们回避,办案人知道自己与本案有利害关系的,应当主动申请回避。办案人员的回避由畜牧兽医行政机关负责人批准,主持审理的行政人员的回避由同级畜牧兽医行政主管部门批准。

(5)不诉不议原则

不诉不议就是当事人没有请求,畜牧兽医行政主体不得主动处理,这样有利于维护畜牧兽医行政主体的尊严,保护当事人的合法权利,也有利于提高行政效率。

(6)与诉讼衔接原则

对行政机关的司法决定,当事人不服的,可以在法定期限内向人民法院提起诉讼,即行政司法与行政诉讼相接应。

此外,畜牧兽医行政司法还有其特殊的原则,如行政复议中的不调解原则,行政调解中的自愿原则等。

10.2　畜牧兽医行政调解

10.2.1　行政调解概述

1)行政调解概念特征

(1)行政调解概念

行政调解是在国家行政机关的主持下,以当事人双方自愿为基础,由行政机关主持,以国家法律法规及政策为依据,通过对争议双方的说服与劝导,促使双方当事人互让互谅、平等协商、达成协议,以解决有关争议而达成和解协议的活动。

(2)行政调解特征

行政调解与法院调解相比,同人民调解一样,属于诉讼外调解,均是在自愿的基础上所进行的调解活动,按照现有法律规定,当事人对所达成的协议,对当事人均有约束力,都应当自觉履行。因此,行政调解的特征为:调解是由第三者出面主持调解争端或纠纷的活动;行政调解是当事人自愿接受的调解;行政调解是依法进行的调解;行政调解是诉讼外调解,这种调解不是仲裁或诉讼的必经程序,不能因行政调解而限制当事人申请仲裁或行使诉权。

2)行政调解作用

(1)调解是解决冲突

首先,行政调解以其快捷、低廉、尊重意思自治的方式解决当事人之间的冲突。

(2)行政调解有利于实现行政主管机关与行政相对人之间的和谐

行政调解将当事人自主意思表示建立在对行政机关正确执法而树立起的权威的服从与信任感的基础上,使当事人自愿听从行政机关正确有益的劝导说服,化解纠纷,解决矛盾。

(3)行政调解的过程也是行政机关与行政相对人之间针对是否依法自愿和是否依法调解的相互监督过程

如前所述,法律本身也蕴涵和追求社会和谐,因此,行政相对人的监督也促使行政机关依法行政,实现法律的和谐价值和追求保证体系和谐。

10.2.2　畜牧兽医行政调解概念特点

1)概念特点

(1)概念

畜牧兽医行政调解是指在畜牧兽药行政主体的主持下,以国家法律和政策为依据,对属于职权管辖范围内的畜牧兽医行政纠纷,以自愿为原则,在查明事实,分清是非,明确责任的基础上,通过说服教育的方法促使当事人友好协商,互让互谅,达成协议,合理地消除纷争的诉讼外调解活动。

(2)特点

由畜牧兽医行政主体主持,以自愿为原则,解决民事纠纷,以说服教育为主,不能强制服从,为诉讼外调解。

2)构成要件法律效力程序

(1)构成要件

畜牧兽医行政调解必须符合下列条件,才能依法进行:

①必须是违反畜牧兽医行政法,给社会或他人造成经济损失,且直接受害人提出索赔请求的。

②双方当事人必须是自愿接受调解。

③必须是事实依据充分,请求事项明确具体的。

(2)法律效力

在法律的适用上,可依据畜牧兽医行政法律、法规、规章、决定、命令等规范性文件,也可以依据《民法通则》《民事诉讼法》《行政诉讼法》和有关法律、法规和政策性规定。

畜牧兽医行政调解是在畜牧兽医行政主体的主持下,争议双方当事人本着自愿的原则,依法进行友好协商,在互让互谅的前提下达成协议,解决纠纷的活动。所以,调解书一经送达,立即发生法律效力,双方当事人必须履行,否则,另一方可申请人民法院强制执行。

(3)调解程序

目前,畜牧兽医行政调解程序一般经过如下阶段:

①申请受理阶段。当事人向畜牧兽医行政主体提出书面申请后,畜牧兽医行政主体应依法进行审查,并决定是否受理。

②调查取证阶段。畜牧兽医行政主体受理案件后,立即派出工作人员进行调查取证。

③调解阶段。在双方当事人同意调解的前提下,畜牧兽医行政主体应出面主持调解。

④制作送达调解书阶段。调解达成的协议,由畜牧兽医行政主体制作调解书,并依法进行送达,一经送达后即发生法律效力。

10.3 畜牧兽医行政裁决

10.3.1 畜牧兽医行政裁决概述

1)行政裁决概念特点

(1)概念

畜牧兽医行政裁决是指畜牧兽医行政机关及其授权机构,依照法律授权,对当事人之间发生的、与行政管理活动密切相关的、与合同无关的民事纠纷进行审查,并作出裁决的具体行政行为。

(2)特点

①主体是法律法规授权的畜牧兽医行政机关,依法对侵权赔偿争议和权属争议作出裁决。

②对象是与畜牧兽医行政管理有关系的民事纠纷。

③裁决是依申请的行政行为。

④具有准司法性。

⑤是一种具体行政行为。

⑥依据是兽医畜牧行政管理法律法规、规章以及有关规定等。

2)行政裁决种类

畜牧兽医行政裁决分为原裁决和复议裁决两类。

(1)原裁决

原裁决是指政裁决行政主体所作的初审裁决。当事人不服可以向上一级畜牧兽医行政主体提出申请复议。

(2)复议裁决

复议裁决是指上一级政裁决行政主体对当事人不服原裁决而进行复议后所作的裁决,当事人不服复议裁决的,可向人民法院提起诉讼。

3)行政裁决构成要件

①当事人对检验人员的具体行政行为不服,并提出解决争议的请求。

②索赔请求必须有对方违反行政法律法规、规章造成实际损害的事实。

③有管辖权的行政裁决行政主体受理了上述案件。

10.3.2 畜牧兽医行政裁决程序

畜牧兽医行政裁决的程序主要包括:争议请求的提出、受理、调查取证、审理裁决、送达执行5步。

当事人对原裁决不服的,可以在接到裁决决定书之日起15日内,向上一级畜牧兽医行政主管机构提出申请复议。对复议决定不服的,可以在接到复议裁决决定书之日起15日内向人民法院起诉。

当事人对已发生法律效力的裁决决定应当自动履行。一方逾期不履行的,另一方当事人可以申请人民法院强制执行。

10.3.3 畜牧兽医行政仲裁

1)行政仲裁概念

行政仲裁是指行政机关依法律、法规授权,对当事人之间发生的,与行政管理活动有关,与行政合同有关的民事纠纷进行审查,并作出裁决的行为。纠纷双方当事人按事先或事后达成的协议,自愿将有关争议提交仲裁机构,仲裁机构以第三者的身份对争议的事实和权利义务作出判断和裁决,以解决争议,维护正当权益,当事人有义务履行裁决的一种制度。

2)行政仲裁与行政裁决的关系

(1)仲裁与行政裁决联系

①都是行政机关以第三者的身份居间裁断。

②处理对象都是民事争议。

③都是行政机关运用行政权力的过程。

(2)仲裁与行政裁决的区别

①适用的法律不同。仲裁是仲裁委员会依据《仲裁法》及其他有关的法律、法规处理纠纷;而行政裁决是由国家行政管理机关依其职权和有关行政法规处理纠纷。

②受理的依据不同。仲裁实行协议管辖,仲裁委员会受理案件的依据是当事人之间达成的仲裁协议;而国家行政裁决是畜牧兽医行政机关依据其行政管理职能强制管辖。

③仲裁与裁决的机构不同。仲裁是由当事人选定的仲裁庭作出裁决;而国家行政裁决是由国家行政管理机关作出的。

④仲裁与裁决的性质不同。仲裁是对平等主体的公民、法人和其他组织之间发生的合同纠纷和其他财产权益纠纷作出裁决;而国家行政裁决是由国家行政管理机关依据其职权,以领导与被领导、管理与被管理的隶属关系进行的裁决。

10.4 畜牧兽医行政复议

10.4.1 畜牧兽医行政复议概述

1999 年 4 月 29 日,《中华人民共和国行政复议法》颁布,2007 年 5 月 23 日,国务院公布《中华人民共和国行政复议法实施条例》,自 2007 年 8 月 1 日起施行。

1)行政复议概念特征性质

(1)行政复议概念

行政复议是指行政相对人不服行政主体的具体行政行为,依法向行政复议机关提出申请,请求重新审查并纠正原具体行政行为,行政复议机关据此对原具体行政行为是否合法与适当进行审查并作出决定的法律制度,是公民,法人或其他组织通过行政救济途径解决行政争议的一种方法。

(2)行政复议特征

行政复议以行政争议和部分民事争议为处理对象;行政复议直接以具体行政行为为审查对象;行政复议以合法性和合理性为审查标准;行政复议以书面审理为主要方式;行政复议以行政相对人为申请人,以行政主体为被申请人;行政复议以行政机关为处理机关。

(3)行政复议性质

①行政复议是具有一定司法性因素的行政行为。行政复议机关作为第三人对行政

机关和行政相对人之间的行政争议进行审查并作出裁决。

②行政复议是行政机关内部监督和纠错机制,行政复议是行政机关对下级或者政府对所属的行政机关作出的违法或者不当的具体行政行为实施的一种监督和纠错行为。

③行政复议是国家行政救济机制的重要环节。

2)行政复议基本原则

(1)合法公正公开及时和便民原则

合法原则是任何行政行为和司法行为都必须遵守的基本原则;公正原则是指行政复议要符合公平、正义的要求;公开原则要求行政复议的依据、程序及其结果都要公开,复议参加人有获得相关情报资料的权利;及时原则是指复议机关应当在法律许可的期限内,以效率为目标,及时完成复议案件的审理工作;便民原则要求行政复议要方便行政相对人获得该种行政救济,而不因此遭受拖累。

(2)书面审查原则

行政复议是一种行政司法行为,它具有行政性,它不仅要追求公平,更要追求效率。行政复议不可能像行政诉讼那样要经过严格的开庭辩论程序,只需根据双方提供的书面材料就可以审理定案,以求实现行政效率。

(3)合法性和适当性审查原则

该原则要求,行政复议机关在实施行政复议时,不仅应当审查具体行政行为的合法性,还要审查它的合理性。

3)行政复议基本制度

行政复议基本制度包括一级复议制度、合议制度、陪审制度、书面审查制度、回避制度、听证制度和法律责任追究制度。

(1)一级复议制度

一级复议制度是指公民、法人或者其他组织对行政机关作出的具体行政行为不服,可以向该行政机关的上一级行政机关或者法律、法规规定的其他机关申请复议,对复议决定不服的,只能依法向人民法院提起行政诉讼,不得再向复议机关的上一级行政机关申请复议的制度。

(2)合议庭制度

合议庭制度适用于较为复杂的案件,特别程序中的选民资格案件、公示催告中的除权判决、破产案件的受理情况等,在一审、二审中都可能用到。

(3)陪审团制度

陪审团制度是英美法系的特有制度,创始于英国。但中国的法律基本上属于大陆法系,除了中国香港特别行政区仍为英美法系保留其法律传统外,其他地域并不适用。陪审团只对事实作出判断,而法律的适用由法官裁判。

(4)回避制度

回避制度是指为了保证案件的公正审理,而要求与案件有一定的利害关系的审判人员或其他有关人员,不得参与本案的审理活动或诉讼活动的审判制度。

(5)听证制度

行政听证是行政机关在作出影响行政相对人或者利害关系人合法权益的决定以前,

由行政机关告知决定理由和听证权利,由相对人或者利害关系人陈述意见、提供证据、进行质辩以及行政机关听取意见、接纳证据并作出相应决定等程序构成的一项法律制度。行政听证是保障行政相对人申辩权利的一项重要制度,也是现代行政程序法的一项核心制度。

(6)委员会模式

根据实践需要,2008 年国务院法制办正式启动了行政复议委员会试点工作。在试点工作中,形成了 3 种主要的行政复议委员会模式:将分散于政府各部门的行政复议权,全部集中到政府设立的行政复议委员会统一行使的全部集中模式;对部分政府部门的受理、审理权限进行集中的部分集中模式;保持现行行政复议体制不变,通过吸收外部人士组成行政复议委员会的合议委员会模式。

4)行政复议基本制度特点

①提出行政复议的人,必须是认为行政机关行使职权的行为侵犯其合法权益的当事人。

②当事人提出行政复议,必须是在行政机关已经作出行政决定之后,复议的任务是解决行政争议,而不是解决民事或其他争议。

③当事人对行政机关的行政决定不服,只能按法律规定,向有行政复议权的行政机关申请复议。

④行政复议,以书面审查为主,以不调解为原则。行政复议的结论作出后,即具有法律效力。只要法律未规定复议决定为终局裁决的,当事人对复议决定不服的,仍可以按行政诉讼法的规定,向人民法院提请诉讼。

10.4.2　畜牧兽医行政复议法律关系

1)行政复议机关

(1)行政复议机关

履行行政复议职责的行政机关是行政复议机关。

(2)行政复议机构

各级行政复议机关内依法办理行政复议事项的负责法制工作的机构(行政复议机构)。

(3)行政复议机构职责

受理行政复议申请;调查取证;审查复议申请、拟订复议决定;处理或转送审查申请;依照权限和程序提出处理建议;办理因不服行政复议决定提起行政诉讼的应诉事项;办理行政赔偿等事项;督促行政复议申请的受理和行政复议决定的履行;办理行政复议、行政应诉案件统计和重大行政复议决定备案事项;办理或者组织办理未经行政复议直接提起行政诉讼的行政应诉事项;研究行政复议工作中发现的问题,及时向有关机关提出改进建议,重大问题及时向行政复议机关报告;法律、法规规定的其他职责。

2)行政复议参加人

行政复议参加人是指行政复议当事人以及与行政复议当事人法律地位相类似的人。

(1)行政复议当事人

行政复议当事人即因发生行政争议,为保护自己的合法权益,依法以自己的名义参加行政复议,并受行政机关复议决定约束的组织或个人。复议当事人通常指申请人和被申请人,在某些情况下,还包括复议中的第三人:法定代理人、法定代表人和委托代理人。他们是与行政复议当事人法律地位相类似的人。

(2)申请人

行政复议申请人的范围是相当广泛的,可以是外国人、无国籍人或外国组织;有权申请复议的公民死亡的,其近亲属可以申请复议(近亲属包括配偶、父母、子女、兄弟姐妹、祖父母、外祖父母、孙子女、外孙子女和其他具有扶养、赡养关系的亲属);有权申请复议的法人或者其他组织终止的,承受其权利的法人或者其他组织可以申请复议。

(3)被申请人

被申请人是指申请人的对方当事人,即因申请人提起行政复议而由复议机关通知其参加复议的当事人。

(4)第三人

第三人是指同申请复议的具体行政行为有利害关系,经复议机关批准而参加复议的公民、法人或者其他组织。

3)行政复议权利与义务

(1)复议申请人的权利

申请复议权;委托权;申请回避权;撤回复议申请权;申请执行权;申请执行权;诉权;法律、法规规定的其他权利。

(2)复议申请人的义务

自觉遵守复议纪律,维护复议秩序,听从复议机关依法作出的安排;自觉履行已生效的复议决定;法律、法规所规定的其他义务。

10.4.3　畜牧兽医行政复议受案范围

行政复议的受案范围是指相对人可以申请行政复议,行政复议机关可以依法复议的事项范围。《行政复议法》第6条采用列举和概括相结合的方式,对申请复议的肯定范围作了详细的正面规定。根据这一规定,申请人对侵犯其合法权益的具体行政行为不服,都可申请行政复议。

行政复议的排除范围即当事人不能提起行政复议的事项范围。

①内部行政行为。

②对民事纠纷处理的行为。

10.4.4　畜牧兽医行政复议管辖

行政复议管辖是指不同层级、不同职能的行政机关之间受理复议案件的分工。管辖的实质意义在于解决具体对某一行政复议案件由哪个行政机关行使复议权。

《行政复议法》第12条至第15条对行政复议管辖作了集中规定。

10.4.5　畜牧兽医行政复议时限

①行政复议申请人应自知道行政机关的具体行政行为侵犯其合法权益之日起60日内申请行政复议。因不可抗力或其他正当理由耽误法定申请期限的,申请期限自障碍消除之日起继续计算。

②海关行政复议机构在收到复议申请后,应在5个工作日内决定是否受理,对于决定受理的,收到复议申请书之日即为受理之日。海关行政复议机关应自受理复议申请之日起60日内作出行政复议决定,在特殊情况下,经海关行政复议机关负责人批准,可延长30日。

③复议申请人如对行政复议机关作出的复议决定不服,可以自收到《行政复议决定书》之日起15日内向人民法院提起诉讼。

10.4.6　行政复议程序

行政复议程序是指行政复议机关审理行政复议案件所遵循的行政复议步骤。

1)申请与受理

(1)申请

行政复议是依申请行为。它以行政相对人主动提起为前提,即相对人不提出申请,行政复议机关不能主动管辖。申请复议应当符合下列条件:申请人是认为具体行政行为直接侵犯其合法权益的公民、法人或者其他组织;有明确的被申请人;有具体的复议请求和事实根据;属于申请复议范围;属于受理复议机关管辖;法律、法规规定的其他条件。

(2)受理

申请人提出复议申请后,行政复议机关对复议申请进行审查。复议机关对复议申请进行审查后,应当在收到申请书之日起5日内,对复议申请分别作以下处理:复议申请符合法定条件的,应予受理;复议申请符合其他法定条件,但不属于本行政机关受理的,应告知申请人向有关行政机关提出;复议申请不符合法定条件的,决定不予受理,并告知理由和相应的处理方式,而不能简单地一退了之。

2)行政复议审理和决定

(1)复议审理

①审理前的准备

a.向被申请人送达申请书副本。

b.调查搜集证据,复议机关调查搜集证据有两种方式:一是要求当事人提供或者补充证据;二是向有关行政机关及其他组织和公民调取证据。

c.更换或者追加当事人。

②审理的内容。复议机关既有权审查具体行政行为是否合法,也有权审查具体行政行为是否适当。

③审理的方式。行政复议原则上采取书面审查的办法,但是申请人提出要求或者行政复议机关负责法制工作的机构认为有必要时,可以向有关组织和人员调查情况,听取

申请人、被申请人和第三人的意见。

④审理的依据。复议机关审理复议案件只能依据法律、行政法规、地方性法规、行政规章、自治条例、单行条例及上级行政机关依法制定的具有普遍约束力的非立法性的规范性文件。

⑤审理中具体行政行为的效力。行政复议期间具体行政行为不停止执行;被申请人认为需要停止执行的,可以依职权决定停止具体行政行为的执行;复议机关认为需要停止执行的;申请人申请停止执行,复议机关认为其要求合理;决定停止执行的;法律规定停止执行的。

⑥审理的期限。行政复议机关应当自受理申请之日起60日内作出行政复议决定;但是法律规定的行政复议期限少于60日的除外。情况复杂,不能在规定期限内作出行政复议决定的,经行政复议机关的负责人批准,可以适当延长,并告知申请人和被申请人;但是,延长期限最多不超过30日。

(2)复议决定

复议决定有以下4种。

①维持决定。

②履行决定。

③撤销、变更或确认违法决定。

④赔偿决定。

3)送达与执行

(1)送达

送达的方式及期限的计算,依照《中华人民共和国民事诉讼法》的规定执行。

(2)执行

行政复议决定生效后,双方当事人应该自觉履行。

①当被申请人不执行或者无正当理由拖延执行行政复议决定的,作出复议决定的机关或者有关上级行政机关应当责令其限期履行。并对被申请方直接负责的主管人员和其他直接责任人员依法给予警告、记过、记大过的行政处分;经责令履行仍拒不履行的,依法给予降级、撤职、开除的行政处分。

②当申请人不履行终局的复议决定,或者逾期不起诉又不履行复议决定的,根据复议决定内容的不同而采用不同的措施。

a.如果复议机关作出的是维持具体行政行为的复议决定的,由原作出具体行政行为的行政机关依法强制执行,或者申请人民法院强制执行。

b.如果复议机关作出的是变更具体行政行为的复议决定的,由复议机关依法强制执行,或申请人民法院强制执行。

10.5　畜牧兽医行政诉讼

1989年4月4日,全国人民代表大会通过《中华人民共和国行政诉讼法》,自1990年10月1日起施行。

行政诉讼是行政相对人认为国家机关作出的行政行为侵犯其合法权益而向法院提起的诉讼。行政诉讼法是法院审理行政案件和行政诉讼参加人(原告、被告、代理人等)进行诉讼活动必须遵守的准则。它规定法院审理行政案件程序方面的法律规范和行政诉讼参加人行使权利、承担义务的各种法律规范,是现代国家据以建立行政诉讼制度的法律依据。

10.5.1　行政诉讼法概述

1)立法目的

为保证人民法院正确、及时审理行政案件,保护公民、法人和其他组织的合法权益,维护和监督行政机关依法行使行政职权,根据宪法制定《中华人民共和国行政诉讼法》。

2)法律规定

①公民、法人或者其他组织认为行政机关和行政机关工作人员的具体行政行为侵犯其合法权益,有权依照本法向人民法院提起诉讼。

②人民法院设行政审判庭,审理行政案件。人民法院依法对行政案件独立行使审判权,不受行政机关、社会团体和个人的干涉。

③人民法院审理行政案件,对具体行政行为是否合法进行审查。

④人民法院审理行政案件,依法实行合议、回避、公开审判和两审终审制度。

10.5.2　受案范围

1)受理范围

①对拘留、罚款、吊销许可证和执照、责令停产停业、没收财物等行政处罚不服的。

②对限制人身自由或者对财产的查封、扣押、冻结等行政强制措施不服的。

③认为行政机关侵犯法律规定的经营自主权的。

④认为符合法定条件申请行政机关颁发许可证和执照,行政机关拒绝颁发或者不予答复的。

⑤申请行政机关履行保护人身权、财产权的法定职责,行政机关拒绝履行或者不予答复的。

⑥认为行政机关没有依法发给抚恤金的。

⑦认为行政机关违法要求履行义务的。

⑧认为行政机关侵犯其他人身权、财产权的。除前款规定外,人民法院受理法律、法规规定可以提起诉讼的其他行政案件。

2)不受理范围

①国防、外交等国家行为。

②行政法规、规章或者行政机关制定、发布的具有普遍约束力的决定、命令。

③行政机关对行政机关工作人员的奖惩、任免等决定。

④法律规定由行政机关最终裁决的具体行政行为。

10.5.3 行政诉讼管辖

①基层人民法院管辖第一审行政案件。

②中级人民法院管辖下列第一审行政案件：

a.确认发明专利权的案件、海关处理的案件。

b.对国务院各部门或者省、自治区、直辖市人民政府所作的具体行政行为提起诉讼的案件。

c.本辖区内重大、复杂的案件。

③高级人民法院管辖本辖区内重大、复杂的第一审行政案件。

④最高人民法院管辖全国范围内重大、复杂的第一审行政案件。

⑤行政案件由最初作出具体行政行为的行政机关所在地人民法院管辖。经复议的案件,复议机关改变原具体行政行为的,也可以由复议机关所在地人民法院管辖。

⑥对限制人身自由的行政强制措施不服提起的诉讼,由被告所在地或者原告所在地人民法院管辖。

⑦因不动产提起的行政诉讼,由不动产所在地人民法院管辖。

⑧两个以上人民法院都有管辖权的案件,原告可以选择其中一个人民法院提起诉讼。原告向两个以上有管辖权的人民法院提起诉讼的,由最先收到起诉状的人民法院管辖。

10.5.4 行政诉讼诉讼参加人

①依照行政诉讼提起诉讼的当事人是原告;有权提起诉讼的公民死亡,其近亲属可以提起诉讼;有权提起诉讼的法人或者其他组织终止,承受其权利的法人或者其他组织可以提起诉讼。

②当事人直接向人民法院提起诉讼的,作出具体行政行为的行政机关是被告。

经复议的案件,复议机关决定维持原具体行政行为的,作出原具体行政行为的行政机关是被告;复议机关改变原具体行政行为的,复议机关是被告。

两个以上行政机关作出同一具体行政行为的,共同作出具体行政行为的行政机关是共同被告。

由法律、法规授权的组织所作的具体行政行为,该组织是被告,由行政机关委托的组织所作的具体行政行为,委托的行政机关是被告。

行政机关被撤销的,继续行使其职权的行政机关是被告。

③当事人一方或者双方为两人以上,因同一具体行政行为发生的行政案件,或者因同样的具体行政行为发生的行政案件、人民法院认为可以合并审理的,为共同诉讼。

④共同提起诉讼的具体行政行为有利害关系的其他公民、法人或者其他组织,可以作为第三人申请参加诉讼,或者由人民法院通知参加诉讼。

⑤没有诉讼行为能力的公民,由其法定代理人代为诉讼。法定代理人互相推诿代理责任的,由人民法院指定其中一人代为诉讼。

⑥当事人、法定代理人,可以委托一至两人代为诉讼。

律师、社会团体、提起诉讼的公民的近亲属或者所在单位推荐的人,以及经人民法院许可的其他公民,可以受委托为诉讼代理人。

⑦代理诉讼的律师,可以依照规定查阅本案有关材料,可以向有关组织和公民调查,搜集证据。对涉及国家秘密和个人隐私的材料,应当依照法律规定保密。

经人民法院许可,当事人和其他诉讼代理人可以查阅本案庭审材料,但涉及国家秘密和个人隐私的除外。

10.5.5　行政诉讼证据

①证据有以下几种:

a. 书证。

b. 物证。

c. 视听资料。

d. 证人证言。

e. 当事人的陈述。

f. 鉴定结论。

g. 勘验笔录、现场笔录。

以上证据经法庭审查属实,才能作为定案的根据。

②被告对作出的具体行政行为负有举证责任,应当提供作出该具体行政行为的证据和所依据的规范性文件。

③在诉讼过程中,被告不得自行向原告和证人搜集证据。

④人民法院有权要求当事人提供或者补充证据。人民法院有权向有关行政机关以及其他组织、公民调取证据。

⑤在诉讼过程中,人民法院认为对专门性问题需要鉴定的,应当交由法定鉴定部门鉴定;没有法定鉴定部门的,由人民法院指定的鉴定部门鉴定。

⑥在证据可能灭失或者以后难以取得的情况下,诉讼参加人可以向人民法院申请保全证据,人民法院也可以主动采取保全措施。

10.5.6　行政诉讼起诉受理

①对属于人民法院受案范围的行政案件,当事人可以先向上一级行政机关或者法律、法规规定的行政机关申请复议,对复议不服的,再向人民法院提起诉讼;也可以直接向人民法院提起诉讼。

②当事人向行政机关申请复议的,申请人不服复议决定的,可以在收到复议决定书之日起15日内向人民法院提起诉讼,复议机关逾期不作决定的,申请人可以在复议期满之日起15日内向人民法院提起诉讼。法律另有规定的除外。

③当事人直接向人民法院提起诉讼的,应当在知道作出具体行政行为之日起3个月内提出,法律另有规定的除外。

④当事人因不可抗力或者其他特殊情况耽误法定期限的,在障碍消除后的10日内,可以申请延长期限,由人民法院决定。

⑤提起诉讼应当符合下列条件:

a. 原告是认为具体行政行为侵犯其合法权益的公民、法人或者其他组织。

b. 有明确的被告。

c. 有具体的诉讼请求和事实根据。

d. 属于人民法院受案范围和受诉人民法院管辖。

⑥人民法院接到起诉状,经审查,应当在 7 日内立案或者作出裁定不予受理。原告对裁定不服的,可以提起上诉。

10.5.7　行政诉讼审理判决

①人民法院应当在立案之日起 5 日内,将起诉状副本发送被告。被告应当在收到起诉状副本之日起 10 日内向人民法院提交作出具体行政行为的有关材料,并提出答辩状。人民法院应当在收到答辩状之日起 5 日内,将答辩状副本发送原告。被告不提出答辩状的,不影响人民法院审理。

②诉讼期间,不停止具体行政行为的执行。但有下列情形之一的,停止具体行政行为的执行:

a. 被告认为需要停止执行的。

b. 原告申请停止执行,人民法院认为该具体行政行为的执行会造成难以弥补的损失,并且停止执行不损害社会公共利益,裁定停止执行的。

c. 法律、法规规定停止执行的。

③人民法院公开审理行政案件,但涉及国家秘密、个人隐私和法律另有规定的除外。

④人民法院审理行政案件,由审判员组成合议庭,或者由审判员、陪审员组成合议庭。合议庭的成员,应当是三人以上的单数。

⑤当事人认为审判人员与本案有利害关系或者有其他关系可能影响公正审判,有权申请审判人员回避。

审判人员认为自己与本案有利害关系或者有其他关系,应当申请回避。前两款规定,适用于书记员、翻译人员、鉴定人、勘验人。院长担任审判长时的回避,由审判委员会决定;审判人员的回避,由院长决定;其他人员的回避,由审判长决定。当事人对决定不服的,可以申请复议。

⑥经人民法院两次合法传唤,原告无正当理由拒不到庭的,视为申请撤诉;被告无正当理由拒不到庭的,可以缺席判决。

⑦诉讼参与人或者其他人有下列行为之一的,人民法院可以根据情节轻重,予以训诫、责令具结悔过或者处 1 000 元以下的罚款、15 日以下的拘留;构成犯罪的,依法追究刑事责任:

a. 有义务协助执行的人,对人民法院的协助执行通知书,无故推脱、拒绝或者妨碍执行的。

b. 伪造、隐藏、毁灭证据的。

c. 指使、贿买、胁迫他人作伪证或者威胁、阻止证人作证的。

d. 隐藏、转移、变卖、毁损已被查封、扣押、冻结的财产的。

e. 以暴力、威胁或者其他方法阻碍人民法院工作人员执行职务或者扰乱人民法院工作秩序的。

f. 对人民法院工作人员、诉讼参与人、协助执行人侮辱、诽谤、诬陷,殴打或者打击报复的。罚款、拘留、须经人民法院院长批准。当事人不服的,可以申请复议。

⑧人民法院审理行政案件,不适用调解。

⑨人民法院对行政案件宣告判决或者裁定前,原告申请撤诉的,或者被告改变其所作的具体行政行为,原告同意并申请撤诉的,是否准许,由人民法院裁定。

⑩人民法院审理行政案件,以法律和行政法规、地方性法规为依据。地方性法规适用于本行政区域内发生的行政案件。人民法院审理民族自治地方的行政案件,并以该民族自治地方的自治条例和单行条例为依据。

⑪人民法院审理行政案件,参照国务院部、委根据法律和国务院的行政法规、决定、命令制定、发布的规章以及省、自治区、直辖市和省、自治区的人民政府所在地的市和经国务院批准的较大的市的人民政府根据法律和国务院的行政法规制定、发布的规章。

人民法院认为地方人民政府制定、发布的规章与国务院部、委制定、发布的规章不一致的,以及国务院部、委制定、发布的规章之间不一致的,由最高人民法院送请国务院作出解释或者裁决。

⑫人民法院经过审理,根据不同情况,分别作出以下判决:

a. 具体行政行为证据确凿,适用法律、法规正确,符合法定程序的,判决维持。

b. 具体行政行为有下列情形之一的,判决撤销或者部分撤销,并可以判决被告重新作出具体行政行为。

• 主要证据不足的。

• 适用法律、法规错误的。

• 违反法定程序的。

• 超越职权的。

• 滥用职权的。

c. 被告不履行或者拖延履行法定职责的,判决其在一定期限内履行。

d. 行政处罚显失公正的,可以判决变更。

⑬人民法院判决被告重新作出具体行政行为的,被告不得以同一的事实和理由作出与原具体行政行为基本相同的具体行政行为。

⑭人民法院在审理行政案件中,认为行政机关的主管人员、直接责任人员违反政纪的,应当将有关材料移送该行政机关或者其上一级行政机关或者监察、人事机关;认为有犯罪行为的,应当将有关材料移送公安、检察机关。

⑮人民法院应当在立案之日起 3 个月内作出第一审判决。有特殊情况需要延长的,由高级人民法院批准,高级人民法院审理第一审案件需要延长的,由最高人民法院批准。

⑯当事人不服人民法院第一审判决的,有权在判决书送达之日起 15 日内向上一级人民法院提起上诉。当事人不服人民法院第一审裁定的,有权在裁定书送达之日起 10 日内向上一级人民法院提起上诉。逾期不提起上诉的,人民法院的第一审判决或者裁定发生法律效力。

⑰人民法院对上诉案件,认为事实清楚的,可以实行书面审理。

⑱人民法院审理上诉案件,应当在收到上诉状之日起 2 个月内作出终审判决。有特

殊情况需要延长的,由高级人民法院批准,高级人民法院审理上诉案件需要延长的,由最高人民法院批准。

⑲人民法院审理上诉案件,按照下列情形,分别处理:

a.原判决认定事实清楚,适用法律、法规正确的,判决驳回上诉,维持原判。

b.原判决认定事实清楚,但适用法律、法规错误的,依法改判。

c.原判决认定事实不清,证据不足,或者由于违反法定程序可能影响案件正确判决的,裁定撤销原判,发回原审人民法院重审,也可以查清事实后改判。当事人对重审案件的判决、裁定,可以上诉。

⑳当事人对已经发生法律效力的判决、裁定,认为确有错误的,可以向原审人民法院或者上一级人民法院提出申诉,但判决、裁定不停止执行。

㉑人民法院院长对本院已经发生法律效力的判决、裁定,发现违反法律、法规规定认为需要再审的,应当提交审判委员会决定是否再审。

上级人民法院对下级人民法院已经发生法律效力的判决、裁定,发现违反法律、法规规定的,有权提审或者指令下级人民法院再审。

㉒人民检察院对人民法院已经发生法律效力的判决、裁定,发现违反法律、法规规定的,有权按照审判监督程序提出抗诉。

案例10.1

某食品公司不服××畜牧兽医站扣押猪肉决定

原告:某食品公司,法定代表人:文某,经理。被告:××畜牧兽医站,法定代表人:周某,站长。

20××年5月6日,某县食品公司聘用职工张某在该县某镇综合市场销售猪肉,该畜牧兽医站执法人员发现张某销售的猪肉未经过定点检验、未加盖检验合格的印章,由此,将张某正在销售的83.85 kg猪肉暂扣,并出具了扣押清单收据。当日,该兽医站经过调查,认为张某销售的猪肉是死因不明的猪肉,违反了《中华人民共和国动物防疫法》第18条规定,根据该法第48条规定,对张某作出责令停止经营、对未出售的猪肉予以没收的处罚决定。张某拒绝签收该处罚决定书,并多次找该兽医站要求返还被扣押的猪肉或赔偿其经济损失,该兽医站拒绝了张某的要求。食品公司认为,张某是其本公司聘用职工,张某销售的猪肉为本公司所有,该兽医站扣押该猪肉并予以没收是违法行为,侵犯了本公司的合法权益,于同年6月10日向县人民法院提起行政诉讼,请求判决撤销该兽医站的处罚决定;赔偿其猪肉折价款815.65元。

被告辩称:张某销售的猪肉,没有证据证明是某食品公司所有,本兽医站代表本县兽医卫生监督检验所对行为人张某作出处罚决定,处罚相对人是张某而不是某食品公司,该食品公司不具有本案原告资格,请求法院驳回×县某食品公司的起诉。

审判。县人民法院审理认为:县兽医卫生监督检验所是对猪肉所有人张某作出处罚,县食品公司不具备原告主体资格,依照最高人民法院《关于贯彻执行〈中华人民共和国行政诉讼法〉若干问题的意见(试行)》第71条(2)项规定,法院于20××年7月7日作出裁定:驳回县食品公司的起诉。

一审裁定后,原告食品公司不服,向市中级人民法院提起上诉。理由是:张某在市场上销售猪肉的行为,是代表上诉人实施的行为,县兽医卫生监督检验所作出的处罚决定,并未送达上诉人,上诉人符合原告的主体资格,一审裁定错误,请求二审法院撤销原裁定,发回重审。被上诉人兽医站未作答辩。

市中级人民法院审理认为:县食品公司是企业法人,其合法权益受到行政主体侵害,依法有权提起行政诉讼,一审裁定认定该公司是不具备原告主体资格不当,依法应予纠正。兽医站依法不享有独立执法职权,该站在兽医卫生监督检验管理中所实施的行为,是代表依法享有独立执法权的县兽医卫生监督检验所实施的行为,兽医站依法不具有行政诉讼被告的主体资格。食品公司坚持以该站为被告起诉,不符合行政诉讼起诉条件,一审裁定驳回起诉正确,上诉人请求裁定发回重审的上诉理由不能成立,本院不予支持。依照《中华人民共和国行政诉讼法》第61条第(1)项规定,该院于20××年11月19日作出裁定:驳回上诉,维持原裁定。

10.5.8 行政诉讼执行

①当事人必须履行人民法院发生法律效力的判决、裁定。当事人拒绝履行判决、裁定的,行政机关可以向第一审人民法院申请强制执行,或者依法强制执行。行政机关拒绝履行判决、裁定的,第一审人民法院可以采取以下措施:

a.对应当归还的罚款或者应当给付的赔偿金,通知银行从该行政机关的账户内划拨。

b.在规定期限内不履行的,从期满之日起,对该行政机关按日处50元至100元的罚款。

c.向该行政机关的上一级行政机关或者监察、人事机关提出司法建议。接受司法建议的机关,根据有关规定进行处理,并将处理情况告知人民法院。

d.拒不履行判决、裁定,情节严重构成犯罪的,依法追究主管人员和直接责任人员的刑事责任。

②当事人对具体行政行为在法定期限内不提起诉讼又不履行的,行政机关可以申请人民法院强制执行,或者依法强制执行。

案例10.2

处罚龚某屠宰无检疫合格证明生猪的案例

【案情】20××年10月11日,某市检疫所接报,屠工龚某等人在某镇合伙购买4头未检疫猪屠宰,请陶某、杨某运到镇上销售,并迅速向上级递交了请求立案查处报告,经审查批准立案后,派出2名动物防疫监督员进行全面、认真、细致的调查取证,确认龚某等人宰杀无检疫合格证明生猪,违反了《某市动物检疫申报管理办法》第8条规定,据第17条第2款规定,拟给予龚某2 500元行政处罚,送达了《行政处罚告知通知书》。龚某收到通知书后逾期未提出陈述申辩,则根据《行政处罚法》规定,随即下达了行政处罚决定书,送达龚某本人,龚某在规定时间内,依法向市人民政府申请了行政复议,经复议,维持该行政处罚决定,龚某仍不服,又向市人民法院提起行政诉讼,市法院在受理诉讼期间,龚某主动到市监督所承认了违法行为,写出了书面检讨,主动履行了罚款,并向法院提出撤回诉讼请求,承担诉讼费用。

【分析】这一未经产地检疫和屠宰检疫违法经营生猪典型案例,领导重视,指导办案过程,案情复杂,涉及行政复议、行政诉讼。①本案事实清楚,证据充分。②本案程序合法,整个办案过程经历了立案审批——处罚告知——行政处罚——行政复议——行政诉讼,办案程序是符合《行政处罚法》规定程序的。③适用法规问题,龚某屠宰行为,违反了《某市无规定动物疫病区管理办法》第32条第6款、农业部《动物检疫管理办法》第19条的规定。④本案调查取证难,但得到群众举报配合使整个案件的违法事实水落石出。⑤由于本案涉及的违法人员较多,有屠工、屠商、畜主、猪肉承运人,并非一定全部处罚。⑥对龚某处罚2500元,只执行1600元的罚款,是由于龚某主动到法院撤诉,又到兽医卫生监督所承认错误,写出书面检讨,保证今后守法经营,经他本人提出书面请求,由监督所负责人批准后减免了900元罚款,达到了处罚和教育相结合的目的。

10.5.9　侵权赔偿责任

①当事人的合法权益受到行政机关或者行政机关工作人员作出的具体行政行为侵犯造成损害的,有权请求赔偿。当事人单独就损害赔偿提出请求,应当先由行政机关解决。对行政机关的处理不服,可以向人民法院提起诉讼。赔偿诉讼可以适用调解。

②行政机关或者行政机关工作人员作出的具体行政行为侵犯当事人的合法权益造成损害的,由该行政机关或者该行政机关工作人员所在的行政机关负责赔偿。行政机关赔偿损失后,应当责令有故意或者重大过失的行政机关工作人员承担部分或者全部赔偿费用。

③赔偿费用,从各级财政列支。各级人民政府可以责令有责任的行政机关支付部分或者全部赔偿费用,具体办法由国务院规定。

注:①外国人、无国籍人、外国组织在中华人民共和国进行行政诉讼,适用本法。

②人民法院审理行政案件,应当收取诉讼费用。诉讼费用由败诉方承担,双方都有责任的由双方分担。

本章小结

通过学习,掌握畜牧兽医行政调解、裁决、复议、诉讼的基本内容,了解我国畜牧兽医行政司法相关法律规定,通过畜牧兽医行政司法的各种途径,维护当事人的合法权益,促进我国畜牧兽医行政法制进一步完善、保证畜牧业健康发展。

复习思考题

1. 畜牧兽医行政司法具有哪些特点和原则?
2. 什么是畜牧兽医行政裁决? 行政裁决分为哪几类?
3. 哪些情况属于行政复议范畴?

实　训

到当地畜牧兽医行政主管部门调研座谈,通过具体司法案例,加深对畜牧兽医行政司法的认识。

第11章
畜牧兽医行政损害赔偿

本章导读:本章主要介绍畜牧兽医行政损害赔偿范围、赔偿请求人、赔偿义务机关、赔偿程序、方式、标准等内容。众所周知损害东西要照价赔偿! 那么,请问:行政机关在履行职务过程中,其行为对行政相对人造成了损害该怎么办? 一旦自己遇到了行政损害,又该怎么办?

1994 年 5 月 12 日《中华人民共和国行政赔偿法》颁布,2010 年 4 月 29 日修订,自 2010 年 12 月 1 日起施行。

11.1.1 总则

①为保障公民、法人和其他组织享有依法取得国家赔偿的权利,促进国家机关依法行使职权,根据宪法,制定本法。

②国家机关和国家机关工作人员行使职权,有本法规定的侵犯行政相对人合法权益的情形,造成损害的,受害人有取得国家赔偿的权利。

③赔偿义务机关应依本法及时履行赔偿义务。

11.1.2 行政赔偿

1)赔偿范围

①行政机关及其工作人员在行使行政职权时有下列侵犯人身权情形之一的,受害人有取得赔偿的权利【第3条】:"1)违法拘留或者违法采取限制公民人身自由的行政强制措施的;2)非法拘禁或者以其他方法非法剥夺公民人身自由的;3)以殴打、虐待等行为或者唆使、放纵他人以殴打、虐待等行为造成公民身体伤害或者死亡的;4)违法使用武器、警械造成公民身体伤害或者死亡的;5)造成公民身体伤害或者死亡的其他违法行为。"

②行政机关及其工作人员在行使行政职权时有下列侵犯财产权情形之一的,受害人有取得赔偿的权利【第4条】:"1)违法实施罚款、吊销许可证和执照、责令停产停业、没收财物等行政处罚的;2)违法对财产采取查封、扣押、冻结等行政强制措施的;3)违法征收、征用财产的;4)造成财产损害的其他违法行为。"

③属于下列情形之一的,国家不承担赔偿责任【第5条】:"1)行政机关工作人员与行使职权无关的个人行为;2)因公民、法人和其他组织自己的行为致使损害发生的;3)法律规定的其他情形。"

2）赔偿请求人和赔偿义务机关

①受害的行政相对人有权要求赔偿。受害的公民死亡,其继承人和其他有扶养关系的亲属有权要求赔偿。受害的法人或者其他组织终止的,其权利承受人有权要求赔偿【第6条】。

②行政机关及其工作人员行使行政职权侵犯行政相对人的合法权益造成损害的,该行政机关为赔偿义务机关。两个以上行政机关共同行使行政职权时侵犯行政相对人的合法权益造成损害的,共同行使行政职权的行政机关为共同赔偿义务机关。法律、法规授权的组织在行使授予的行政权力时侵犯行政相对人的合法权益造成损害的,被授权的组织为赔偿义务机关。受行政机关委托的组织或者个人在行使受委托的行政权力时侵犯行政相对人的合法权益造成损害的,委托的行政机关为赔偿义务机关。赔偿义务机关被撤销的,继续行使其职权的行政机关为赔偿义务机关;没有继续行使其职权的行政机关的,撤销该赔偿义务机关的行政机关为赔偿义务机关。

③经复议机关复议的,最初造成侵权行为的行政机关为赔偿义务机关,但复议机关的复议决定加重损害的,复议机关对加重的部分履行赔偿义务。

3）赔偿程序

①赔偿义务机关有赔偿法第3条、第4条【即二、(一)、1、2】规定情形之一的,应当给予赔偿。赔偿请求人要求赔偿,应当先向赔偿义务机关提出,也可以在申请行政复议或者提起行政诉讼时一并提出。

②赔偿请求人可以向共同赔偿义务机关中的任何一个赔偿义务机关要求赔偿,该赔偿义务机关应当先予赔偿。

③赔偿请求人根据受到的不同损害,可以同时提出数项赔偿要求【第11条】。

④要求赔偿应当递交申请书,申请书应当载明下列事项【第12条】:"1)受害人的姓名、性别、年龄、工作单位和住所,法人或者其他组织的名称、住所和法定代表人或者主要负责人的姓名、职务;2)具体的要求、事实根据和理由;3)申请的年、月、日。"

赔偿请求人书写申请书确有困难的,可以委托他人代书;也可以口头申请,由赔偿义务机关记入笔录。赔偿请求人不是受害人本人的,应当说明与受害人的关系,并提供相应证明。

赔偿请求人当面递交申请书的,赔偿义务机关应当当场出具加盖本行政机关专用印章并注明收讫日期的书面凭证。申请材料不齐全的,赔偿义务机关应当当场或者在五日内一次性告知赔偿请求人需要补正的全部内容。

⑤赔偿义务机关应当自收到申请之日起两个月内,作出是否赔偿的决定。赔偿义务机关作出赔偿决定,应当充分听取赔偿请求人的意见,并可以与赔偿请求人就赔偿方式、赔偿项目和赔偿数额依照赔偿法第四章的规定进行协商。

赔偿义务机关决定赔偿的,应当制作赔偿决定书,并自作出决定之日起10日内送达赔偿请求人。赔偿义务机关决定不予赔偿的,应当自作出决定之日起10日内书面通知赔偿请求人,并说明不予赔偿的理由。

⑥赔偿义务机关在规定期限内未作出是否赔偿的决定,赔偿请求人可以自期限届满之日起3个月内,向人民法院提起诉讼。

赔偿请求人对赔偿的方式、项目、数额有异议的,或者赔偿义务机关作出不予赔偿决定的,赔偿请求人可以自赔偿义务机关作出赔偿或者不予赔偿决定之日起 3 月内,向人民法院提起诉讼。

⑦人民法院审理行政赔偿案件,赔偿请求人和赔偿义务机关对自己提出的主张,应当提供证据。赔偿义务机关采取行政拘留或者限制人身自由的强制措施期间,被限制人身自由的人死亡或者丧失行为能力的,赔偿义务机关的行为与被限制人身自由的人的死亡或者丧失行为能力是否存在因果关系,赔偿义务机关应当提供证据。

⑧赔偿义务机关赔偿损失后,应当责令有故意或者重大过失的工作人员或者受委托的组织或者个人承担部分或者全部赔偿费用。对有故意或者重大过失的责任人员,有关机关应当依法给予处分;构成犯罪的,应当依法追究刑事责任。

案例 11.1

扣押行政强制措施及行政赔偿案例

交通局以相对人不知晓的内部通知为依据对其财产予以扣押的行为系违法行政行为

【案情】 上诉人(原审原告):曾某、戴某被上诉人(原审被告):某县经济贸易交通局

20××年 4 月 16 日凌晨 5 时,被上诉人某县经济贸易交通局执法人员在对临城镇东门市场生猪肉产品摊位进行检查时,要求上诉人出具证明生猪肉产品"手续完备"单据接受检查,上诉人表示单据未随身携带。被上诉人执法人员当即将上诉人摊位上的生猪肉产品扣押并拉回被上诉人处。被上诉人执法人员未在扣押现场对扣押的生猪肉产品进行过秤、亦未在现场填写扣押清单交给上诉人。当天上午,上诉人将证明生猪肉产品为合格品的"手续完备"单及税单交给被上诉人检查,被上诉人经审查后,同意解除扣押,要求上诉人将生猪肉产品领回,但上诉人以东门市场已过上市时间为由拒绝领回生猪肉产品、要求被上诉人赔偿损失,被上诉人予以拒绝。当天下午,被上诉人对扣押的生猪肉产品进行了销毁处理。被上诉人于 20××年 4 月 18 日以(临)经贸交字〔2002〕第 4 号《生猪屠宰违法案件行政处罚决定书》以上诉人戴某"上市销售的猪肉产品所盖的检疫章不是临城定点屠宰厂使用的检疫章、其猪肉产品属非法屠宰的猪肉产品"为由,作出没收非法屠宰猪肉产品 62 kg 的处罚决定。但没有合法证据证明被上诉人将该处罚决定书送达给了上诉人。上诉人于 20××年 8 月 7 日向原审法院提起诉讼,请求确认被上诉人扣押生猪肉产品的行为违法、并赔偿经济损失人民币 6 439.7 元及赔礼道歉。

一审法院判决:①确认被告扣押原告猪肉产品的行为合法;②驳回原告的其他诉讼请求。诉讼费 100 元由原告负担。

上诉人曾某、戴某上诉称,上诉人准备销售的生猪肉是定点屠宰的,已经肉检人员检验合格、并交缴了有关的税费,被上诉人的执法人员来检查时,我们已经说明,有关的单据未随身携带,但被上诉人的执法人员在未出示证件表明身份、亦未查明清楚的情况下,强行扣押了猪肉,扣押时未过秤、亦未开具扣押清单,在一审法庭上出示的所谓"清单"是事后补的,该所谓的清单没有我们的签名确认。被上诉人执法人员称猪身上所盖的检疫章是假的,仅凭一般工作人员的书面证言,并没有专门技术部门作出鉴定,缺乏权威性和

合法性。一审判决认定事实不清,证据不足。请求二审法院撤销原判,判决确认被上诉人扣押猪肉的行为违法、并赔偿经济、运费及声誉损失合计 6 439.70 元。

被上诉人某县经济贸易交通局二审未提交书面答辩状。其委托代理人在庭审中口头辩称,被上诉人在接受检查时未能当场提交生猪肉产品"手续完备"凭证,且过后县畜牧中心检疫工作人员经感官判断,证实猪肉上所盖肉检印章不是定点屠宰场印章,故本局认定上诉人属非法私宰生猪,其非法私宰的生猪肉依法应予没收。请求驳回上诉人的诉讼请求。

【裁判要点】法院认为,生猪肉品质合格的唯一凭证是定点屠宰厂加盖的验讫章,并不要求要随货携带任何书面凭证。被上诉人以上诉人未随身携带证明生猪肉品质合格的单据为由扣押上诉人已经盖有合格品验讫章的生猪肉的行为是没有法律、法规和规章依据的。另,被上诉人对上诉人作出的处罚决定,由于没有证据证明该处罚决定书已送达给了上诉人,该处罚决定对上诉人不产生法律效力;被上诉人扣押上诉人生猪肉产品的事实行为应确认违法,由此造成的损失依法应由被上诉人承担赔偿责任。经庭审查,本院确认被上诉人扣押的生猪肉质量应以上诉人戴某20××年4月18日接受被上诉人调查时所作的调查笔录中记录的 110 kg 为准。在庭审中,对上诉人提出的生猪肉产品单价按平均 6 元/kg 计算,被上诉人未持异议;本院予以照准。故本院确认上诉人的损失为人民币 1 320 元,由被上诉人予以赔偿。对上诉人提出的其他赔偿请求及要求判令被上诉人赔礼道歉的请求无事实和法律依据,应予驳回。原审判决认定事实不清,证据不足,适用法律错误,其判决应予撤销。上诉人上诉理由部分有理,应予采纳。根据《中华人民共和国行政诉讼法》第61条第(3)项、《最高人民法院关于执行〈中华人民共和国行政诉讼法〉若干问题的解释》第57条第2款第(2)项、《中华人民共和国国家赔偿法》第4条第(2)项、第28条第(4)项之规定,判决如下:①撤销某县人民法院(20××)临行初字第16号行政判决;②确认被上诉人某县经济贸易交通局执法人员20××年4月16日扣押上诉人曾某、戴某110 kg 生猪肉产品的行为违法;③被上诉人某县经济贸易交通局赔偿给上诉人曾某、戴某损失人民币 1 320 元,限本判决生效之日起10日内一次性付清;④驳回上诉人的其他诉讼请求。一、二审案件受理费人民币各100元均由被上诉人负担。

【关注焦点】①被上诉人某县经济贸易交通局执法人员扣押上诉人生猪肉产品的行为是否合法? ②被上诉人如何承担国家赔偿责任?

11.1.3 刑事赔偿

1)赔偿范围

①行使侦查、检察、审判职权的机关以及看守所、监狱管理机关及其工作人员在行使职权时有下列侵犯人身权情形之一的,受害人有取得赔偿的权利【第17条】:"1)违反刑事诉讼法的规定对公民采取拘留措施的,或者依照刑事诉讼法规定的条件和程序对公民采取拘留措施,但是拘留时间超过刑事诉讼法规定的时限,其后决定撤销案件、不起诉或者判决宣告无罪终止追究刑事责任的;2)对公民采取逮捕措施后,决定撤销案件、不起诉或者判决宣告无罪终止追究刑事责任的;3)依照审判监督程序再审改判无罪,原判刑罚已经执行的;4)刑讯逼供或者以殴打、虐待等行为或者唆使、放纵他人以殴打、虐待等行

为造成公民身体伤害或者死亡的;5)违法使用武器、警械造成公民身体伤害或者死亡的。"

②行使侦查、检察、审判职权的机关以及看守所、监狱管理机关及其工作人员在行使职权时有下列侵犯财产权情形之一的,受害人有取得赔偿的权利【第18条】:"1)违法对财产采取查封、扣押、冻结、追缴等措施的;2)依照审判监督程序再审改判无罪,原判罚金、没收财产已经执行的。"

③属于下列情形之一的,国家不承担赔偿责任:"1)因公民自己故意作虚伪供述,或者伪造其他有罪证据被羁押或者被判处刑罚的;2)依照刑法第17条、第18条规定不负刑事责任的人被羁押的;3)依照刑事诉讼法第15条、第142条第2款规定不追究刑事责任的人被羁押的;4)行使侦查、检察、审判职权的机关以及看守所、监狱管理机关的工作人员与行使职权无关的个人行为;5)因公民自伤、自残等故意行为致使损害发生的;6)法律规定的其他情形。"

2)赔偿请求人和赔偿义务机关

①赔偿请求人的确定依照赔偿法第6条【二、(二)、1】的规定。

②行使侦查、检察、审判职权的机关以及看守所、监狱管理机关及其工作人员在行使职权时侵犯公民、法人和其他组织的合法权益造成损害的,该机关为赔偿义务机关。

对公民采取拘留措施,依照本法的规定应当给予国家赔偿的,作出拘留决定的机关为赔偿义务机关。

对公民采取逮捕措施后决定撤销案件、不起诉或者判决宣告无罪的,作出逮捕决定的机关为赔偿义务机关。

再审改判无罪的,作出原生效判决的人民法院为赔偿义务机关。二审改判无罪,以及二审发回重审后作无罪处理的,作出一审有罪判决的人民法院为赔偿义务机关。

3)赔偿程序

①赔偿义务机关有赔偿法第17条、第18条【三、(一)、1、2】规定情形之一的,应当给予赔偿。赔偿请求人要求赔偿,应当先向赔偿义务机关提出。赔偿请求人提出赔偿请求,适用赔偿法第11条、第12条【二、(三)、3、4】的规定。

②赔偿义务机关应当自收到申请之日起2个月内,作出是否赔偿的决定。赔偿义务机关作出赔偿决定,应当充分听取赔偿请求人的意见,并可以与赔偿请求人就赔偿方式、赔偿项目和赔偿数额依照赔偿法第4章的规定进行协商。

赔偿义务机关决定赔偿的,应当制作赔偿决定书,并自作出决定之日起10日内送达赔偿请求人。

赔偿义务机关决定不予赔偿的,应当自作出决定之日起10日内书面通知赔偿请求人,并说明不予赔偿的理由。

③赔偿义务机关在规定期限内未作出是否赔偿的决定,赔偿请求人可以自期限届满之日起30日内向赔偿义务机关的上一级机关申请复议。

赔偿请求人对赔偿的方式、项目、数额有异议的,或者赔偿义务机关作出不予赔偿决定的,赔偿请求人可以自赔偿义务机关作出赔偿或者不予赔偿决定之日起30日内,向赔偿义务机关的上一级机关申请复议。

赔偿义务机关是人民法院的,赔偿请求人可以依照本条规定向其上一级人民法院赔偿委员会申请作出赔偿决定。

④复议机关应当自收到申请之日起 2 个月内作出决定。

赔偿请求人不服复议决定的,可以在收到复议决定之日起 30 日内向复议机关所在地的同级人民法院赔偿委员会申请作出赔偿决定;复议机关逾期不作决定的,赔偿请求人可以自期限届满之日起 30 日内向复议机关所在地的同级人民法院赔偿委员会申请作出赔偿决定。

⑤人民法院赔偿委员会处理赔偿请求,赔偿请求人和赔偿义务机关对自己提出的主张,应当提供证据。

被羁押人在羁押期间死亡或者丧失行为能力的,赔偿义务机关的行为与被羁押人的死亡或者丧失行为能力是否存在因果关系,赔偿义务机关应当提供证据。

⑥人民法院赔偿委员会处理赔偿请求,采取书面审查的办法。必要时,可以向有关单位和人员调查情况、搜集证据。赔偿请求人与赔偿义务机关对损害事实及因果关系有争议的,赔偿委员会可以听取赔偿请求人和赔偿义务机关的陈述和申辩,并可以进行质证。

⑦人民法院赔偿委员会应当自收到赔偿申请之日起 3 个月内作出决定;属于疑难、复杂、重大案件的,经本院院长批准,可以延长 3 个月。

⑧中级以上的人民法院设立赔偿委员会,由人民法院三名以上审判员组成,组成人员的人数应当为单数。赔偿委员会所作赔偿决定,实行少数服从多数的原则。赔偿委员会作出的赔偿决定,是发生法律效力的决定,必须执行。

⑨赔偿请求人或者赔偿义务机关对赔偿委员会作出的决定,认为确有错误的,可以向上一级人民法院赔偿委员会提出申诉。赔偿委员会作出的赔偿决定生效后,如发现赔偿决定违反本法规定的,经本院院长决定或者上级人民法院指令,赔偿委员会应当在两个月内重新审查并依法作出决定,上一级人民法院赔偿委员会也可以直接审查并作出决定。

最高人民检察院对各级人民法院赔偿委员会作出的决定,上级人民检察院对下级人民法院赔偿委员会作出的决定,发现违反本法规定的,应当向同级人民法院赔偿委员会提出意见,同级人民法院赔偿委员会应当在两个月内重新审查并依法作出决定。

⑩赔偿义务机关赔偿后,应当向有下列情形之一的工作人员追偿部分或者全部赔偿费用:

a. 有赔偿法第十七条第四项、第五项【三、(一)、4、5】规定情形的;

b. 在处理案件中有贪污受贿,徇私舞弊,枉法裁判行为的。对有前款规定情形的责任人员,有关机关应当依法给予处分;构成犯罪的,应当依法追究刑事责任。

11.1.4　赔偿方式和计算标准

①国家赔偿以支付赔偿金为主要方式。能够返还财产或者恢复原状的,予以返还财产或者恢复原状。

②侵犯公民人身自由的,每日赔偿金按照国家上年度职工日平均工资计算。

③侵犯公民生命健康权的,赔偿金按照下列规定计算:

a. 造成身体伤害的,应当支付医疗费、护理费,以及赔偿因误工减少的收入。减少的收入每日的赔偿金按照国家上年度职工日平均工资计算,最高额为国家上年度职工年平均工资的五倍;

b. 造成部分或者全部丧失劳动能力的,应当支付医疗费、护理费、残疾生活辅助具费、康复费等因残疾而增加的必要支出和继续治疗所必需的费用,以及残疾赔偿金。残疾赔偿金根据丧失劳动能力的程度,按照国家规定的伤残等级确定,最高不超过国家上年度职工年平均工资的 20 倍。造成全部丧失劳动能力的,对其扶养的无劳动能力的人,还应当支付生活费;

c. 造成死亡的,应当支付死亡赔偿金、丧葬费,总额为国家上年度职工年平均工资的 20 倍。对死者生前扶养的无劳动能力的人,还应当支付生活费。

前款第 2 项、第 3 项规定的生活费的发放标准,参照当地最低生活保障标准执行。被扶养的人是未成年人的,生活费给付至 18 周岁止;其他无劳动能力的人,生活费给付至死亡时止。

④有赔偿法第 3 条【二、(一)、1】或第 17 条【三、(一)、1】规定情形之一,致人精神损害的,应当在侵权行为影响的范围内,为受害人消除影响,恢复名誉,赔礼道歉;造成严重后果的,应当支付相应的精神损害抚慰金。

⑤侵犯公民、法人和其他组织的财产权造成损害的,按照下列规定处理【第 36 条】:

a. 处罚款、罚金、追缴、没收财产或者违法征收、征用财产的,返还财产;

b. 查封、扣押、冻结财产的,解除对财产的查封、扣押、冻结,造成财产损坏或者灭失的,依照本条第三项、第四项的规定赔偿;

c. 应当返还的财产损坏的,能够恢复原状的恢复原状,不能恢复原状的,按照损害程度给付相应的赔偿金;

d. 应当返还的财产灭失的,给付相应的赔偿金;

e. 财产已经拍卖或者变卖的,给付拍卖或者变卖所得的价款;变卖的价款明显低于财产价值的,应当支付相应的赔偿金。

⑥吊销许可证和执照、责令停产停业的,赔偿停产停业期间必要的经常性费用开支。

⑦返还执行的罚款或者罚金、追缴或者没收的金钱,解除冻结的存款或者汇款的,应当支付银行同期存款利息。

⑧对财产权造成其他损害的,按照直接损失给予赔偿。

⑨赔偿费用列入各级财政预算。赔偿请求人凭生效的判决书、复议决定书、赔偿决定书或者调解书,向赔偿义务机关申请支付赔偿金。赔偿义务机关应当自收到支付赔偿金申请之日起七日内,依照预算管理权限向有关的财政部门提出支付申请。财政部门应当自收到支付申请之日起十五日内支付赔偿金。赔偿费用预算与支付管理的具体办法由国务院规定。

案例 11.2

佘祥林杀妻案坐牢重判国家赔偿案

佘祥林,又名杨玉欧,湖北省京山县雁门口镇人。1994 年 1 月 2 日,佘妻张在玉因患精神病失踪,张的家人怀疑张在玉被其丈夫杀害。1994 年 4 月 28 日,佘祥林因涉嫌杀人被批捕,后被原荆州地区中级人民法院一审被判处死刑,剥夺政治权利终身。后因行政区划变更,佘祥林一案移送京山县公安局,经京山县人民法院和荆门市中级人民法院审理。1998年9月22日,佘祥林被判处15年有期徒刑。2005年3月28日,佘妻张在玉突然从山东回到京山。2005年4月13日,京山县人民法院经重新开庭审理,宣判佘祥林无罪。2005年9月2日佘祥林领取70余万元国家赔偿。

11.1.5　其他规定

①人民法院在民事诉讼、行政诉讼过程中,违法采取对妨害诉讼的强制措施、保全措施或者对判决、裁定及其他生效法律文书执行错误,造成损害的,赔偿请求人要求赔偿的程序,适用赔偿法刑事赔偿程序的规定。

②赔偿请求人请求国家赔偿的时效为2年,自其知道或者应当知道国家机关及其工作人员行使职权时的行为侵犯其人身权、财产权之日起计算,但被羁押等限制人身自由期间不计算在内。在申请行政复议或者提起行政诉讼时一并提出赔偿请求的,适用行政复议法、行政诉讼法有关时效的规定。

赔偿请求人在赔偿请求时效的最后6个月内,因不可抗力或者其他障碍不能行使请求权的,时效中止。从中止时效的原因消除之日起,赔偿请求时效期间继续计算。

③外国人、外国企业和组织在中华人民共和国领域内要求中华人民共和国国家赔偿的,适用本法。

④赔偿请求人要求国家赔偿的,赔偿义务机关、复议机关和人民法院不得向赔偿请求人收取任何费用。

⑤对赔偿请求人取得的赔偿金不予征税。

本章小结

通过学习,了解我国兽医畜牧行政损害赔偿的法律规定,在当事人的合法权益受到损害时,依据相关法律法规规定,争取该行政机关的赔偿。

复习思考题

1. 哪些情形属于畜牧兽医损害赔偿的范围?
2. 如何申请畜牧兽医行政赔偿?
3. 如果畜牧兽医行政行为侵犯了公民生命健康权,赔偿金如何计算?

实　训

根据本章内容,分析一例畜牧兽医行政行为造成损害的案例,并给出损害赔偿的标准和依据。

第12章
世界动物卫生组织

本章导读: 本章主要介绍世界动物卫生组织诞生、工作语言、任务目标、组织机构、地区代办处、参考实验室等内容。了解世界动物卫生组织是什么组织。与中国、与我们有什么关系。

12.1 世界动物卫生组织概述

12.1.1 世界动物卫生组织简史

世界动物卫生组织成立于 1924 年,全称为 World Organization for Animal Health (OIE)。

1920 年,由于亚洲往南美运送病牛,中途卸在安特卫港而引起比利时再次发生牛瘟,并引起欧洲各国的极大关注。1921 年 5 月 27 日,法国发起了一个邀请所有国家参加的国际动物流行病学大会,与会代表一致认为,应在巴黎建立一个控制动物传染病的国际机构,从而把 OIE 的建立真正列入了议事日程。

1924 年 1 月 25 日,来自阿根廷、比利时、巴西、保加利亚、丹麦、埃及、西班牙、芬兰、法国、大不列颠,希腊、危地马拉、匈牙利、意大利、卢森堡、摩洛哥、墨西哥、荷兰、秘鲁、波兰、葡萄牙、罗马尼亚、瑞典、瑞士、捷克斯洛伐克、突尼斯、暹罗等 28 个国家的代表,再次聚会巴黎,一致认为:根据 1921 年 5 月 27 日国际动物流行病学大会通过的决定,有必要建立世界动物卫生组织,并代表各国政府签署《世界动物卫生组织法》(简称《组织法》),正式宣告了世界动物卫生组织成立。

世界动物卫生组织成立后,一方面不断完善自身机构,先后颁布了《世界动物卫生组织条例》和《世界动物卫生组织通则》等纲领性文件,成立了国际委员会,并在该委员会领导下设立了行政委员会、地区委员会和专业委员会 3 个分委员会,发展了数十个参考实验室和协作中心;另一方面,又紧紧围绕自身 3 项主要任务,不断拓宽疫病服务范围,从最初牛瘟、口蹄疫、牛传染性胸膜肺炎等 9 种动物疫病,发展到现在的 15 种 A 类动物疫病和 67 种 B 类动物疫病。

目前,世界动物卫生组织已拥有 167 个成员国,并和涉及动物卫生工作的世界贸易组织(WTO)、世界卫生组织(WHO)、联合国粮农组织(FAO)、美洲农业合作研究所

（IICA）、泛美卫生组织（FAHO）、国际植物保护与动物卫生组织（OIRSA）、太平洋地区秘书处（SPC）等20多个国际和区域组织签署了合作协议。目前，随着WTO-SPS协议对世界动物卫生组织规则、标准和建议的认可，世界动物卫生组织将在人类和动物健康方面发挥更重要的作用。

12.1.2　OIE及其工作语言

（1）OIE命名及OIE总部

OIE是法语"国际兽疫局（Office International des Epizooties）"的缩写，OIE的英文名称为"World Organization for Animal Health"，译为"世界动物卫生组织"。

OIE总部设在法国巴黎，地址：12，rue de Prony，75017 Paris，France；电话：33-（0）144151888；传真：33-（0）142670987；E-mail：oie@ Ole. Mt。

（2）OIE工作语言

OIE共有3种官方工作语言，即英语、法语和西班牙语。同时，OIE国际委员会大会上提供德语和俄语的同声翻译，有时还可能有阿拉伯语。

OIE的出版物也有英语、法语和西班牙语3种版本，部分重要文本提供俄语、德语和阿拉伯语的翻译本。

12.1.3　OIE的性质任务发展目标

（1）OIE的性质

OIE为动物卫生的国际组织，是处理国际动物卫生协作事务的政府间组织。OIE管理着一个庞大的动物疫情信息系统，负责制定有关动物和动物产品贸易的卫生标准。

（2）OIE的主要任务

OIE的主要任务如下所述。

①收集并向各国通报全世界动物疫病的发生发展情况，以及相应的控制措施。

②促进并协调各成员国加强对动物疫病监测和控制的研究。

③协调各成员国之间动物及动物产品贸易的规定。

（3）OIE发展目标

①实现动物疫情的透明化。为各国政府兽医机构提供危及人畜安全的动物疫情的发生和发展进程是OIE的首要任务。为此，OIE组建了疫情应急系统，定期向成员国发布《疫情信息》OIE《通报》《世界动物卫生》和《科学技术评论》等。

②实现国际贸易中的动物卫生安全。为维持动物及动物产品的国际贸易稳定发展，防止人畜共患病传播，制定合理的兽医法规，合理的贸易协调机制，解决非公平贸易争端。

世界贸易组织卫生与植物卫生措施实施协议（WTO-SPS协议）明确推荐使用OIE制定的规则、标准和建议。OIE国际委员会指定的一些常规性工作，就在于发展动物及其产品国际贸易中适用的规则和标准，如《国际动物卫生法典》《动物疾病诊断试验和疫苗标准手册》《国际水生动物法典》和《水生动物疾病诊断试验手册》等。

③提供动物卫生专业知识。在 1924 年 1 月 24 日 OIE 成立之初,国际委员会规定 OIE 的首要目标是在世界范围内促进和协调动物疫病监测和控制研究工作。为实现这一任务,OIE 组建了专业委员会(Specialist Commissions)和工作组(Working Groups),并有协作中心(Collaborating Centers)和参考实验室(Reference Laboratories)予以支持。同时,OIE 还就某些科技议题,组织有关专家召开专题会议,并发行科技出版物。

12.2 OIE 组织结构

12.2.1 国际委员会

国际委员会(The International Committee)是 OIE 的最高权力机构,由 OIE 所有代表组成。国际委员会大会每年 5 月在巴黎召开一次,一般持续 5 天左右。国际委员会采取"一国一票"的民主原则。

1)国际委员会的主要职责

①审定通过动物卫生领域,尤其是国际贸易中采用的国际标准。

②审定通过重大动物疫病控制方面的决议。

③选举 OIE 的管理机构成员,包括 OIE 国际委员会主席、副主席,行政委员会、地区委员会和专业委员会成员。

④任命 OIE 总干事。

⑤审查和批准总干事的年度工作和财政报告以及年度财政预算报告。

此外,国际委员会还有权根据需要,建立 OIE 各类分委员会;并有权与其他国际组织建立合作关系,确保实现自身及各自的目标。国际委员会的工作由行政委员会(The Administrative Commission)负责筹备。行政委员会由 9 名代表组成,每年 2 月份和 5 月份在国际委员会主席领导下,召开两次会议。在国际委员会大会期间,各成员国代表可参加各自相应的地区委员会(Regional Commissions),讨论共同关心的问题。

2)国际委员会全体会议

委员会年度全体会议(General Session)每年 5 月在 OIE 总部举行。在此会议上,OIE 总干事向各成员国及有关国际组织通知委员会各项会议。具体讨论内容包括两个方面:

(1)专业方面

①总干事关于过去一年中 OIE 的科学技术活动报告。

②代表团关于议程中的各专题报告。

③成员国代表和 OIE 理事会关于过去一年中,国家和区域动物流行病变化的报告。

④审查并讨论议程中各种疾病的流行病学报告。

⑤听取地区和专业委员会办事处的报告和会议录。

⑥讨论并表决议程中给各成员国政府及给有关国际组织的各项动议、建议和决议。

⑦准备下次全体会议的临时议程。

(2)行政管理

①审查批准 OIE 总干事提交的经行政委员会审查备案的行政报告和财务报告。

②审查批准前一段时期的财务及下一时期的预计开支和收入。

③表决预算。

④进行定期的法定提名并选举。

⑤决定下年度全体会议的日期。

3)国际委员会的活动

在互相信任的国际大环境下,OIE 取得了快速发展。从 1990 年 5 月到 1995 年 5 月,国际委员会召集成员国代表召开了 10 届全体大会,代表团成员从 1989 年的 81 个扩大到 1999 年的 121 个,参会率从 1989 年的 71%,上升到 1999 年的 80%。一些国际组织还派遣观察员参加了会议。在地区委员会和专业委员会的大力协助下,管理委员会精心安排,国际委员会全体会议讨论积极,促使各成员国代表在许多方面达成一致。

(1)国际委员会的管理工作

在成员国代表监督下,国际委员会的管理工作主要是对财政预算和资金使用方面进行年度检查。在这项工作中,委员会通过代表投票,赞成各成员国应稳步增加对 OIE 的财政支持力度,以使该组织能够达到其预期的工作目标。

讨论将要实施的新项目,不断修订部分文件,采纳新的规则和协议。OIE 基本文件新版本汇总所有文件,并出版发行。

(2)科技活动

科技活动始终是国际委员会的重要工作。审查和表决通过对公共卫生和经济工作极为重要的一些决议,如新大陆螺旋蝇蛆病、牛海绵状脑病、进口风险分析、动物和动物产品的兽药残留、东南亚口蹄疫、动物的国际运输、国际贸易框架中 OIE 建议和程序的实施、动物产品中微生物学方法的应用、紧急动物疫情的处理、寄生虫抗药性的控制措施等。

12.2.2　行政委员会

行政委员会(The Administrative Commission)是 OIE 的重要管理机构,主要负责国际委员会工作的筹备工作。OIE《组织通则》和 OIE《组织条例》分别规定了行政委员会的职责和组成。

1)行政委员会的组成

OIE《组织通则》和《组织条例》规定,行政委员会共由 9 人组成,包括 OIE 委员会主席、副主席、前一任主席、两名审计员和委员会根据通则规定选举产生的 4 名 OIE 成员国代表。提名成员国代表参加行政委员会工作时,应充分考虑地区分布。提名任主席和副主席之职的人选应当是以前没有担当过这类职务成员国的代表。主席、副主席和行政委员会成员由委员会选举产生,任期三年。

(1)行政委员会的主要职责

行政委员会主要负责 OIE 的财务管理和总体发展规划等方面的宏观管理工作,是国际委员会和 OIE 中央局的中间机构,其具体职能包括:

①在休会期间代表委员会工作。

②在年度全体会议之前,与总干事一起审查 OIE 的财务状况,评估此期间的收支情况和储备及财产状况。

③在年度全体会议之前,与总干事一起研究下一时期预算草案、收入和支出情况,建议下一时期各成员国应支付的总费用,以确保 OIE 工作正常开展,并将此建议报告提请委员会批准。

④研究并批准总干事的财务报告。在全体会议期间提交委员会批准。

⑤主动向委员会提交建议和提案。

⑥向委员会提交总体工作规划,审查批准并制订当前或将来的计划,为委员会下届全体会议安排议程。

⑦在 OIE 目标和财力范围内,授权总干事在必要时采取紧急行动,要求在委员会休会期间采取紧急工作。

(2)行政委员会的具体工作

行政委员会每年至少召开两次会议。在每年 2 月份和 5 月份各召开一次会议,该委员会为国际委员会选好议题,而后提交给 OIE 总干事和中央局。

①成员选举。该委员会新成员的选举,根据 OIE 基本文件的建议、结合成员国的提议和地理均衡分布原则。

②OIE 文件审定。从合法性角度考虑,管理委员会是在 OIE 国际法律专家协助下,对 OIE 管理文本修订草案和新文本草案进行审查。

③OIE 选举工作。维护所有选举工作的顺利进行是行政委员会的一项重要工作。

④财政预算管理。从预算角度考虑,行政委员会负责分析各机构的财政需求。同时,还将考虑国际委员会的收入额度应有合理性增长。

⑤OIE 远景目标。行政委员会负责提出 OIE 的远景发展目标。

12.2.3 OIE 专业委员会

专业委员会(Specialist Commissions)是国际委员会为解决特定问题而建立的。其任务是研究动物疫病流行规律及其控制方案,制定适于各国应用的国际规则,为动物和动物产品的国际自由贸易提供安全保障。在 1924 年 OIE 创建之初,起草《国际协议》的专家就特别强调,各国政府部门应在边境口岸和边境地区采取可靠的卫生措施,以保护人和动物的生命安全。随着国际贸易的迅猛发展,OIE 制定了国际贸易中应该遵守的建议和卫生条件。

最近几年,贸易自由化进程的加快,导致 1995 年乌拉圭回合多边贸易谈判缔结了最终法案。最终法案中形成的卫生与植物卫生措施实施协议(SPS),从而构筑了卫生领域争端解决步骤的合法框架。该协议确认了 OIE 在制定与动物疫病有关的国际标准、规则和建议方面的中心任务,从而保证所有国家在该活动中的利益。

WTO-SPS 协议的形成,使 OIE 再次更加强烈地意识到自己正在直接面对通过制定和运用科学可靠的原则与标准,来避免贸易全球化过程出现卫生风险的挑战。为实现这一任务,OIE 在专业决策方面必须依靠专业委员会的支持。

1)《国际动物卫生法典》委员会

国际动物卫生法典委员会(International Animal Health Code Commission)的任务是制定与动物及动物产品国际贸易有关的卫生规则和建议——《国际动物卫生法典》,简称《法典》。

国际委员会通过的《法典》是开展动物和动物产品国际贸易必须遵循的根本性建议。制定《法典》的最初目的就在于通过规定动物和动物产品贸易时的基本卫生要求,避免动物和人类病原微生物的国际间传播,从而确保哺乳动物、禽和蜜蜂这些动物和动物产品进行国际贸易时的卫生安全。

为做好这项工作,委员会对每种动物疫病的国际知名专家都要征求意见,并特别注意考虑 OIE 所有成员国兽医机构的建议。

《法典》自 1998 年制定以后,每年都有大量的修改性建议,可在 OIE 网址上查阅。

我国农业部于 1999 年组织翻译了 1998 版《法典》,并将该版《法典》作为我国首期官方兽医培训的教材,为我国兽医界了解国际准则开辟了窗口,以后各新版《法典》农业部都有翻译出版。

2)口蹄疫和其他流行病学委员会

口蹄疫和其他流行病学委员会(Foot and Mouth Disease and Other Epizootics Commission)的任务是评价和鉴定世界范围内重大动物疫病的流行状况,并制定这些疫病的预防与控制方法。该委员会由许多专家,特别是疫病紧急防御方面的专家组成。主要研究诸如口蹄疫、非洲马瘟、牛海绵状脑病等疫病。

该委员会与世界贸易组织(WTO)SPS 协议相关的两大责任是:

①筹备国际委员会以决议方式宣布某国家或地区无特定动物疫病的意向性决定。如 OIE 目前宣布的 50 多个无口蹄疫国家、80 多个无牛瘟国家都是由该委员会鉴定的。另外,OIE 发布的牛海绵状脑病发病情况也由该委员会完成。

②制定动物疫病流行病学监测系统。如制定完备的牛瘟和牛肺疫两个推荐性流行病学监测系统。这两个监测系统不仅规定某个国家或地区宣布无牛瘟和牛肺疫的程序,而且规定了某国家或地区开展这两种疫病流行病学监测的检测方法、抽样规模、抽样范围等。中国目前正在按照该委员会制定相关标准开展牛瘟、牛肺疫和疯牛病的国际认证工作。

3)标准委员会

标准委员会(Standards Commission)的任务是组织制定动物疫病的诊断方法,以及控制这些疫病的生物制品的标准。这些动物疫病诊断方法和生物制品标准的制定,正好弥补了动物和动物产品国际贸易规则的某些不足,也可以认为是国际贸易规则的补充性文件。WTO-SPS 协议中指定的国际标准实际上就是指由 OIE 标准委员会制定的标准。

从 1989 年起,标准委员会组织了 90 种哺乳动物、禽和蜜蜂疫病的国际知名专家,共同编写诊断试验和疫苗标准手册,旨在促进主要动物疫病诊断和控制的一体化进程;《诊断试验和疫苗标准手册》(简称《手册》)的编写,也弥补了《国际动物卫生法典》的技术措施,二者可谓是相辅相成。

《手册》为动物和动物产品国际贸易的安全化提供了科学的技术基础,也是主要动物传染病诊断和监测的基础性国际参考书,体现了各成员国间在科技和规则方面的一致性,同时也体现了 OIE 和世贸组织 SPS 协议所标示的一致性原则。OIE 标准委员会除制定和出版发行《手册》外,还参与其他一些国际协调活动,如对国际参考实验室,包括动物疫病标准化诊断试剂的国标认证工作在内的协调活动。

4)鱼病委员会

鱼病委员会(Fish Diseases Commission)的任务是收集所有鱼、软体动物和甲壳类动物疫病控制方面的信息。该委员会还协调水产品国际贸易中有关规则的制定,特别是在疫病的诊断和控制方面,同时,该委员会还定期组织这类议题的科技会议。

20 世纪 90 年代,随着水产养殖业的快速发展,鱼病委员会在软体动物和甲壳类动物疫病方面投入的精力逐步加大,有些疫病已增补为 OIE"法定报告疫病"和"其他重要疫病"。

1994 年签署的马拉喀什协定(The Marrakesh Agreement),以及 WTO-SPS 协议的建立,使许多官员清醒地意识到水生动物的国际贸易在 OIE 内部已越来越为重要,1989—1990 年,国际委员会决定开展本项工作,并于 1995 年出版了第一版《国际水生动物法典》和《水生动物疾病诊断手册》。和陆生动物一样,这两项工作的原则和目标也在于消除烈性疾病的传播,促进水生动物的国际贸易。

水生动物疫病的研究进展十分迅速,现在 OIE 的参考实验室已向各成员国通报疫情信息及有关疫病的必要控制措施。OIE 还在英国设立了一个负责提供水生动物疫情信息的协作中心,从而使获得相应的疫情信息和科技资料更为方便。

鱼病委员会对水生动物日常消费和国际贸易额较大的部分地区,即亚洲和大洋洲地区投入了重要精力。以《国际水生动物法典》和《水生动物疾病诊断手册》为基础,亚洲地区实施了检疫和卫生认证措施。在与世界粮农组织(FAO)和亚太地区水生动物中心网络(NACA)密切合作下,该区域目前已建成了先进的疫病报告系统。在定期召开的国际大会上,OIE 向所有成员国提出建议,以使其充分意识到水生动物疾病对本行业可能造成的危害,并号召切实维护全球食品规则。

12.2.4 地区委员会

根据行政委员会或委员会成员的建议,为在世界某一地区或多个地区促进 OIE 国际委员会目标的实现,国际委员会先后建立了非洲(Africa)、美洲(America)、亚洲、远东和大洋洲(Asia,Far East and Ocean)、欧洲(Europe)和中东(Middle East)4 个地区(区域)委员会(Regional Commissions)。其中中东委员会于 1989 年成立,1990 年正式运作。

1)地区委员会的职责

地区委员会是为实现国际委员会的目标,加强该地区成员国兽医机构之间的合作,并解决该地区遇到的特定问题而成立的。其主要职责是:组织召开地区委员会大会,讨论与动物疫病控制有关的技术议题和地区合作事宜。在相关地区,特别是设立地区代办处(Regional Representation)的地区,协商制定重大动物疫病监测和控制的区域计划。

地区委员会大会讨论的问题对世界某一区域的针对性更强,比国际委员会全体会议的议题更为具体。这些会议均邀请国际知名专家就某一地区的热点问题作简要报告。

2)地区委员会组成

OIE《通则》规定,每个地区委员会设一个办事处,其由一名主任、两名副主任和一名秘书长组成。他们是根据行政委员会或国际委员会成员的提议,由国际委员会从委员会相关成员中选出,任期 3 年,办事处的所有成员必须依法再选。

12.2.5　OIE 中央局

OIE 中央局(Central Bureau)位于巴黎,由 OIE 总干事(Director General)领导,OIE 总干事由国际委员会任命。从职责上讲,中央局是使 OIE 能够贯彻执行已通过的决议的技术行政管理机关,下设科学与技术部、行政与财务部、信息与国际贸易部以及出版发行部 4 个部门,共有 35 个成员。现将 OIE 总部、OIE 总干事及人力资源、OIE 职责及其财政管理等方面的情况作一简单介绍。

1)OIE 总部

OIE 总部位于巴黎第 17 区 Prony 路 12 号,总占地面积 702.45 m^2。1939 年,OIE 经过慎重考虑,选择了一幢具有典型拿破仑三世风格的私人住宅作为 OIE 总部(《法国政府和 OIE 关于 OIE 总部及其在法国领土上特权和豁免权的协定》之附件 A),并一直延续至今。几十年来,该建筑物为 OIE 中央局提供了良好的工作条件,无数次重大会议如国际委员会大会、专业委员会和工作组会议以及科技年会等都是在这里召开的。

2)OIE 总干事

根据 OIE《组织法》《通则》和《条例》的规定,OIE 总干事经行政委员会提议,根据国际委员会规定的条件,通过无记名投票,由委员会任命,任期 5 年。

根据规定,OIE 总干事的主要职责和任务包括:

①征收成员国的财务会费,并就此作报告。

②以国际委员会主席的名义召开委员会全体会议和行政委员会会议;以顾问的身份参加委员会会议及行政委员会会议。

③每年向行政委员会提交一份 OIE 管理、业绩和行政工作的报告,以及一份包括预算和会计的财务报告,报告经行政委员会认可后提交委员会批准。

④根据委员会规定的指令,OIE 总干事召集地区委员会和专业委员会分别同中央局联合筹备和组织的地区和专业会议。OIE 总干事应确保主办国政府要准备接待参加会议的所有代表、报告人、观察员及 OIE 秘书处成员,授予必要的豁免权,以利于参会人员按有关会议要求独立开展工作。

⑤负责聘用及解聘中央局各类雇员并向委员会报告该方面的活动。

⑥OIE 总干事负责接收成员国派 OIE 新任常驻代表的任命书。

3)OIE 人力资源

面对 OIE 任务的高度专业化,OIE 中央局在人力资源方面进行了积极的质和量的调整。中央局行政工作的首要任务是保证人力资源与工作任务之间的平衡,如《诊断试验和疫苗标准手册》和《国际动物卫生法典》的制定工作、技术培训和技术合作的组织工作等。

中央局人员的聘用和辞退工作是由其工作方向规定的。考虑到个人能力和地理分布两方面因素,中央局工作人员应尽可能从多个国家选聘,且临时工作人员数量相对较少。

4)职责任务

OIE 中央局主要从事疫情信息和科技协作方面的工作,是国际委员会的技术行政支持机构。此外,还为国际委员会年度大会承担秘书工作、组织各分委会技术会议。不同区域选出的区域代表能够帮助该区域的相关国家贯彻实施某些决议。

5)财政管理

(1)财政收入

OIE 财政收入主要有成员国会费和其他来源(投资性收入、出版物销售收入和会议赞助)两个途径。

(2)财政支出

财政支出预算额的变化实质上反映的是 OIE 业务工作的发展。随着各分委会会议数量的增加、OIE 参与其他国际组织活动的增加以及成员国索取资料的增多,OIE 预算已越来越紧张。

12.3　OIE 工作组

12.3.1　工作组的主要职责

为探讨特定的技术或科学论题,在特定时期内,OIE 设立相关工作组。OIE 目前共有4 个工作组,国际委员会于1993 年对其责任进行了重新委任,其主要职责包括:

①在定期召开的 OIE 年会期间,开展其专业领域内相关知识的所有收集、分析、发布和评估工作。

②在专业领域内,协助解决成员国遇到的难题,提高成员国兽医机构水平,并向 OIE 总干事通报结果。

12.3.2　工作组分类

1)动物流行病学工作组

在 1994 年以前,动物流行病学工作组曾称为"人畜共患病卫生信息系统工作组"或"动物卫生信息系统工作组",该工作组一直在动物卫生信息系统的改进方面起着主导作用。

动物流行病学工作组在增强 OIE 专家的计算机水平、提高疫情数据收集质量、实现动物卫生报告方式计算机化以及实现动物疫情信息的自动收发等方面为 OIE 中央局提供了大量的有益建议。该工作组还致力于制定动物疫病流行病学监测导则,并提出了动物疫病区域化管理的概念。同时,该工作组还为《法典》进口风险分析方面有关规定的修订作出了贡献。另外,该工作组还竭力主张各国际组织应加强在动物疫情信息收集、流行病学监测和风险分析培训方面的合作。为了促进培训工作的协作性,以充分交流经验,该工作组与流行病学研究领域的协作中心(如美国动物流行病学研究中心)建立了良好关系。

2)兽药认证工作组

兽药认证工作组在世界各地召开了多次培训班和研讨会,对 OIE 成员国提供了大量技术支持,并承担了国际兽药认证技术咨询中心(ITCVMP)的秘书处工作。

1994 年,OIE 发起了制定兽药认证技术规则的国际合作项目(VICH),OIE 兽药协作中心主任在此活动中被选举为技术负责人。VICH 为欧盟、日本和美国在制定共同规则方面作了大量工作。

3)生物工程工作组

生物工程工作组始建于 1989 年。自成立以来,该工作组在动物传染病诊断和控制的生物工程领域,为 OIE 成员国传递了大量信息。《兽医生物工程通讯》为兽医生物工程数据库提供了大量资料,该数据库对相关组织和国际科学联合会来说是一个非常可靠的数据库,在 OIE 网址上可以查到。国际兽医实验室诊断师协会(WAVLD)每两年召开一次学会,在此期间,OIE 兽医生物工程专题讨论定期召开一次。

4)野生动物疾病工作组

1994 年 5 月,野生动物疾病工作组正式成立,此前,该工作组仅作为一个专门工作组存在。自此时起,该工作组参与一切与野生动物疾病有关的工作,无论是野生还是捕获的野生动物。同时,该工作组始终向 OIE 各成员国随时通报疫情信息。

该工作组参与各成员国密切联系,借助于广泛的顾问网络,制定了野生动物疫病名录,并予以监测,以获取野生动物的重大疫情信息。基于这一工作,该工作组为这类动物疫病的诊断和控制工作提出了大量有益建议。还提出了一项新的建议,即某国家或地区报告发生野生动物疫情时,不应引发对该国家或地区相关家养动物的贸易限制,因为这是两个完全不同的群体。

5)专门工作组

"疯牛病""禽流感"风波使 OIE 各成员国对动物卫生信息和国际标准的需要程度越来越强烈,使消费者和公共机构对食入污染动物产品的卫生风险的担心程度越来越高,风险分析这一概念逐步为公众接受,从而为获得可靠食品和生物制品而进行风险评估提供了方法;国际贸易全球化和人群流动的加快,使一些国家和国际机构越来越担心,一旦某一国家发生动物疫情,很可能会导致该病在全球的发生;通过国际互联网可以使疫情信息迅速传遍全球,提高了动物卫生状况的透明度,但同时也带来原始动物疫情失真的风险。因此,OIE 越来越清楚地认识到,提高自身的专家水平,更为有效地为各成员国服务,是一项十分迫切的任务。为此,OIE 认为,仅靠原有工作组和专业委员会是远远不够的,应当建立专门工作组,协助各专业委员会开展工作。

专门工作组就是为在短期内处理某一专门问题而设立的。大多数专门工作组都是应专业委员会要求成立的,以获取尽可能科学的建议,修订《法典》和《手册》的某些章节。目前,这些专门工作组主要集中在牛海绵状脑病、沙门氏菌病、口蹄疫风险分析、狂犬病、兽医机构评价、马病毒性动脉炎、牛传染性胸膜肺炎、动物国际运输中的保护、动物疫病分类、非人类灵长目动物传染病、伪狂犬病、进口风险分析、痒病、蓝舌病,《法典》中的定义,以及兽用生物制品的风险分析等方面。其他一些专门工作组则主要集中在 OIE 培训计划或信息管理方面,如培训计划的准备和管理工作、兽医机构的管理工作、信息系统规划等。

12.4　地区代办处

12.4.1　亚太地区代办处

地址:East 311,Shin Aoyama Bldg 1-1-1 Minamiaoyama,Minato-Ku,Tokyo 107-0062,JAPAN

电话:(81-3)54110520　　　传真:(81-3)54110526

E-mail:rr. asiapacific@ oie. int

12.4.2　美洲代办处

地址:Cervil 3101. 1425 Buenos ARGENTINA　　电话:(54-1)8034877

传真:(54-1)8033688　　　　　　　　E-mail:rr. americas@ oit. int

12.4.3　东欧代办处

地址:Bid Wasil lewski 110,1527 Sofia,BULGARIA　电　话:(359-5)9441514

传真:(359-2)9462910　　　　　　　E-mail:rr. easteurope@ oit. int

12.4.4　中东代办处

地址:Ancienne Route de Sara,Kfarchima-B. P. 6220/268 Hazmieh-Bey-routh,LIBAN

电话:(961-5)430741　　传真:(359-2)9462910　　E-mall:rr. meaoie@ intra. com.

12.4.5　东南亚口蹄疫控制协调处

地址:c/o Faculty of Veterinary Medicine, Kasetsart University, Bangkok 10 903, THAILAND

电话:(66-22)9407491　　传真:(66-22)9406570　　E-mail:reu. seafmd@ oie. int

从以上内容可以看出,在贸易日益全球化的今天,无论是 OIE 这一国际组织,还是其某一区域性组织,都已把动物流行病学监测系统、动物卫生信息系统工作、兽医机构的认证纳入一个十分重要的地位,因为兽医机构的设置和管理水平是否能与国际接轨,直接决定着该国家动物疫病的控制策略是否能与国际接轨,能否与其他国家或地区组织有效协作,以共同控制重大动物疾病的区域性发生。

12.5　OIE 协作中心

12.5.1　OIE 协作中心的主要职责

①开展技术研究、技术专家、技术标准化和技术传播中心的工作。

②提议或发展有助于协作中心动物疫病监测和控制的国际规则的程序。

③安排专家顾问以供 OIE 的调遣。

④为 OIE 成员国的工作人员提供科技培训。

⑤代表 OIE 组织学术会议。

⑥同其他实验室或组织合作开展科技研究。

⑦出版发布对 OIE 各成员国有用的信息。

12.5.2　与中国有联系的协作中心

OIE 协作中心目前已发展到 11 个,活动范围涉及疫病诊断和监测、风险分析、流行病学、疫苗评价以及水生动物疫情信息等多个方面。

在 11 个协作中心中,目前和我国联系较为密切的是美国的 3 个中心,我国也曾组团考察过这 3 个中心。尤其值得提出的是美国动物流行病学研究中心,其工作任务以疫病流行病学监测、风险分析、紧急疫情反应等多个方面见长,为美国扑灭和即将扑灭 30 余种重大动物疫病提供了大量前瞻性信息,堪称世界动物流行病学研究水平最高的中心,非常值得发展中国家的学习和借鉴。如我国农业部动物检疫所已经和该中心建立了良好联系。

12.6　OIE 参考实验室

12.6.1　OIE 参考实验室的主要职责

①在其专业技术领域内,行使专家和标准化中心职能。

②储存和分配用于诊断和控制 A 类和 B 类动物疫病的参考性生物制品和其他试剂。

③为来自 OIE 成员国的人员进行科技培训。

④代表 OIE 组织科技会议。

⑤与其他实验室或组织进行科学技术合作研究。

⑥公布和传播有助于 OIE 成员国的信息。

12.6.2　参考实验室及其专家和顾问

OIE 参考实验室工作始于 1991 年,每个实验室都有一名国际水平的专家负责。目前,重大动物疫病的参考实验室已近 200 个。

OIE 还任命了水生动物疫病诊断实验室,其职责在于标准化疫病诊断方法,并寻求控

301

制办法。同时,这些实验室还提供动物和动物产品国际贸易中规定重要疫病,经过国际认证的标准化诊断试剂。OIE 参考实验室任命的专家是 OIE 成员国的一个重要信息源。他们可以应 OIE 邀请以 OIE 专家或 OIE 代表参加会议,同时,还可作为 OIE 专业委员会和 OIE 中央局的专家,他们通常是《手册》的作者。参考实验室所从事的国际活动年度报告要递交给所有成员国和其他参考实验室。由于参考实验室的专家们经常应邀去各成员国从事咨询工作,故 OIE 有时还聘请其他一些专家顾问。在过去,这些顾问帮助 OIE 解决了许多动物卫生问题,如在非洲、美洲、亚洲,以及中欧和东欧举办了多期培训班,并制订动物疫病扑灭计划。

12.6.3 OIE 指定的国际标准血清

国际标准血清所提供的是基础标准,它代表着标准血清,用于比较和标定所有其他血清(次要标准)。次要标准可代表国家标准,或诊断实验室日常使用的工作标准,次要标准虽不是国际标准,但常用于日常的标准试验中。

12.7 OIE 成员国与成员国代表

12.7.1 OIE 成员国

随着 OIE 各项工作的开展,特别是与动物卫生工作有关的国际和地区性组织的业务往来,OIE 的影响力已越来越大。本着自愿加盟的原则,OIE 成员国已由建立之初的 28 个成员国发展到目前的 155 个成员国。

(1)加入 OIE 的程序

在某一政府希望加入 OIE 时,必须通过外交途径通知法国外交部,OIE 1924 年《国际协议》对此作出了规定。也就是说,某一政府在需要加入 OIE 时,不需与 OIE 直接交涉,也不需要直接与 OIE 签订任何特别协议。

(2)成员国的权利

具有 OIE 成员国资格的国家享有下列权利:

①对于世界范围内的动物卫生变化状况,成员可优先直接获得通知。

②积极参与制定与动物和动物产品国际贸易相关的卫生标准。

③定期地以个人身份会见其他国家首席兽医官。

④获得国际知名专家的技术和知识,尤其是那些专家委员会,工作组、专门工作组,OIE 合作中心和参考实验室的专家。

⑤在疫病流行时获得帮助。

⑥应邀参加 OIE 组织的科学会议。

⑦取得所有的 OIE 出版物。

12.7.2 成员国代表的权利和义务

每一个成员国由一个代表代表这个国家,这个代表是由其政府指定的。该代表通常为国内在动物卫生方面的首席公务员,并应为负责该国动物卫生事务的资深兽医。

1)代表的权利

OIE 成员国代表享有的主要权利是:

①参与 OIE 最高机构即国际委员会的全体会议,并有投票权。

②获得由另一些成员国发送到 OIE 的动物卫生信息。

③获得科学和技术信息,特别是 OIE 地区委员会、专家委员会、工作组和专门工作组的报告。

④参与 OIE 地区代表组织的地区性活动。

2)代表的主要义务

OIE 成员国代表的主要义务是:

①按照已制定的规则,保证 OIE 获得代表所在国家动物卫生方面的信息。

②保证其所在国政府将年度会费寄到 OIE。

3)OIE 代表的任务

①动物卫生信息。成员国代表必须承担的第一项义务是向 OIE 发送其国家的最新动物卫生状况信息。代表必须保证其国家的信息发送程序与所有成员国采用的程序是一致的,《国际动物卫生法典》1.2.0.3 条和《OIE 动物疾病报告手册》对此均做了详细规定。成员国代表是唯一被 OIE 认为有资格报告某种动物疾病在其国家存在或消失的人选。该代表是 OIE 出版物信息的唯一提供者,即使所发布文件为代表代理人的签字。但同时 OIE 中央局有权发布来自 OIE 国际参考实验室关于某一国家的口蹄疫(Pirbright 实验室,英国)信息,或发布来自某一和 OIE 签署技术合作协议的国际组织(FAO,IICA、PAHO、WHO、SPC 和 OIRSA)的信息。

中央局可以自行,或应某成员国请求,要求代表就获取的信息作出解释,代表接受邀请后,应尽快回答,以保证 OIE 获取最为可靠的信息。代表可以对其以前发出的信息进行更正。中央局据此对数据库进行更正,如果信息变更较大,应通知其他代表。

②OIE 年度会费的支付。代表必须保证会费的定期支付,加盟 OIE 的国家,应向 OIE 支付费用,并有权选择《组织法》规定的任一种支付方式。会费应在每个公历年年初缴付,代表必须切实保证其所代表国家在一个合理期限内支付会费。拖欠会费时代表可能被罚款,当拖欠的数目超出当年和以前年度的总数时,OIE(通则)规定该代表将失去在国际会议上的投票权,丧失投票权的代表不得参与国际委员会。

③国际标准和国内规则。成员国代表应当保证其国家正在执行的动物卫生规定与 OIE 国际委员会采纳的国际标准相一致,因为这种一致性在动物和动物产品的国际贸易中极为重要。因为 WTO 的 SPS 协议,推荐以 OIE 制定的标准、规则和建议为实施动物卫生措施基础。

4)在其所在地区的任务

(1)地区会议

各成员国每两年都要参加其所在地区的地区委员会组织召开的地区会议。主席国政府负责召集该地区各成员国代表,同时提供一系列的后勤服务工作,该会议一般为期4

天,与会专家负责处理与该地区有关的技术论题,与会成员国代表则负责阐述本国的动物卫生状况,讨论各种该地区的焦点论题,并专门抽出一天用于专业领域的参观活动。

(2)地区代办处

在某些地区,地区协调员在一定权限内有权代表 OIE 协调同该地区内的国家或国际机构的关系。在与每一个成员国代表的接触过程中,地区协调员有助于提高动物卫生信息传递质量,同时也能够促进国际委员会认为有利于成员国、旨在培训兽医机构的各项活动的开展。

(3)专业培训班

各成员国代表及其工作人员经常应邀参加由 OIE 举办的专业培训班,研讨内容涉及兽药、流行病学信息系统、动物卫生标准以及国际贸易等方面的内容。

(4)在国际委员会(巴黎)的任务

国际委员会是 OIE 最高权力机构,该会议由所有代表参加,每年至少举行一次会议。国际委员会对各成员国实行"一国一票"的民主原则。在国际委员会上,成员国代表参与国际委员会的主要工作,审订通过动物卫生领域内的特别是与国际贸易有关的国际标准;审订通过主要动物疫病的控制方法;选举 OIE 主要机构成员;任命 OIE 总干事;检查和批准总干事的年度活动报告和财政报告,以及 OIE 的年度预算。

(5)在世界其他地方的任务

成员国代表可以参加由 OIE 组织的有关全球动物卫生的技术会议或座谈会。

本章小结

OIE 为世界动物卫生组织英文名 World Organization for Animal Health 的缩写,成立于1924 年,是处理国际动物卫生协作事务的政府间组织。OIE 管理着一个庞大的动物疫情信息系统,负责制定有关动物和动物产品贸易的卫生标准。OIE 的主要任务是:①收集并向各国通报全世界动物疫病的发生发展情况,以及相应的控制措施。

②促进并协调各成员国加强对动物疫病监测和控制的研究。

③协调各成员国之间动物及动物产品贸易的规定。OIE 共有英语、法语、西班牙语 3种官方工作语言。

复习思考题

1.世界动物卫生组织的发展简史,性质任务、发展目标是什么?

2.OIE 的组织机构有哪些?

3.OIE 协作中心的主要职责是什么?

4.加入 OIE 的程序及成员国代表的权利和义务有哪些?

第13章
国际动物卫生法

> **本章导读**:本章介绍《国际动物卫生法典》概况,进口风险分析,进出口程序,兽用生物制品的风险分析等内容。

13.1 国际动物卫生法典概述

13.1.1 法典简介

《国际动物卫生法典》(简称《法典》)规定了与动物及动物产品国际贸易有关的卫生规则和建议。《法典》规定了动物及动物产品贸易时最基本的卫生要求,以避免动物和人类病原微生物的国际间传播,从而确保动物及动物产品进行国际贸易时的卫生安全。

OIE 的国际动物卫生法典委员会具体负责《法典》的制定工作,《法典》最后要由 OIE 国际委员会讨论通过并公布。法典委员会在制定、修改《法典》时,注意征求动物疫病的国际知名专家和所有成员国兽医机构的意见和建议。

13.1.2 术语定义

1999 年的《法典》规定了 62 个术语的定义,它的意义在于为 OIE 成员国制定动物卫生法律规范和技术标准时,提供了统一、规范、科学的术语定义。

1)涉及兽医机构的术语

(1)有关 OIE 的术语

①中央局指国际动物卫生组织的常设秘书处。

②法典指 OIE《国际动物卫生法典》。

③手册指 OIE《诊断试验和疫苗标准手册》。

(2)有关成员国的术语

①兽医行政管理部门。指在全国范围内有绝对权威,执行、监督或审查《法典》推荐动物卫生措施和出证过程的国家兽医机关。

②兽医当局。指在兽医行政部门管辖下,直接负责实施动物卫生措施及监督国内各地签发国际动物卫生健康和国际卫生证书的兽医机关。

③检疫站。指在兽医当局的监督之下使动物完全保持隔离、不与其他动物有任何直接或间接接触的设施,以便进行一段时间的观察,必要时需作试验和治疗。

④实验室。指技术装备合适、技术人员合格、有兽医诊断专家监督的事业单位,兽医专家对诊断结果负责。对于国际贸易相关特定疫病的诊断试验,实验室要得到兽医行政管理部门的批准和监督。

⑤官方兽医。指由兽医行政管理部门授权的兽医,行使商品的动物健康或公共卫生监督,并在适当条件下,根据《法典》第1.3.2规定签发证书。

⑥官方兽医监督。指兽医当局了解动物的处所及畜主或责任人的身份,并在需要时能实施合适的动物卫生措施。

2)场所方面的术语

屠宰场、市场、交通工具、饲养(养殖)场,以及过境国、过境口岸、直接过境区、装运地、进口国、出口国、采集中心、收养中心、人工授精中心有关场所的术语定义13个。

3)疫病方面的术语

①疫病分类方面的术语(早期)

a. A类疫病指超越国界,具有非常严重而快速的传播潜力、引起严重社会经济或公共卫生后果,并对动物和动物产品国际贸易具有重大影响的传染病。

b. B类疫病指在国内对社会经济或公共卫生具有影响,并在动物和动物产品国际贸易中具有明显影响的传染病。

②疫病传播方面的术语

疫病传播方面的术语包括病例、发病率、潜伏期、感染期、无疫区、疫(感染)区、法定(报告)疾病、疫病爆发、流行率、消毒、除虫、扑杀政策、改良扑杀政策、国际交通、国际卫生证书、国际通报、国际动物卫生健康证书、动物卫生状况涉及疫病传播术语定义18个。

13.1.3 信息通报

OIE的每一个成员国必须承认中央局有直接与其兽医行政管理部门联络的权利。OIE寄送给兽医行政管理部门的所有通报和信息即视为已向有关国家寄送,由兽医行政管理部门寄送给OIE的通报和信息即视为有关国家寄送。

1)通报的要求

各国应通过OIE向其他国家提供限制重要动物疾病扩散,并协助世界范围内更好地控制疾病所必需的信息。因此,各国应当遵守本《法典》1.2.0.3规定的向OIE寄送报告的要求。为简明清楚地交换信息,报告应尽可能与《动物卫生健康状况》报告1-3的格式相符。鉴于有关病原体和疾病关系的科学知识在不断发展,而且存在传染因子并不一定等于存在疾病,各国应通过报告确保遵守上述第一款的精神和意向。

除根据《法典》1.2.0.3报告新发现外,各国还应通报为防止疾病传播所采取措施的信息;包括检疫措施,动物和生物制品及其他有传播动物疾病特性的物品的流通限制措施。若有媒介传播疾病的情况,还须说明所采取的媒介控制措施。

2)向OIE寄送通报的规定

发生下列情形时,兽医行政管理部门应在24小时内用电传、电报、传真或电子邮件向 OIE 寄送通报：

①在某国或某地区以前没有,而第一次发生或重新发生的 A 类疾病。

②有重要新发现,对其他国家有流行病学意义的 A 类疾病。

③临时诊断到某种 A 类疾病,并对其他国家有流行病学意义的重要信息。

④非 A 类疾病,但对其他国家有特别流行病学意义的新发现。按照上述第一款通报后,每周用电传、电报、传真或电子邮件报告,继续提供事件的进展信息,直至疾病根除或情况稳定。此后,则有义务根据下述第三款进行月报。对 A 类疾病的有、无及进展情况以及对其他国家有重要流行病学意义的非 A 类疾病,要进行月报。所有 A 类、B 类及其他具有重要社会经济意义和重大兽医关系的疾病应进行年报。

3) 应当通知 OIE 的有关事项

疫区所在地的兽医行政管理部门在该地区成为无疫病区时应通知 OIE 中央局。在前次病例报告后,超过《法典》规定的感染期,并为防止疾病可能复发或传播已经采取了全面的预防措施和适当的动物卫生措施时,就可以考虑某一感染区为非疫区。当某国符合本《法典》第二篇相应章节所列全部条件时,该国可重新认为无某种疾病。兽医行政管理部门宣布一处或若干处非疫区时,应通知 OIE,说明必要的细节,并用地图清楚标明非疫区具体位置。

(1) 立法情况通报

兽医行政管理部门应向 OIE 通报其检疫条例及进出口动物卫生条例的条文内容。同时,应随时通报规则修订情况,最迟应在委员会年会之前通报。

(2) OIE 向各成员国的通报

OIE 中央局应以电传、电报、传真或电子邮件或疾病信息的方式向有关兽医行政管理部门发布根据本《法典》1.2.0.2—1.2.0.4. 所接收的所有通报。OIE 中央局将通过“通报”发布 A 类疾病的新爆发次数。OIE 中央局将根据所收到的信息官方通报,编制有关《法典》实施及对国际交往产生影响的年度报告。

(3) 优先待遇

兽医行政管理部门根据《法典》1.2.0.3 和 1.2.0.6 所发送的电传、电报或传真须根据情况优先受理。在法定申报动物疫病存在扩散风险的特别紧急情况下,用电传、电话、电报或传真发送的通报,根据“国际电讯协议”应给予最优先待遇。

13.1.4　兽医道德及国际贸易出证

1) 一般要求

在动物及动物产品的国际贸易中,既要确保不阻碍贸易的正常进行,又要确保对人和动物健康没有不可接受的危险。为此,《法典》规定,出口国应按要求向进口国准备并提供以下信息资料：

①有关动物卫生状况和国家动物卫生信息系统的信息。以确定该国是否为无 A 类或 B 类疾病国家或是否存在无 A 类或 B 类疾病区,信息还应包括保持无疫病状态所实施的条例及方法。

②传染病发生的常规信息及快报。

③国家控制和预防 A 类疾病及 B 类疾病采取措施能力的详细情况。

④兽医服务机构及当局的信息。

⑤技术资料,特别是该国家全部或部分地区应用的生物学试验和疫苗。

2）出证原则

（1）出证要求

因为动物健康状况多变,所以《法典》为进口国提出了多种不同的选择,并且只有考虑到出口国和过境国的卫生状态,进口国才能明确提出进口时应达到的卫生要求。这些要求在《法典》第五篇 OIE 认可的证书格式样本中有说明。在提进口要求时,进口国应遵循下列准则:

①所提要求应限于证明卫生理由的要求。而这些要求是为避免一种或几种疾病风险转移或至少把风险降到可接受限度所必需的。

②出证要求应简明准确,应清楚传达进口国的意愿。因此,进口国和出口国兽医行政管理部门事先进行磋商是有益和必要的,这有利于制定确切要求,在必要时可给签字兽医提供解释有关兽医行政管理部门之间达成谅解的指导性说明。

③出证应尽可能建立在最高道德标准基础上,其中最重要的是尊重和保护出证兽医的职业诚实性。在要求中不得包含兽医无法准确和诚实签字的特别附加事项。例如,要求中不应包括证明签字兽医不一定了解的某一地区没有发生过非法定申报疾病。同样,要求证明在文件签署以后将要发生的事件也是难以接受的,因为这类事件不受签字兽医的直接监督和控制。单纯根据临床上无病及畜群历史证明没有疾病的价值有限,这也适用于无特异性诊断试验,或诊断试验缺乏价值的疾病。

④兽医行政管理部门向另一国家非兽医行政管理部门的人员传送证书或通告进口许可要求时须将文件副本寄送给兽医行政管理部门。这一重要程序可避免因证书或许可证可靠性未确定时,贸易商与兽医行政管理部门之间可能造成的延误和困难。通知一般是兽医行政管理部门的责任。然而,如协商同意,颁发证书不必得到兽医行政管理部门的批准,也可以由动物原产地兽医当局负责。

（2）出口国和进口国的其他责任

国际贸易是一种连续的道德责任,因此,如果出口后在各种疾病的正常潜伏期内,出口国兽医行政管理部门就应了解国际动物健康证书中特指的某种疾病在畜群的发生或再发生情况,并有义务通知进口国,以便进口国对进口牲畜进行检验或试验,万一意外引进了疾病,可采取适当的措施防止疾病扩散。同样,如进口畜群发生了疫病,就应通报出口国的兽医行政管理部门,以便进行调查,因为这是原先无疫病畜群发生疾病的首次有效信息。进口国家有权利知道调查结果,因为感染源不一定就在出口国。

若某兽医行政管理部门的成员要对另一国兽医行政管理部门进行有关业务访问时,应事先通知。

（3）出证程序

①证书的起草原则。证书应预先印制好。若有可能要按顺序编号,并由兽医行政管理部门用有官方抬头的公文纸颁发,如果有可能用防伪技术印制;证书尽可能用简单、易

懂、明白无误,同时不失法律意义的言辞写成;若有要求,证书应该用进口国的语言写成,在这种情况下,同时还要用签证兽医知晓的语言填写;证书要求动物和动物产品标记适当,但无法标记的除外(如初孵雏);证书不应要求兽医证明其知识范围外或不能确定的事项;若可行,证书在交给出证兽医时应附指导性意见,说明在签字前,要查询的范围,要进行的试验或检查;证书不得修改,但经出证兽医签字盖戳可以注销,签名和盖章的颜色与证书印刷颜色应不相同;只有证书正本才有效。

②对出证兽医的要求。签发国际动物健康证书的兽医必须经出口国兽医行政管理部门授权;只能在合适时候才能签字,尤其对空白或填写不全的证书,或动物没有经过检验或不在其监督范围的动物和动物产品的证书不得签字;在签字前应确保证书各项全部正确填写,没有空白漏项,倘若证书要根据其他支持性的证明或证据签字,出证兽医应得到这类文件以后再签字;应与所证明的动物或动物产品没有经济利益。

③出口国兽医行政管理部门的要求。有授权出证兽医的正式程序,规定其作用、职能及可能中止和终止委任的条件;确保对出证兽医的有关指导及培训;监督出证兽医的活动,确保他们的诚实和公正。

(4)电子出证

出口国兽医行政管理部门可通过电子文件直接向进口国兽医行政管理部门传送证书。这类系统通常还有商业机构为发证机构提供的商品销售信息的界面,出证兽医必须能进入所有信息,如试验结果数据和动物标识。电子证书所载的信息应与常规证书相同。电子证书必须确保安全,防止非授权人员和单位进入。出证兽医必须对其电子签字的安全负责,其可以是一个私人标识码或类似的安全装置。

3)方法协调与责任

兽医行政管理部门在动物和动物产品国际贸易中应采用 OIE 的标准(包括《手册》《法典》或附录)。OIE 业已批准或同意如下标准:

①动物疾病诊断试验。
②动物疾病诊断或预防用生物制品的制备、生产和监督。
③消毒和除虫。
④被认为特定疫病感染国家动物产品的病毒、细菌或孢子的杀灭处理方法。
出口国兽医机构的首脑对国际贸易兽医出证负责最终责任。

13.2　进口风险分析

13.2.1　总论

1)进口风险分析概述

(1)进口动物和动物产品会对进口国带来一定程度的风险

造成疾病风险的可以是一种或几种疾病。进口风险分析的主要目的,是为进口国对进口动物、动物产品、动物遗传材料、饲料、生物制品和病料进行风险评估提供客观和公正的方法。

(2)分析应透明,要给出口国一个清楚的书面决定,说明进口或拒绝进口的条件

风险分析必须透明,因为数据常常不确定,或者不完整,而证据资料不全会造成事实不清及分析判断模糊。本节就WTO卫生与植物卫生措施实施协议(SPS协议)方面指出了OIE的作用,提出有关定义并说明解决争议的OIE程序。《法典》为国际贸易进行透明、客观和防御性风险分析提出了指导性原则。

(3)风险评估是计算危害性风险分析的组成部分

风险评估可以是定性的,也可以是定量的。对于很多疾病,特别是《法典》所列的疾病,已有很多国际标准,就可能出现的风险已有广泛的一致意见。在这种情况下,只要有定性的评估就够了。定性评估不必要求进行数学模拟技术,因此,常规决策中就常使用这种评估方式。任何一种进口风险评估方法都有不可能适用所有情况。因此,不同情况下应使用不同的方法。进口风险分析过程通常需考虑对出口国兽医机构、区划和区域化及动物卫生监测体系的评价结果。

(4)风险的概念

疫病在一个国家传入、定居或扩散的可能性,以及对该国家动物和人类健康、环境和经济方面可能造成的影响。

(5)风险分析的目的

阻止动物疫病通过进口商品而进入本国,避免对本国动物和人类健康、环境和经济方面造成影响。

(6)风险分析的作用

风险分析是一门新兴学科,但由于其在国际贸易中作用巨大,发达国家甚至将风险分析作为一种技术性贸易壁垒手段。由于没有开展风险分析工作,我国引进了许多重大动物疫病。当前,进口风险分析(Import Risk Analysis)工作虽在我国刚刚起步,但十分必要。

2)SPS 协议及 OIE 的作用和责任

SPS协议鼓励WTO成员应根据已有的国际标准、原则和建议制订其卫生措施。如果有合理的科学证据,或者如果认为有关国际条文规定的保护水平还不够。成员可以选择采用比国际条文规定更高一级的保护标准。在这种情况下,该成员国有义务进行风险评估,并作相应的风险管理手段。SPS协议鼓励各国政府更广泛地应用风险评估;WTO成员应该根据所涉及的实际风险情况,恰如其分地进行评估。SPS协议承认OIE为负责制修订影响动物和动物产品国际贸易的国际动物健康标准、准则和建议的国际组织。

3)进口风险分析专用术语

《法典》规定了可接受风险、危害、危害确认、定性风险评估、定量风险评估、风险、风险分析、风险性、卫生措施、敏感性分析、不确定性、透明度、多变性、后果评估、接触评估、实施、监测、选择性评价、释放评估、风险计算(估计)、评审、风险评价等术语定义。

4)OIE 内部解决争议的程序

OIE将保持协助成员国解决分歧的现行自愿性内部机制,适用的内部程序包括:

(1)双方自愿

双方同意向OIE提交一份协助解决其分歧的授权书。

（2）组成专家组

如果认为合适，OIE 总干事根据要求，经双方同意推荐一名或若干名专家和一位主席。

（3）制定条款

双方同意有关条款及工作计划并支付 OIE 一切有关费用。

（4）专家组工作

有权设法澄清各当事国在评估或磋商过程中所提供的信息和数据，或要求双方提供其他信息或数据。

（5）报告

专家组应向 OIE 总干事呈交机密报告，由总干事转发给双方。

发达国家普遍实施进口前风险评估制度，降低疫病传入风险 WTO-SPS 协议重申不阻止任何成员国采取或实施保护人类、动物或植物生命或健康所必需的措施。但同时又规定，各成员国应确保制定的卫生与植物卫生措施，符合人类、动物、植物生命或健康实情，并运用有关国际组织的风险评估技术进行风险评估。

按照 OIE《法典》的规定，动物疫病风险评估工作主要涉及生物学因素、国家因素和商品因素三个方面。从欧盟相关动物卫生指令看，他们也基本是按照这些规定开展工作的。在国家层次上，他们要评价该类动物疫病在出口国的流行率/发病率，以及该国家控制和监控这些疫病的能力；在企业层次上，他们要对第三国生产企业进行严格的考察工作，以评价该企业是否存在污染动物产品的风险；在商品即动物和动物产品因素上，他们要检验该商品是否感染相关疫病因子。如果上述 3 个层次中任何一个层次存在风险，即拒绝从该国家进口动物及动物产品。

13.2.2　风险分析准则

进口风险分析首先应了解拟进口的商品及可能的年贸易量，以进行风险估计。

1）风险评估步骤

风险评估过程分为互相联系的 4 个步骤，这些步骤将风险评估分为相应的几个阶段，并根据鉴定潜在风险需要进行定义，以利于了解评价结果。其成果就是风险交流和风险管理中所用的风险评估报告。

（1）危害确认

危害确定是关键的步骤，必须在风险分析前进行。危害确认是指鉴定因进口商品可能产生不良后果的致病因子。所确认的潜在性危害可能是与进口动物有联系，或商品所携带的并在出口国存在的那些致病因素。因此就有必要确认在进口国是否已存在可能的危害，是不是法定报告疾病，是否实施控制或扑灭计划，并且要确保进口措施不能超过国内贸易限制措施。危害确认就是分类工作，用于确定生物因子是否有害。如果危害确认不能确定与进口有联系的可能危害，则风险评估就可对此作出结论。

（2）兽医机构

监督和控制计划及区划和区域化体系的评估是评估出口国畜群中是否存在危害物

的重要内容。进口国可以决定采取《法典》推荐的适当卫生标准,并在此基础上决定允许进口,这样就无须进行风险评估。

2) 风险评估的原则

①风险评估应灵活机动,符合现实生活中的复杂情况。没有任何一种方法可适于所有情况,风险分析必须能包容各种动物商品、与进口和每种疾病特性有联系的多重危害、检查监测体系接触情况和类型以及资料信息量。

②定性和定量风险评估方法都有效。

③风险评估应以现有科技信息为基础,评估应该文件完备,并附有科技文献和其他资料,包括专家意见。

④各种风险评估方法应一致,并必须透明,以确保公平、合理,决策应一致并易为各方理解。

⑤风险评估应列出不确定项、假设及其对最后风险估计的影响。

⑥风险随进口商品量的增加而增大。

⑦风险评估应能修改,以便在有新的信息时可作更新。

3) 风险评估的步骤

(1) 释放评估

释放评估是要阐明进口活动向某一特殊环境"释放"(即引入)病原体的生物学途径;定性(用文字)或定量(用数字)计算全过程发生的概率。也就是说,释放评估是要阐明每种潜在的危害(病原体)在特殊条件下"释放"的概率及因各种活动、事件或措施所引起的变化。释放评估所需的信息种类包括:

①生物学因素。动物种类、年龄和品种;病原嗜好部位;免疫注射、试验、治疗和隔离检疫。

②国家因素。发病率/流行率;对出口国兽医机构、监控计划及区划体系评价。

③商品因素。进口商品数量;污染难易程度;加工影响;储存和运输影响。

如果释放评估证明没有什么风险,即可作出风险评估结论。

(2) 接触评估

接触评估是要阐明进口国的动物和人接触风险源释放的危害(如病原体)的生物途径,定性(用文字)或定量(用数字)计算接触的概率。根据接触的量、时间、频度、期限和途径(如食入、吸入或虫咬)及接触动物和人群数量种类与其他特征等的特定接触条件来计算接触被确定危害的概率。接触评估所需的信息类型包括:

①生物学因素。病原体特性。

②国家因素。媒介;人和动物统计数;习惯和文化风俗;地理和环境特征。

③商品因素。进口商品数量;进口动物或动物产品用途;处置措施。

如果接触评估证明没有什么风险,就可在这一步得出风险评估结论。

(3) 后果评估

后果评估是要阐明接触生物病原体与后果的关系。必须弄清因果关系,即接触导致不利的卫生或环境后果,并进而引起社会经济后果。后果评估阐明某种接触的潜在后果并计算其可能发生的概率。计算可以是定性的(用文字)也可以是定量的(用数值),后果种类包括:直接后果,动物感染、发病及生产受损,公共卫生后果;间接后果,监控成本,补偿成本,潜在贸易损失,对环境的不良后果。

(4)风险计算

风险计算是综合释放评估、接触评估和后果评估的结果,制订对付危害引起风险的总体措施。因此,风险计算要考虑从危害确认到产生有害结果的整个风险途径。

定量评估的最终结果包括:在一段时间内可能会有不同程度健康影响的畜群、禽群、动物或人的计数;概率分布、置信区间及其他表示不确定性的方式;描绘各种信息的变化;对信息进行分类的敏感点分析;信息之间依赖性及相关性分析。

4)风险管理

(1)风险管理的原则

风险管理是成员国为达到合适的保护标准而决定并执行措施的过程,同时要确保对贸易的负面影响最小。风险管理的目标是确保国家要求减少疾病发生或频率及其后果与根据国际贸易协议进口货物及所尽义务之间的平衡。

风险管理的卫生措施应选择 OIE 规定的国际标准,执行卫生措施应符合标准的宗旨。

(2)风险管理的组成

①风险评价。风险评估中计算风险与国家保护标准的比较。

②方法评价。根据成员国的保护标准,为减少进口引起的风险,确定采取的措施,并评估其效能及可行性的过程。效能是指所选某项措施降低不良生物和经济后果的程度。方法效能的评价是一项反复多次的过程,要与风险评估相结合,然后与可接受的风险水平进行比较。而可行性评价通常着眼于对实施风险管理方法有影响的技术、行动及经济因素。

③实施。指坚持风险管理决策并确保风险管理措施实施的过程。

④监测及审查。审核风险管理措施保证取得预期结果的过程。

5)风险交流

风险交流是在风险分析期间从可能的受影响或当事方收集信息和意见的过程以及向进出口国家决策者或当事方通报风险评估结果或风险管理措施的过程。这是一个多方面的反复过程,最好在风险分析之初就开始并要自始至终一直进行。风险交流应在每次风险分析之初就开始。

风险交流应该是公开的、互相的、反复的透明的信息交流并在决定进口之后可继续进行。风险交流参与单位包括出口国的当局及其他当事人,如国内外企业集团、家畜生产及消费集团等。风险评估中假设的和不确定的模式、信息和风险计算也应予以交流。稽查是风险交流的组成部分,以便做出科学的判断,确保获取最有效的资料、信息、方法和假设。

13.2.3　兽医机构评价

①《法典》规定,在两国进行动物、动物产品、动物遗传材料、生物制品和动物源性饲

料贸易时,各个成员国必须承认对方进行或要求对其兽医机构进行评价的权利。主动提议的成员国是动物、动物产品、动物遗传材料、生物制品或饲料的实际或预期进口或出口国,而且评价是风险评估过程的一部分,是用来决定或审查贸易适用的动物卫生措施,这种情况下,提出评价对方兽医机构顺理成章。评价兽医机构应考虑 OIE 准则。

②评价兽医机构应由双方成员国进行。有关双方应就评价标准、所需信息及结果进行磋商。

③评价另一成员国兽医机构的某成员国应当书面通知对方兽医机构,通知应明确评价目的及所需信息。评价兽医机构的标准应与有关国家的情况相适应,而且选择标准应该考虑所涉及的贸易类型、各国动物生产体系、国家间动物卫生状态及兽医公共卫生标准差别及其他与总体风险评估有关的因素。

④正式收到另一成员国要求评估其兽医机构的信息,且双方达成评价标准后,该成员国应迅速为他国提供所要求的有意义的准确的信息资料。成员国应尽快以书面形式提供评价结果。无论如何,应在得到有关信息后 4 个月内,向受评价的成员国提供书面评价结果。评价报告应详细列出影响贸易前景的内容。当对方要求时,进行评价的成员国应当详细澄清评价要点。

⑤进行活畜、动物产品、动物遗传材料、生物制品或动物性饲料国际贸易时,有关成员国应按照 OIE 准则准备并提供其兽医机构的当前信息。成员国可请求 OIE 总干事安排专家协助进行兽医机构自我评价。两成员国就兽医机构评价标准或评价结果发生争议时,应根据《法典》有关规定的程序处理。

13.2.4 地区区划和区域区划

评价动物和/或动物产品出口某国的动物疫情时,过去的习惯是以国家作为整体来考虑的,如果国境内某地存在或怀疑有某种传染病,则视该国为有疫情国家,往往就不再进行风险评估,而采取风险回避政策,这就极大地阻碍了国际贸易,尽管从动物卫生角度考虑不一定总是必要的。气候和地理屏障限制动物疾病比国界更加有效,人口密度、媒介分布、动物流动及管理措施诸因素,在决定国内和国际动物疾病分布中起主要作用。认识动物疾病存在或范围变化的生物学基础,是将地区或区域需要区划概念应用于国际贸易动物卫生法规的第一步,在国际贸易中应用区划原理时就地区边界、法律权限、无疫病期限、监测标准、缓冲地带、检疫程序及其他兽医法规,需要建立国际公认标准。

地区(Zone)是指在国内为控制疾病而划定的某一地区;区域(Region)是为控制疾病而划定的几个国家或相邻国家的某一区域范围。

1)地区区划的一般要求

一个国家要建立控制某种动物疾病的区划系统,该病必须是法定报告疾病。不同地区类型的要求因病而异,地区大小、位置及界线取决于疾病及其传播方式和国内疫情。适用某一疾病的地区或区域划分有不同的条件。地区的大小及范围应由兽医行政管理部门确定并通过国家立法实施。地区界线应由有效的自然、人为或法律边界清楚划定。必须要不断监督检查,防止牲畜穿越界线。另外,还必须控制地区内和地区间动物产品、动物遗传材料、生物制品、病料和动物性饲料的通流。

　　建立地区区划体系的国家,必须要有一套有效的兽医组织和管理机构。还必须设立适当的行政机构,提供法律支持和财政资源,以便根据需要采取各种措施。

　　兽医机构必须要有供其支配的必要资源,并必须有能力监督检查边界线,维持临床及流行病学调查并进行必要的诊断试验。疾病爆发必须迅速向 OIE 报告,并提供文字证据,说明疾病监控系统,在不同地区有效运作。

2）地区类型

（1）非免疫接种的无疫病区

　　某一国家,即使仍有疫情,也可建立非免疫接种的无病疫区。在无疫病区内,官方必须了解所有饲养场所的位置。怀疑疾病爆发,兽医当局必须立即进行调查。爆发疾病必须向 OIE 报告。必要时,无疫病区应该设立监测区与国内其他地区及邻国感染区相隔离。无疫病区从国内其他地区或从仍有此疫病国家引进牲畜必须按照兽医行政管理部门建立的严格控制制度进行。无疫病区不可从感染地区或国家进口动物或动物产品,以防引入疫病。

（2）监测区

　　根据地理和气候条件及疾病性质,监测区必须有起码的面积,区内不允许免疫接种,动物流通必须控制。监测区必须有先进的疾病监控计划。怀疑疾病爆发必须立即进行调查,如确诊应立即扑灭。因此,有时得修改监测区界线。监测区从仍有疾病的国内其他地区或其他国家进口易感动物时,应按兽医行政管理部门制订的控制程序进行。动物不得免疫接种,应该用适当的试验证明无疫状态。

（3）免疫接种的无疫病区

　　在无疫病国家,为防止外来威胁,或在有疫情的国家可谨慎进行免疫接种,建立实施免疫接种无疫病区。宣布无疫病必须要有令人信服、深入有效的疾病监测证据支持。怀疑爆发疾病必须立即调查,建立免疫接种的无疫病区要求其周围边界实施一段时间后再正式宣布建成。无疫病区从仍有疾病的其他地区或国家引进易感动物时,必须按兽医行政管理部门制订的适当控制措施进行。动物必须试验证明感染与否,然后实施免疫接种,并标记永久性可识别的标志后才可进入该无疫病区。无疫病区不应当从感染地区或国家进口可能引进疾病的动物或动物产品,除非实施严格的进口条件。

（4）缓冲区

　　为保护无疫病国家或地区而对动物进行系统免疫接种的地区。根据地理和气候条件及疾病的性质,缓冲区必须有起码的面积。为方便识别,免疫接种的动物须用专门的永久性标记标识。疫苗必须符合 OIE 标准,动物流通应受控制。缓冲区必须拥有先进的疾病监控计划,怀疑爆发疾病必须立即调查,若确诊应予立即扑灭。从国内疫病存在地区或国家进口易感牲畜时,必须按照兽医行政管理部门制订的适当控制措施进行,动物必须免疫后才能进入缓冲区。

（5）感染区（疫区）

　　感染区（疫区）是指有疫病存在的地区。感染区应以监测区与其他无疫病地区隔开,必须严格控制从感染区向无疫病区调运易感动物,有 4 种方式可供参考：

①活畜不得调离疫区。

②动物用车辆直接运往位于监测区的专门屠宰场实施急宰。

③在特别情况下,符合兽医行政管理部门制定的适当控制措施的活畜可进入监测区,进入监测区动物须经适当的试验证实无感染。

④从流行病学角度分析,疾病不会发生传播时,活畜可调离感染区。

3)无疫区的认可

希望获得无疫区认可的国家必须证明其有可靠的疾病控制和监测体系,该疾病为强制性法定报告的疾病,并具有有效的兽医组织。兽医机关必须准确标明地区界线,说明边界控制情况,并要进一步提供已采取措施的有关信息,如动物流通控制、检疫等。符合这些条件的国家可向 OIE 递交无某种疫病地区的证明材料,要求 OIE 认可并列入有关报表。

4)区域区划

动物卫生状况相同及疫病控制相类似的相邻国家或不同国家相邻地区可作为一个区域。该区域必须设有有效的自然、人为或法定边界予以明确界定。该区域对这一特定疫病必须设有共同的防制政策。整个区域必须得有一个统一的、有效的流行病学监督体系,在有关各国间应达成官方动物卫生协议。

13.2.5　动物卫生监督和监测

兽医机构通过监督数据、监测计划结果及病史资料实现动物疫情报告的功能,与风险分析关系很大。然而,如果根据某一商品进行的风险评估证明风险不大的话,这种功能就不一定是必需的了。流行病学可为动物卫生监督和监测提供科学依据,全国流行病学系统应包括病原调查或检测,宿主群体特性描述及环境评估,因此,要求基层兽医行政机构予以有效的支持。

监督是指对某一群体进行持续调查、检测疾病发生情况,以达疾病控制的目的。监测(Monitoring)旨在通过直接检测疾病在特定畜群及其环境的流行变化的连续计划。

1)致病因子监督和监测

病原监督和监测包括对动物进行临床或病理检查、病原鉴定及监测动物曾接触病原的免疫学或其他证据。早期检查临床疾病,检查可疑动物病例是监测病原的重要方式之一,检查的侧重点是外来病或国内新发生的疾病。

病原检测和疾病流行。完整的流行病学传递系统还要求根据国家动物疾病状态筛选出对动物和动物产品贸易有重大经济影响的 A 类和 B 类疾病。根据疾病现状及出口优先的原则,病原筛选工作应包括以下主动及被动的监督方法:

①有科学根据的调查。

②在牧场、市场或屠宰场,对动物进行常规采样、检验。

③组织的设立岗哨动物计划,对动物畜群或媒介进行采样,和/或收集兽医活动的诊断结果。

④保存生物标本进行追踪检查。

⑤分析兽医诊断实验记录。

2）宿主群体特性描述

描述宿主群体特性,应侧重于影响疾病发生或与疾病发生有关的国家动物群体的因素,宿主因素包括:

(1)内在因素

内在因素如遗传、动物统计数据(年龄、性别、品种分布)和生理状态(未成熟、性成熟但未配、妊娠、衰老)。

(2)外在因素

外在因素如销售和流通方式、家养/野生动物的相互影响、动物用途(使役、产肉、产乳、产蛋、宠物)及管理因素(饲养方式、预防医疗措施)。综合动物统计数据和病原检测数据是预测疾病可能传播或确定最合适控制措施的关键。

3）环境因素评估

环境评估的数据包括物理因素、生物学环境因素及有关行业的经济和结构特点。

(1)物理因素

空气和水质监测资料、地形和土壤分布图及气象资料,在许多国家是由有关政府部门常规收集的,其他资料可从大学、研究机构和私人机构获得。

(2)生物因素

媒介群体分布情况可向无脊椎动物专家索取,媒介活力数据用于描述某种媒介作为某种疾病生物媒体的能力。

(3)相关行业特性

饲料和屠宰工业、生物制品和药品工业以及销售方式的数据有助于确定选择各国采用的预防措施。根据这类信息可估计未来的趋势,动物生产和加工的地域变化,并更加准确地评估疾病风险及区域的定性和划界。还有很多需要的数据可通过政府或非政府渠道获取。

13.3　进出口程序

13.3.1　运输建议

动物运输用车辆或集装箱的设计结构及组装应能承受动物的质量,并确保动物在运输期间安全舒适。车辆应彻底清洗消毒后才能使用,并应通风良好和可调控,以适应可能的天气变化。运输动物应该有充足的空间及可供躺卧的场地(有专门条款规定的除外)。可行的话,动物应按畜种分开,未去势成年公畜与母畜分开,有角与无角动物分开。空运或海运动物的装运工具(集装箱)在运输中应能与轮船或飞机本身结构固定,码垛方式应不妨碍通风换气,且要方便饲养员通行。运输动物应适时提供饲料和饮水。

以上各项所有国家都应以法律或法规文件形式规定强制执行,并应汇编成册供有关各方参照实施。

1)集装箱的要求

动物运输用集装箱的结构应在打开时防止排泄物、垫料等泄漏；在用于运输动物产品时，应设观察装置（如开一小窗口或活动盖）；装有动物产品的过境集装箱不能打开，但过境国兽医当局认为有必要打开时除外，但必须采取措施防止发生污染危险；集装箱只许装一种产品或至少只能装相互不会发生污染的产品；无论何种情况，都应由各国来决定过境或进口动物和动物产品用的集装箱设备。

2)空运动物的要求

①确定用飞机或集装箱运输动物时，所需空间应考虑以下诸点：每个动物所需的有效地面及空间；集装箱和飞机的高度和其他尺寸；飞机和集装箱在地面及飞行各阶段的通风能力。

②如果与国家法规没有矛盾，可执行（OIE 认可的）国际航空运输协会（IATA）活畜运输条例（可向加拿大蒙特利尔国际航空运输协会索取）。对于牛、猪和羊，飞机或集装箱给每头动物的平均空间应符合《法典》附录 4.4.2.1 规定条件。

3)消毒及其他措施

①消毒、除虫及其他必要工作是为了避免一切解释不清的麻烦及防止对人和动物健康的危害、防止火险、防止对运输工具或其他设施的损害，以及尽可能防止对动物产品、精液、胚胎/卵、种蛋、蜜蜂巢脾及运输动物的饲料和押运员行李的损害。

②根据要求，兽医当局应为承运者出具证书，说明对所有交通工具所采取的措施。

③交通工具被处理的部分，所用的方法及采取措施的理由。对于飞机，证书可根据要求用飞机入境总申报单代替。

④兽医当局应根据要求出具证明动物到达和离港日期的证书和给托运人或出口商、收货人和承运人或其代理人证明采取措施的证书。

⑤兽医当局须采取一切实际措施，防止任何感染材料排入内地或其领域的水体。

13.3.2　离港前和离港时适用的动物卫生措施

①各国只能授权从其领土上出口种用、饲养或屠宰用的动物，并标识确系来自无 A 类疾病的位于无疫区的饲养场所。应进口国的要求，根据《法典》和《手册》的建议应采取消毒和除虫程序，以及进行生物学试验和/或免疫接种。

②动物在离开（出口国）前可在饲养场所或检疫站进行观察，官方兽医在观察期间发现动物临床健康，无 A 类疾病及无其他传染病时应马上将动物直接运往装运地，运输用车辆应专门设计，事先经清洗消毒，并不得接触其他易感动物，但保证与运输动物卫生状况相同的动物除外。

③从出口国原产地向出境地运输种用、饲养用或屠宰动物时，应按照进出口两国达成的条件进行。各国只能在其自己的领土内，由原产地地区兽医当局官方控制的、无 A 类疾病并在无疫区的 AI 中心、采集单位或农场出口精液、胚胎/卵和种蛋。出口之后，如果原产场所、采集中心或市场的动物，在潜伏期内发生了某种 A 类疾病，出口动物、精液、胚胎/卵或种蛋的国家应通知目的地国家，必要时还应告知过境国。

④动物、蜜蜂、精液、胚胎/卵、种蛋及蜜蜂巢脾在离港前，官方兽医应在装运前 24 小

时内提供与 OIE 认可格式一致的、用出口国和进口国协商同意的语言书写的国际动物健康证书(见《法典》第五篇),必要时还要应用过境国语言书写。

⑤动物或一批动物在国际运输出境前,边境口岸所在地的港口、机场或地区兽医当局认为有必要时可进行一次临床检查,安排检查的时间和地点须考虑海关和其他手续,以免妨碍或耽误出境时间。兽医当局应采取必要的措施,该批动物感染或怀疑感染 A 类疾病或其他传染病时,应禁止装运;防止媒介昆虫或致病原进入交通工具。

⑥各国只能授权从其自己的领土出口适合人消费的供人食用的肉品及动物源性产品,并须携带与 OIE 认可的格式一致的及用出口国和进口国协商同意的语言书写的国际卫生证书,必要时还要应用过境国语言。动物饲料用或药用或工业用的动物源性产品应附有与 OIE 认可的格式一致的国际卫生证书。

13.3.3　过境时适用的动物卫生措施

①被要求动物过境的国家凡与出口国有正常商贸交易的国家,负责边境口岸的兽医行政管理部门和兽医当局收到计划过境通知时,都不应当拒绝过境,条件是过境通知必须说明动物的种类和数量、运输方式及根据事先安排出入境的边境口岸及过境国授权的日程。

②过境国可要求出示国际动物健康证书。并可由官方兽医对动物健康状态进行检查,过境条件为封闭式工具或集装箱运输的除外。如果官方兽医检查表明,过境动物感染或患有法定申报的动物疾病,或者国际动物健康证书不正确及/或没有签名,即可在过境口岸拒绝动物通过其领土。在这种情况下,必须立即通知出口国的兽医行政管理部门,以便有机会核对并纠正证书。若确诊患有动物疫病或不能纠正证书,过境动物或蜜蜂须退回出口国或(就地)扑杀或销毁。用安全密封车辆或集装箱运输蜜蜂的除外。

③任何过境国家可要求运送动物过境的火车皮和公路车辆,设有防止动物逃脱及排泄物泄漏的设施。过境动物只是在需供水、供应饲料、福利或有其他必要理由时,并在过境国官方兽医有效监督,确保不与其他任何动物接触的情况下才可在过境国土地上卸下。

④精液、胚胎/卵、种蛋、蜜蜂巢脾、动物产品过境时,必须符合下列条件:

a. 必须向管辖边境口岸的兽医行政管理部门和兽医当局通报过境计划,过境通报应包括产品种类和数量、运输方式及根据日程安排在过境国出入境的边境口岸。

b. 若经检验表明上述产品对人或动物健康有危险,过境国兽医当局可责令其返回出口国。如果不能返回,就应立即通知出口国的兽医行政管理部门,为在产品销毁之前提供证实情况的机会。

c. 用封闭式车辆或集装箱运输上述产品时,就不必采用严格的卫生措施。

⑤船舶驶往另一国家领土港口途中在某一港口停靠,或通过某国境内的运河或其他航道时,必须遵守兽医行政管理部门要求的条件,要特别防止引进昆虫,造成疾病传播的风险。

⑥如果碰到船长或机长权限以外的原因,轮船或飞机要在港口或机场之外的某地或在非正常停靠或着陆的港口或机场停靠或着陆时,船长或机长须立即通知离靠岸港口或着陆地最近的兽医行政当局或其他公共当局。兽医当局一旦得到靠岸或着陆地的通报,须采取适当措施。

13.3.4 进口国的过境口岸和检查站

①各国及其兽医行政管理部门，只要有可能，须采取必要措施，确保其境内边境口岸和检疫站机构健全、设备充足，以执行《法典》推荐的各项措施。每个边境口岸和检疫站必须配备动物饲养及饮水设施。在明确国际交通运输量和流行病学形势后，边境口岸和检疫站必须设置兽医服务机构，配备人员、设备、场所及手段，以便进行临床检查，从活畜采集诊断用标本材料，采取患病或疑似患病动物尸体及怀疑污染的动物产品样品；检查并隔离患病或疑似患病的动物；对运输动物和动物产品用的车辆进行消毒，并可能进行杀虫处理。

②各口岸和国际空港应配备泔水或其他对动物健康有危险材料的灭菌或焚烧设备。

③在国际贸易中要求商品过境时，应尽快提供直接过境区的机场，过境机场及过境区应符合兽医行政管理部门要求的条件，特别要防止昆虫传播疾病的危险。

④每个兽医行政管理部门须应按要求向（OIE）中央局及有关国家提供在其领土上批准国际贸易用的边境口岸、检疫站、屠宰场和储藏库名单；通知执行《法典》1.5.5.1条到1.5.5.4条2款内容所需的时期；其领土内设有直接过境区的机场名单。

13.3.5 到达时的动物卫生措施

1）动物入境健康检查

进口国只能接受经出口国官方兽医进行过健康检查、并携带出口国兽医当局出具的国际动物健康证书的动物入境。进口国可要求动物计划入境的日期适当提前得到通知，通知应说明动物种类、数量、运输工具、所用边境口岸的名称。另外，进口国家应印制能快速有效进行进口及过境程序并能采取控制措施的边境口岸名单。在认为出口国家或日程中前方过境国家患有某种能传染本国动物或蜜蜂的疾病时，进口国可禁止动物入境。

①当官方兽医在边境口岸检查时发现动物患有或怀疑患有或感染能传染本国动物的疾病，进口国可禁止其入境。动物没有携带符合进口国要求的国际动物健康证书时也可拒绝入境，遇到这种情况时，应立即通知出口国的兽医行政管理部门，为核实情况或纠正证书留有机会。然而，进口国也可规定，进口动物应立即进行隔离检疫，以便作临床观察及生物学检查，以期做出诊断。如果确诊患有某种传染病或证书不能纠正，进口国可采取以下措施，若不涉及过境第三国，则可将动物退回出口国；若从卫生角度考虑退货有危险，或实际操作不可能，应就地扑杀并销毁。

②动物携带有效的国际动物健康证书，并经边境口岸兽医当局检查为健康时，就应允许进口并根据进口国的要求运往目的地。

③进口国只应接受携带国际动物健康证书的精液、胚胎/卵、种蛋及蜜蜂巢脾进境。进口国就上述产品计划入境的日期可要求适当提前获得通知，通知应说明产品种类、数量、性质及包装，以及所使用边境口岸的名称。有关国家认为出口国或日程中安排的前过境国存在这些产品能传播的疾病时，进口国可禁止这些动物产品进口。如果上述产品在边境口岸没有携带符合进口国要求的国际动物健康证书时，进口国可禁止这些产品进入境内。遇到这种情况时，必须立即通知出口国的兽医行政管理部门，产品可以退回出

口国,或置隔离检疫场,和/或就地销毁。

2)进境要求

①进口国只能接受经出口国官方兽医检查认为适于人类消费,并携带有效国际卫生证书的人类食用动物源性肉品和产品进境。进口国对人类食用动物源性肉品或产品计划入境的日期可要求适当提前得到通知,通知还应包括肉品或产品的性质、数量和包装及所用边境口岸名称的信息。然而,如果货物检验证明供人食用的动物源性肉品或产品对人或动物健康有危险或如果国际卫生证书不正确、或证物不符时,进口国的兽医当局可要求退回,或要求适当处理,确保其无害。当产品不退回,应立即通知出口国的兽医行政管理部门,以便有机会核实情况。

②进口国只能接受携带出口国有关兽医当局提供的国际卫生证书的动物饲料用、药用或工业用的动物源性产品入境。进口国对动物饲料用、药用或工业用动物源性产品的计划入境日期可要求适当提前获得通知,并附有产品性质、数量和包装及所用边境口岸名称的信息。当进口国认为出口国存在能被这类产品传播的疾病时,可禁止动物饲料用、药用或工业用的动物源性产品入境。如果出口国存在这类疾病,过境国也可禁止其过境,但用密封交通工具或集装箱运输的除外。当国际卫生证书经检查并发现准确无误,就应允许上述产品进口。

③进口国可要求把动物饲料用、药用或工业用的动物源性产品发运至经兽医行政管理部门批准并在其监督下的场所。如果经检验证明该产品能危害人或动物的健康,或者国际卫生证书不正确,或者证物不符,进口国的兽医当局可将产品退回出口国,或要求进行安全化制处理。当不退货时,必须立即通知出口国的兽医行政管理部门,以便有机会核实情况或纠正证书。

④当运输感染A类疾病动物的交通工具抵达某一边境口岸时,就应视为此交通工具已被污染,兽医当局须采取以下措施:

a.卸货并立即将动物用防渗漏的交通工具直接运到经兽医行政管理部门批准的动物屠宰及胴体销毁或灭菌的场所;隔离检疫站,如没有隔离检疫站,则运到事先指定的边境口岸附近并隔离良好的地方。

b.卸货,并立即将垫料、饲料及其他可能的污染材料运到事先指定的场所进行销毁,并实施进口国要求的严格卫生措施。

c.押运员的行李及运输、饲养、饮水、搬移或装卸动物用的工具各部分都进行消毒。

d.如果是昆虫传播的疾病,则应进行杀虫处理。

运输怀疑患有A类疾病动物的运输工具抵达边境口岸时,就应认为交通工具已被污染,兽医当局可采取《法典》1.5.5.5条规定的措施。当兽医当局根据1.5.5.5条规定已采取措施后,可认为交通工具已不再被污染,即可允许入境。

紧急情况下,港口或机场不得以动物卫生理由拒绝轮船或飞机靠岸或着陆。然而,靠岸轮船或着陆飞机须采取口岸或机场兽医当局认为必要的动物卫生措施。运载动物或动物产品的飞机,不能只因在疫区的非感染机场着陆过,就认为来自疫区,若动物及动物产品没有卸下,可视为直接过境。

从存在昆虫传播疾病的国家来的飞机着陆后应立即进行杀虫处理,在起飞后或在飞行中进行杀虫处理的除外。

13.3.6 动物病原的国际交流和实验室控制

为防止引进病原造成动物疾病流行和扩散,《法典》规定了动物病原的国际交流和实验室控制规则。原来无某种传染病或动物病原或动物病原新株型的国家若传进了这些传染病或动物病原或病原新株可能会有非常严重的潜在后果,动物卫生、人类健康、农业经济及贸易或多或少都会受到负面影响。各国都已规定了一系列的措施,例如要求接受进口前试验和检疫,以防止通过进口活畜或产品而引进动物病原。

然而,一些实验室在研制疫苗中意外释放动物病原也可能造成疫病风险,这类病原可能已在国内存在,或者有意或无意被引了进来。因此有必要规定各种措施防止其意外释放。这些措施可适用于国家边境用于禁止或控制特定病原或其载体的进口(见1.5.6.7条)或国内规定实验室处理病原的条件。实践中,应根据可疑病原对动物健康的危害性采取内外控制相结合的措施。根据动物病原对动物健康和国家农业经济的风险,特别是当其所引起的疾病呈非地方性流行时,为实验室控制动物病原提供指导。为动物病原进口条件提供指导。

在动物病原对人类健康有危险时,应该从《手册》及其他有关的出版物查找实验室控制的方式。

1)动物病原的分类

若动物病原传入某国或从实验室意外释放,就应根据其对动物健康的危险性进行分类。根据控制要求,病原可分为4类,需考虑因素包括:病原微生物的致病力、所引起的生物危害性、传播能力、预防治疗的经济问题。

有些病原需要专门的媒介传播或需要中间宿主完成其生活周期后才能感染动物并引起疾病。在没有这类媒介昆虫或者气候或环境因素不利于媒介昆虫生存的国家,这类病原对动物健康的危险性就要比自然界中有这类媒介昆虫的国家要低。

(1)一类动物病原

可导致地方性流行,但不列入官方控制计划的致病微生物。

(2)二类动物病原

为外来的或导致地方性流行的,并列入官方控制计划但实验室扩散风险低的致病微生物:

①不依靠媒介或中间宿主传播。
②不同种动物之间不传播或传播受限。
③如果从实验室释放,地理扩散有限。
④动物间直接传播相对有限。
⑤不需要控制有病或已感染的无病症动物。
⑥疾病导致经济损失或/及临床意义不大。

(3)三类动物病原

外来的或导致地方性流行的,并列入官方控制计划的,实验室释放后有中等危险的致病微生物:

①可经媒介昆虫或中间宿主传播。

②在不同种动物间容易传播。

③若从实验室释放,地理扩散中等。

④动物间直接传播相对容易。

⑤患病动物、感染动物及接触动物必须法定限制。

⑥疾病具有重要的经济或/及临床意义。

⑦无有效的预防和/或治疗方法,或效益有限。

(4)四类动物病原

为外来的或导致地方性流行的,并列入官方控制的,实验室释放存在高危险性的致病微生物:

①可经媒介昆虫或中间宿主传播。

②在不同种动物间很容易传播。

③若从实验室释放,地理扩散广泛。

④动物间直接传播非常容易。

⑤患病动物、感染动物及接触动物必须法定限制。

⑥必须在广泛地区法定控制动物流动。

⑦具有极其严重的经济和/或临床意义。

⑧没有消毒预防和/或治疗方法。

2)控制级别

①控制的主要目的是防止从实验室向畜群泄漏病原。有的动物病原还可感染人,在这种情况下,除单纯从动物卫生角度考虑外,从对人类健康危险考虑还要求有另外的控制措施。具体的控制和生物安全水平及措施应与病原的类别相一致,具体要求应与病原体微生物种类(细菌、病毒、真菌)相适应。一类病原的控制标准最低,四类病原的控制标准为最高。节肢动物可以是病原,也可以是病原的传播媒介,如果实验室用节肢动物作传媒,除节肢动物的控制设施外,还必须有相应病原的控制标准。

②如果能满足有关当局关于特定病原的控制设施要求,实验室就可允许拥有并处理3类或4类的动物病原。然而,根据各国的具体情况,当局也可以决定控制某些2类病原的拥有及处理。当局应首先考察实验室的设施,确保其适用性,然后发放规定有关条件的许可证。另外还应要求作好恰当的记录,并且,当所处理材料含有许可证没有包括的病原时,要明确报告当局。当局应定期查访实验室,确保其遵守许可证上的有关条款,而进行检查的有关当局人员在实施检查后,在一定时期内不得接触对在实验室处理病原易感的动物,时间长短依病原而异。许可证应规定:

a. 病原的运输及包装物的处理方式。

b. 负责此项工作的人员姓名。

c. 病原是在体内(实验动物或其他动物),还是只在体外应用。

d. 工作结束后,病原及实验动物的处理方式。

e. 实验室人员与对所用病原的易感动物接触的限制。

f. 病原转移到其他实验室的条件。

g. 与适当控制等级,生物安全程序及操作有关的特殊条件。

3)动物病原的进口

只在有关当局签发进口许可证的条件下才允许进口动物病原、病料或病原携带微生物。进口许可证应注明病原生产危险的条件,航空运输条件,国际航空运输协会有关危险性物品包装和运输标准。2、3 或 4 类病原的进口许可证只能授予能够按《法典》1.5.6.6条规定处理特种病原的持证实验室。在从别国申请进口病料时,当局应考虑病料的性质,获取病料的动物,该动物对各种疾病的易感性,及原产国家的疾病状况,最好要求病料在进口前已先作处理,以减少引进病原的意外风险。

13.3.7 非人类灵长目动物传染的人畜共患病

非人类(以下略)灵长类动物大约有 180 种,分属 2 个亚目 12 个科。《法典》不包括(以前曾认为属于灵长目的)树鼩科动物。濒危野生动植物国际贸易公约(CITES)附录 I 或附录 II 列出了全部灵长目动物,只有携带 CITES 要求的许可证或证书才能进行国际运输。大部分进口灵长类动物是供研究、教学或育种之用。

公共卫生和安全是进口时应首要关注的问题,尤其是人经常要与动物、动物体液、粪便及组织接触。降低风险就要求有关人员经过专业培训并要严格遵守个人卫生标准。携带共患病原的危险性与有关动物的分类地位和原产地有很大关系。可以认为,其病原的危险性从原猴亚目到狨和小绢猴,再到其他新世界猴,旧世界猴和猿类逐步增加,而野生捕获的灵长类动物携带共患病原的危险性比捕获驯养的动物要大,因为后者在环境控制中经受了兽医监控。而从野外捕获的灵长类动物,供应商及出口国兽医行政管理部门所能提供的健康信息非常有限。

A 类疾病和 B 类疾病中基本上没有包括本章所指的疾病,而 OIE 动物疾病报告系统也没有要求定期报告。然而,要求报告异常流行病事件仍然有效。

13.4 兽用生物制品的风险分析

13.4.1 概论

所有动物源性制品,包括兽医用生物制品,都可在某种程度上传播动物疾病,其传播疾病的能力取决于产品固有特性、来源、处理过程及其可能的用途。生物制品尤其在体内应用时,导致动物感染的可能性最大,具有最大的风险性。体外用的制品有意或意外体内应用时也可将疾病传入畜群,污染其他生物制品,或通过其他途径传播疾病。即使诊断和研究用的生物制品也具有与动物紧密接触的潜在可能性。外来微生物,有些具有高致病性,在无疫病或无感染国家用于研究或诊断应用时,也存在污染其他生物制品的可能性。进口国兽医行政管理部门应要求对兽医生物制品建立特定的批准和出证程序。对于无法保证达到上述条件的注册机构,应限制其在体外应用或在非兽医目的的应用方面的供应。

13.4.2 兽用疫苗的风险分析

兽用疫苗的风险分析必须得建立在质量保证原则基础之上,包括兽用疫苗生产中的质量控制。本建议主要集中在疫苗被传染因子尤其是外来进口疫病污染的风险方面。疾病传入某一国家,其最主要的风险途径是通过进口活畜禽及畜禽产品,通过疫苗进口则很少。然而,如果疫苗生产用的种子毒、毒株、细胞培养物、动物或动物源性成分如胎牛血清被污染,或发生交叉污染时,兽用疫苗在生产过程中也可发生污染。

(1)风险分析原则

进口国和出口国应就兽用疫苗相关风险分类系统达成一致,该系统应考虑目前已实施的纯化程序等多种因素。进口国和出口国应就具体问题和产品方面达成一致的风险分析模型。该风险分析模型应包括科学的风险评估和固定程序,以便做出风险管理建议和交流风险,兽用疫苗的控制应包括定量或定性模型。只要有可能,评估中就应该使用步骤风险分析和事态树模方法,因为这样可以确定。风险分析应尽量客观和透明。风险生产和应用产品过程中产生风险的关键步骤,并有助于风险的性质。应用不同方法进行风险分析可能达到同一结果。在采用不同方法的国家,应尽量采用等价概念,并使用有效方法,保证其敏感度有可比性。

(2)生产规范

首先兽用疫苗具有其本身的特性,在评估和履行质量保证体系时,就应考虑生产环节。由于动物种类和病原种类较多,故产品种类众多,而每种产品的规模化程度就相对较低,因此,通常情况下为分批生产。另外,由于这种生产的特殊性(培养步骤、缺乏最终消毒等),产品需要特别保护,防止污染和交叉污染。在使用致病因子或外来生物致病因子进行生产时,周围环境应予特别保护。在应用对人具有致病性的生物致病因子时,还应对人给予特殊保护。这些因素,以及生物制品的固有变异性,就意味着质量保证体系具有极为重要的作用。因此,应遵照公认的标准化体系,包括生产器材、场所、人员素质以及质量保证等特定要求来组织生产,并接受定期检验,这一点是十分重要的。必须得由专门的资深检验员实施统一的设施检验系统,以保证产品质量可信。

(3)进口国申请注册应提交的信息

制造商或出口国兽医行政管理部门应向进口国提供其正在使用的药典。对于进口国,则必须获取产品质量控制和每批原材料来源方面的资料。兽用疫苗生产过程中的关键环节应予详细说明,以便进行风险分析。风险分析必须注重申请文件中的质量和安全控制部分。实验室安全试验应涉及目标和非目标微生物,以获取足够生物学数据。所有试验程序应与当时的科学技术知识相一致,确保其时效性。

成品制备方法的描述应包括制备工作种子用材料的详细特征、为防止污染而对原始材料进行的处理以及加工各阶段所采取的取样和控制试验。成品及其加工过程中的控制试验,连同这些试验的敏感性,都必须进行风险分析。同时得有每一步控制试验的材料。

(4)兽用疫苗的分类

为有助于风险分析,各国应建立起兽用疫苗的分类系统,并考虑到其相关标准,如用作有效成分的病原固有特性及其造成的风险等。对于活菌疫苗,其对目标物种、非目标物种及其对人类的安全性应予评估。该重组物质的组织趋向和宿主范围的改变应予特别注意。

(5)免疫监视

出口国和进口国应确保建立可靠的免疫监视系统(出证后监测),以尽早发现疫苗应用后出现的严重问题。免疫监视是兽用疫苗尤其是活苗应用中,全部常规计划中的一个有机部分,是一项进行性的工作。

(6)风险交流

制造商或出口国兽医行政管理部门应向进口国提交支持其申请的可靠数据。兽医行政管理部门间应就风险分析、动物健康状态和接种警戒等方面进行持续性交流。

13.4.3 其他生物制品的风险分析

(1)生物制品的分类

分类为生物制品国际流通中风险分析的一种方法。分类系统应考虑到生物制品的来源、性质及其声明的用途。通过进行一般性风险分析,以及逐步发展一般性的认证和质量保证措施,可实现持续性的产品供应,而不再需要无休止的风险评估,这种无休止的风险评估常常导致资源浪费,且耗费巨大。分类系统一经建成,风险评估就可与合适的生产和试验参数结合起来。

实施一般性风险评估的兽医生物制品的类别包括(不按风险的顺序):合成材料;氨基酸、乙醇、酯、糖和维生素;化妆品;植物提取物及植物源性生化产品;微生物发酵产品;体外用诊断、分析和免疫化学试剂盒;人源性材料;治疗药品;人源性移植物;抗体和免疫球蛋白;脱氧核糖核酸(DNA)、核糖核酸(RNA)、限制性酶和其他分子生物学产品;细胞株和杂交细胞瘤;动物蛋白、激素、酶、白蛋白、组织提取物和含有动物材料的培养基;动物血清;传统或基因改良的微生物;益生素;保存的标本,显微镜玻片和血涂片;根据来源和加工程序,以上所有材料都可携带病原。

(2)申请进口执照时需提交的信息

兽医行政管理部门应遵照《手册》对生物制品进行风险分析。出口国和生产商兽医行政管理部门应准备详细可信的信息,应注明产品生产的材料来源如基质。还要准备下述详细资料:基质和组分材料的生产方法,加工过程每一步的质量保证措施、成品检验方法,以及产品生产必须遵守的原产国的法典。他们还准备攻毒用微生物,其生物型和参考血清,以及其他合适的产品检验方法。

(3)风险分析过程

风险分析应尽可能客观、透明,并按照《法典》1.4章,和《法典》1.3章认证流程进行。必要情况下,国家和商品因素的评估以及风险降低措施主要应建立在生产厂家数据基础上。这些数据取决于生产各阶段的质量保证,而非单独的成品检验。接触产品情况可受产品批准用途的影响。兽医行政管理部门可限制某些产品应用(如限于某些生物安全机构应用)。许多生物制品都需要合适的生物控制措施。尤其是进口外来微生物时,应遵照《法典》1.5.6节进行。

本章小结

　　《国际动物卫生法典》,简称《法典》,是动物及动物产品国际贸易有关的卫生规则和建议。《法典》规定了在进行动物及动物产品贸易时最基本的卫生要求,以避免动物和人类病原微生物的国际间传播,从而确保动物及动物产品进行国际贸易时的卫生安全,凡加入 OIE 的成员都必须遵守。

复习思考题

　　1. 在动物及动物产品的国际贸易中,对出证兽医的要求是什么?

　　2. 什么是进口风险分析?

　　3. 风险评估的原则及风险评估的步骤有哪些?

　　4. 地区、区域及地区类型是什么?

　　5. 名词解释:法典、手册、国际兽医证书、国际贸易、兽医行政管理部门、兽医当局、官方兽医、兽医机构、风险。

第14章
SPS协议和TBT协议

本章导读：本章介绍卫生与植物卫生措施实施协议（即 SPS 协议）和贸易技术壁垒协议（即 TBT 协议）。

14.1 SPS 协议

14.1.1 SPS 协议简介

卫生与植物卫生措施实施协议（Agreement on the Application of Sanitary and Phytosanitary Measures）简称 SPS 协议。SPS 协议序言中规定：

①各成员，重申不应阻止各成员为保护人类、动物或植物的生命或健康而采用或实施的必需措施，但这些措施的实施方式不得构成在情形相同的成员之间进行任意或不合理歧视的手段，或构成对国际贸易的变相限制。

②期望改善各成员的人类健康、动物健康和植物卫生状况。

③注意到卫生与植物卫生措施通常以双边协议或议定书为基础实施。

④期望建立有关规则和纪律的多边框架，以指导卫生与植物卫生措施的制定、批准和实施，从而将其对贸易的消极影响减少到最低程度。

⑤认识到国际标准、准则和建议可以在这方面作出重要贡献；期望进一步推动使用各成员协调的、建立在有关国际组织制定的国际标准、准则和建议基础之上的卫生与植物卫生措施，这些国际组织包括食品法典委员会、世界动物卫生组织以及在国际植物保护公约框架下运作的有关国际和区域性组织，但不要求各成员改变其对人类、动物或植物的生命或健康的适当保护水平。

⑥认识到发展中国家成员在遵守进口成员的卫生与植物卫生措施方面可能遇到特殊困难，进而在市场准入及在其领土内制定和实施卫生与植物卫生植物方面也会遇到特殊困难，期望协助他们在这方面所做的努力。

⑦因此期望对适用 GATT 1994 关于使用卫生与植物卫生措施的规定，特别是第××条（b）项的规定详述具体规则。

14.1.2　SPS 协议正文

第一条　总则

1. 本协议适用于所有可能直接或间接影响国际贸易的卫生与植物卫生措施。此类措施应依照本协议的规定制定和实施。

2. 就本协议而言,应使用附件 1 中规定的定义。

3. 各附件为本协议的组成部分。

4. 本协议的任何规定不影响各成员在《贸易技术壁垒协议》中享有的、本协议措施之外的权力。

第二条　基本权利与义务

1. 各成员有权采取为保护人类、动物或植物的生命或健康所必需的卫生与植物卫生措施,但此类措施不得与本协议的规定相抵触。

2. 各成员应保证任何卫生与植物卫生措施仅在为保护人类、动物或植物的生命或健康所必需的限度内,并根据科学原理实施,如无充分的科学证据则不再维持,但第 5 条第 7 款规定的情况除外。

3. 各成员应保证其卫生与植物卫生措施不在情形相同或相似的成员之间,包括在成员自己领土和其他成员的领土之间构成任意或不合理的歧视。卫生与植物卫生措施的实施方式不得构成对国际贸易的变相限制。

4. 符合本协议有关条款规定的卫生与植物卫生措施应被视为符合各成员根据 GATT 1994 有关使用卫生与植物卫生措施的规定所承担的义务,特别是第××条(b)款的规定。

第三条　协调

1. 为在尽可能广泛的基础上协调卫生与植物卫生措施,各成员的卫生与植物卫生措施应根据现有的国际标准、准则或建议制定,除非本协议、特别是第 3 款另有规定。

2. 符合国际标准、准则或建议的卫生与植物卫生措施应被视为为保护人类、动物或植物的生命或健康所必需的措施,并被视为与本协议和 GATT 1994 的有关规定相一致。

3. 如存在科学依据,或一成员依照第 5 条第 1 至 8 款的有关规定,确定卫生与植物卫生的保护水平是适当的,则各成员可采用或维持比根据有关国际标准、准则或建议制定的措施所可能达到的保护水平更高的卫生与植物卫生措施。尽管如此,所有不同于国际标准、准则或建议所规定保护水平的卫生与植物卫生措施,均不得有悖于本协议的任何其他规定。

4. 各成员应尽其所有,全面参加有关国际组织及其附属机构,特别是食品法典委员会、世界动物卫生组织以及在国际植物保护公约框架下运作的有关国际和区域性组织,以促进在这些组织中制定和定期审议有关卫生与植物卫生措施的各方面标准、准则和建议。

5. 第 12 条第 1 和第 4 款所述的卫生与植物卫生措施委员会(本协议中称"委员会")应制定程序,监督国际一体化进程,并在这方面与有关国际组织协同努力。

第四条　同等待遇

1. 如出口成员客观地向进口成员证明其卫生与植物卫生措施达到进口成员相当的保护水平,即使这些措施与进口成员自己或其他成员在同一产品贸易中采用的措施不同,各成员仍应同等地接受其卫生与植物卫生措施。为此,应根据请求,给进口成员进行检查、检验及其他相关程序的合理机会。

2.各成员应根据要求进行磋商,以便就具体的卫生与植物卫生措施的同等待遇问题达成双边和多边协议。

第五条 风险评估及适当卫生与植物卫生保护水平的确定

1.各成员应确保其卫生与植物卫生措施,要以对人类、动物或植物的生命或健康风险实情进行适当评估为基础,并应运用有关国际组织制定的风险评估技术。

2.进行风险评估时,各成员应考虑现有的科学证据,相关加工程序和生产方法,相关检查、抽样和检验方法,特定病虫害流行情况,现有的无病虫害区,相关生态环境条件,以及检疫或其他处理方法。

3.各成员在评估动物或植物生命或健康风险,并确定为实现适当的卫生与植物卫生保护水平以防止此类风险所采取的措施时,应考虑下列有关经济因素:病虫害传入、定居或传播造成生产或销售的潜在损失;进口成员控制或消灭境内病虫害的费用;以及采用其他方法控制风险的相应成本效益分析。

4.各成员在确定适当卫生与植物卫生保护水平时,应考虑降低贸易负面影响这一目标。

5.为适当运用卫生与植物卫生保护水平这一概念,达到稳定的防止人类生命和健康风险,或动植物生命和健康风险的目的,各成员不应强调情形不同,而任意或不合理地实施其认为适当的保护水平,歧视或变相限制国际贸易。各成员应根据第12条第1、2和3款规定在委员会中相互合作,制定准则,促进本规定的实际实施。委员会在制定准则时应考虑所有有关因素,包括人们自愿承受人类健康风险的例外特性。

6.在不违背第3条第2款的前提下,各成员在制定或实施卫生与植物卫生措施以实现适当的卫生与植物卫生保护水平时,应保证此类措施对贸易的限制不超过为达到适当卫生与植物卫生保护水平所要求的限度,同时考虑其技术和经济可行性。

7.在有关科学证据不充分的情况下,某成员可根据现有的相关信息,包括来自相关国际组织及其他成员实施卫生与植物卫生措施的信息,临时采用一些卫生与植物卫生措施。在此情况下,各成员应寻求获得必要的补充信息,以更加客观地评估风险,并在合理期限内据此审议卫生与植物卫生措施。

8.如某一成员有理由认为另一成员采用或实施的特定卫生与植物卫生措施,正在限制或可能限制其产品出口,且该措施不是以有关国际标准、准则或建议为依据,或此类标准、准则或建议根本不存在,则可要求实施此类卫生与植物卫生措施的成员解释理由,且该成员应予解释。

第六条 适应地区条件,包括适应无病虫害区和低度流行区的条件

1.各成员应保证其卫生与植物卫生措施适应产品的产地和目的地的卫生与植物卫生特点,无论该地是一国的全部或部分地区,或几个国家的全部或部分地区。在评估某地区的卫生与植物卫生特点时,各成员应特别考虑特定病虫害的流行程度、现有扑灭或控制计划及相关国际组织制定的适当标准或准则。

2.各成员应特别承认无病虫害区和低度流行区的概念。确定这类地区时,应根据地理、生态系统、流行病监测以及卫生与植物卫生控制的有效性等因素。

3. 出口国声明其境内某地为无病虫害区或低度流行区时,应向进口成员提供必要的证据,客观证明该地区目前且有可能继续属于无病虫害区或低度流行区。为此,应根据请求,使进口成员获得进行检查、检验及其他有关程序的合理机会。

第七条　透明度。各成员变更其卫生与植物卫生措施时应予通报,并根据附件2的规定提供其卫生与植物卫生措施的相关信息。

第八条　控制、检查和批准程序。各成员在实施控制、检查和审批程序时,包括审批食品、饮料或饲料添加剂或污染物限量的国家制度时,应遵守附件3的规定,并保证其程序不与本协议规定相抵触。

第九条　技术援助

1. 各成员同意以双边形式或通过适当的国际组织,向其他成员特别是发展中国家成员提供技术援助。此类援助可特别针对加工技术、研究和基础设施等领域,包括建立国家管理机构;也可采取建议、信贷、捐赠和转让等方式,包括寻求专门技术、培训和设备等,使这些国家调整并遵守必要的卫生与植物卫生措施,并使其出口市场达到适当的卫生与植物卫生保护水平。

2. 当发展中国家出口成员为达到进口成员的卫生与植物卫生要求而需要大量投资时,后者应考虑提供此类技术援助,使发展中国家成员保持并扩大有关产品的市场准入机会。

第十条　特殊与区别待遇

1. 在制定和实施卫生与植物卫生措施时,各成员应考虑发展中国家特别是最不发达国家成员的特殊需要。

2. 适当卫生与植物卫生保护水平可允许分阶段引入新的卫生与植物卫生措施,对发展中国家成员有重要影响的产品,则应给予更长的调整期,使之符合要求,从而维持其出口机会。

3. 为确保发展中国家成员能够遵守本协议规定,委员会有权根据请求,并视这些国家财政、贸易和发展需要,对其全部或部分承担本协议规定的义务,给予特定的、例外的期限。

第十一条　磋商与争端解决

1. 由《争端解决谅解》详述和适用的 GATT 1994 第XXII条和第XXIII条的规定,适用于本协议磋商和争端解决,另有规定的除外。

2. 本协议涉及科学或技术问题的争端,解决小组应征求其选出的专家的意见,与争端各方磋商。为此,只要认为适当,解决小组可主动或应争端任何一方请求,设立一技术专家咨询小组,或咨询有关国际组织。

3. 本协议条款不得损害各成员在其他国际协议中享有的权利,包括向其他国际组织或任何国际协议下建立的斡旋或争端解决机构求助的权利。

第十二条　管理

1. 为给磋商提供一经常性场所,特成立卫生与植物卫生措施委员会。委员会应履行必要的职能,按本协议规定,推动其目标,特别是协调一致目标的实现。委员会应经协商一致作出决定。

2. 委员会应鼓励和促进各成员之间,就特定的卫生与植物卫生问题进行专题磋商或谈判。委员会应鼓励所有成员使用国际标准、准则和建议,为此,委员会应主办技术磋商并开展研究,以提高在审批使用食品添加剂或确定食品、饮料或饲料中污染物限量的国际和国家制度或方法方面的协调性和一致性。

3. 委员会应同卫生与植物卫生保护领域的有关国际组织,特别是食品法典委员会、世界动物卫生组织和国际植物保护公约秘书处保持密切联系,以获得执行本协议的最佳科学和技术意见,并保证避免不必要的工作重复。

4. 委员会应制定程序,监督国际协调进程及国际标准、准则或建议的采用。为此,委员会应与有关国际组织联合,制定一份委员会认为对贸易有较大影响的与卫生与植物卫生措施有关的国际标准、准则或建议清单。清单应包括各成员用作进口条件或产品准入市场所依据的国际标准、准则或建议。若某一成员不将国际标准、准则或建议作为进口条件,则应说明理由,特别是其是否认为该标准不够严格而无法提供适当的卫生与植物卫生保护水平。若某一成员在说明其用作进口条件的标准、准则或建议后又改变立场,则应对其改变作出解释,并通知秘书处以及有关国际组织,除非此类通知和说明是根据附件B中的程序作出。

5. 为避免不必要的重复,委员会可适当决定采用有关国际组织运作程序特别是通知程序生成的信息。

6. 委员会可根据某一成员的倡议,通过适当渠道邀请有关国际组织或其附属机构,审查某一特定标准、准则或建议的具体问题,包括根据第4款未采用标准的解释。

7. 委员会应在《WTO协议》生效之日起3年后,并在此后需要时,对本协议的运作和实施情况进行审议。适当时,特别是在本协议实施过程中积累了相应经验后,委员会应向商品贸易理事会提议修正本协议文本。

第十三条 执行

1. 各成员有责任全面履行本协议规定的所有义务。各成员应制定和实施积极的措施和机制,支持中央政府以外的机构遵守本协议规定。各成员应尽可能采取合理措施,保证其境内的非政府实体以及其境内为成员的地方机构,遵守本协议相关规定。此外,各成员不得采取措施直接或间接要求或鼓励此类地方或非政府实体、或地方政府机构,采取与本协议不一致的行动方式。

2. 各成员应确保只有在非政府实体遵守本协议规定时,才可依赖这些实体为执行卫生与植物卫生措施提供服务。

第十四条 最后条款

最不发达国家成员对影响其进口或进口产品的卫生与植物卫生措施,可推迟到《WTO协议》生效5年后执行本协议规定。其他发展中国家成员对影响其进口或进口产品的现有卫生与植物卫生措施,如由于缺乏技术专长、技术基础设施或资源而妨碍执行的,可推迟到《WTO协议》生效2年后执行本协议规定,但第5条第8款和第7条规定的除外。

14.1.3 SPS协议附件

1)附件1 定义

(1)卫生与植物卫生措施——指用于下列目的的任何措施:

①保护成员境内的动物或植物生命或健康免受虫害、病害、带病生物或致病生物的传入、定居或传播所产生的风险。

②保护成员境内的人类或动物生命或健康免受食品、饮料或饲料中的添加剂、污染物、毒素或致病生物所产生的风险。

③保护成员境内的人类生命或健康免受动物、植物或动植物产品携带的病害或虫害的传入、定居或传播所产生的风险。

④防止或控制成员境内因虫害的传入、定居或传播所产生的其他损害。

⑤卫生与植物卫生措施包括所有相关法律、法令、法规、要求和程序,特别包括:终产品标准;加工程序和生产方法;检验、检查、出证和审批程序;检疫处理,包括与动植物运输有关,或与运输过程中为维持动植物生存所需物质材料有关的要求;有关统计方法、抽样程序和风险评估方法的规定;以及与食品安全直接相关的包装和标签要求。

(2)协调——不同成员共同制定、承认和实施的卫生与植物卫生措施。

(3)国际标准、准则和建议

①对于食品安全,指由食品法典委员会制定的与食品添加剂、兽药和农药残留、污染物、分析和抽样方法有关的标准、准则和建议,以及卫生惯例的法典和准则。

②对于动物卫生和人畜共患病,指由世界动物卫生组织主持制定的标准、准则和建议。

③对于植物卫生,指由国际植物保护公约秘书处及其框架下运作的区域性组织合作制定的国际标准、准则和建议。

④对于上述组织未涵盖的事项,指由委员会确认的、向所有成员开放的、其他相关国际组织发布的有关标准、准则和建议。

(4)风险评估——指根据可能实施的卫生与植物卫生措施,对病虫害在进口成员境内传入、定居或传播的可能性,及相关的潜在生物学和经济后果进行的评估;或对食品、饮料或饲料中存在的添加剂、污染物、毒素或致病生物,对人类或动物的健康所产生的潜在不利影响进行的评估。

(5)适当卫生与植物卫生保护水平——指成员在制定保护其境内的人类、动物或植物的生命或健康的卫生与植物卫生措施时,认为适当的保护水平(可接受的风险水平)。

(6)无病虫害区——指由主管当局认定无特定虫害或病害发生的地区,该地区可以是某一国家的全部或部分地区,也可以是几个国家的全部或部分地区。

注:某一无病虫害区可以包围、毗邻另一发生特定病虫害的疫区,也可以被该疫区包围。该疫区不论是某一国家的部分地区,还是包括几个国家的部分或全部地理区域,都应采取区域控制措施,如建立控制或扑灭所相应病虫害的保护区、监测区和缓冲区。

(7)病虫害低度流行区——指由主管当局认定的,特定虫害或病害发生水平低,且已采取有效监测、控制或扑灭措施的地区,该地区可以是一国的全部或部分地区,也可以是几个国家的全部或部分地区。

2)附件2 卫生与植物卫生法规的透明度

(1)法规公布

①各成员应确保及时公布所有已采用的卫生与植物卫生法规,以使有关成员知晓。

②除紧急情况外,各成员应在卫生与植物卫生法规的公布和生效之间留有合理的期

限,使出口成员、特别是发展中国家成员的生产商,有时间根据进口成员的要求调整其产品和生产方法。

(2)咨询点

①每一成员应确保设立一个咨询点,负责答复有关成员的所有合理询问,并提供下列有关文件:

a.其境内已采用或提议的任何卫生与植物卫生法规。

b.其境内实施的任何控制和检查程序、生产和检疫处理方法、农药限量和食品添加剂审批程序。

c.风险评估程序适当的卫生与植物卫生保护水平及相应因素的确定。

d.在本协议范围内,该成员或其领土内相关机构,在国际和区域性卫生与植物卫生组织和体系,及双边和多边协议与协定中的成员资格和参加情况,以及此类协议和协定的文本。

②各成员在相关成员索取文件副本时,应确保按其国民相同的价格(如有定价)提供,但递送成体除外。

(3)通报程序

①若没有国际标准、准则或建议,或提议的卫生与植物卫生法规的实质内容与国际标准、准则或建议不一致,并且该法规对其他成员的贸易有重大影响时,则各成员应:

a.及早发布通告,使有关的成员熟悉该特定法规。

b.通过秘书处通知其他成员该法规所涉及的产品,并对提议法规的目的和理由作出简要说明。此类通知应在仍可进行修正和考虑提出意见时及早作出。

c.应请求,向其他成员提供所提议法规的副本,可能情况下,应标明与国际标准、准则或建议有实质性偏离的部分。

d.应无歧视地给予其他成员合理的期限作出书面评论,并根据请求对评论进行讨论,充分考虑评论和讨论结果。

②但是,如果成员面临健康保护的紧急问题或面临发生此种问题的威胁时,则该成员可在必要情况下,省去本附件第5款所列步骤,此时该成员应该:

a.立即通过秘书处通知其他成员所涉及的特定法规和产品,并对该法规的目的和理由包括紧急问题的性质作出简要说明。

b.根据其他成员的请示提供该法规的副本。

c.允许其他成员作出书面评论,并根据请求对这些评论进行讨论,充分考虑评论及讨论结果。

③提交秘书处的通知应使用英文、法文或西班牙文。

④发达国家成员应根据其他成员的请求提供文件副本。若文件卷数较多,则应提交英文、法文或西班牙的专门通知并附文件摘要。

⑤秘书处应迅速向所有成员和有关国际组织散发通知副本,并提请发展中国家成员注意任何有关其特殊利益产品的通知。

⑥各成员应指定一中央政府机构,代表国家负责执行本附件第5、6、7和8款有关通告程序的规定。

（4）一般保留

本协议不要求：

a.各成员以本国以外的语言提供文稿或副本、或公布文件内容,本附件第8款规定的除外。

b.各成员披露可能阻碍卫生与植物卫生立法或会损害企业合法商业利益的机密资料。

3）附件3　控制、检查和审批程序

（1）用于检查和保证卫生与植物卫生措施实施的任何程序,各成员应确保：

①此类程序的执行和完成不得有不当的延误,且进口产品待遇不得低于国内同类产品。

②公布每一程序的标准处理期限,或应请求,告知申请人预期的处理期限；主管机构在接到申请后迅速审查文件是否齐全,并以准确和完整的方式通知申请人所有不足之处；主管机构尽快以准确和完整的方式向申请人传达程序的结果,以便在必要时采取纠正措施；即使在申请存在不足之处,如申请人提出请求,主管机构也应尽可能继续该程序,并根据请求,将程序的执行阶段告知申请人,对任何延误应作出解释。

③信息要求只限于控制、检查和审批程序所必需的限度,包括食品、饮料或饲料中添加剂使用审批和污染物限量的确定。

④在控制、检查和审批过程中,尊重进口产品的相关信息机密,待遇不低于本国产品,并保护其合法商业利益。

⑤对某一产品控制、检查和审批所需的样品数量应有合理和必要的限定。

⑥对进口产品实施控制、检查和审批程序而征收的任何费用,应与国内相同产品或来自其他任何成员的相同产品所征收的费用相当,且不得高于其服务的实际成本。

⑦程序中所用设备的设置地点和进口产品抽样,应采用与国内产品相同的标准,将申请人、进口商、出口商或其代理人的不便降低到最低限度。

⑧在根据确定的法规进行控制和检查后,若产品规格发生改变,则对改变规格产品的实施程序的审查,应只限于其是否仍然符合有关规定的必要方面。

⑨应具有此类程序运行的投诉审议程序,并对合理投诉采取纠正措施。在批准使用食品添加剂,或制定食品、饮料或饲料中污染物限量,以禁止或限制未获批准的产品进入国内市场而运行某系统时,进口成员在作出最后决定之前应考虑使用有关国际标准作为市场准入的依据。

（2）如某一卫生与植物卫生措施规定在生产阶段进行控制,则在其境内进行生产的成员应提供必要帮助,以便于此类控制及控制机构工作。

（3）本协议任何条款不阻碍各成员在各自境内实施合理的检查。

14.2　TBT 协议

14.2.1　TBT 协议简介

贸易技术壁垒协议（Agreement On Technical Barriersto Trade）简称 TBT 协议。TBT 协议在序言中规定：

①各成员,考虑到乌拉圭回合多边贸易谈判;期望进一步实现 GATT1994 的各项目标。

②认识到国际标准和合格评定体系能为提高生产效率及促进国际贸易作出重大贡献。

③期望鼓励制定此类国际标准和合格评定体系;但是期望这些技术法规和标准,包括对包装、标志和标签的要求,以及为符合技术法规和标准而制订的合格评定程序不要给国际贸易制造不必要的障碍。

④认识到不应阻止任何国家采取必要措施,在其认为适当的程度,保证其出口产品质量,或保护人类、动物或植物的生命或健康,保护环境,或防止欺诈行为。但不能利用这些措施,作为对情形相同的国家进行任意或无理歧视或变相限制国际贸易的手段,而应遵循本协议的规定。

⑤认识到不应阻止任何国家采取必要措施保护其根本安全利益。

⑥认识到国际标准化在发达国家向发展中国家转让技术方面可以作出的贡献。

⑦认识到发展中国家在制定和实施技术法规、标准以及为符合技术法规和标准而制订的合格评定程序方面可能遇到的特殊困难,希望对他们在这方面所作的努力给予帮助。

14.2.2 TBT 协议正文

第一条 总则

1.标准化及合格评定程序的通用术语,常应根据联合国系统及国际标准化机构采用的定义来确定,同时应考虑其上下文以及本协议的目的和宗旨。

2.但就本协议而言,应使用附件 1 中规定的定义。

3.所有产品,包括工业产品和农产品,均应符合本协议各条款。

4.政府机构为其自身生产或消费需要而制订的采购规范不受本协议各条款的约束,但应执行《政府采购协议》的规定。

5.本协议各条款不适用于《卫生和植物卫生措施实施协议》附件 1 中规定的卫生和植物卫生措施。

6.本协议中的技术法规、标准和合格评定程序,应理解为包括其修正本及对规则或产品范围的任何补充件,无实质意义的修正和补充除外。

第二条 中央政府机构对技术法规的制定、批准和实施,对于中央政府机构:

1.各成员应确保在技术法规方面,给予从任一成员境内进口产品的待遇,不低于本国生产的或来自其他任何国家的相同产品的待遇。

2.各成员应确保技术法规的制定、批准或实施在目的或效果上均不会给国际贸易制造不必要的障碍。为此,技术法规对贸易的限制不应超过为实现正当目标所必需的程序,并考虑到正当目标无法实现的风险。这些正当目标尤其是指:国家安全要求,防止欺诈行为,保护人身健康或安全,保护动植物生命或健康,或保护环境。在评估上述风险时,尤其需要考虑到下列因素:现有科学和技术信息,相关加工技术或产品的预期最终用途。

3.如果某技术法规实施的环境或目的已不复存在,或者因环境或目标发生变化而能用对贸易限制程度较低的方式加以处理,则不应继续保留该技术法规。

4.若需要制定的技术法规和相应的国际标准业已存在或其制订工作即将完成时,成员须使用这些标准或其相应部分,作为制定其技术法规的基础,除非这些国际标准或其相应部分对实现其正当目标无效或不适用,例如由于基本气候或地理因素或基本技术问题等原因。

5.制定、批准或实施可能对其他成员的贸易产生重大影响的技术法规时,应另一成员要求,该成员须根据本条第2至4款的规定对其技术法规的合理性作出解释。凡是为实现第2款所述的某一正当目标,并根据相应国际标准制定、批准和实施的技术法规,均应推定为没给国际贸易造成不必要的障碍。

6.为尽可能广泛地统一技术法规,在相应国际标准化机构就各成员已采用或准备采用的技术法规所涉及的产品制定国际标准时,各成员应在其资源许可的范围内充分参与。

7.只要其他成员的技术法规能够充分体现与自身法规相同的目标,即使这些法规与自身的不同,各成员也须积极考虑接受这些法规为等效技术法规。

8.只要合适,各成员应按产品的性能要求,而不是按设计或描述特性来制定技术法规。

9.当不存在相应的国际标准、或提议技术法规中的技术内容与相应国际标准的技术内容不一致,且该技术法规对其他成员的贸易可能产生重大影响时,各成员应:

a.在早期适当阶段,在出版物上刊登准备采用此技术法规的通告,使其他成员的各方获悉。

b.通过秘书处,将该技术法规涉及的产品清单通报其他成员,并简要说明其目的和理由。这种通报应尽早发出,以便仍可进行修改并考虑提出的意见。

c.如有要求,应向其他成员提供提议期限技术法规的细节或副本,如可能,应标出与相应国际标准不尽一致的地方。

d.应无歧视地给各成员留出合理的期限,便于他们提出书面意见,并根据请求与他们讨论,书面意见和讨论结果应予考虑。

10.在第9款引导部分规定的情况下,如某成员出现有关安全、健康、环境保护或国家安全的紧急问题,或遇到此类威胁时,该成员如认为必要,可以省略第9款规定的步骤,但该成员在批准技术法规时:

a.立即通过秘书处将该技术法规涉及的产品清单通报其他成员,同时简要说明该技术法规的目的和理由,包括该紧急问题的性质。

b.根据其他成员的请求提供该技术法规的副本。

c.无歧视地允许其他成员提出书面意见,并根据请求与他们讨论,书面意见和讨论结果应予考虑。

11.各成员应确保尽快发布或通过其他方式公布业已批准的所有技术法规,使其他成员中的有关各方知悉。

12.除第10款所述紧急情况外,各成员应在技术法规的发布和生效之间留出合理的期限,使产品出口成员中的生产者,特别是发展中国家成员中的生产者有时间依照产品进口成员的要求调整其产品或生产方法。

第三条 地方政府机构和非政府机构对技术法规的制定批准和实施,对于成员境内的地方政府和非政府机构:

1. 各成员应尽可能采取合理的措施,确保这些机构遵守第 2 条的规定,但第 2 条 9 款(2)项和第 10 款(1)项所述的通报义务除外。

2. 各成员应确保根据第 2 条中的第 9 款(2)项和第 10 款(1)项的规定,对直属中央政府的地方政府技术法规进行通报。但对实质内容与中央政府业已公布的技术法规实质内容相同的地方技术法规不必进行通报。

3. 各成员可要求通过中央政府与其他成员进行接触,包括第 2 条中第 9 和第 10 款提及的通报、提供资料、提出意见和进行讨论。

4. 各成员不得采取措施要求或鼓励地方政府机构或非政府机构在其境内违背第 2 条之规定。

5. 根据本协议,各成员对遵守第 2 条的各项规定负全部责任。各成员应制定和实施积极的措施和机制,支持非中央政府机构遵守第 2 条的规定。

第四条 标准的制定、批准和实施

1. 各成员应确保其中央政府标准化机构接受并遵守本协议附件 3"关于标准制定、批准和实施的良好行为规范"(在本协议中称为"良好行为规范")。他们应尽可能采取适当措施,确保其境内的地方政府和非政府标准化机构,以及他们或其境内一个或多个机构作为成员参加的区域性标准化机构,接受并遵守该"良好行为规范"。此外,各成员不得采取措施,直接或间接要求或鼓励这些标准化机构违背此"良好行为规范"。不论某一标准化机构是否已接受"良好行为规范",各成员均有义务促使标准化机构遵守该"良好行为规范"。

2. 业已接受并遵守"良好行为规范"的标准化机构是否符合本协议的各项原则,应由各成员进行认可。

第五条 中央政府机构的合格评定程序

1. 当要求提供符合技术法规或标准的确实保证时,各成员应确保其中央政府机构对源自其他成员境内的产品实施下述规定:

a. 制定、批准和实施的合格评定程序,在相似的情况下,以不低于源自本国或其他任何成员境内的相同产品供应商的条件给予源自其他成员境内的相同产品的供应商以准入机会;该准入应使产品供应商根据该程序规则享有合格评定的权利,包括当程序允许时,在生产所在地进行合格评定并得到该体系标志的可能性。

b. 合格评定程序的制定、批准或实施在目的和效果上不应对国际贸易制造不必要的障碍。这特别意味着:合格评定程序不应当比让进口成员对产品符合相应的技术法规或标准有足够的信心,而制订或执行的更为严格,同时也应考虑产品不合格导致的风险。

2. 当执行第 1 款规定时,各成员应确保:

a. 尽快执行并完成合格评定程序,对于源自其他成员境内的产品,应在顺序上给予不低于本国相同产品的待遇。

b. 每项合格评定程序的标准处理时限应予以公布或应要求将预期处理期限告知申请人;收到申请书时,主管机构应立即检查文件是否齐全,并将所有不完备处准确、完整地通告申请人;主管机构应尽快把评定结果准确、完整地通知申请人,以便可以采取必要的纠正措施;即使申请书存在缺陷,应申请人要求,主管机构也应尽可能地进行合格评定;如申请人请求,应向申请人通报程序进行的阶段,并对任何延误作出解释。

c. 索取的资料应限于合格评定及确定费用所必需的范围内。

d. 为合格评定程序提供的或通过合格评定程序得到的,源自其他成员境内的产品资料,在保密方面应与国内产品享有同等待遇,以合法保护商业利益。

e. 除因申请人与合格评定机构地理位置不同而引起通信、运输以及其他花费的差异外,对源自其他成员境内的产品进行合格评定征收的费用,应与本国或任何其他国家征收的费用相同。

f. 合格评定程序所用的设施地点及样品选择不应给申请人或其代理人造成不必要的不便。

g. 当已被确认符合技术法规或标准的产品规格发生改变时,对改变规格产品的合格评定程序仅限于那些能证明该产品仍符合有关技术法规或标准的必要部分。

h. 应设立程序,审查合格评定程序运作方面的投诉,如投诉合理,应采取纠正措施。

3. 第1和第2款的任何规定,均不得阻碍各成员在其境内进行合理的现场检查。

4. 在要求以肯定方式确保产品符合技术法规或标准,且相应的准则和建议已经国际标准化机构发布或即将发布时,各成员应保证其中央政府机构使用他们或其相应部分作为合格评定程序的基础,除非根据要求作出解释,说明这些准则、建议或其相应部分特别是由于下述原因对成员不适合:国家安全要求,防止欺诈行为,保护人类健康或安全,保护动植物生命或健康,或保护环境,基本气候或其他地理因素,基本技术或基础设施问题。

5. 为尽可能广泛地统一合格评定程序,各成员在其资源许可的条件下,应尽可能参加相关国际标准化机构,就合格评定程序而开展准则和建议制定工作。

6. 当国际标准化机构尚未制定相应的准则或建议,或提议中的合格评定程序技术内容与国际标准化机构制定的准则或建议不一致,且此合格评定程序可能对其他成员的贸易产生重大影响时,该成员应:

a. 适当提前在某一出版物上发布其拟制定合格评定程序的通知,使其他成员的有关各方获悉。

b. 通过秘书处将此合格评定程序涉及的产品清单通报各成员,并简要说明其目的和理由。该通报应尽早发布,以便对此程序进行修改,有关意见仍可考虑在内。

c. 根据其他成员请求,应向其提供提议中的程序细节或副本,如可能,应指明与国际标准化机构制定的准则或建议的基本不同之处。

d. 无歧视地给予各成员提出书面意见的合理期限,并根据其请求加以讨论,书面意见和讨论结果应予考虑。

7. 在第6款引导部分规定的情况下,如果某成员出现了涉及安全、健康、环境保护或国家安全等紧急问题或由此而对国家产生威胁时,该成员如认为有必要,可省略第6款规定的步骤,但该成员在批准此程序时应:

a. 通过秘书处,立即将此程序及其涉及的产品通知其他成员,同时简要说明此程序的目的和原因,包括紧急问题的性质。

b. 应根据其他成员的请求向其提供该程序规则的副本。

c.无歧视地允许其他成员提出书面意见,应要求与他们讨论这些意见,并对书面意见和讨论予以考虑。

8.各成员应确保迅速出版或以其他方式发布业已批准的所有合格评定程序,使其他各成员有关各方获悉。

9.除第7款所述的紧急情况外,各成员应在合格评定程序发布和生效之间留出合理的期限,使产品出口成员的生产者,特别是发展中国家成员的生产者有时间调整其产品或生产方法,符合产品进口成员的要求。

第六条　中央政府机构对合格评定的认可,对于各中央政府机构

1.在不违背第3和第4款的前提下,各成员只要认为其他成员的合格评定程序与其自身程序一样可以保证产品符合相关的技术法规或标准,就应确保接受。应认识到有必要进行事先磋商,以便特别就下述内容达成相互满意的谅解:

a.出口成员相关合格评定机构具有充分持久的技术能力,保证其合格评定结果的连续可靠性,为此,可以考虑对其技术能力进行验证的做法,例如根据国际标准化机构制定的相应准则或建议进行认可。

b.只限于接受出口成员指定机构出具的合格评定结果。

2.各成员应保证其合格评定程序尽可能按第6条第1款规定执行。

3.鼓励各成员应其他各成员请求进行谈判,就多边认可的各自的合格评定程序达成协议。各成员可以要求此协议应符合第1款之规定,并就促进相关产品贸易方面达到各方满意。

4.鼓励各成员,允许其他成员境内的合格评定机构以不低于给予自己境内或其他国家境内机构的优惠条件下参加其合格评定程序。

第七条　地方政府机构的合格评定程序,对于各成员境内的地方政府机构

1.各成员应尽可能采取合理措施,确保地方政府机构遵守第5和第6条的规定,但第5条第6款(2)项和第5条第7款(1)项中对外通报的义务除外。

2.各成员应确保按第5条第6款(2)项和第5条第7款(1)项规定,对直属于中央政府的地方政府合格评定程序进行通报,但对实质技术内容与中央政府业已通报的合格评定程序相同的地方政府合格评定程序,则不必通报。

3.各成员可要求通过中央政府与其他成员就第5条第6及第7款所述的通报、提供资料、提出意见和讨论等事项保持接触。

4.各成员不得采取措施,要求或鼓励地方政府机构在其境内采取违背第5条和第6条的行动。

5.根据本协议,各成员对执行第5条和第6条的规定负有全部责任。各成员须制定并执行积极措施和机制,监督非中央政府机构执行第5条和第6条的规定。

第八条　非政府机构的合格评定程序

1.各成员应尽可能采取合理措施,确保其境内开展合格评定程序的非政府机构遵守第5条和第6条的规定,但对外通报提议中的合格评定程序的义务除外。此外,各成员不得采取任何措施,直接或间接地要求或鼓励这些机构采取违背第5条和第6条规定的行动。

2.各成员应确保只有在非政府机构遵守第5条和第6条规定的前提下,中央政府机

构才可依赖这些非政府机构实施合格评定程序,但对外通报提议中的合格评定程序的义务除外。

第九条 国际和区域性体系

1.当要求提供产品符合技术法规或标准的确实保证时,只要可行,各成员应制定和采用国际合格评定体系,并成为该体系成员或参加其活动。

2.各成员应尽可能采取合理措施,确保其境内参与或作为成员参加国际和区域性合格评定体系的机构遵守第5条和第6条的规定。此外,各成员不得采取任何措施,直接或间接要求或鼓励这些体系采取违背第5条和第6条规定的行动。

3.各成员应确保其中央政府机构只依靠那些遵守第5和第6条适用规定的国际和区域性合格评定体系。

第十条 关于技术法规、标准和合格评定程序的资料

1.每个成员应确保设立一个咨询点,能够答复其他成员及其境内有关方面提出的所有合理询问,并提供下述有关文件:

a.中央或地方政府机构、对技术法规有执法权的非政府机构、或上述机构参与或作为成员参加的区域性标准化机构在其境内批准或提议的任何技术法规。

b.中央或地方政府机构、或上述机构参与或作为成员参加的区域性标准化机构在其境内批准或提议的任何标准。

c.中央或地方政府机构、或对技术法规有执法权的非政府机构,或上述机构参与或为成员参加的区域性机构在其境内执行或提议的任何合格评定程序。

d.该成员或其境内的中央或地方政府机构,在国际和区域性标准化机构、合格评定体系以及本协议框架下双边和多边协议中的成员资格和参加情况;并应能够提供这些体系和协议有关规定的合理资料。

e.根据本协议发布通报的地点,或提供能够得到这类资料的地址;以及(6)第3款所述咨询点的地址。

2.如某成员因法律或行政原因设立一个以上咨询点时,该成员应向其他成员提供每一个咨询点工作范围的清晰完整信息。此外,该成员还应确保将任何错投咨询点的询问件立即转送到对口咨询点。

3.每一成员均应尽可能采取合理措施,确保设立一个或多个咨询点能够回复其他成员及其境内有关方提出的所有合理询问,并提供或告知从何处可以得到下述文件或信息:

①非政府标准化机构或其参与或作为成员参加的区域性标准化机构在其境内批准或提议的任何标准。

②非政府机构或其参与或作为成员参加的区域性机构在其境内运作或提议的任何合格评定程序。

③其境内非政府机构在国际和区域性标准化机构合格评定体系以及在本协议框架下双边和多边协议中的成员资格和参加情况;并应能够提供这些体系和协议有关规定的合理资料。

4.在其他成员或其他成员的有关方根据本协议规定索求文件副本时,各成员应尽可能采取合理措施,确保按提供给本国或其他任何成员国民的相同价格(如有定价)提供,

但实际递送成本除外。

5. 发达国家成员应根据其他成员的请求,提供特定通报文件的英、法或西班牙文译本,如果文件卷数过多,应提供文件摘要。

6. WTO 秘书处按本协议规定收到通报时,须将此通报副本分发给所有成员和有关的国际标准化和合格评定机构,并提请各发展中国家成员注意任何有关他们特殊利益产品的通报。

7. 当某一成员与其他任一个或多个国家就技术法规、标准或合格评定程序达成可能对贸易产生重大影响的协议时,至少协议一方应通过 WTO 秘书处通知其他成员该协议所涉及的产品清单,包括对该协议的简要说明。鼓励有关成员应其他成员请求进行磋商,以达成类似的协议,或安排他们参加此类协议。

8. 本协议的各项规定不得解释为要求:

a. 以非成员语言出版文本。

b. 除第 5 款规定外,以非成员语言提供草案细节或副本。

c. 各成员提供他们认为泄露后会违背其基本安全利益的任何资料。

9. 发往 WTO 秘书处的通报应使用英、法或西班牙文。

10. 各成员应指定一个中央政府机构,代表国家负责执行本协议关于通报程序的各项规定,附件 3 的规定除外。

11. 如果因法律或行政原因,由两个或多个中央政府机构负责通报程序,该成员应将每个机构的责任范围清晰完整地提供给其他成员。

第十一条 对其他成员的技术援助

1. 根据其他成员特别是发展中国家成员的请求,各成员应向该成员就技术法规的制定提供咨询。

2. 根据其他成员特别是发展中国家成员的请求,各成员应向该成员就建立国家标准化机构和参加国际标准化机构提供咨询,并根据相互达成的条件向其提供技术援助。各成员还应鼓励本国标准化机构照此办理。

3. 根据其他成员特别是发展中国家成员的请求,各成员应尽可能采取合理措施,安排境内的管理机构就下述问题向该成员提供咨询,并根据相互达成的条件向其提供技术援助:

a. 设立管理机构或技术法规的合格评定机构。

b. 符合其技术法规的最佳方法。

4. 根据其他成员特别是发展中国家成员的请求,各成员应尽可能采取合理措施,安排就该成员设立境内所用标准的合格评定机构提供咨询,并根据相互达成的条件向其提供技术援助。

5. 根据其他成员特别是发展中国家成员的请求,各成员应可能采取合理措施,就该成员设立其他成员生产厂进入该成员境内政府或非政府机构的合格评定体系的步骤提供咨询,并根据相互达成的条件向其提供技术援助。

6. 根据其他成员特别是发展中国家成员的请求,作为国际或区域性合格评定体系的各成员或参加方,应向该成员就参加或参与这些体系并履行其义务需建立的机构和立法框架提供咨询,并根据相互达成的条件向其提供技术援助。

7. 根据其他成员特别是发展中国家成员的请求,各成员应鼓励境内参加或参与国际或区域性合格评定体系的机构,向该成员境内的有关机构履行成员或参与方义务所需设立的机构提供咨询,并考虑向其提供所需的技术援助。

8. 根据第1至第7款规定向其他成员提供咨询和技术援助时,各成员应优先考虑最不发达国家的需求。

第十二条 对发展中国家成员的特殊和区别待遇

1. 各成员应按下述条款及本协议其他条款对发展中国家成员给予有区别的和更优惠的待遇。

2. 各成员应特别注意本协议有关发展中国家成员权利和义务的条款,并应考虑到发展中国家成员在全国范围内履行本协议和实施本协议组织安排时,在发展、财政和贸易方面的特殊需要。

3. 各成员在制定和执行技术法规、标准和合格评定程序时,应考虑到发展中国家成员在发展、财政和贸易方面的特殊需要,以保证这些技术法规、标准和合格评定程序不对发展中国家成员的出口造成不必要的障碍。

4. 各成员认识到,即使可能存在国际标准、准则和建议,但在其特殊的技术和社会经济条件下,发展中国家成员仍可采用特定技术法规、标准或合格评定程序以保持与其发展需要相适应的当地技术、生产方法和加工工艺。因此,各成员认识到,不应期望发展中国家成员采用不适合其发展、财政和贸易需要的国际标准作为其技术法规或标准包括试验方法的基础。

5. 考虑到发展中国家成员的特殊问题,各成员应尽可能采取合理措施,确保国际标准化机构和国际合格评定体系组织和运作方式适于所有成员的有关机构积极和有代表性地参加。

6. 各成员应尽可能采取合理措施,确保国际标准化机构根据各发展中国家成员的要求,审查并制定对发展中国家成员具有特殊利益的产品的国际标准。

7. 根据第11条规定,各成员应向各发展中国家成员提供技术援助,以确保技术法规、标准及合格评定程序的制定和实施,不会对各发展中国家成员出口的扩大和多样化造成不必要障碍。在确定技术援助的内容和条件时,应考虑提出请求的成员,特别是最不发达国家成员的发展阶段。

8. 认识到发展中国家成员在技术法规、标准和合格评定程序的制定和实施、包括组织机构和基础设施方面,可能会遇到的特殊问题。进一步认识到各发展中国家成员的特殊发展和贸易需要及其技术发展阶段,可能妨碍其全面履行本协议规定义务的能力。因此,各成员应充分考虑到这一事实。为此,为确保各发展中国家成员能遵守本协议,根据本协议第13条设立的贸易技术壁垒委员会(本协议简称"委员会"),应这些成员的请求,可授权在规定的一段期限内,全部或部分地免除其对协议应尽的义务。审查此类请求时,委员会应考虑到该发展中国家成员在技术法规、标准及合格评定程序的制定和实施方面遇到的特殊问题,及其在发展和贸易方面的特殊需要,及其技术发展阶段,所有这些都可能妨碍其全面履行本协议。委员会应特别考虑各最不发达国家成员的特殊问题。

9. 在磋商过程中,各发达国家成员应牢记发展中国家成员在制定和实施标准、技术法规和合格评定程序时遇到的特殊困难,在考虑帮助各发展中国家成员时,发达国家应考虑发展中国家在财政、贸易和发展方面的特殊需要。

10. 委员会应在国家和国际水平上定期检查根据本协议规定给予各发展中国家成员的特殊和区别待遇。

第十三条 贸易技术壁垒委员会

1. 应设立一个由各成员代表组成的贸易技术壁垒委员会。委员会应选出自己的主席并在必要时举行会议,为使各成员有机会就执行本协议或促进本协议目标实现的相关事宜进行磋商,会议至少每年召开一次。委员会应执行本协议或各成员赋予的职责。

2. 委员会应设立工作组或其他适当机构,执行委员会根据本协议相应条款可能赋予他们的职责。

3. 各政府根据本协议开展工作,应避免与其在其他技术机构的工作产生不必要的重复。委员会应审议这一问题,以减少此类重复。

第十四条 磋商和争端解决

1. 应在争端解决机构的主持下,按照《争端解决谅解》阐述和适用的 GATT 1994 第22 和第 23 条规定,对影响本协议实施的任何事项进行磋商和争端解决。

2. 应争端一方提出的请求,或经自行倡议,专案组可设立一技术专家组协助解决技术性问题,各位专家应对相应的问题进行仔细考虑。

3. 技术专家组应按附件 2 的程序管理。

4. 当某成员认为另一成员没有按照第 3、4、7、8、9 条之规定达到满意结果,并使其贸易利益受到重大影响时,可援引上述争端解决规定。在此方面,将把成员境内的机构视为成员等同对待。

第十五条 最后条款

保留 1. 未经其他成员同意,不得对本协议中的任何规定提出保留。

审议 2. 在《WTO 协议》生效后,各成员应立即向委员会通报其现行或将采取的实施和管理本协议的措施。此后,这些措施的任何变动也应通报委员会。

3. 委员会应参照协议的目标,每年对协议的实施和运作情况进行审议。

4.《WTO 协议》生效之后的第 3 年年底前及此后每 3 年年底前,委员会应对本协议的实施和运作情况进行审议,包括有关透明度的各项规定。为确保共同的经济利益及权利和义务的平衡,在不违背第 12 条规定的前提下,委员会可以根据需要对权利和义务的调整提出建议。适当情况下,委员会可根据执行本协议所取得的经验,向商品贸易理事会提出对本协议文本进行修改的提案。

5. 本协议附件是本协议不可分割的一部分。

14.2.3 TBT 协议附件

1)附件 1 TBT 协议规定术语及其定义

1. 技术法规。指规定产品特性或其相应加工和生产方法并要求强制执行的文件,包括可适用的行政管理规定。技术法规也可包括或用于专门规定产品、加工或生产方法的术语、符号、包装、标志或标签要求。

注:ISO/IEC 第 2 号指南中的定义并不是采用独立定义方式,而是基于所谓的"搭积

木"系统。

2. 标准。指规定产品或其相应加工和生产方法的特性、准则或条例的文件,该文件由认可机构批准,不具备强制性,但可通用或反复使用。标准也可包括或专门用于规定产品、加工或生产方法的术语、符号、包装、标志或标签要求。

注:ISO/IEC 第2号指南规定的术语包括产品、加工和服务。本协议只涉及产品或其相应加工和生产方法方面的技术法规、标准和合格评定程序。ISO/IEC 第2号指南定义的标准可以是强制性的也可以是自愿性的,本协议中的标准定义为自愿性文件,技术法规则定义为强制性文件,国际标准化团体制定的标准是建立在协商一致基础上的,本协议还包括建立在非协商一致基础上的文件。

3. 合格评定程序。指任何直接或间接用于确定是否达到技术法规或标准相关要求的程序。

注:合格评定程序特别包括取样、测试和检查程序,评估、验证和合格保证程序,注册、认证和批准程序,以及他们的组合。

4. 国际性机构或体系。指至少允许本协议所有成员的有关机构具备成员资格的机构或体系。

5. 区域性机构或体系。指仅允许本协议部分成员的有关机构具备成员资格的机构或体系。

6. 中央政府机构。指中央政府、中央政府各部和部门或其有关活动受中央政府控制的任何机构。

注:欧共体适用于中央政府机构的规定。但欧共体内可建立区域性机构或合格评定体系,此时应适用于本协议关于区域性机构或合格评定体系的规定。

7. 地方政府机构。非中央政府的政府机构(如州、省、郡、镇、市等)及其各部或部门,或其有关活动受此类政府控制的任何机构。

8. 非政府机构。非中央政府和地方政府机构,包括具有合法权利执行技术法规的非政府机构。

2)附件2 技术专家组

1. 技术专家组受专案组管辖。其工作职责和具体工作程序应由专案组决定,技术专家组须向专案组报告工作。

2. 技术专家组参加人员应限于在该争议领域享有专业名望和经验的人士。

3. 未经所有争端当事方的一致同意,争端当事方的公民不得参加技术专家组,除非专案组认为因特定科学知识方面的需要非他们参加不可。争执方的政府官员不得参加技术专家组。技术专家以个人身份参加技术专家组,既不得作为政府代表,也不得作为任何组织的代表。因此政府或其他组织不得就技术专家组处理的事项向他们下达指示。

4. 技术专家组可以向其认为适当的任何机构寻求资料和技术咨询。当技术专家组向某成员管辖的某一机构寻求这类资料或咨询时,应事先通知该成员政府。若该技术专家组认为必要和合适,任何成员应就技术专家组为此类资料而提出的任何要求作出迅速和全面的答复。

5. 除保密资料外,争端当事方有权获得提供给技术专家组的全部有关资料。凡向技术专家组提供的保密资料,未经提供该资料的政府、组织或个人的正式授权不得公布。如向技术专家组索取没有授权公布的这类资料时,应由提供该资料的政府、组织或个人提供其非保密性摘要。

6. 技术专家组需向有关成员提供报告草案,以征求意见,如果意见适当,最终报告中应予考虑。最终报告提交专案组的同时,还应分发给有关成员。

3)附件3 关于标准制定、批准和实施的良好行为规范通则

1. 协议附件1中的定义适用于本规范。

2. WTO 成员境内的任何标准化机构,无论是中央政府机构、地方政府机构,还是非政府机构;有一个或多个 WTO 成员参加的任何政府性区域标准化机构;WTO 成员境内有一个或多个机构参加的任何非政府性区域标准化机构(以下统称"标准化机构"和"各标准化机构"),都适用本规范。

3. 各标准化机构接受或退出本规范,均须通报位于日内瓦的 ISO/IEC 情报中心。通报内容应包括该机构的名称、地址以及现在和预期的标准化活动工作范围。通报可直接送 ISO/IEC 情报中心,或通过 ISO/IEC 的国家成员机构,或通过 ISO 情报网(ISONET)的有关国家成员或其国际分支机构转交。

4. 在标准方面,各标准化机构给予源自 WTO 其他任何成员境内产品的待遇,不得低于本国及其他任何国家相同产品的待遇。

5. 各标准化机构应确保其标准的制定、批准或实施,在目的或效果上不得给国际贸易造成不必要的障碍标准。

6. 国际标准业已存在或即将完成时,各标准化机构应将这些标准或其有关部分作为其制定标准的基础,除非因其保护级别不够,或因基本气候或地理因素或基本技术问题使这些标准或其有关部分显得无效或不适用。

7. 为尽可能广泛地统一标准,在有关国际标准化机构就某一标准化机构已采用或即将采用的标准制定国际标准时,该标准机构应以适当方式在其资源允许的范围内尽可能参与。对于某成员境内的各标准化机构,只要可能,应派遣一代表团,代表其境内所有已采用或准备采用与该国际标准化活动有关的各项标准的标准化机构,参加某一特定的国际标准化活动。

8. 成员境内的各标准化机构应尽可能,避免在工作上与境内其他标准化机构或相应国际或区域性标准化机构相重复或重叠。他们还应尽一切努力使其制定的标准在国内达成协商一致。同样,区域性标准化机构须尽可能避免在工作上与相关国际标准化机构相重复或重叠。

9. 只要合适,各标准化机构应按产品性能而不是按设计或描述特性编写产品要求方面的标准。

10. 各标准化机构应至少每6个月出版一次工作计划,包括其名称和地址、正在制定的标准以及前一段时间已批准的标准。标准在制定过程是指某标准从决定制定时起到其批准为止。应要求,某项标准草案的标题应以英文、法文或西班牙文提供。工作计划的通报应在国内标准化活动出版物上公布,或在适当情况下,在区域性标准化活动出版物上公布。

根据 ISONET 规则,该工作计划应对每项标准标明主题分类、标准制定过程中所处的

阶段,以及作为其基础的国际标准的引用情况。各标准化机构应在其发布工作计划前,将此类情况通报给日内瓦 ISO/IEC 情报中心。

通报中应包括标准化机构的名称和地址、发布工作计划的出版物名称和版次、工作计划适用的期限、出版物的价格以及索取此出版物的方法和地点。通报可以直接寄给 ISO/IEC 情报中心,或在必要时通过 ISONET 有关国家成员或 ISONET 国际分支机构转交。

11. ISO/IEC 国家成员应尽可能参加或指派一机构参加 ISONET,并争取最高类型的成员资格。其他标准化机构应尽可能与 ISONET 成员保持联系。

12. 在批准某一标准前,标准化机构应留出至少 60 天的期限让其他 WTO 成员境内有关各方对标准草案发表意见。但在出现或可能出现危及安全、健康或环境的紧急问题时,这段期限可以缩短。该标准化机构应在征询意见期限开始前,在第 10 款提及的出版物上公布征求意见的期限,并应尽可能标明此标准草案是否偏离有关国际标准。

13. 应 WTO 成员境内的任一方要求,标准化机构应立即提供或安排提供其已提交征求意见的标准草案文本。提供此类服务的任何费用,除实际运费外,应与向国内外各方收取的费用相同。

14. 该标准化机构在对此标准作进一步处理时,须考虑征求意见期间收到的意见。对已接受本良好行为规范的各标准化机构所提出的意见,应尽快给予答复。答复内容应包括对标准偏离有关国际标准的原因作出解释。

15. 标准一旦批准,应立即发布。

16. 应 WTO 成员境内任一有关方的要求,各标准化机构应立即提供或安排提供最新的工作计划或其制定标准的副本。提供此类服务的任何费用,除实际运费外,应与向国内外各方收取的费用相同。

17. 各标准化机构应对业已接受本"良好行为规范"的其他标准化机构提出的,有关本"规范"实施的问题或意见,给予共鸣性考虑并提供充足机会磋商。应尽一切努力客观地解决任何申诉。

本章小结

卫生与植物卫生措施实施协议本协议适用于所有可能直接或间接影响国际贸易的卫生与植物卫生措施,此类措施应依照本协议的规定制定和实施;贸易技术壁垒协议要求各成员应确保在技术法规方面,给予从任一成员境内进口产品的待遇,不低于本国生产的或来自其他任何国家的相同产品的待遇;各成员应确保技术法规的制定、批准或实施在目的或效果上均不会给国际贸易制造不必要的障碍,防止欺诈行为,保障人身健康或安全,保护动植物生命或健康以及保护环境。

复习思考题

1. 简述卫生与植物卫生措施实施协议的定义。

2. 简述 SPS 协议的宗旨及基本原则。

3. 什么是动物卫生风险分析？

4. 在进出境动物及动物产品的检疫中，应如何利用风险分析这一科学手段？

5. 如何利用 SPS 协议为畜牧业生产和对外贸易服务？

6. 举例说明你对"同等对待""协调一致"的理解。

7. 简述 TBT 协议对发展中国家的区别待遇。

8. 简述贸易技术壁垒的表现形式。

附　录

附录1　农业行政执法基本文书格式

1)农业行政执法基本文书格式1

农业执法机关全称　当场处罚决定书

_____简罚〔　〕_____号

当事人	个人	姓名				电话	
		性别		年龄		身份证号	
		住址					
	单位	名称			法定代表人（负责人）		
		地址				电话	
违法事实							
处罚依据及内容							
告知事项	1.当事人应当对违法行为立即或在_____日内予以纠正； 2.当事人必须在收到处罚决定书之日起15日内持本决定书到_____缴纳罚款。逾期不缴纳的，每日按罚款数额的3％加处罚款； 3.对本处罚决定不服的，可以在收到本处罚决定书之日起60日内向_____人民政府或_____申请行政复议；或者三个月内向_____人民法院提起行政诉讼。						
执法人员基本情况	姓　名				执法机关（印章） 年　月　日		
	执法证件号						
当事人签收			是否当场执行				

2)农业行政执法基本文书格式2
行政处罚立案审批表

_____立〔　　〕_____号

案件来源				受案时间		
案　　由						
当事人	个人	姓名			电话	
		性别		年龄	身份证号	
		住址				
	单位	名称			法定代表人（负责人）	
		地址			电话	
简要案情		受案人签名： 年　　月　　日				
执法机构意见		签名： 年　　月　　日				
法制机构意见		签名： 年　　月　　日				
执法机关意见		签名： 年　　月　　日				
备　　注						

3）农业行政执法基本文书格式3

询问笔录

询问时间：_____年_____月_____日____时____分至____时____分

询问地点：_____

询问机关：_____

询问人：_____执法证件号：_____

　　　　_____　　　　_____

记录人：_____

被询问人:姓名_____性别_____年龄_____

　　　　身份证号_____联系电话_____

　　　　工作单位_____职务_____

　　　　住址_____

问:我们是_____执法人员(出示执法证件),现依法向你进行询问调查。你应当如实回答我们的询问并协助调查,作伪证要承担法律责任,你听清楚了吗?

答:_____

问:_____

答:_____

被询问人签名或盖章：

（第1页共　页）

笔　录　纸

_____
_____
_____
_____
_____
_____
_____
_____
_____
_____
_____
_____

被询问人签名或盖章：

执法人员签名或盖章：

（第　页共　页）

4）农业行政执法基本文书格式4

现场检查（勘验）笔录

时间：_____年_____月_____日____时____分至____时____分

检查（勘验）地点：_____

当事人：_____

检查（勘验）机关：_____

检查（勘验）人员：_____执法证件号：_____

_____

记录人：_____

现场检查（勘验）情况：_____

_____

_____

_____

_____

_____

_____

_____

当事人签名或盖章：　　　　　　　　　　（见证人签名或盖章：　　　）

执法人员签名或盖章：

（第1页共　页）

笔　录　纸

_____

_____

_____

_____

_____

_____

_____

_____

_____

当事人签名或盖章：　　　　　　　　　　（见证人签名或盖章：　　　）

执法人员签名或盖章：

（第　页共　页）

5)农业行政执法基本文书格式5

抽样取证凭证

当事人：_____

抽样时间：_____

抽样地点：_____

　　因你(单位)涉嫌_____,本机关依法对你(单位)下列物品抽样取证。

物品名称			
商　　标			
生产单位			
许　可　号			
生产日期(批号)			
样品规格			
抽样数量			
样本基数			

执法人员：_____执法证件号：_____

　　　　　_____　　　　_____

　　　　　　　　　　　　　　　　　执法机关(印章)

　　　　　　　　　　　　　　　　　年　　月　　日

当事人签名或盖章：　　　　　　　(见证人签名或盖章：　　　　)

6)农业行政执法基本文书格式6

产品确认通知书

_____:

　　本机关_____年_____月_____日在_____发现标称为你单位生产的产品,基本情况如下:

产品名称			
商　　标			
生产单位			
许　可　号			
生产日期(批号)			
规　　格			

　　请你单位于_____年_____月_____日前确认上述产品是否为你单位生产。若非你单位生产,请书面说明理由并提供相关证明材料。逾期未回复的,视上述产品为你单位生产。

　　联系人：_____联系电话：_____

　　　　　　　　　　　　　　　　　执法机关(印章)

　　　　　　　　　　　　　　　　　年　　月　　日

7)农业行政执法基本文书格式7

证据登记保存清单

当事人：＿＿＿＿＿＿＿＿＿＿＿＿＿＿＿＿＿＿＿＿＿＿＿＿＿

时　间：＿＿＿＿＿＿＿＿＿＿＿＿＿＿＿＿＿＿＿＿＿＿＿＿＿

地　点：＿＿＿＿＿＿＿＿＿＿＿＿＿＿＿＿＿＿＿＿＿＿＿＿＿

　　因你(单位)涉嫌＿＿＿＿＿＿＿＿＿＿＿＿＿＿＿＿，本机关依照《中华人民共和国行政处罚法》第三十七条第二款之规定对你(单位)在＿＿＿＿＿＿＿＿＿＿＿＿＿＿的下列物品：

　　□**就地保存**，登记保存期间，你(单位)不得使用、销售、转移、损毁、隐匿；

　　□**异地保存于**＿＿＿＿＿＿＿＿＿＿＿＿＿＿＿＿＿＿＿＿＿。

序号	物品名称	规格	生产日期(批号)	生产单位	数量

　　执法人员：＿＿＿＿＿＿＿＿＿＿＿＿执法证件号：＿＿＿＿＿＿＿＿＿＿

　　　　＿＿＿＿＿＿＿＿＿＿　　　　＿＿＿＿＿＿＿＿＿＿

　　　　　　　　　　　　　　　　　　执法机关(印章)

　　　　　　　　　　　　　　　　　年　　月　　日

当事人签名或盖章：

8)农业行政执法基本文书格式8

登记保存物品处理通知书

＿＿＿＿＿＿＿＿＿＿＿＿＿＿：

　　本机关对＿＿＿＿＿＿年＿＿＿＿月＿＿＿＿日登记保存你(单位)的物品作出如下处理决定：

＿＿＿＿＿＿＿＿＿＿＿＿＿＿＿＿＿＿＿＿＿＿＿＿＿＿＿＿＿＿＿＿＿＿

＿＿＿＿＿＿＿＿＿＿＿＿＿＿＿＿＿＿＿＿＿＿＿＿＿＿＿＿＿＿＿＿＿＿

＿＿＿＿＿＿＿＿＿＿＿＿＿＿＿＿＿＿＿＿＿＿＿＿＿＿＿＿＿＿＿＿＿＿

＿＿＿＿＿＿＿＿＿＿＿＿＿＿＿＿＿＿＿＿＿＿＿＿＿＿＿＿＿＿＿＿＿＿

＿＿＿＿＿＿＿＿＿＿＿＿＿＿＿＿＿＿＿＿＿＿＿＿＿＿＿＿＿＿＿＿＿＿

＿＿＿＿＿＿＿＿＿＿＿＿＿＿＿＿＿＿＿＿＿＿＿＿＿＿＿＿＿＿＿＿＿＿

　　　　　　　　　　　　　　　　　　执法机关(印章)

　　　　　　　　　　　　　　　　　年　　月　　日

9)农业行政执法基本文书格式9

农业执法机关全称　查封(扣押)决定书

_____封(扣)〔　　　〕_____号

_____：

　　因你(单位)涉嫌_____，
依据_____之规定,本机关决定对你(单位)(场所、设施或者
财物的名称、数量)_____予以查封(扣押)_____日。在查封(扣押)期间,你(单
位)不得使用、销售、转移、损毁、隐匿。

　　当事人对本决定不服的,可以在收到本决定书之日起60日内向_____
_____人民政府或_____申请
行政复议;或者三个月内向人民法院提起行政诉讼。行政复议和行政诉讼期间,本决定
不停止执行。

　　附:查封(扣押)财物清单

执法机关(印章)

年　月　日

查封(扣押)财物清单

序号	财物名称	规格	生产日期(批号)	生产单位	数量

当事人签名或盖章:

执法人员签名或盖章:

10) 农业行政执法基本文书格式 10

查封 (扣押) 现场笔录

时间：_____ 年 _____ 月 _____ 日 _____ 时 _____ 分至 _____ 时 _____ 分

地点：_____

执法机关：_____

当事人：_____

执法人员：_____ 执法证件号：_____

_____ _____

记录人：_____

现场情况：_____

_____

_____

_____

_____

_____

_____

当事人签名或盖章：   (见证人签名或盖章：   )

执法人员签名或盖章：

11) 农业行政执法基本文书格式 11

农业执法机关全称   解除查封 (扣押) 决定书

_____解封 (扣)〔   〕_____ 号

_____：

本机关决定对你 (单位) _____

自 _____ 年 _____ 月 _____ 日起解除查封 (扣押) 的强制措施。

附：解除查封 (扣押) 财物清单

执法机关 (印章)

年   月   日

解除查封 (扣押) 财物清单

序号	财物名称	规格	生产日期 (批号)	生产单位	数量

当事人签名或盖章：

执法人员签名或盖章：

12）农业行政执法基本文书格式 12

案件处理意见书

案由								
当事人	个人	姓名						
		性别		年龄		电话		
		住址						
	单位	名称			法定代表人（负责人）			
		地址			电话			
案件调查经过								
所附证据材料								
调查结论及处理意见		执法人员签名： 年　月　日						
执法机构意见		签名： 年　月　日						
法制机构意见		签名： 年　月　日						
执法机关意见		签名： 年　月　日						

13) 农业行政执法基本文书格式 13

农业执法机关全称　责令改正通知书

_____：

　　你(单位)_____的行为,违反了

_____,

依照_____之规定,本机

关责令你(单位)(□立即/□于_____年_____月_____日之前)按下列要求改正

违法行为:

_____

_____

_____

_____

_____

　　(逾期不改正的,本机关将依照_____之规

定依法处理。)

执法机关(印章)

年　　月　　日

14) 农业行政执法基本文书格式 14

农业执法机关全称　　行政处罚事先告知书(适用一般案件)

_____告〔　　〕_____号

_____：

　　经调查,你(单位)_____

_____

　　你(单位)违反了_____

_____

依据_____,

本机关拟作出如下处罚决定:

_____

_____

　　根据《中华人民共和国行政处罚法》第三十一条、第三十二条之规定,你(单位)可在

收到本告知书之日起三日内向本机关进行陈述申辩,逾期不陈述申辩的,视为你(单位)

放弃上述权利。

执法机关(印章)

年　　月　　日

执法机关地址:_____

联系人:_____　电话:_____

15）农业行政执法基本文书格式15

农业执法机关全称　行政处罚事先告知书（适用听证案件）

_____告〔　　〕_____号

_____：

经调查,你（单位）_____

_____

_____

你（单位）违反了_____

_____

依据_____,

本机关拟作出如下处罚决定：

_____

_____

_____

　　根据《中华人民共和国行政处罚法》第三十一条、第三十二条和第四十二条之规定,你（单位）可在收到本告知书之日起三日内向本机关进行陈述申辩、申请听证,逾期不陈述申辩、申请听证的,视为你（单位）放弃上述权利。

执法机关（印章）

年　　月　　日

执法机关地址：_____

联系人：_____电话：_____

16）农业行政执法基本文书格式16

农业执法机关全称　行政处罚听证会通知书

_____：

　　本机关定于 _____ 年 _____ 月 _____ 日 _____ 时 _____ 分在_____对你（单位）_____一案（公开、不公开）举行听证会。本次听证会由_____担任主持人。

　　你（单位）法定代表人或委托代理人应准时出席,逾期不出席的,视同放弃听证权利。委托代理人出席的,应提交身份证明及当事人签署的授权委托书。授权委托书应当写明委托代理人的姓名、性别、年龄以及委托的具体权限,并经你（单位）签名或盖章。

　　根据《中华人民共和国行政处罚法》第四十二条之规定,你（单位）有权申请听证主持人回避。如申请回避的,请于_____前向本机关提出书面申请。

　　特此通知。

执法机关（印章）

年　　月　　日

执法机关地址：_____

联系人：_____电话：_____

17) 农业行政执法基本文书格式 17

听证笔录

时　间：_____年_____月_____日_____时_____分至_____时_____分

地　点：_____

听证主持人：_____

听证员：_____

书记员：_____

当事人：_____

法定代表人：_____

委托代理人：_____工作单位：_____

_____　　_____

案件调查人员：_____

听证记录：_____

_____

_____

_____

_____

_____

当事人或委托代理人签名：

案件调查人员签名：

（第 1 页共　页）

_____

_____

_____

_____

_____

_____

_____

_____

_____

当事人或委托代理人签名：

案件调查人员签名：

（第　页共　页）

18) 农业行政执法基本文书格式 18

行政处罚听证会报告书

案　由	
听证主持人	
听证员	
书记员	

听证基本情况摘要（详见听证笔录）：

听证结论及处理意见：

听证人员签名：

年　　月　　日

负责人审批意见：

签名：

年　　月　　日

备注：

19) 农业行政执法基本文书格式 19

行政处罚决定审批表

案由								
当事人	个人	姓名						
		性别		年龄		电话		
		住址						
	单位	名称				法定代表人 （负责人）		
		地址				电话		
陈述申辩或听证情况								
处理意见					执法人员签名： 年　　月　　日			
执法机构意见					签名： 年　　月　　日			
法制机构意见					签名： 年　　月　　日			
执法机关意见					签名： 年　　月　　日			

20）农业行政执法基本文书格式20

农业执法机关全称　行政处罚决定书

_____罚〔　　〕_____号

当事人：（姓名、性别、年龄、住址或单位名称、地址、法定代表人等）

当事人××××××一案，经本机关依法调查，现查明：

××××××（案件来源；立案情况；违法事实；证据列举及说明）。

本机关认为：

××××××（案件处罚理由与依据；事先告知情况；当事人陈述申辩或听证情况；自由裁量说明）。

依照××××××（法条原文）之规定，本机关（责令_____,）并作出如下处罚决定：

_____

_____

_____

_____

_____

当事人必须在收到本处罚决定书之日起 15 日内持本决定书到××××××缴纳罚（没）款。逾期不按规定缴纳罚款的，每日按罚款数额的 3% 加处罚款。

当事人对本处罚决定不服的，可以在收到本处罚决定书之日起 60 日内向×××人民政府或××××××申请行政复议；或者三个月内向××××××人民法院提起行政诉讼。行政复议和行政诉讼期间，本处罚决定不停止执行。

当事人逾期不申请行政复议或提起行政诉讼，也不履行本行政处罚决定的，本机关将依法申请人民法院强制执行。

执法机关（印章）

年　　月　　日

21) 农业行政执法基本文书格式21

送达回证

案 由						
受送达人						
送达单位						
送达文书及文号	送达地点	送达人	送达方式	收到日期	收件人签名	
备注						

22）农业行政执法基本文书格式22

罚没物品处理记录

时间：_____

地点：_____

处理物品及处理方式：

执法人员签名：

执法机构负责人签名：

23）农业行政执法基本文书格式 23

行政处罚结案报告

案　由	
当事人	
立案时间	处罚决定 送达时间

处罚决定及执行情况：

执法人员签名：
年　　月　　日

执法 机构 意见	<div style="text-align:right">签名： 年　　月　　日</div>
执法 机关 意见	<div style="text-align:right">签名： 年　　月　　日</div>

24) 农业行政执法基本文书格式 24

农业执法机关全称　履行行政处罚决定催告书

_____催〔　　〕_____号

_____:

本机关于_____年_____月_____日送达你（单位）行政处罚决定书（_____罚〔　　〕____号），你（单位）在法定期限内未履行行政处罚决定，现依法催告你（单位）履行义务。请你（单位）自收到本催告书之日起十日内到_____缴纳罚（没）款_____元。如有陈述申辩意见，请在催告期内向本机关书面提出。

无正当理由逾期仍不履行义务，本机关将依法申请人民法院强制执行。

执法机关（印章）

年　　月　　日

执法机关地址：_____

联系人：_____电话：_____

25) 农业行政执法基本文书格式 25

农业执法机关全称　强制执行申请书

_____申执〔　　〕_____号

申请人：（执法机关名称、法定代表人、地址、联系电话）_____

被申请人：（当事人基本情况——姓名、性别、年龄、住址、联系电话或单位名称、法定代表人、地址、联系电话）_____

申请人于_____年_____月_____日对被申请人_____案依法作出行政处罚决定（_____罚〔　　〕____号），并已于_____年_____月_____日送达被申请人，被申请人在法定期限内未履行行政处罚决定，也未申请行政复议或者提起行政诉讼。经本机关书面催告，被申请人仍未履行义务。根据《中华人民共和国行政强制法》第五十三条之规定，特申请强制执行。

申请执行内容：_____

_____

此致

（执法机关所在地）人民法院

附：1. 行政处罚决定书及送达回证

2. 催告书等其他有关材料

执法机关负责人签名：

执法机关（印章）

年　　月　　日

26)农业行政执法基本文书格式26

农业执法机关全称　案件移送函

_____移〔　〕_____号

_____:

　　_____案件,经本机关调查核实,认为_____

_____,根据

_____

的规定,现将此案移送你单位处理,并请将处理结果函告本机关。

　　附:有关材料

执法机关(印章)

年　　月　　日

附录2 《兽药经营许可证》申请表

《兽药经营许可证》申请表

申请单位(盖章)：_____

申 请 日 期：_____年_____月_____日

受 理 日 期：_____年_____月_____日

中华人民共和国农业部制

二〇一四年　　月　　日

参考文献

[1] 世界动物卫生组织.《国际动物卫生法典·2002》[M].农业部畜牧兽医局,译.北京:中国农业科学技术出版社,2003.

[2] 陈向前,汪明.《动物卫生法学》[M].北京:中国农业大学出版社,2002.

[3] 刘娟,朱兆荣.《畜牧兽医行政法学》[M].北京:中国农业大学出版社,2005.

[4] 朱兆荣,刘娟.《畜牧兽医行政法学·案例版》[M].重庆:西南师范大学出版社,2013.

[5] 中国兽药信息网.

[6] 中国农业信息网.